陈大威 编著/绘
e9studio.com

画说中国历代甲胄

Illustrate Ancient Chinese Armour

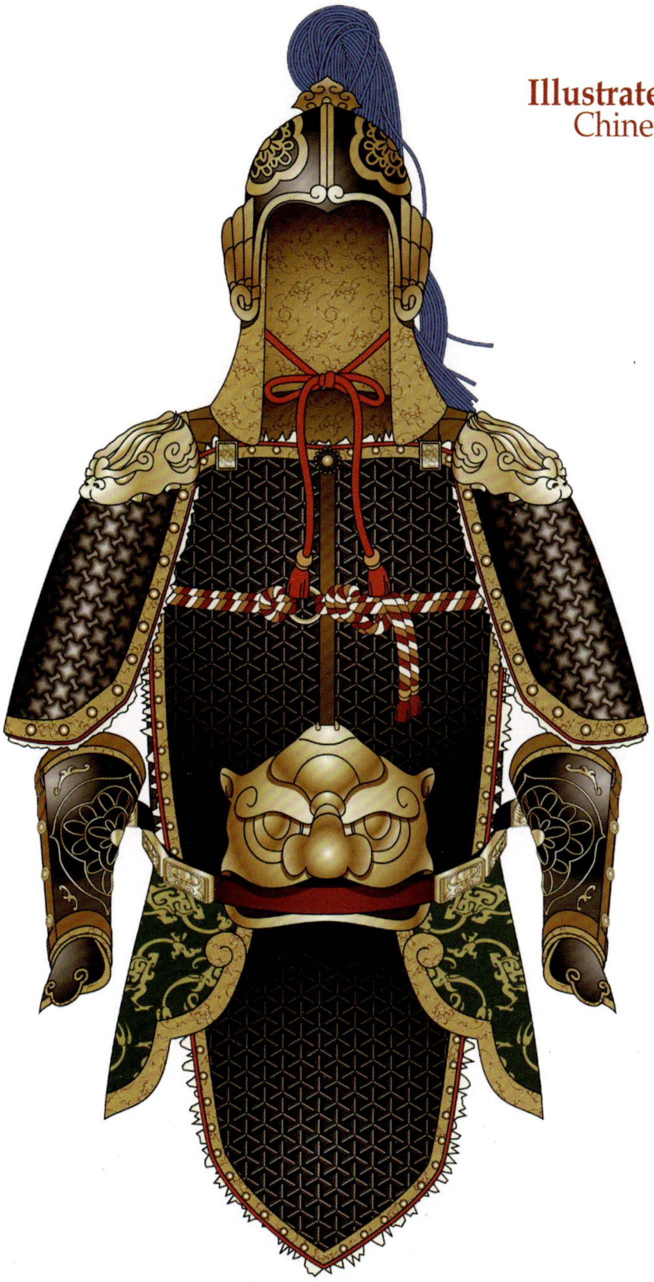

化学工业出版社
·北京·

还原古代军人的真实风貌

我和大威原来素不相识，去年下半年碰巧接到他的电话，说是通过出版社找到了我，想请我看看由他亲手绘制和编著的《画说中国历代甲胄》书稿。自从我写完《中国古代军戎服饰》之后，除了去年看到一本相关题材之外，多年来一直没有看到类似的书。所以一下子引起了我的兴趣，马上表示同意了。去年十一月份，大威专程从北京来到了位于上海、我所工作的学院。初次见面，他的诚恳、朴实给我留下了很深的印象。在我院的教师休息室里，我们边谈边匆匆大略地翻阅了一遍书稿。我的第一感觉这是一本很好的通俗读本，详细且补充了我书中遗略的某些部分。于是约定等我仔细阅读后提出意见供他参考。第二稿寄给我阅读后，觉得书稿更加成熟了。同时我再次仔细审阅了书中大量用电脑绘制的插图，这种图与我的画法迥然相异，但应当更为年轻人所欢迎。且每介绍一套甲，再附上层层穿戴方法的示意图，更适合给相关设计人员做参考。因此，具有很强的实用价值，所以当他提出要我为本书写几句话，历来不善写作的我居然也欣然应允了。

对于中国古代的甲胄和戎服，自写了《中国古代军戎服饰》以后，我一直兴趣不减，不断地留意收集新的资料。随着时间的推移，特别是近年我参与了一些铠甲的复制、设计工作之后，更进一步认识了不少原来被忽视的问题。这些问题有时直接影响到此类文物的研究和复原，复原出来的东西如何更符合历史真实面貌和它的使用方法。

在一般情况下，考古复原比较注重形制与制造方法的研究，而当文物出现比较大的残损，修复过程中需要加以一定的推测时，就往往会忽略实际使用的合理性与方便性。甲胄是由硬质材料制作的，但它又是穿在活动的、柔软的人身上的，软硬碰在一起必然会产生矛盾。为了避免矛盾，达到既保护躯体又不影响运动的目的，甲衣的构成就要在很多方面使用特殊的设计和制作的方法。这方面我们的祖先是很有创造力的。设计制造出很多无与伦比的精品。可惜的是，保存下来的太少，我们现在只有通过复制来还原一部分当时的面貌。而复制的基础就是类似本书的这种研究。

近年来，中国影视剧中古装戏风靡一时，历史题材的盛行使各式各样的甲胄、戎服的需求量大增。“戏说”一类的且不论，比较严肃的、力图真实反映历史原貌的剧目，其服饰的设计都是很具表现力度的。但遗憾的是往往都存在两方面的问题：一是没能完全跳出戏剧服装的老思路、老概念，特别是甲胄，或多或少地受到传统戏剧服饰的制约；二是引用、参考国外的资料和设计元素过多，使整体形象失去了中国原有的时代特征。基于这两点，我认为大威编写这本书是一个贡献，它使相关的创作人员在有限的参考资料面前增添了很多新的图像。这些图像和由此产生的新的设计元素，将进一步强化古代军人形象的本土化，突出历史的真实风貌。

我是搞舞台美术出身，对古代戎服的研究，根本的目的是为了戏剧。现在由戏剧又引申到了动漫、游戏领域，一方天地已变得越来越宽。如果说我的努力现在已得到了一些良好的结果，那么大威也跟着走上了这条道路。这样的年轻人在将来必定会得到比我更多的成果。事实是，在这条道路上既有学术方面的探索，又有艺术创作方面的追求，这对于我们这个从事特殊的创作研究人群来说，可谓魅力无穷，值得花费毕生精力去耕耘。

祝愿这本书早日出版，祝贺这位年轻人获得的成就！

刘永华

上海戏剧学院　教授

为“画说”而说

为本书作序完全是性情所致，欣然提笔。

记得那个隆冬的下午，我急急赶着去看一本书，因为在电话的那一头说：让我看一本关于中国古代军戎服装的书，说是“请教”，自然是客套。然而当这位年轻作者捧出这本大书时，我确实感到眼前一亮。不仅因为这是部关于中国的甲胄服装的历史书，更是因为这是部“画说”的历史书。

这是本特殊的服装史书。虽然近年来服装类的史学研究有了长足的进步，书也出了不少，但基本上都是文献考据，史料编撰，对古舆服志的梳理……也就是“话说”，即依文字而说。然“话说”固然必要，可充拥彗清道之役，但毕竟史学研究并非一法，而以图说史是近年读图时代流行的一种方式。这部中国历代甲胄的图书是“画”的，是为“画说”。

所谓这本书的“画”，不仅仅是作者用现代CG（Computer Graphics，电脑图像）手法描绘而成，更重要的是作者对古代甲胄服装所作的实证研究的一项考据。中国服装史学的研究时间不算很长，研究者都深感文献记载与形象资料中难解之处尚多。古人把缝合的衣裳穿戴身上，却没有留下如何穿戴的任何史料，服装领域的《天工开物》没有一本。这种看似简单的穿着动作却长久困扰着后人，现代的史学家们只能用考古出土的服饰残片，用古代画像、雕刻上的人物揣摩古人的衣着行为。

而这本“画说”正是用这种读图的方式来解读中国古代几千年的甲胄服装。作者根据出土的文献和前人对甲胄的“画说”，再现了中国古代各时期的甲胄形制，将那些历史的碎片拼攥到了一块。可贵的是他对古人甲胄的形制、结构、系缚等作了认真的揣摩与描摹，并以假想设计了古人穿戴甲胄的步骤，虽然是假设，但颇有价值。

因为是假设，就会有争议，会有不实的可能。但这在那些年代久远，出土实物和文献匮乏的朝代是难免的。我相信只要在学术上的致诚，就是一种探求，而绝不应允学术上的“戏说”。

最后还要说一点，作者是位美术设计师，所以这本“画说”里面可以清晰地看到电脑CG的风格，相信这种语言会让更多年轻的朋友喜欢这本书，喜欢这样的史学。毕竟历史是让人读的。

袁　仄

北京服装学院　教授

前言

近几年来由于工作的原因，我对中国历代甲胄有了很多接触和研究，为了工作中使用方便，就把各种资料文献中关于甲胄的形制按照自己的理解绘制下来。久而久之绘制的甲胄形制越来越多，也就有了积累成册的打算。有幸于2007年得到上海戏剧学院刘永华教授（《中国古代军戎服饰》作者）、北京服装学院袁仄教授的指导，这期间我也去过山西省博物馆、辽宁省博物馆、上海市博物馆、中国人民革命军事博物馆等地考察实物。书稿前后修改过六个版本，历经近三年之久。

对于中国甲胄的认识，人们对它既熟悉又陌生，熟悉的是它经常出现在戏曲、绘画、影视剧等作品中，陌生的是它在各时期真实的样子。它是什么样子的结构？它是怎么穿戴的？等等诸多的问题让我们想更多地了解它们。对于这些问题，目前虽然已经有很多相关著作问世，且内容严谨、科学，但大多是以文字叙述为主，读者需自行想像其形态，这就难免产生读者曲解误读的情况。本书以绘图分解方式直观、具象地讲解中国历代甲胄的形制、结构、材质等方面的知识，让读者更容易认知、理解。

另外，在中国历朝历代保留下来的各类资料中，有些朝代资料丰富，有些朝代则资料匮乏。比如秦始皇陵的发现就给世人提供了比较完整而且可靠的研究依据，而有些朝代甚至没有相关的实物出土过，因此大多著作没有办法详细地解析它们，所以至今没有人能够给出既全面又完整的答案。

本书在众多已有历史资料的基础上，根据各个朝代的已知资料比例，加上了不同程度的假设来描绘各时期具有代表性的甲胄的结构和穿着方法，尽量使各个时期的甲胄都能全面、直观、立体地展示出来。

这是一次尝试，所以其中一定会有不少纰漏或谬误，欢迎大家予以批评指正。希望随着中国各地一系列考古的继续发现，最终会让中国的历代甲胄真实地展现出来。所以本书不属于考古学术类书籍，请读者不要以此书作为还原历史真实的依据。

这里特别感谢刘永华教授、袁仄教授为本书提供的珍贵帮助。谢谢！

陈大威

目录

目录

商代

商代：约公元前17世纪至公元前11世纪。

中国考古发现年代最早的甲胄实物来自商代。

商人，传说是“帝喾（kù）”之子“契”的后裔，因契协助大禹治水有功，被“舜”封于商地，故称为商人。经过五百年的发展，到成汤时期，已经成为以“亳（bó）”为都城的强大方国，并开始吞并周边众多方国，最后兴兵伐夏，经过鸣条一战，“夏桀（jié）”兵败逃亡至南巢后而死，商朝就此建立。

商代是中国继“夏”之后有文字记载以来的第二个奴隶社会时期。据相关文字记载，商代的军队由贵族、族人及自由民组成，也有奴隶在军队中服杂役。商时期的青铜冶炼技术已经十分发达，已用青铜胄和革甲等作为防身的装备。

商代

一 青铜胄和皮甲

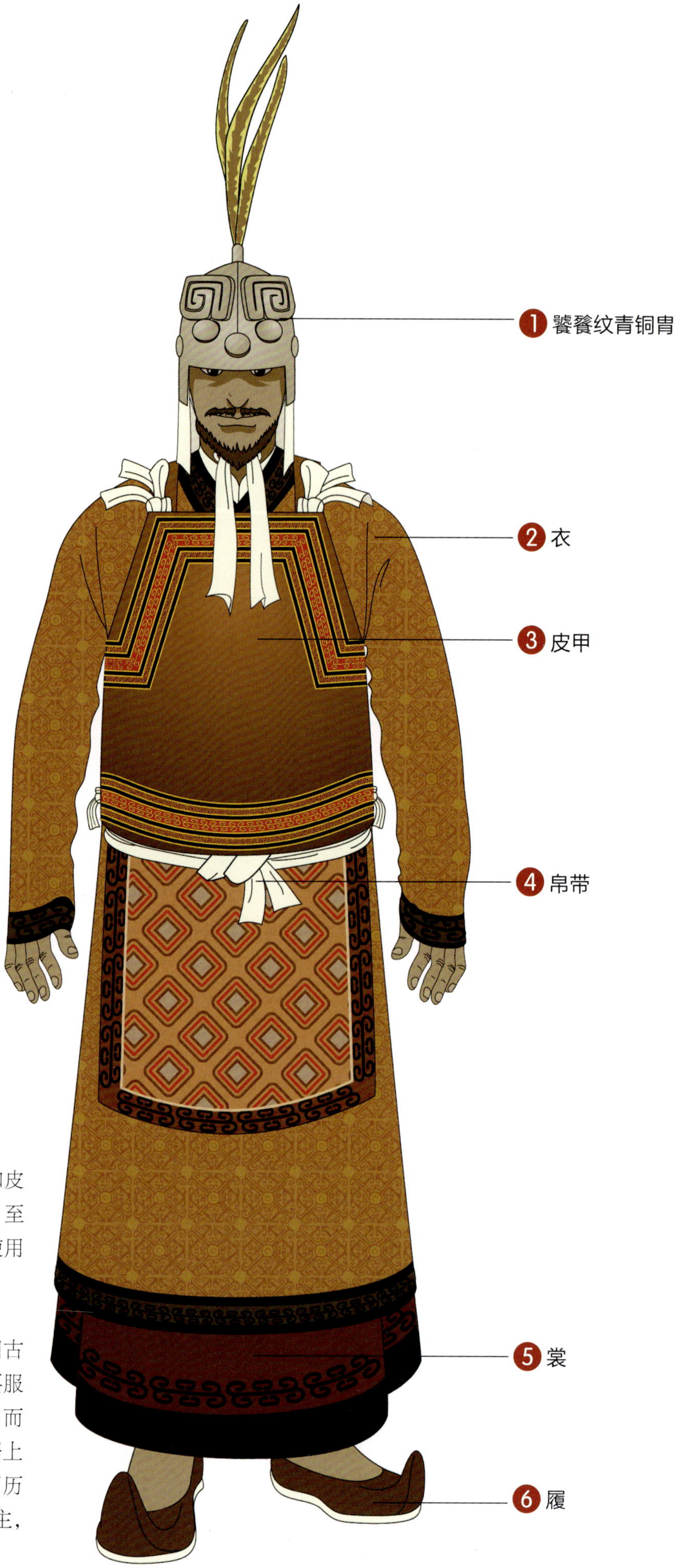

商代时期的甲胄目前只有青铜胄和皮甲遗迹的发现可以证实其真实的存在，至于青铜器高度发展的商代有没有全部使用青铜造的身甲还有待以后的发掘。

2 5

根据多种资料记载，长久以来中国古人以“上为衣下为裳”作为自己的主要服装结构，这种形制是从上古人类沿袭而来，商代自然也是这样的服装结构。据上海戏曲学校中国服装史研究组著《中国历代服饰》描述，商代的服装以暖色为主，衣和裳的纹理也应该属于当时的风格。

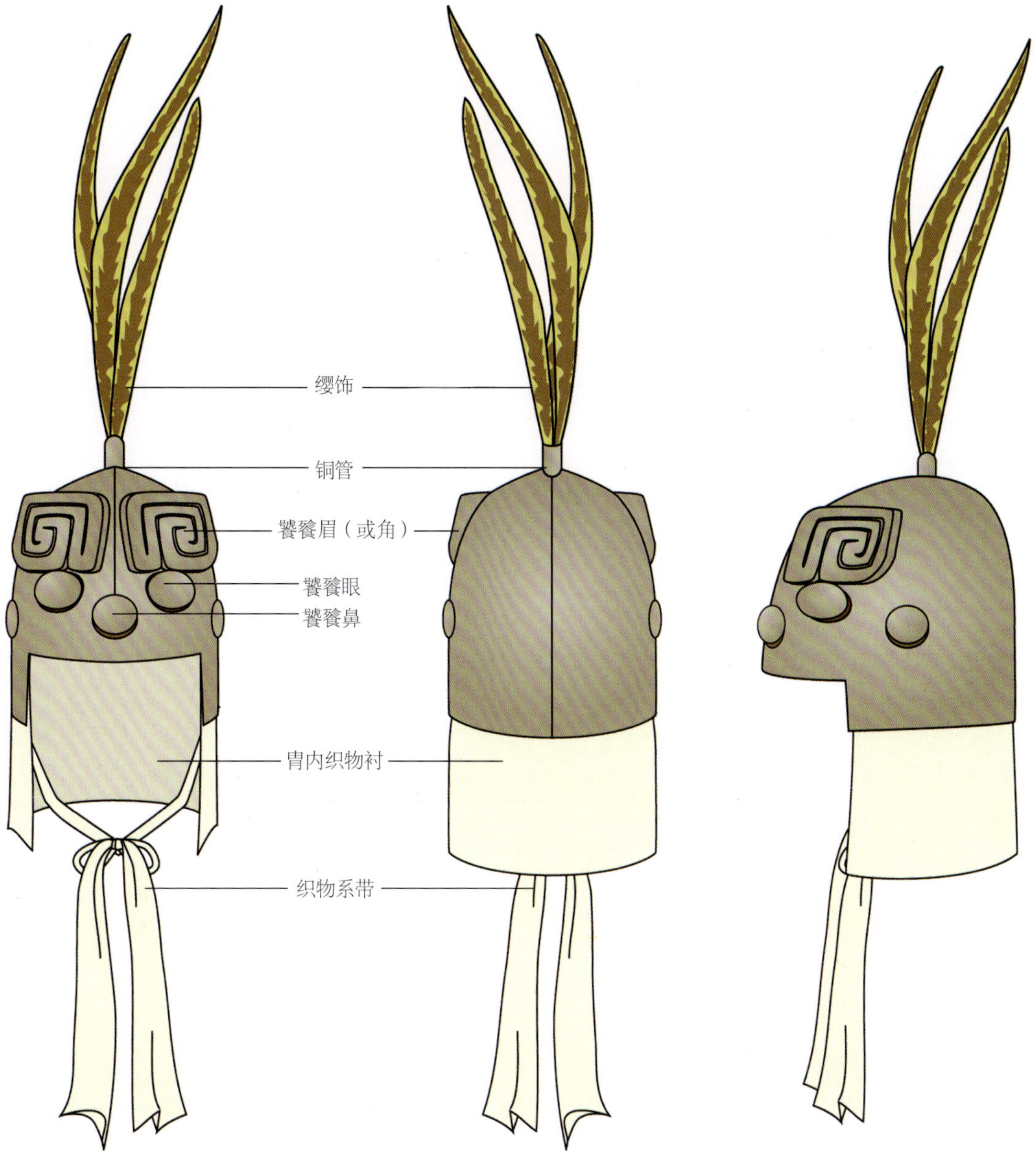

正面　　背面　　侧面

1 饕餮纹青铜胄

图中青铜胄是根据1935年在中国河南安阳侯家庄商代古墓中的青铜胄实物绘制的。胄是范浇铸而成，合范在胄的正中间。胄的顶部有铜管，用于安插象征勇敢威猛的鹖（hé）鸟的羽毛等缨饰。整个胄都经过打磨，外表比较光滑，内部却比较粗糙，可见胄内应该是有织物或皮革作为内衬的。衬直接安装在胄内，在头顶处的衬与胄的内顶留有一些空间，系带与胄的内衬链接在一起。胄正前部有饕（tāo）餮（tiè）兽形纹理，纹理有眉（或角）、眼、鼻，相当细致精美，胄的左右两侧和后面下垂，用以保护耳部和头的后部。

在河南安阳出土的这批青铜胄大约有一百余件，其形制基本相同，且纹理风格统一。另外，在江西新干县也出土过形制和纹理与此类似的青铜胄（参见商代二），可见当时的青铜胄生产应该是由国家统一设计和制造的。

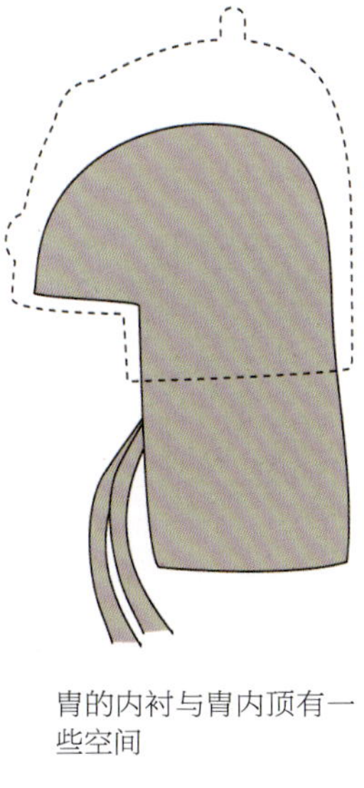

胄的内衬与胄内顶有一些空间

河南安阳侯家庄出土的商代青铜胄

皮甲 ③

1935年在中国河南安阳侯家庄的商代古墓中发现了迄今为止最早一片商代皮甲残迹，虽然皮甲已经腐烂看不出它的形状，但甲面的黑、红、白、黄四色漆纹彩绘的图案仍遗留在土面上。这件皮甲可以推定为商代后期，是目前为止商代唯一考古发现的甲衣遗迹。由于其形状已经无法辨认，又没有文字资料参考，所以我们很难描绘甲衣的外形轮廓，对于结构和穿着方式更是一无所知，所以这里进行了两种假想。

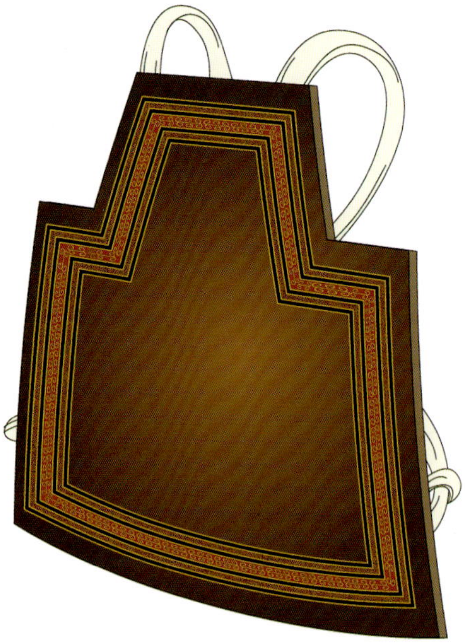

皮甲假想形制一

漆纹复原

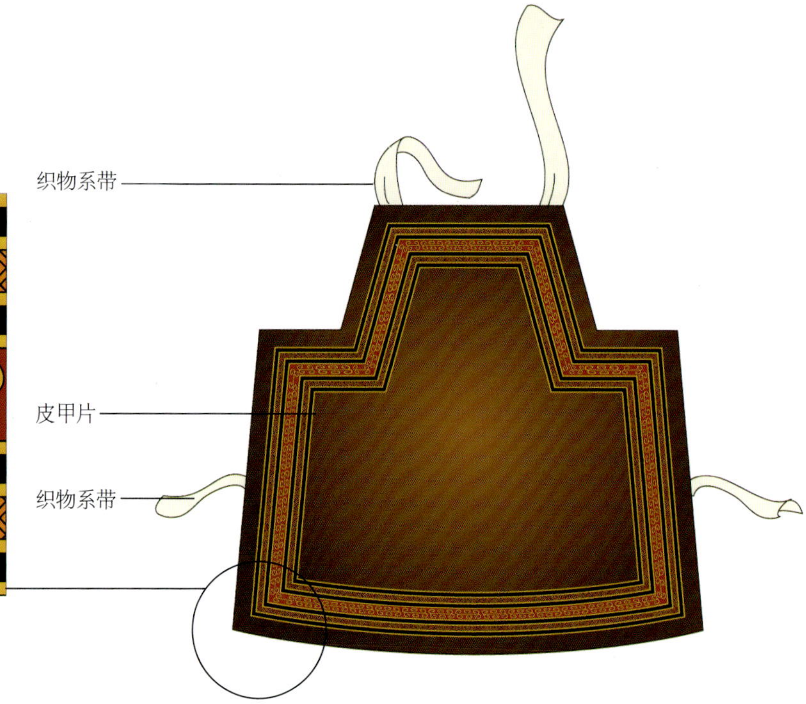

第一种假想的形制是从年代相近的西周时期的单片甲而来。西周时期的考古发现了结构比较简单的单片前胸式的护甲（参见西周二），只起到保护前胸和上腹的作用，作为比西周更早的朝代，商代的身甲应该不会比其更为复杂。所以由于时间接近，这里将西周的单片甲作为参考来使用。

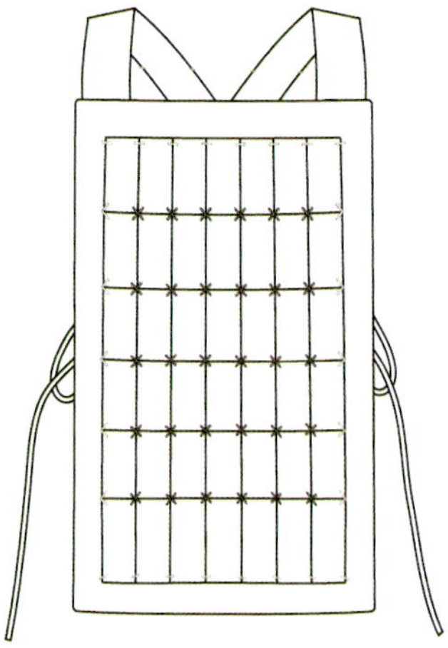

西周时期单片甲复原图

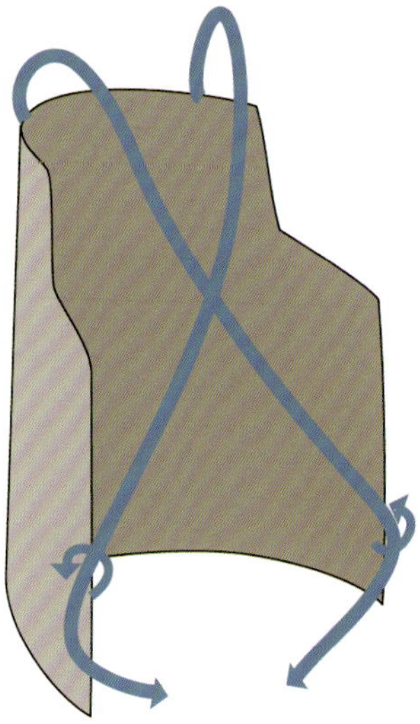

皮甲的系束方式

皮甲假想形制二

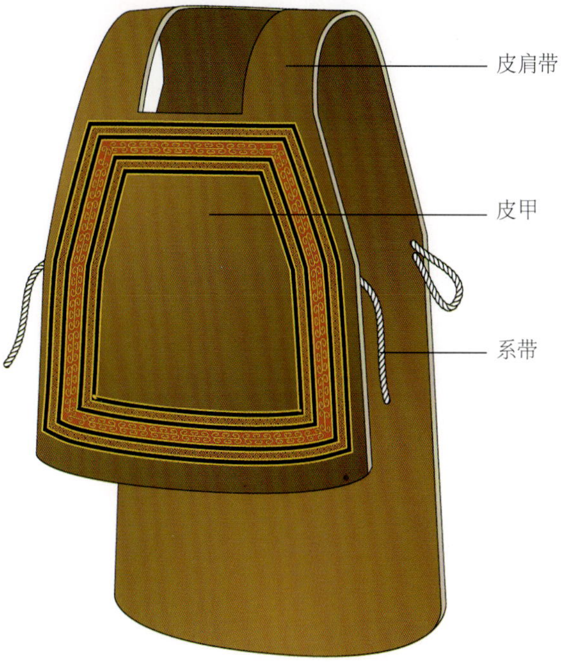

③ 皮甲

这种形制是根据刘永华先生著作《中国古代军戎服饰》商代篇中描述的二十世纪三十年代发现的云南傈僳族原始皮甲形式假设而来，这种形式的结构非常原始，可以追溯几千年前的工艺，所以很多资料将其形制作为商代甲衣形制来假设。

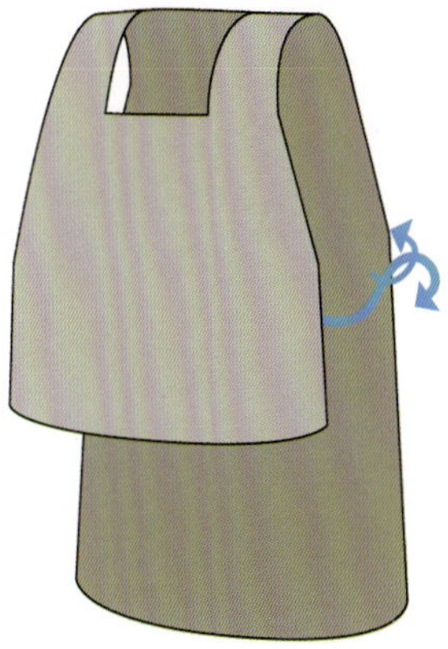

皮甲的系束方式

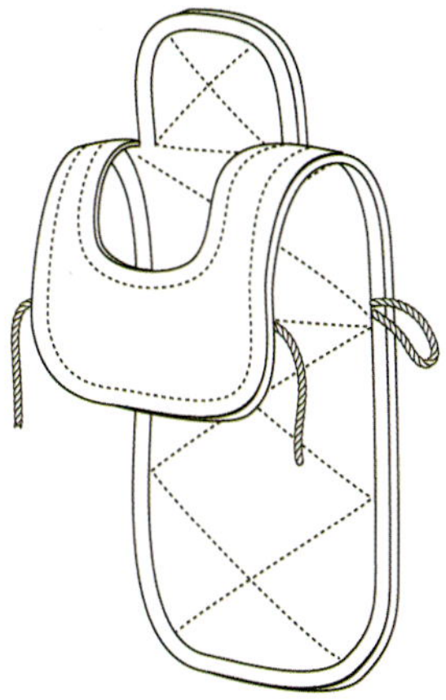

云南傈僳族原始皮甲

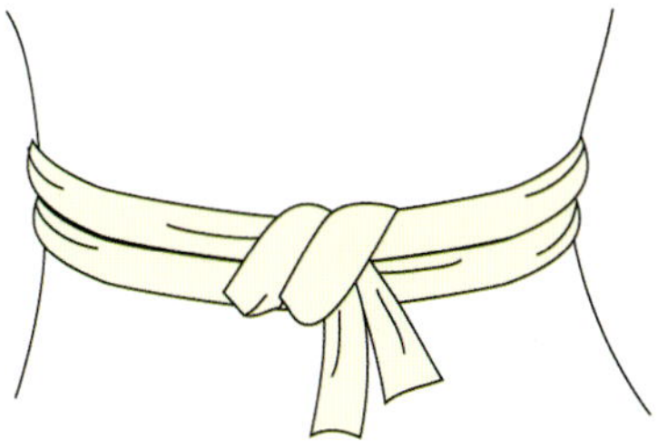

④ 帛带

商代时期带钩和带扣还没有发明出来，人们多是用织物制作的腰带来系束服装，这里的帛带是作为固定皮甲并安置武器的腰带来使用的。无资料参考，完全假想。

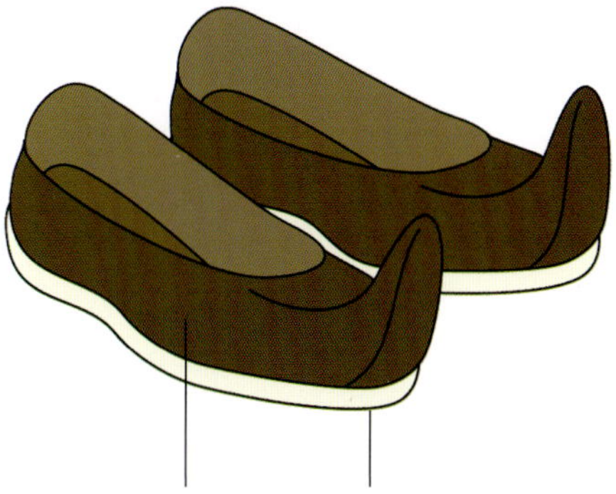

⑥ 履

在商代的考古发现中，人物大多不是赤足的就是模糊不清的，只有四川广汉三星堆出土的一件石边璋上所绘的人物上有明显的脚尖上翘的形象，可能就是商代的厚底鞋子。所以，图中所绘鞋子的形制完全是假想的。

鞋子古称舄（xì）或履（lǚ），舄就是重木底鞋，商代时期舄和履都是当时极其奢侈的物品，只有贵族和奴隶主这样的少数人才能拥有，所以由贵族组成的商代军队，应该有理由出现它。

四川广汉三星堆出土的一件石边璋上所绘的人物上有明显的脚尖上翘的形象

假想的甲胄穿着流程

1 穿着甲胄前。

2 穿着皮甲并在腰间系束帛带。

3 戴胄。

商代

二 青铜面具、胄和皮甲

图中所绘与商代一（见本书第2页）大体相同，不同之处是这次的青铜胄是江西省新干县大洋洲乡商代墓出土的青铜胄，并且增加了青铜面具。

❸ ❹ ❺ ❻ ❼ 与商代一相同。

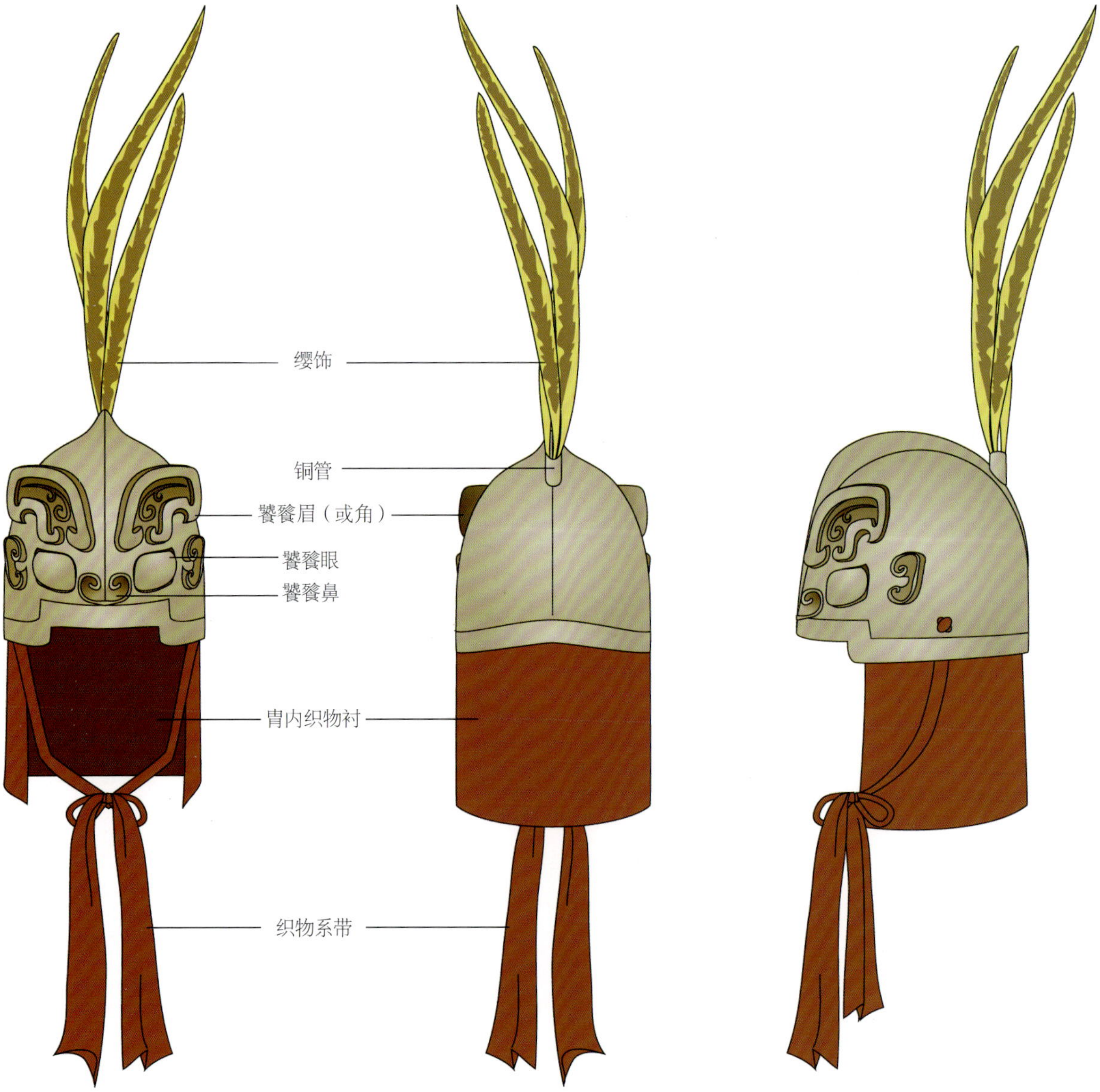

正面　　背面　　侧面

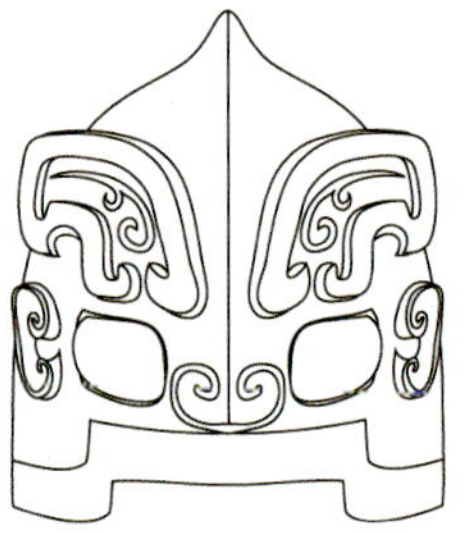

江西省新干县大洋洲乡商代墓出土的青铜胄

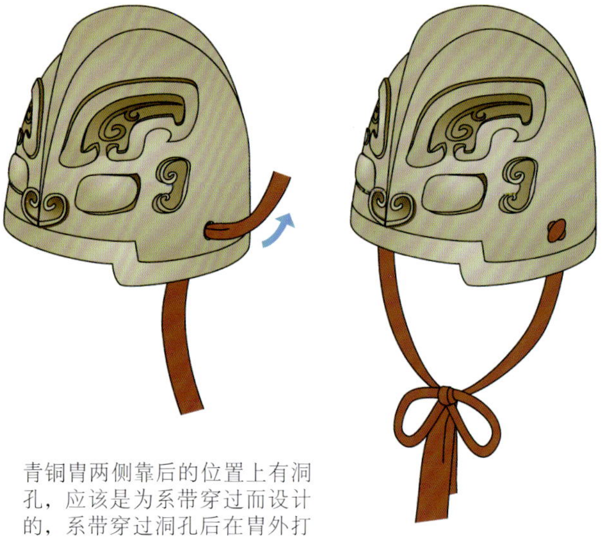

青铜胄两侧靠后的位置上有洞孔，应该是为系带穿过而设计的，系带穿过洞孔后在胄外打结固定

饕餮纹青铜胄 ①

根据1989年江西省新干县大洋洲乡商代墓中的青铜胄绘制。该胄高18.7厘米，内径约18.6厘米~21厘米，重2.21千克。同河南发现的青铜胄一样，都是范浇铸而成，但胄正前部的兽形纹理较之商代一的纹理更加细致，风格十分独特，应该属于当地的特色。

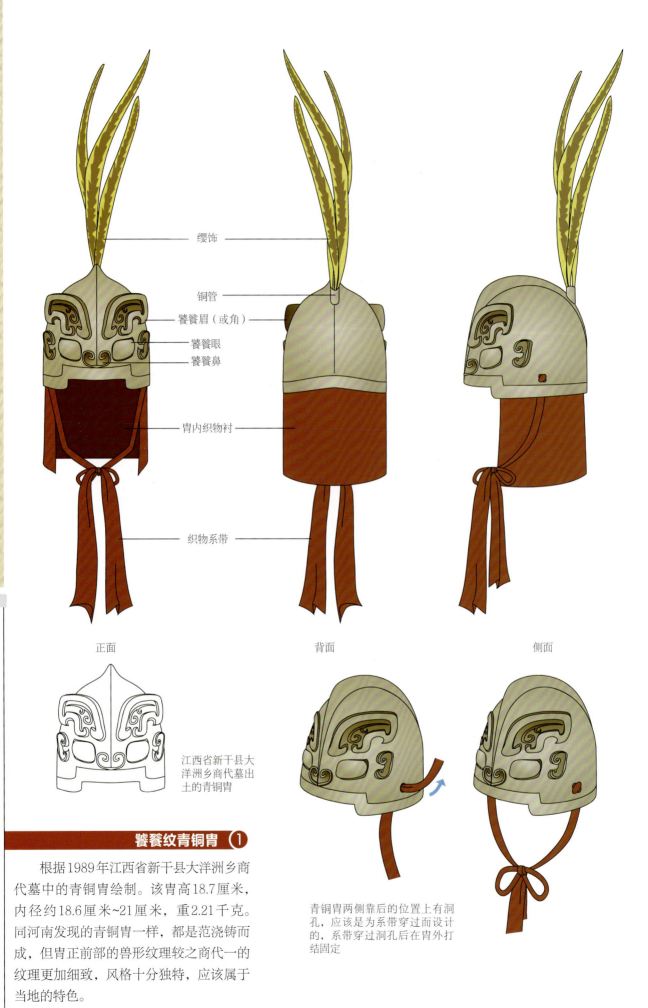

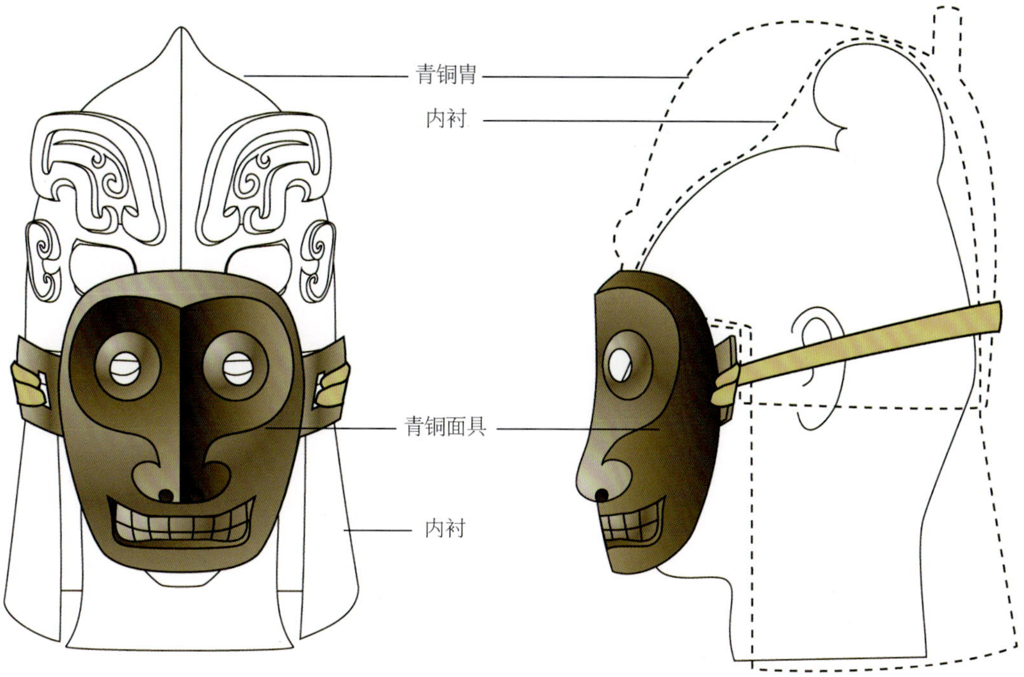

陕西省城固县苏村出土商代青铜人面具

②青铜面具

根据1976年在中国陕西省城固县苏村出土商代青铜人面具绘制。这个青铜面具是商代晚期的器物，现收藏在陕西省博物馆。它直径11厘米，背部有两个钮，可以方便穿系。

在中国各地商代文化遗存中，多次有青铜面具出土，而且数量较多。

而青铜面具的用处*大致归纳为以下几种看法：

（1）盾饰，用以加强防御力。

（2）覆面，系戴于死者面部，使死者在阴间得到保护，或者用来保存死者的灵魂。

（3）祭祀场合或宗教仪式中的辅助用具，即法器，无论是否适合系戴于人的面部，都用来沟通人神或天地。

（4）某一神灵或神职人员的形象，用来作为尊崇、祭祀的对象。

青铜人面形饰上有无穿孔、穿孔数量的多少及其位置，直接关系到其如何被使用。

陕西省城固县苏村出土的青铜人面具23件（原报告称铜脸壳）一般有2或4个穿孔，分别位于顶部和下颌处，即器物的两侧，仅从这一点来说，它们既有可能用作系戴于人面上的面具，也能够作为防御性的器具。

也有专家认为它是“人面盾饰”，就是可以起到保护脸部作用的面盾，也有可能是用以起到在战场上威慑敌人的作用。所以这里我们把青铜面具设计成武士的面盾。

注：*《文物春秋》，2007年第4期，孙勐先生《浅析刘家河商墓中出土的青铜人面形饰》。

假想的甲胄穿着流程

❶ 穿着甲胄前。 ❷ 穿着皮甲并在腰间系束帛带。 ❸ 戴胄。 ❹ 戴面具。

西周

西周：约公元前11世纪至公元前771年。

周人传说是“帝喾”元妃“姜嫄”的儿子“弃”的后裔。在岐山南边的周原（今陕西岐山县）定居，后逐渐发展成一个新兴的西部势力，自称为“周”。并于约公元前1046年在牧野击败商朝军队，杀死殷的商纣王，史称“武王伐纣”，建立了中国历史上最长的一个朝代，即周朝。后到了“烽火戏诸侯”的周幽王时期，遭受“犬戎”兵火洗劫，周幽王在骊山被杀。幽王的儿子“宜臼”继位，称“周平王”。后周平王宜臼将都城迁到洛邑（今河南洛阳一带），史称“平王东迁”。因洛邑在岐县的东面，历史上习惯称此前的周朝为西周，之后的为东周。

西周从武王灭商建国，到幽王亡国，共历三百多年，是中华古典文明全面发展的时期。这个时期的物质文明、精神文明对后世历史的发展有很深远的影响。西周时期青铜冶炼高度发达，王室与各地诸侯都有青铜作坊，但是甲衣方面依然以皮甲为主。据记载周代有“司甲”的官员，掌管甲衣的生产；由“函人”来监管制造。皮甲分为犀（犀牛）甲、兕（野牛）甲、合（多种皮质复合）甲三种。胄方面与商代大体相同，都是以青铜胄为主。

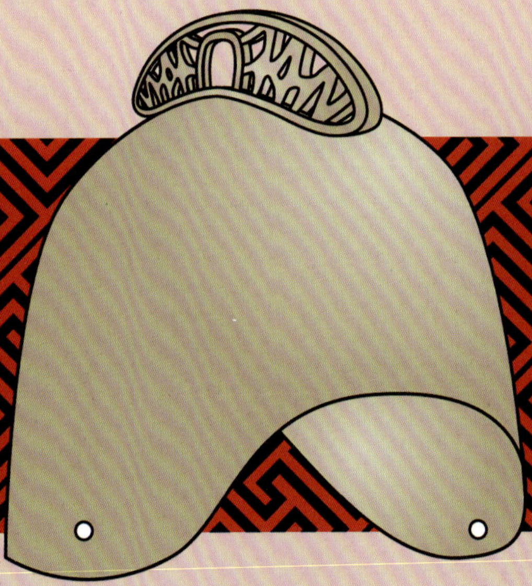

西周

一 青铜胄和青铜甲

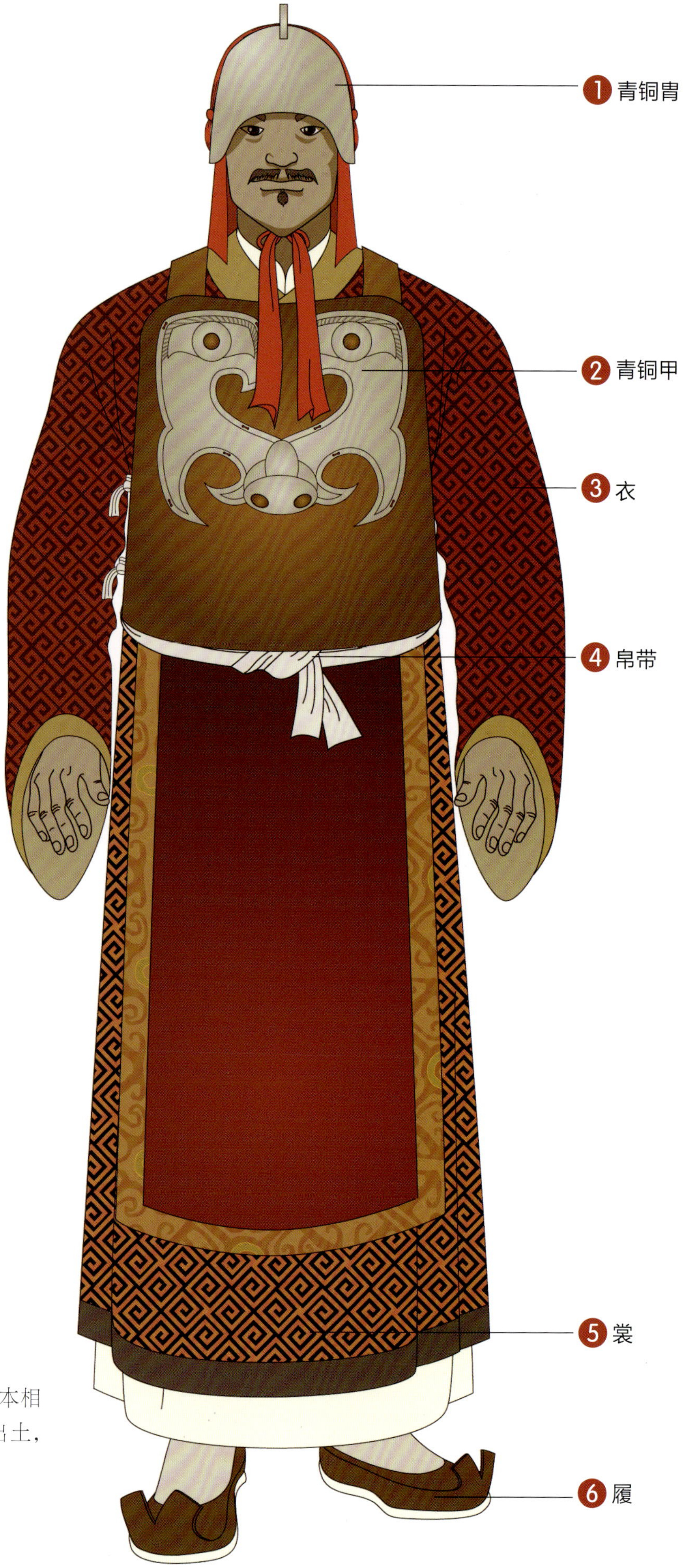

图中所绘甲胄形制同商代基本相同，但因为有青铜甲片实物的出土，开始了由金属制成身甲的登场。

3 4 5 6
与商代一、二相同。

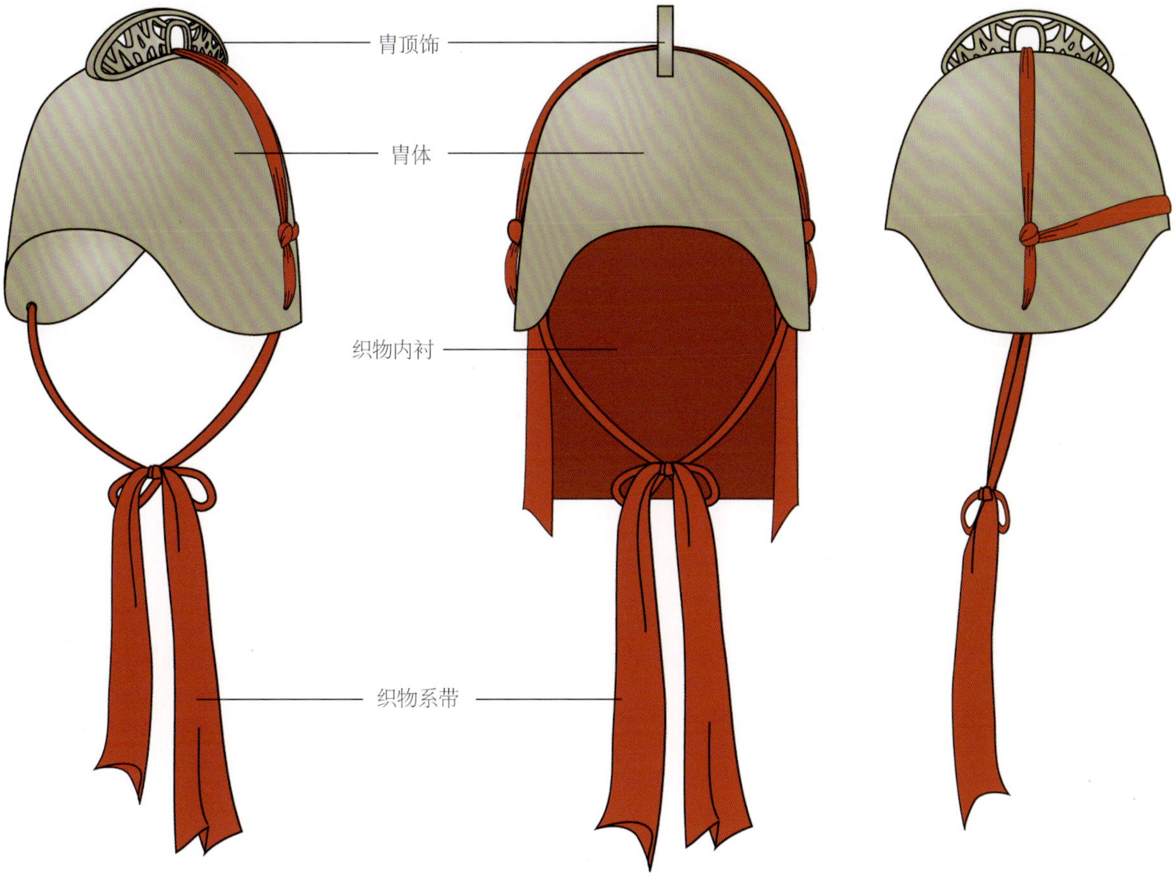

半侧面　　正面　　侧面

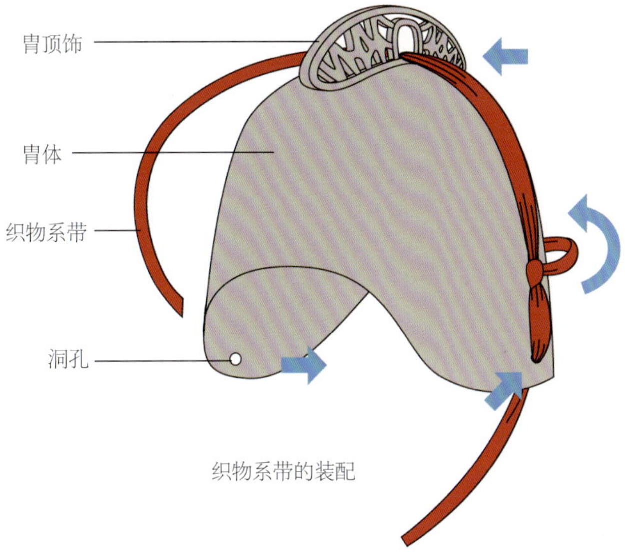

织物系带的装配

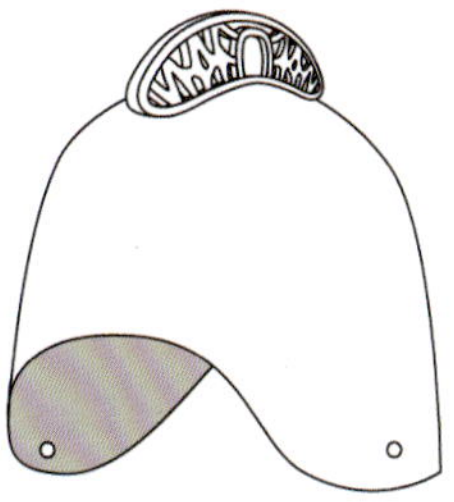

北京昌平西周墓出土青铜胄

1 青铜胄

根据1975年北京昌平西周墓实物绘制，该胄为素面，没有纹理，相比商代一、二的铜胄要简洁很多，胄顶处有镂空的纹理制成的胄顶饰，与商代一样，西周的胄内也应该有织物或者皮革制成的内衬来防止头部与胄体的直接接触。胄的系带是根据刘永华先生的《中国古代军戎服饰》中描述而来，系带是穿过胄顶饰在胄外垂下从胄两侧双耳处的小孔穿入胄内在颚下系束，在胄的背后也有一道系带在两耳上处将垂下来的系带加以固定。

青铜甲　假想形制一

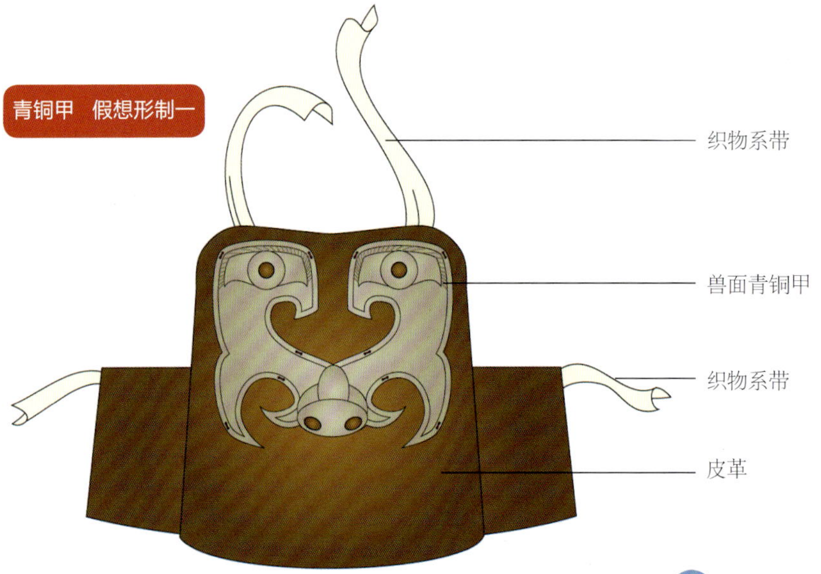

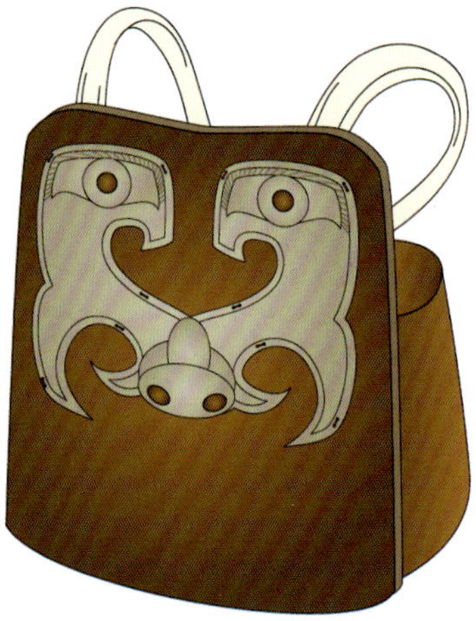

青铜甲 ②

根据1974年山东胶县西庵出土的车马坑实物绘制。出土时青铜部分分为三件，据专家推论其中一件已经确认为保护前胸的青铜甲，应该是用织物通过青铜甲片上的小孔编缀在皮革之上的。另外二件还不能确定是什么部位的护甲，现在更多人倾向于这两件是背部护甲的可能性。而衬托青铜甲片的皮革部分其实物已经腐烂，所以皮革部分的外形已经无从考证，所以图中所绘的两种假想形制与商代一的两种假想形制相同。

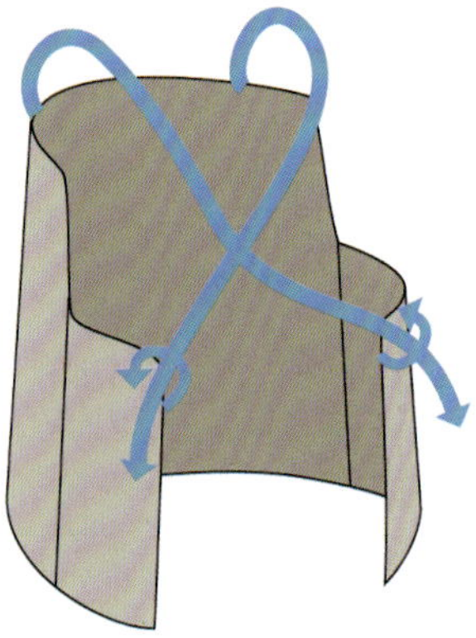

皮甲的系束方式

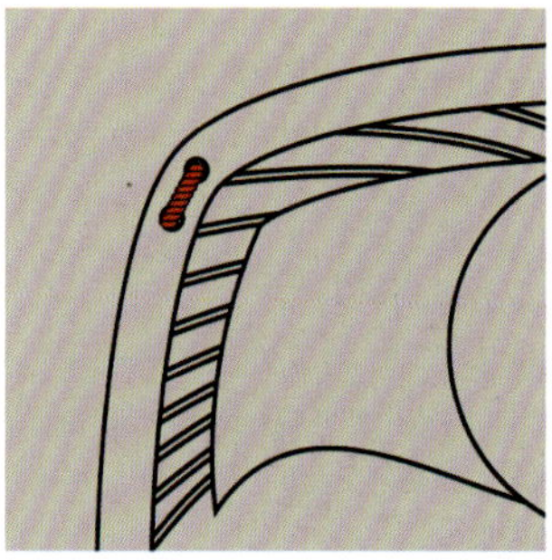

青铜甲片上的小孔编缀

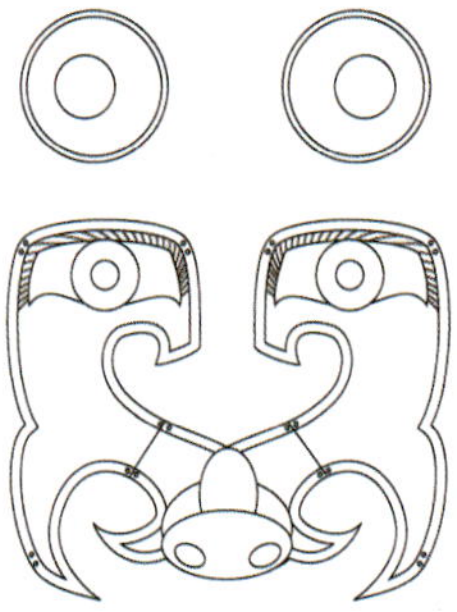

山东胶县西庵出土的青铜甲片

青铜甲　假想形制二

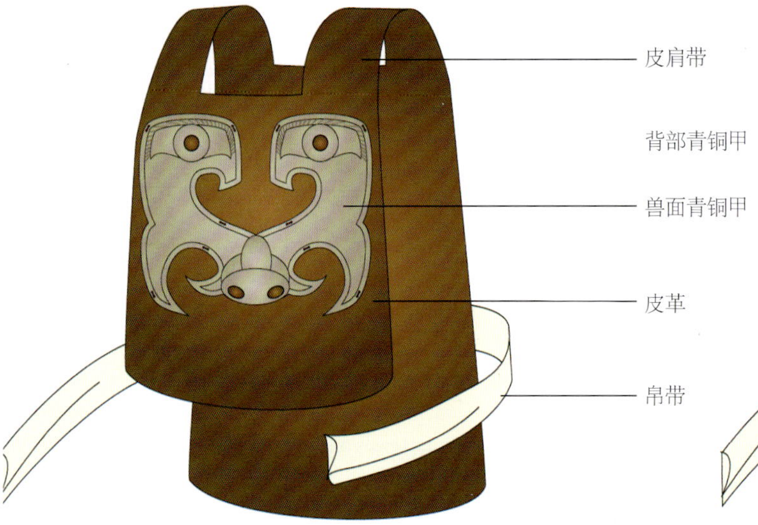

正面

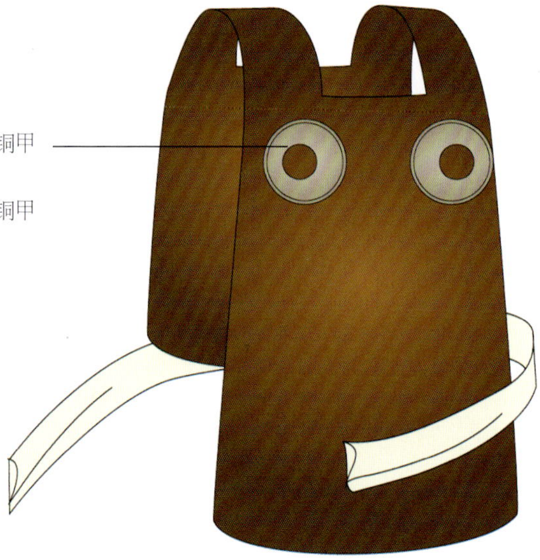

背面

假想的甲胄穿着流程

❶ 穿着甲胄前。　❷ 穿着皮甲并在腰间系束帛带。　❸ 戴胄。

西周

二 韦弁和青铜甲

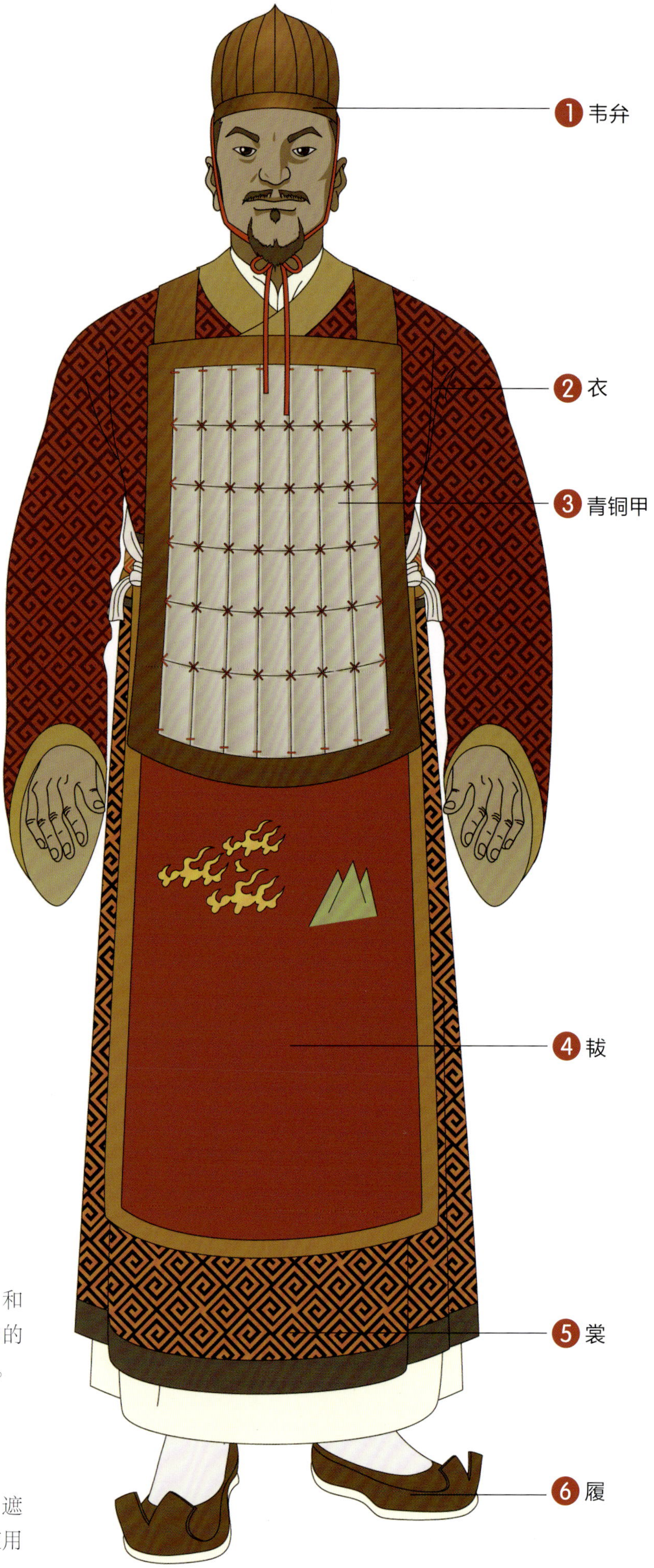

图中所绘人物衣着中的弁（biàn）和韨（fú）是西周的贵族才能穿的，其中的弁是韦弁，是西周时期武官所带的冠饰。

2 5 6

与西周一相同。

4

韨是西周贵族戴的蔽膝，用熟皮做成，遮在膝前，韨上的火和山形图案是诸侯使用的，周天子的韨是龙纹。

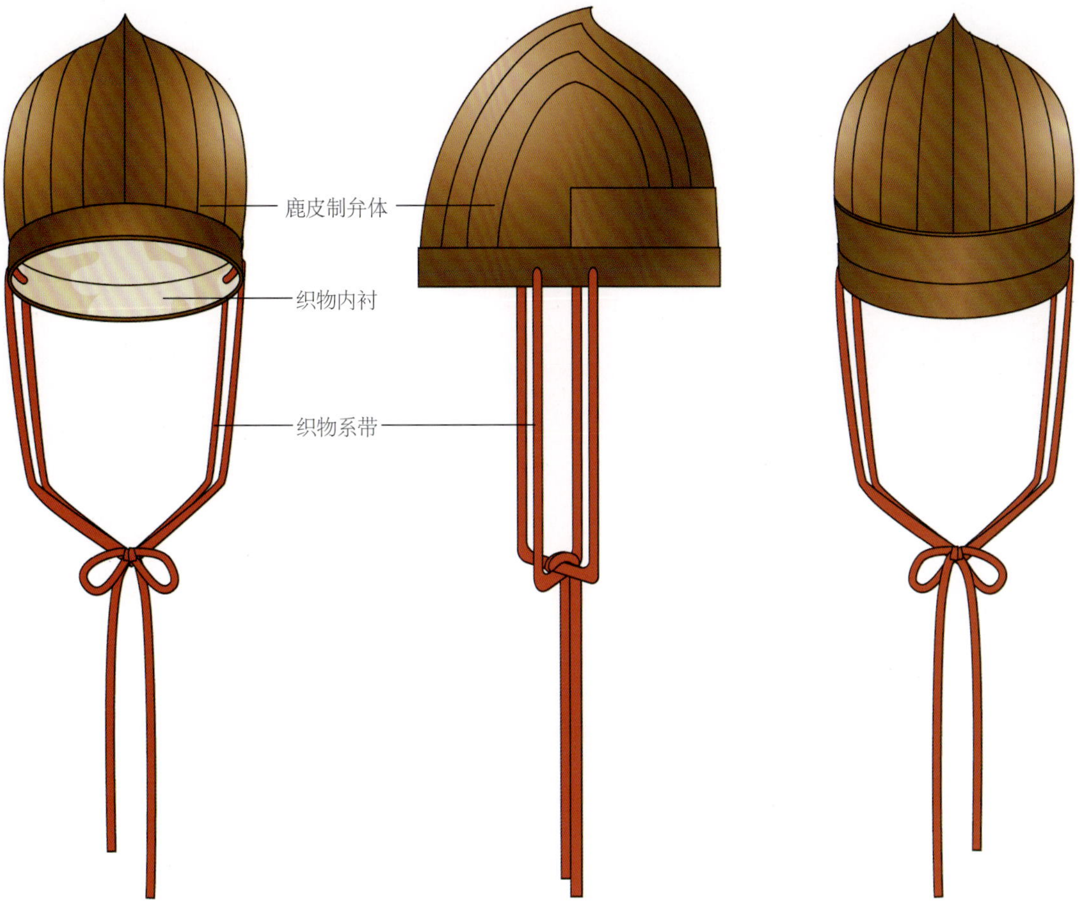

正面　　背面　　侧面

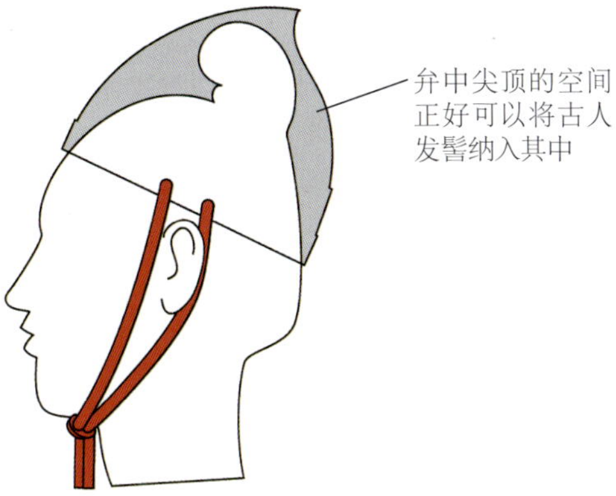

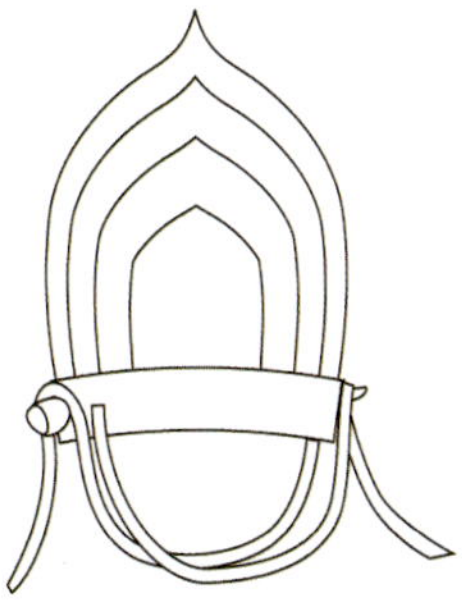
《新定三礼图》中的韦弁插图1

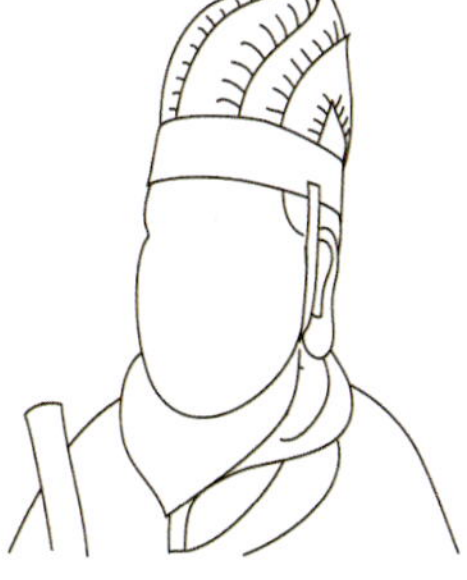
《新定三礼图》中的韦弁插图2

①韦弁

根据《新定三礼图》中的插图绘制。《释名·释首饰》中说到“弁，如两手合抃(biàn)时也”。就是说弁的外形就像人的两只手扣合在一起的形状，而《后汉书·舆服志》提到“制如覆杯，前高广，后卑锐”，就是说弁又像一个倒扣过来的杯子，椭圆形、上顶尖锐的帽子。弁是西周的一种官帽，通常配礼服用(吉礼之服用冕)。赤黑色布做叫爵弁，是文冠；白鹿皮做的叫皮弁，是武冠；用茅蒐（茜草）染成浅绛色的皮子做的叫韦弁，是兵事服饰。《说文》中记载弁又同覍，冕也。周曰覍，殷曰吁，夏曰收。

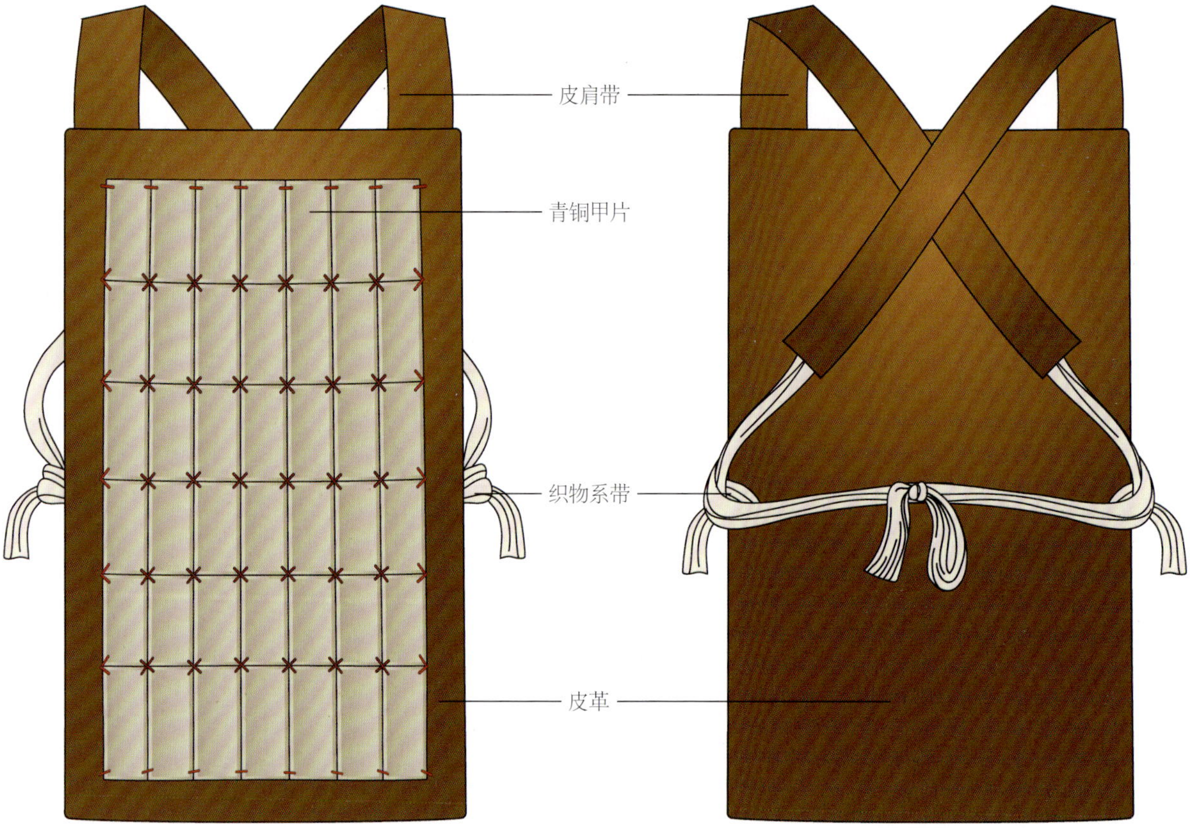

正面　　背面

青铜甲 ③

根据1984年陕西长安普渡村18号西周墓实物复原，该甲出土时共计42块青铜甲片，每个甲片大小差不多相同，甲片背后有皮质纤维痕迹，所以应该是有皮革作衬，甲片互不叠压，四角有空，用皮条、丝绪或其他织物编缀(如右上图)。该甲正面上缘有两条皮肩带，穿时从肩部披挂到背后，交叉后在正面的两侧系束，这种穿着方式是从秦代的单片甲参考而来。该甲也是本书商代一和西周一的单片甲假设参照之物。

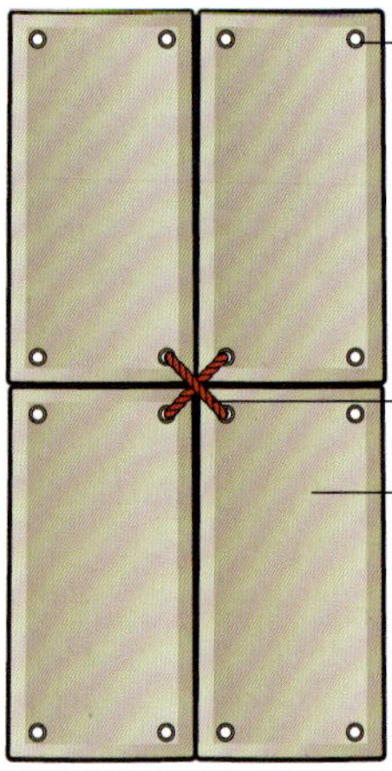

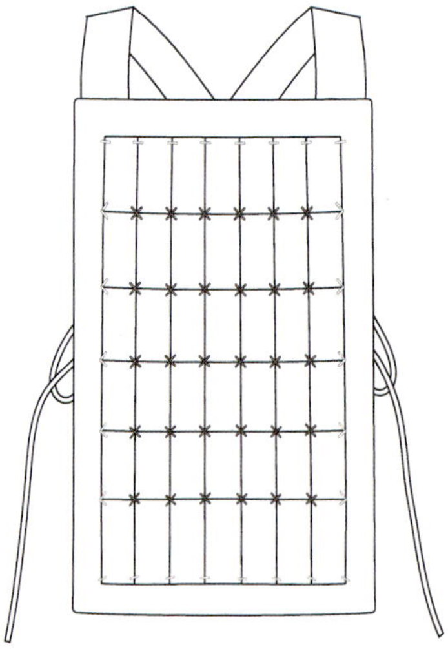

陕西长安普渡村西周墓青铜甲复原图

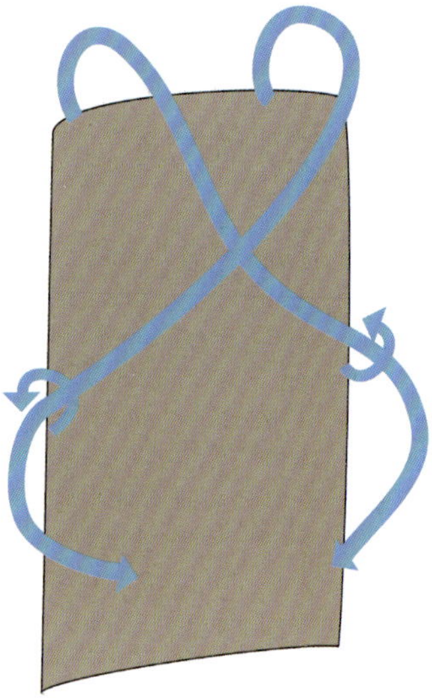

甲的系束方式

假想的甲胄穿着流程

❶ 穿着甲胄前。
❷ 穿着皮甲并在身后系束。
❸ 穿着皮甲并在身后系束。
❹ 戴韦弁。

东周（春秋、战国）

东周（春秋、战国）：公元前770年至公元前221年。

东周大致包括春秋、战国两个时期。始于“平王东迁”，春秋时期得名于鲁史《春秋》（前770年至前475年）。而战国时期得名于西汉刘向将周元王元年（前475年）至秦王政二十六年（前221年）这段历史的各种资料编成的《战国策》。东周王朝在前256年被秦灭亡，战国时代则延至前221年。

春秋与战国时期是中国历史上社会经济急剧变化、政治局面错综复杂、军事斗争层出不穷、学术文化异彩纷呈的一个变革时期，是中华古代文明逐渐递嬗（shàn）为中世纪文明的过渡时期。

这个时期服装服饰也发生了较大的改变，男子的上衣下裳制逐渐被淘汰，裤子也开始由内衣的使用转变为外裤的使用，其中以赵武灵王胡服变革最为典型。甲胄方面除了一少部分沿袭西周制以外，各地诸侯都有了自己独特的设计。除了普遍使用皮甲以外，铁甲开始登上甲胄舞台。

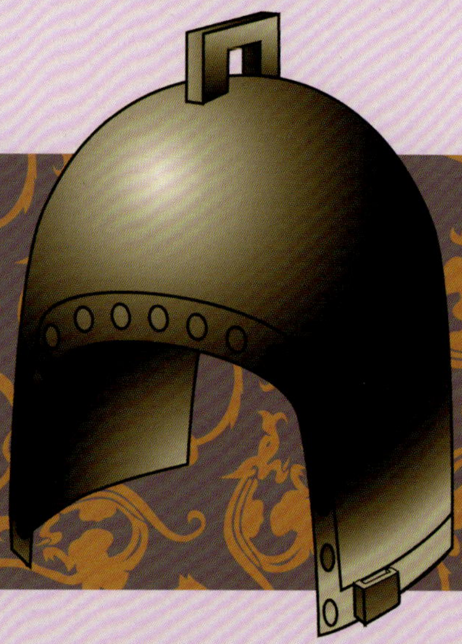

东周

一 髹漆皮甲和皮胄

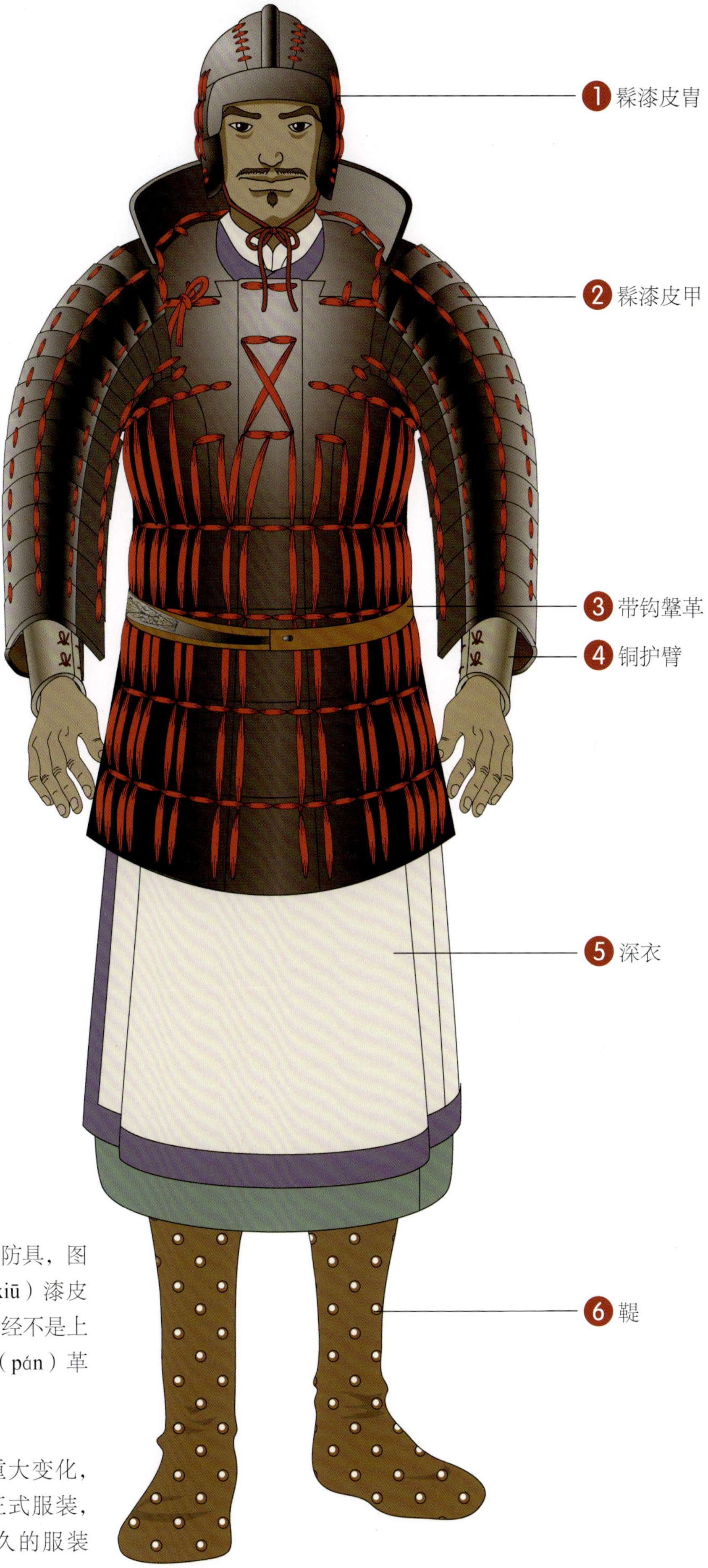

皮甲在春秋战国时期依然是主流防具，图中所绘人物所穿就是一整套的髹（xiū）漆皮质防具。而这个时期人们的服装也已经不是上衣下裳制，而被深衣取代。带钩鞶（pán）革和鞮（dī）也出现在这一时期。

5
春秋战国时期人们的服装发生了重大变化，开始采用深衣取代上衣下裳成为正式服装，深衣成为中国历史上使用时间最久的服装样式。

髹漆皮胄 ①

根据1978年湖北省随县擂鼓墩一号战国墓实物复原，胄共由十八块各种形状的皮甲片组成，出土实物的甲片孔中还存有残丝，说明甲片是用丝绦编缀的，所有皮甲片都经过髹漆。髹就是赤黑色的生漆。凡是不叠压而露在外表的皮甲片的边缘都有模具压过的凹槽，这些凹槽可能仅仅起到装饰作用。据专家研究后认为制作包括身甲在内的整套甲胄需要近百套模具加工才能完成，可见此甲的工艺相当复杂。

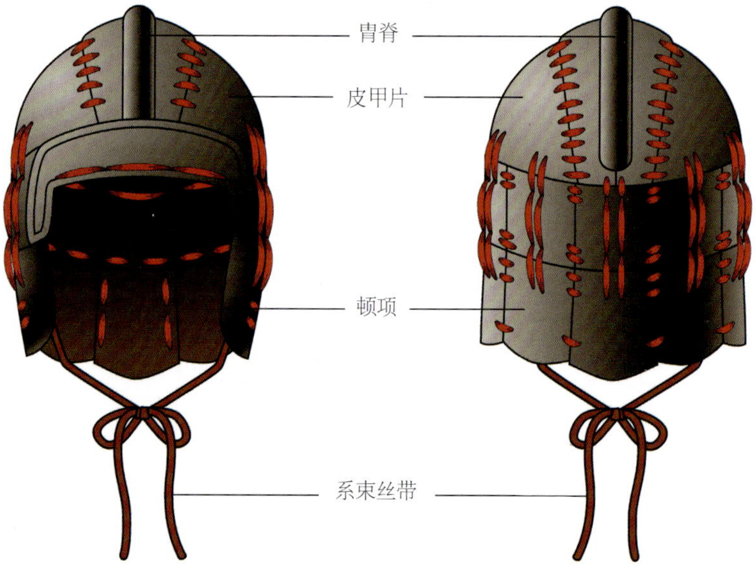

正面　　背面

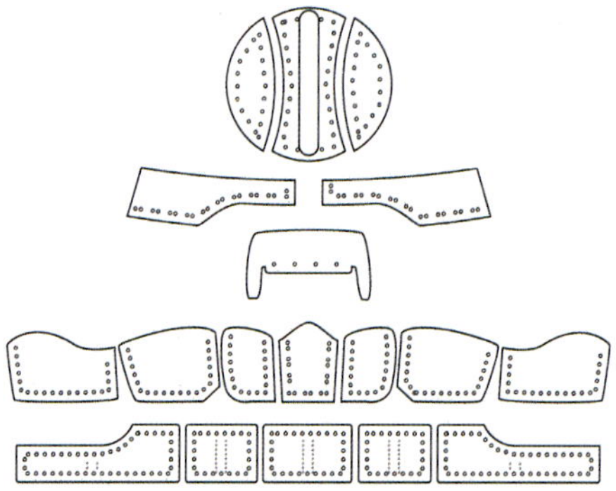

湖北省随县擂鼓墩战国墓皮胄甲片

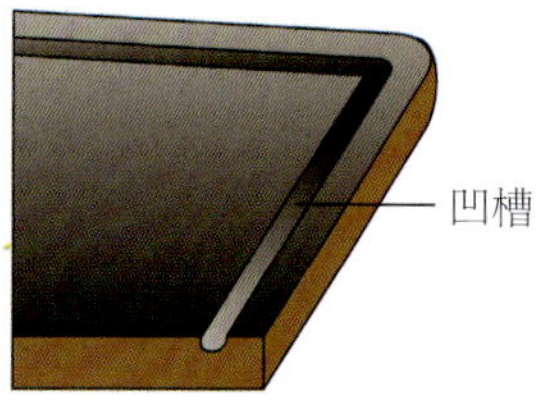

模具压过的凹槽

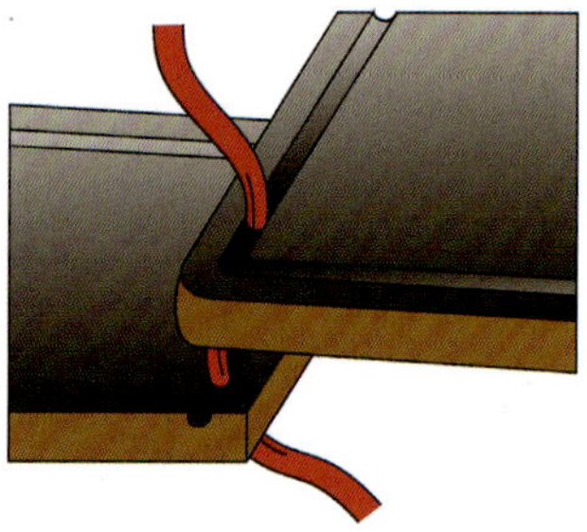

凹槽内的洞孔也是甲片编缀连接点

铜护臂 ④

根据云南省剑川鳌凤山战国墓实物绘制，属于战国早期铜护臂。铜护臂由一整块青铜围成筒状，靠近手的部分筒口稍小且外翻，靠近肘部的部分筒口略大，边缘打磨的比较光滑，该护臂应该有一定弹性，装配到手臂以后可以拉紧。其佩戴时可能是护臂的接缝处合拢以后系束，也可能是接缝处交错叠合系束。

合拢后系束

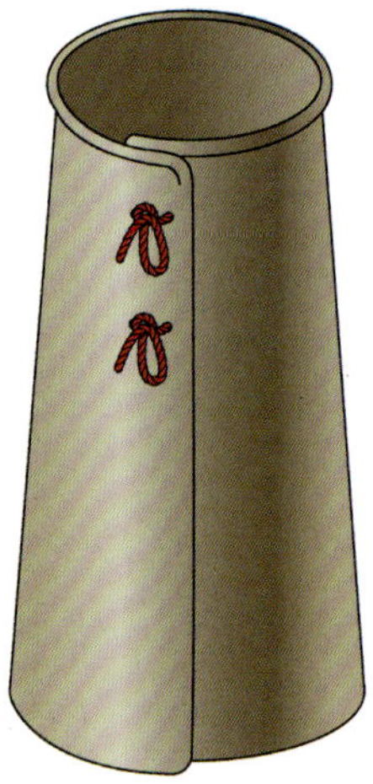

交错叠合系束

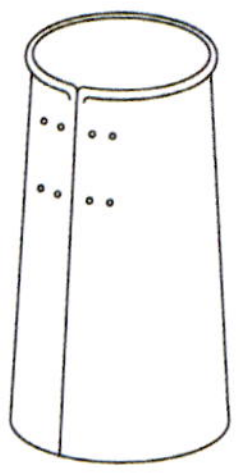

云南省剑川鳌凤山战国墓出土的铜护臂

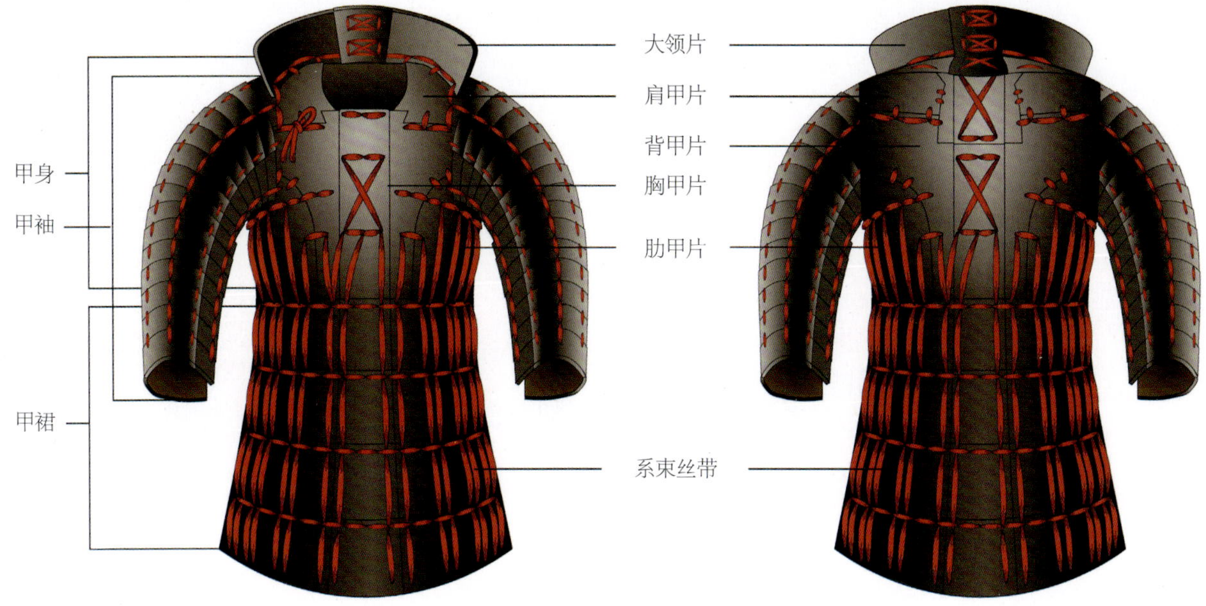

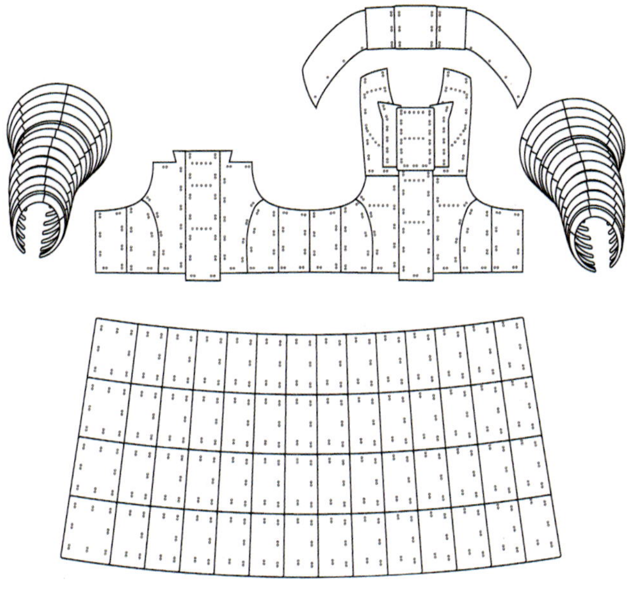

湖北省随县擂鼓墩战国墓出土的皮甲片

② 髹漆皮甲

与髹漆皮胄同样来自1978年湖北省随县擂鼓墩一号战国墓实物复原，皮甲分为甲身、甲袖和甲裙三部分，其中甲身皮甲有2排21块，甲袖皮甲有13排87块，甲裙皮甲有4排56块，共计164块。甲片由丝带编缀，这是由实物上丝带的残留物所发现的。与髹漆皮胄一样，甲片都髹漆过。甲片有弧度，并有明显模具压过的痕迹，说明当时已经出现了类似今天流水线的作业方式。

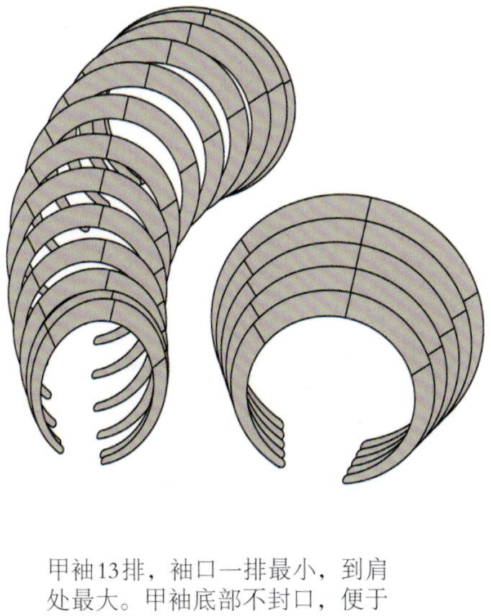

甲袖13排，袖口一排最小，到肩处最大。甲袖底部不封口，便于臂膀活动

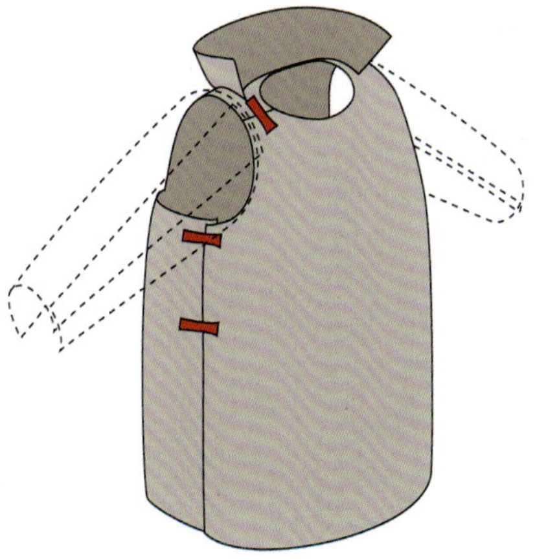

皮甲的穿戴方式

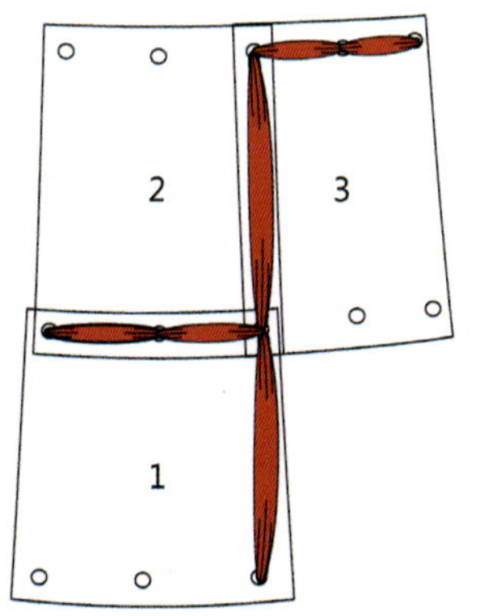

其编缀方式应该是下压上，左压右

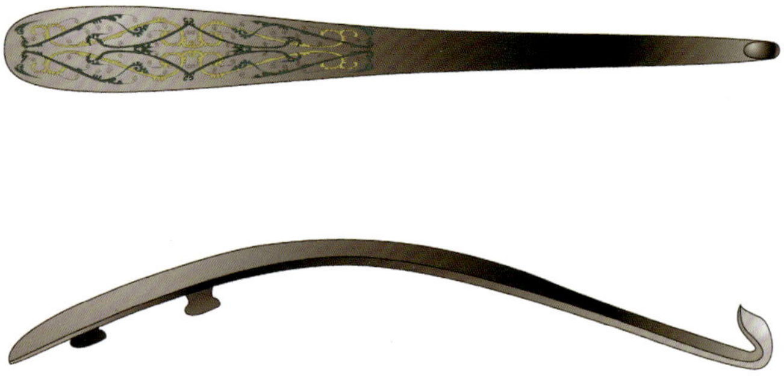

带钩鞶革 ③

图中所绘是根据山西省侯马战国墓出土，现藏于上海博物馆的带钩实物绘制。这种带钩后端很长，固定在皮带一端，另一端只有一个预先量好位置的洞孔与带钩连接，皮带两端正好对齐，而没有多余。鞶革也就是皮带，在西周之前腰带都是用帛来系束，后来据说是从马具上受到启发发明了带钩，后来又有了带扣，而形成了可以束带利索、不易脱落的带钩、带扣皮带。

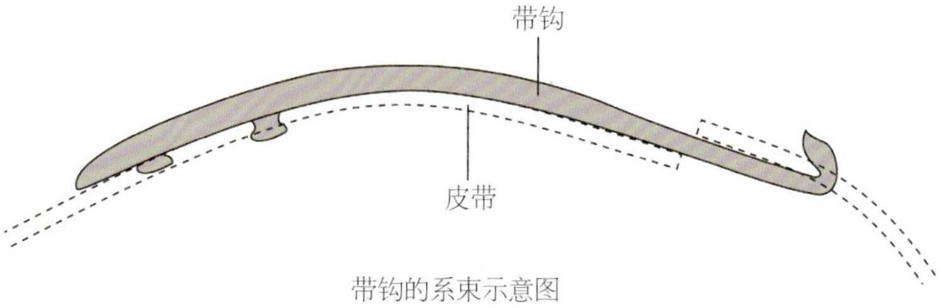

带钩的系束示意图

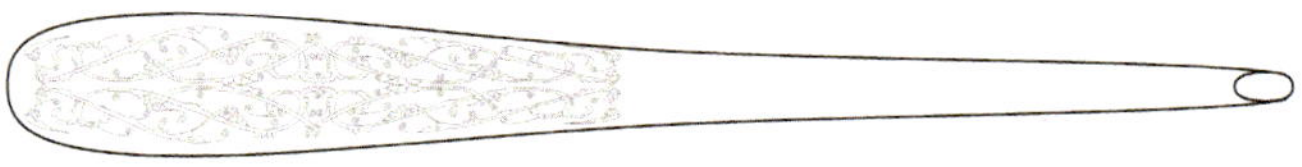

山西省侯马战国墓出土的带钩

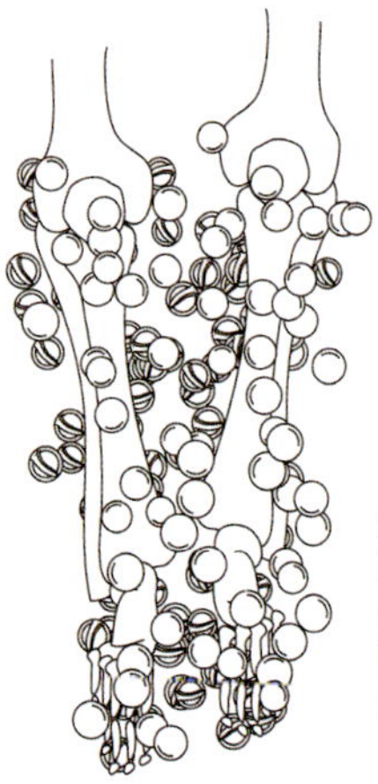

左图为沈阳郑家洼子战国墓出土靴子的铜甲泡。分布在胫部和足部的大量铜甲泡（示意图，铜甲泡分布并非实际布局）

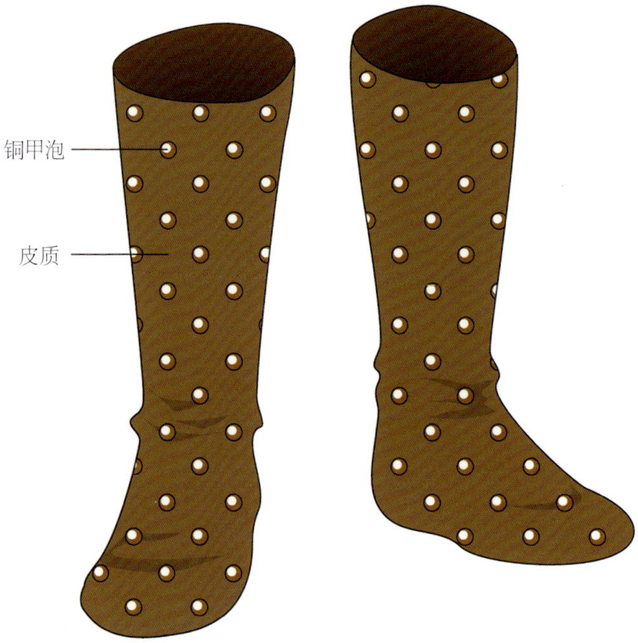

鞮 ⑥

春秋战国时期的军队服装变革中还有一项是去舄履而服靴，靴又称为鞮。图中所绘是根据1974年沈阳郑家洼子战国墓出土的靴子遗迹复原。

该靴出土时皮质已经腐烂，只剩下胫部和足部的大量铜甲泡一百余枚，从这些铜甲泡的分布来看，其主人下葬时应该是穿着钉满铜甲泡的长筒皮靴。

假想的甲胄穿着流程

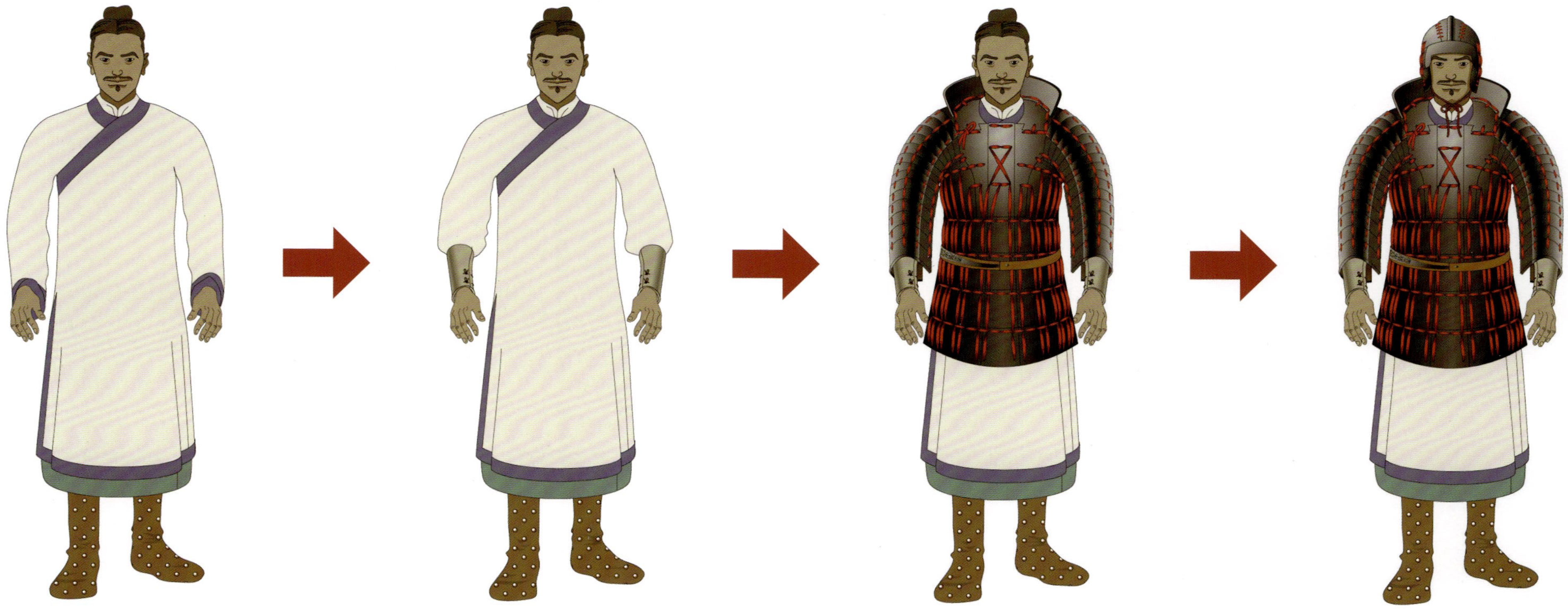

① 穿着甲胄前，先穿鞮。

② 戴上护臂。

③ 穿着皮甲并系束鞶革。

④ 戴皮胄。

东周

二 髹漆合甲和青铜胄

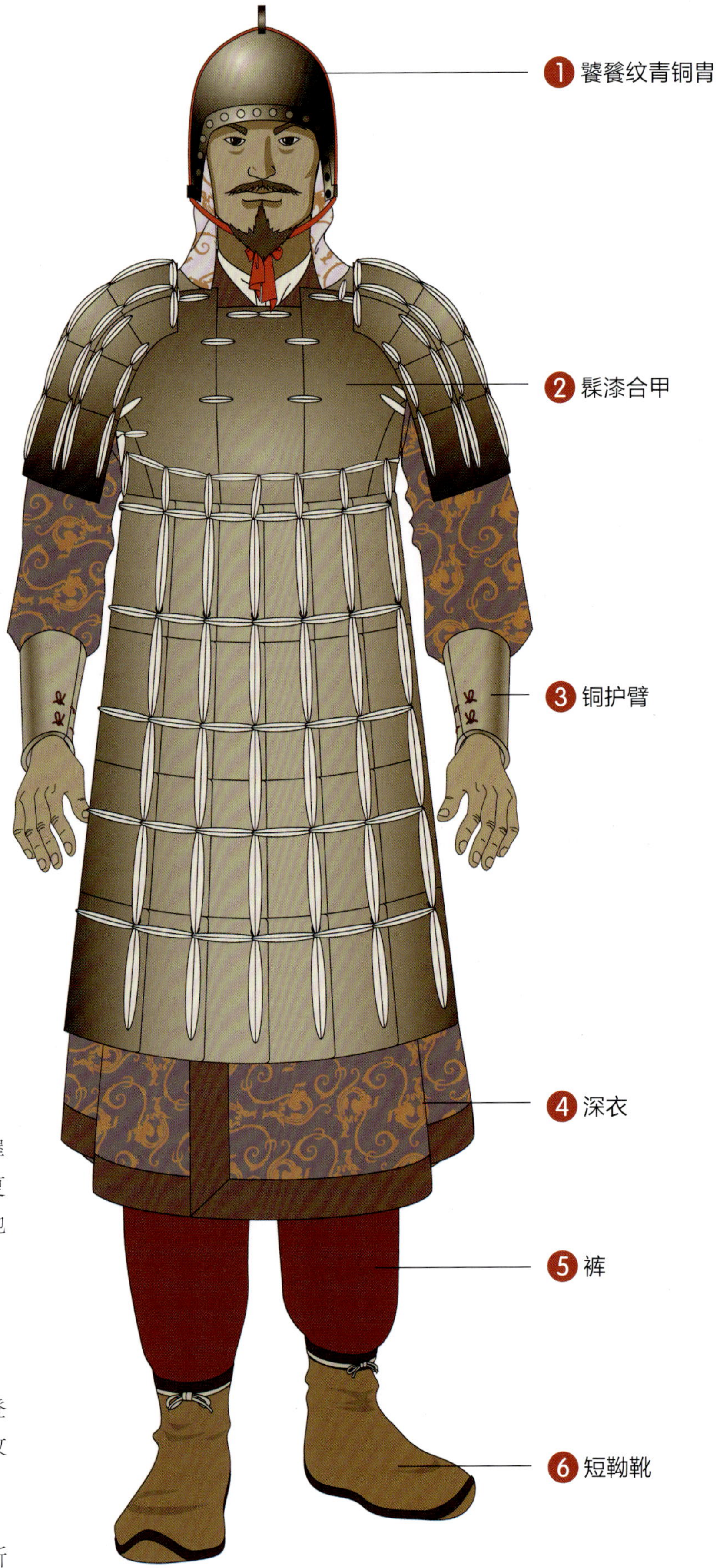

木甲应该属于西周一中提到的犀（犀牛）甲、兕（野牛）甲、合（多种皮质复合）甲三种甲类的最后一种合甲，是质地最坚硬的一类。

3 4

与东周一相同。

5

通过赵武灵王胡服变革而来的裤子正式登入大雅之堂，从原来只作为内裤使用而改变为直接穿在外面。

6

胡服变革也包括学习胡人的靴子，图中所绘是根据蒙古诺音乌拉匈奴墓出土短鞠靴绘制。

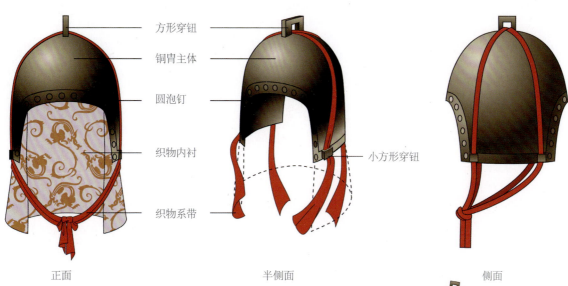

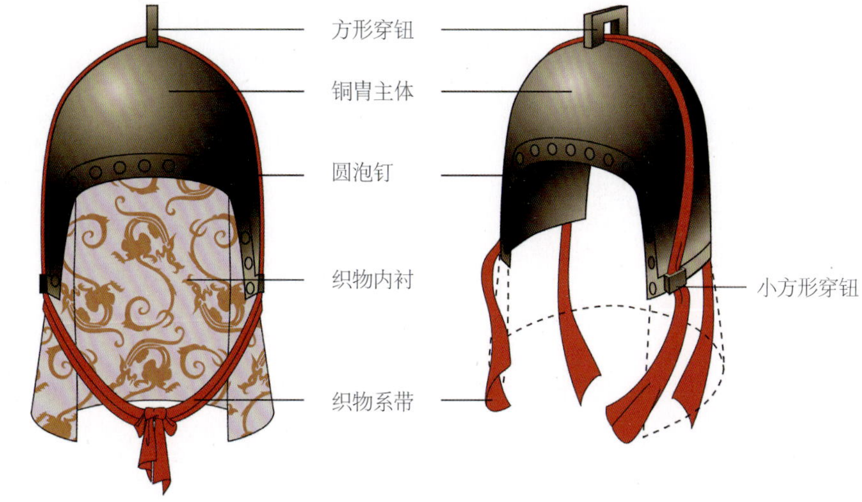

正面　　半侧面　　侧面

① 饕餮纹青铜胄

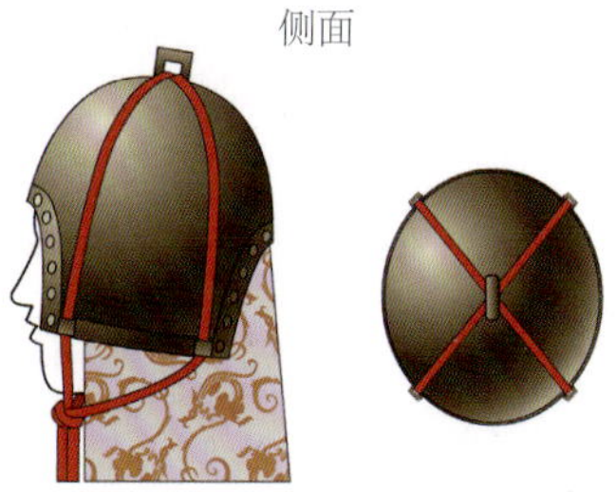
系带穿法的侧面图、俯视图

根据1963年辽宁省昭乌达盟（今内蒙古自治区赤峰市）宁城县南山根101号墓出土实物复原，该墓是西周晚期至春秋早期所建。青铜胄实物通高24厘米，胄体前额弧曲，后项呈半圆弧形，左右两侧下垂形成护耳，胄的前后下沿边条上有凸出的一列圆泡钉。胄内也应该有皮革或织物所制的内衬来保护戴胄者的头部。在胄两侧护耳的下角各有两个小方形穿钮，在胄顶中央也竖立一个方形穿钮。铜胄出土时附有四根皮条痕迹，自顶上的方形穿钮穿过后向四边下垂，其中两条穿过两侧护耳下的小方形穿钮，应该是固定系带的用途。由于皮条已经腐烂无法辨认出系束方法，图中所绘的系带穿法为笔者假想设计。

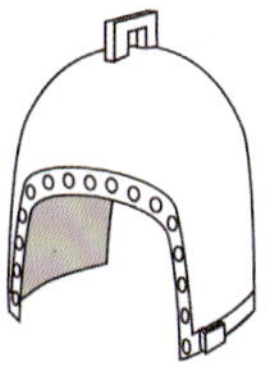
辽宁省昭乌达盟宁城县南山根101号墓出土青铜胄

另一个青铜胄

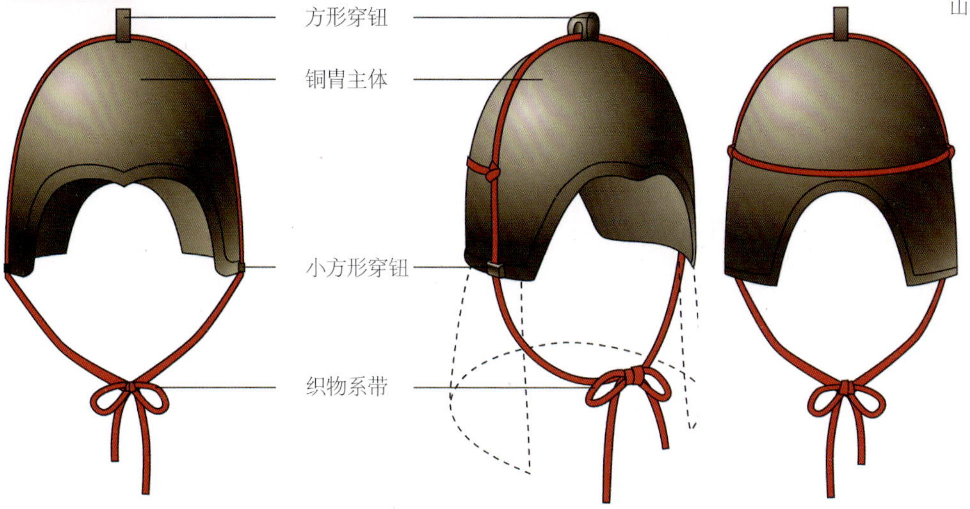

正面　　半侧面　　背面

根据1956年内蒙古自治区昭乌达盟（今赤峰市）美丽河出土的青铜胄设计。该胄与南山根出土的青铜胄形制大致相同，只是边条上没有泡钉，另外胄两侧护耳只各有一个小方形穿钮。由此推测，该胄的系带穿法和西周一的系带穿法应该是相同的。

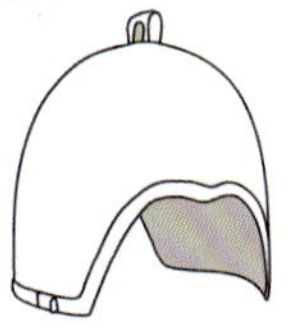
1956年内蒙古昭乌达盟赤峰市美丽河出土的青铜胄

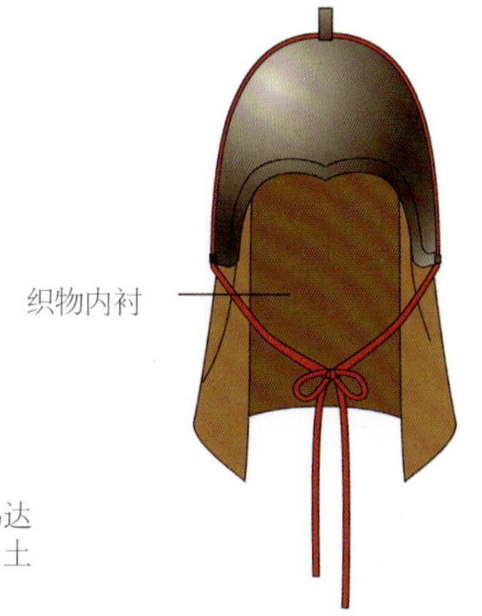

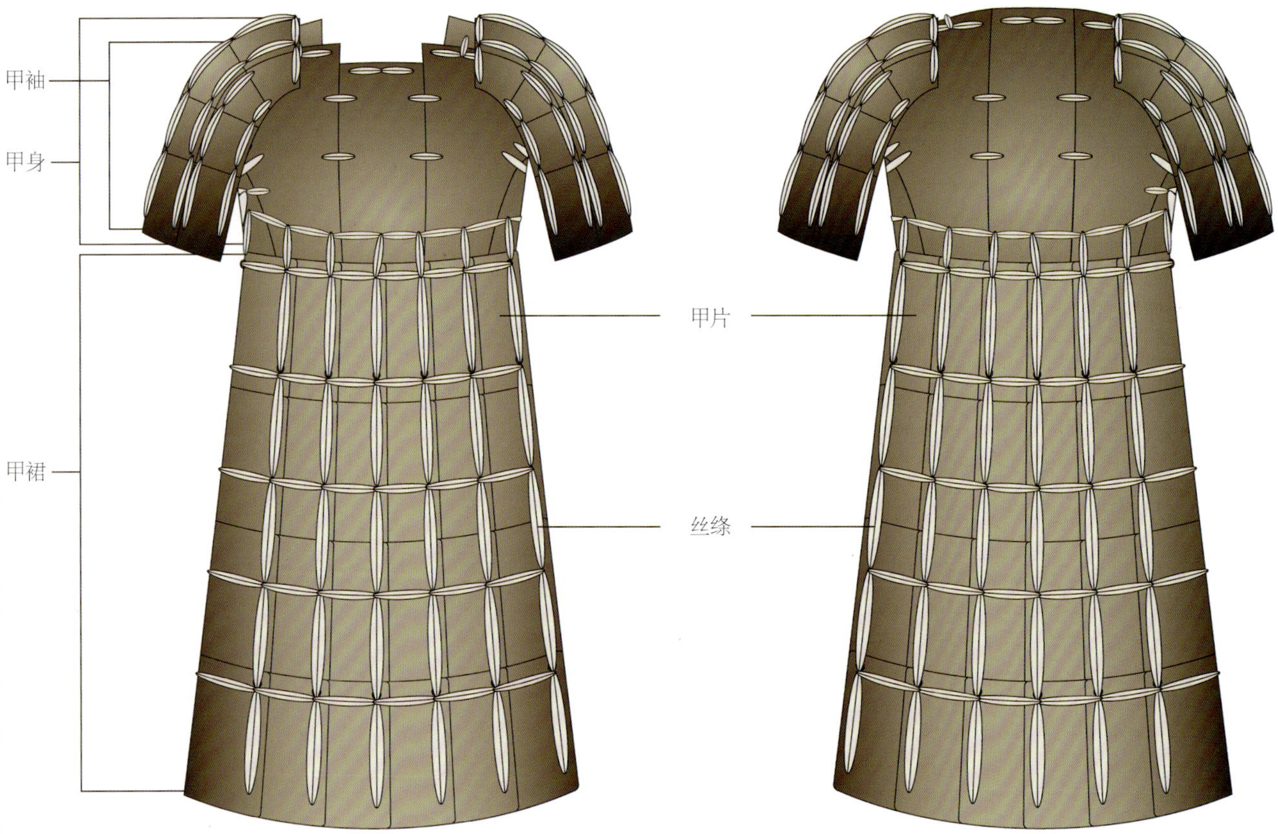

正面　　背面

髹漆合甲 ②

根据湖北省江陵战国墓实物复原，该甲是以木为胎，前后贴皮，表面髹漆。因为记载中提到犀甲七属，兕甲六属，合甲五属，属在这里是指甲札的续数，也就是排数，这款皮木结合的甲衣正是五排，所以该木甲应该属于西周中提到的一种合甲，是质地最坚硬的一类。其编缀方式应该与东周一的编缀方式一样。图中甲袖为假想设计，出土实物并没有。

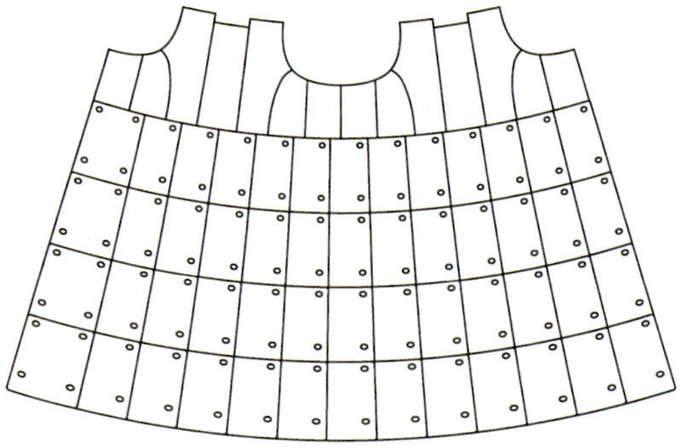

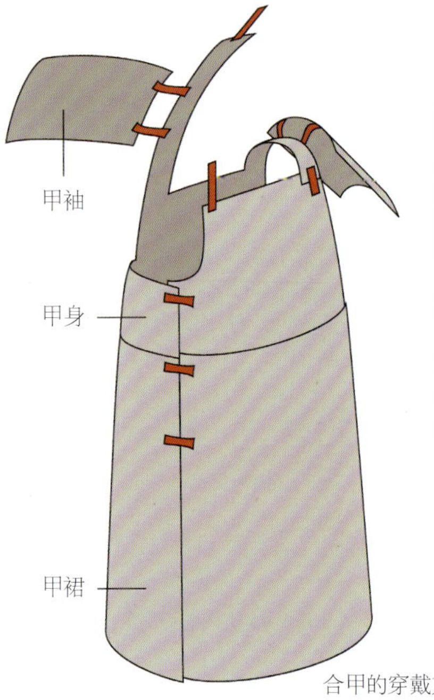

合甲的穿戴方式

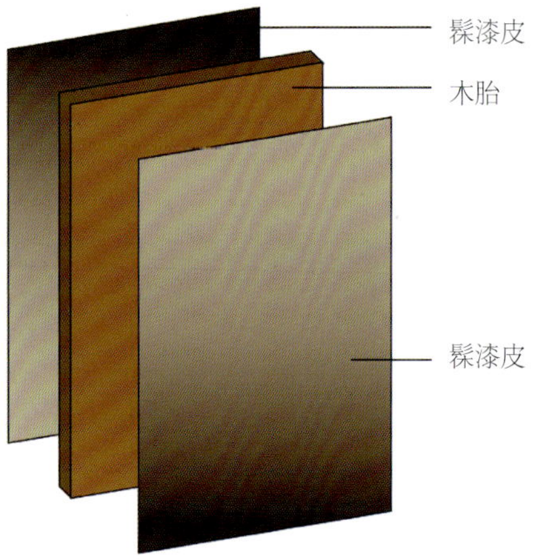

甲片的合成

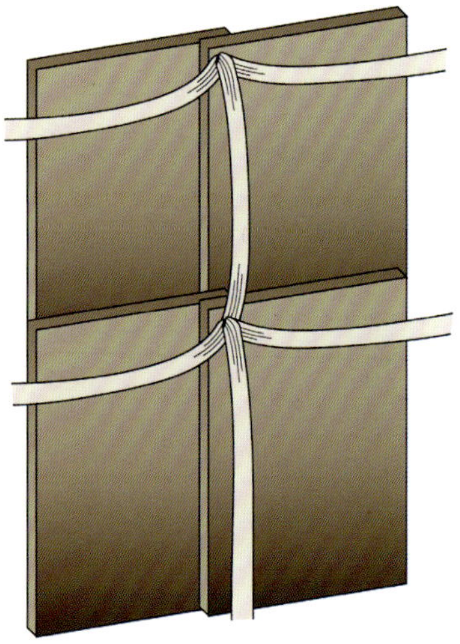

由于木甲出土时编缀甲片丝绦腐烂，所以我们无法知道其编缀的具体方法，所以上图的编缀方法是依照东周一的皮甲编缀方法假想的

假想的甲胄穿着流程

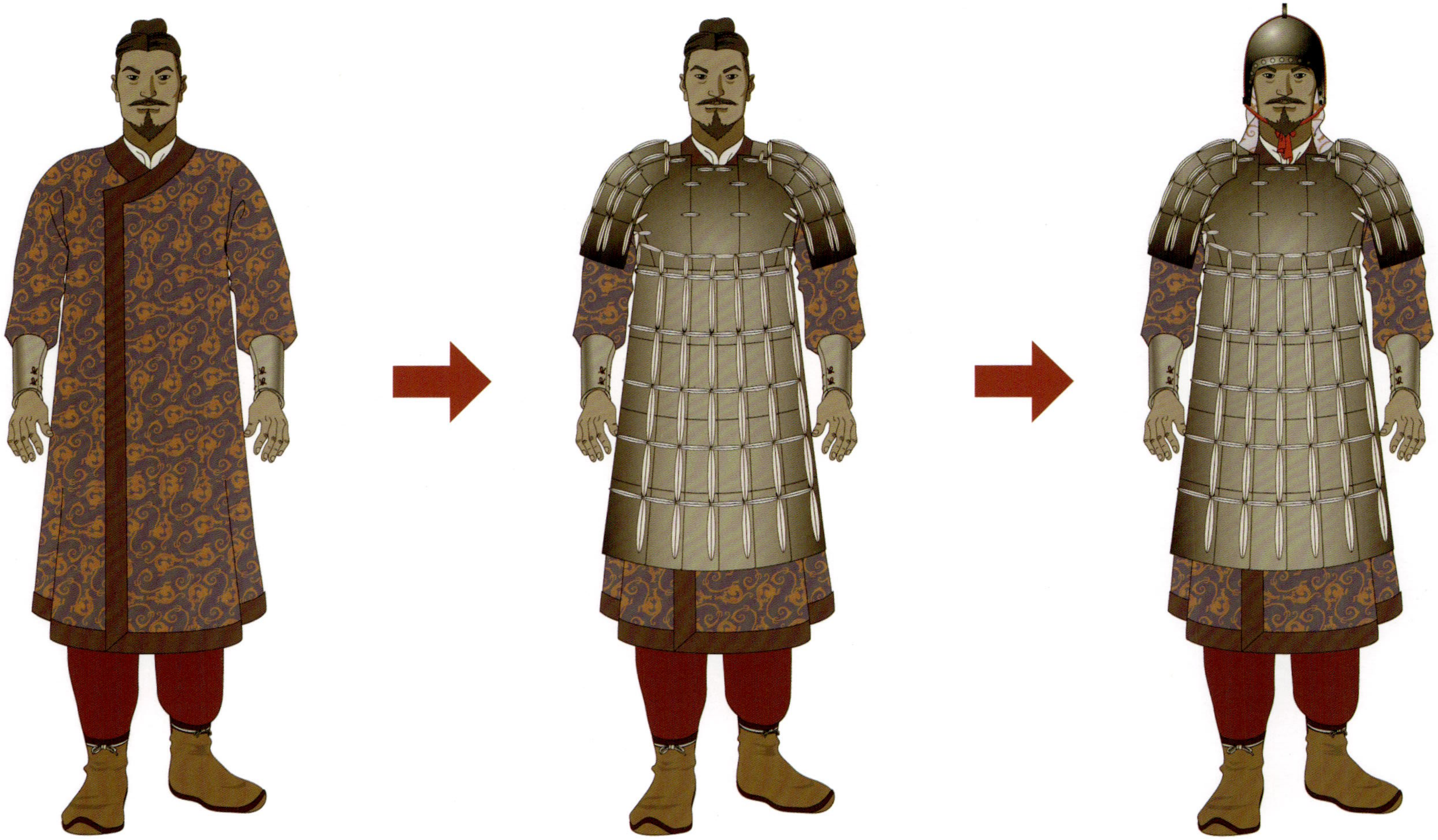

1 穿着甲胄前，先穿靴及护臂。 2 穿着合甲。 3 戴胄。

东周

三 铁甲和铁胄

铁甲胄已经被证实在战国后期确实出现过，铁器早在商代就有使用，但是当时还只是陨铁，人们还不掌握人工冶铁的技术，直到春秋时期人们才有生铁冶炼的技术，但是应用并不广泛，作为铁质的甲胄更是极为少见。

3 4 5 6

与东周二相同。

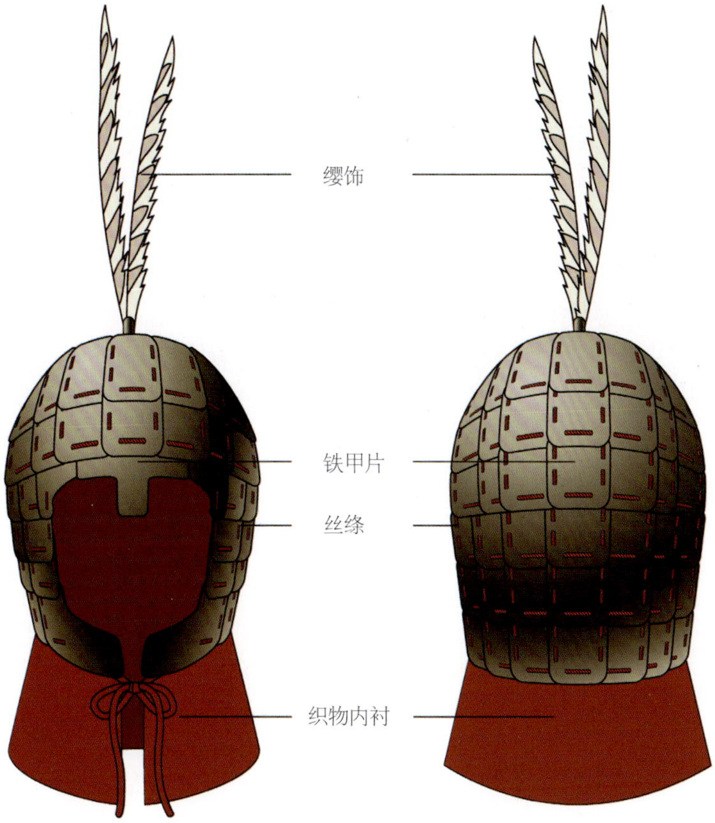

正面　　背面

① 铁胄

根据1965年河北省易县燕下都遗址44号墓出土实物绘制。该铁胄共由89片铁甲片编缀而成，四周甲片由胄顶的两块圆形甲片汇总，圆形甲片上有孔，可能是安插缨饰羽毛物的插孔。

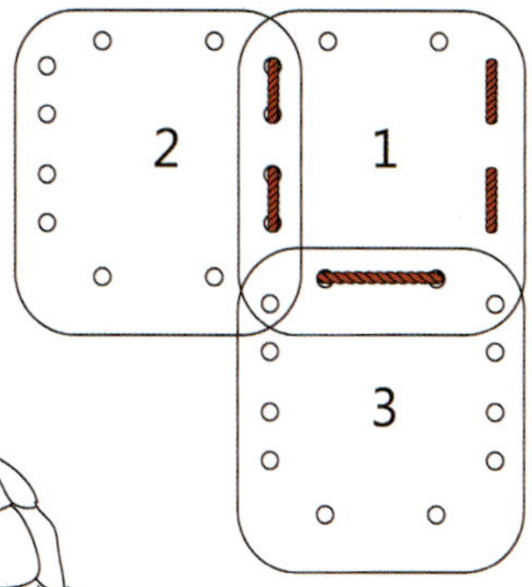

其编缀方式应该是上压下，中间压两侧，先横后纵

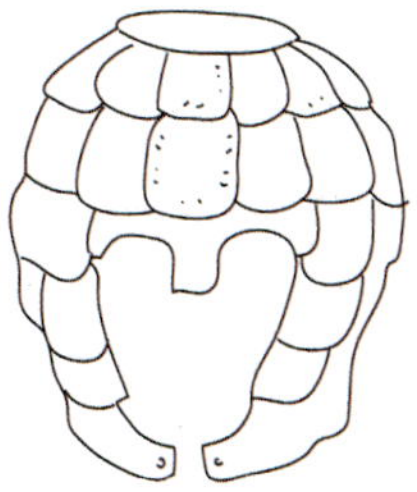
河北省易县燕下都遗址出土战国铁胄

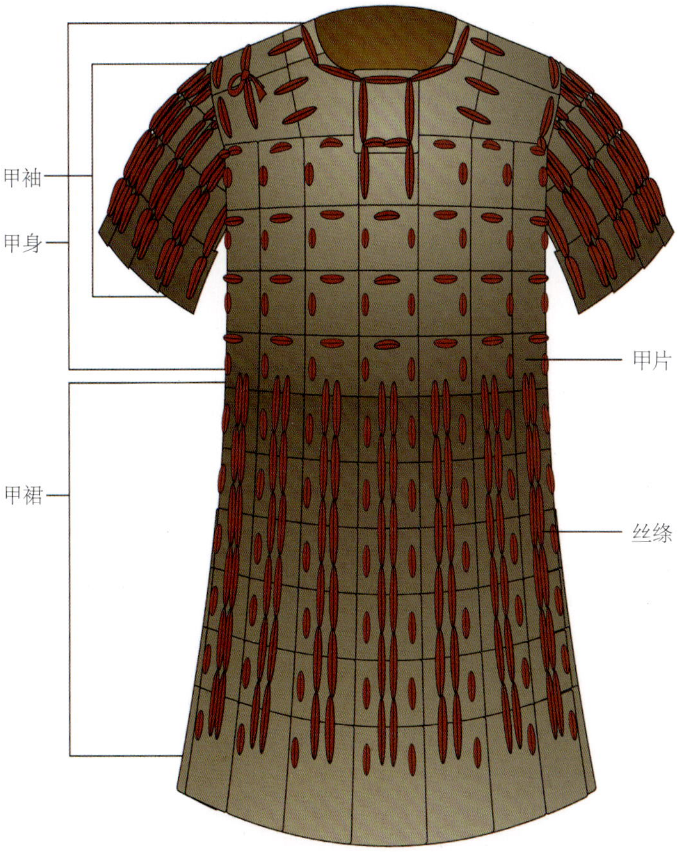

正面

② 铁甲

该铁甲是为了与燕下都遗址出土的铁胄搭配而完全假想设计的，其形制参考秦代甲衣样式（详见秦代四）。

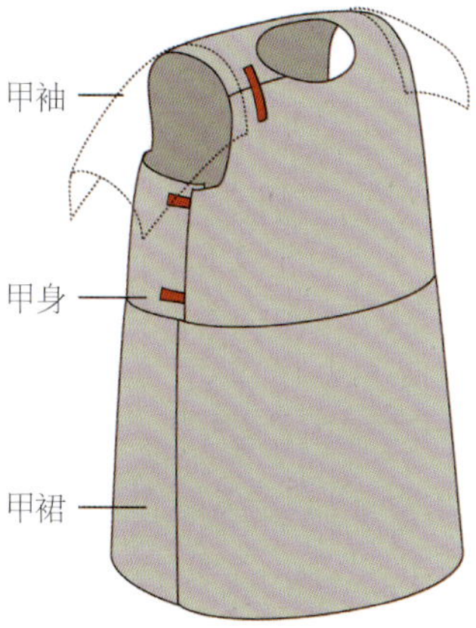

合甲的穿戴方式

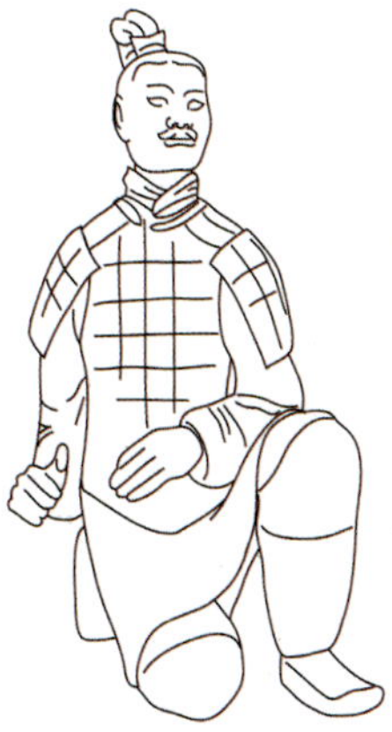
秦代甲衣样式

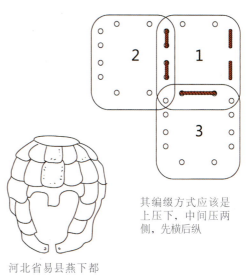

假想的甲胄穿着流程

❶ 穿着甲胄前，先穿靴及护臂。

❷ 穿着铁甲。

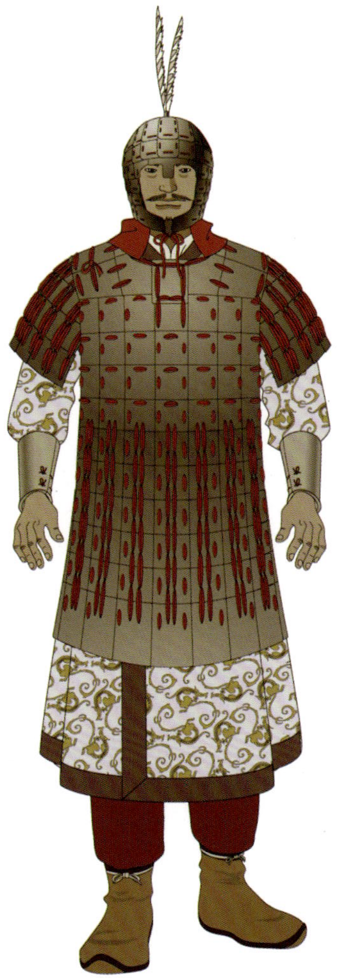

❸ 戴胄。

秦代

秦代：公元前221年至公元前206年。

公元前221年（秦王政二十六年），秦国将军王贲率军消灭齐国。至此，秦国终于全部吞并了齐、楚、燕、韩、赵、魏六国，完成了一统全国之大业。建立中国历史上第一个统一的伟大帝国。

秦是中国历史上的军事强国，随着秦始皇陵兵马俑的发现，使这个伟大军团全面地展现在我们眼前，同时也提供给我们到目前为止最为全面、准确和详细的考古资料。

秦代甲胄依然如东周时期普遍使用皮甲，但也应该有少数铁甲的使用。根据陕西省秦始皇兵马俑所穿铠甲的形式，考古学家将其基本共分为四型六种。以下秦代甲胄的内容就是依据这四型六种而编绘的。

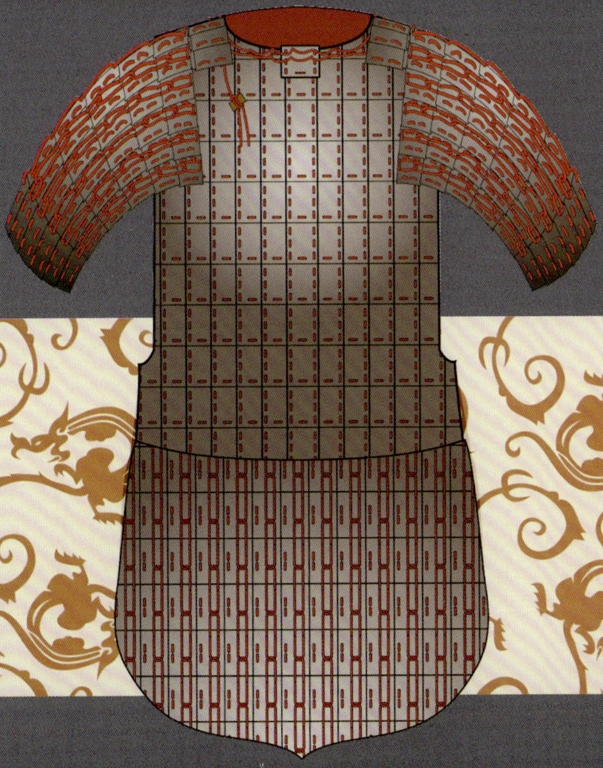

秦代 一

一型单片甲

根据秦兵马俑军吏俑绘制，是兵马俑中最简单最古老的护甲形式。

3 4

与东周二、三相同。

5

应该是皮革制成，履头成方形稍上翘，用绳缚于脚面和脚踝。

① 皮帻

这件皮帻根据陕西省秦兵马俑军吏俑绘制。帻（zé）由皮革制成，罩在发髻上，用丝绦系束于颔下，也可能有区分军衔级别的作用。

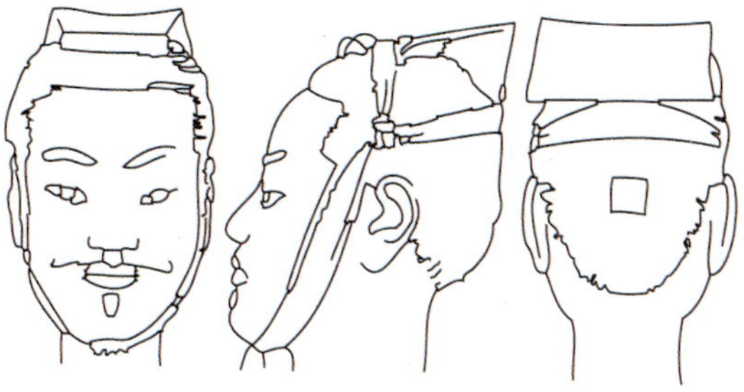

陕西省秦兵马俑军吏俑头部

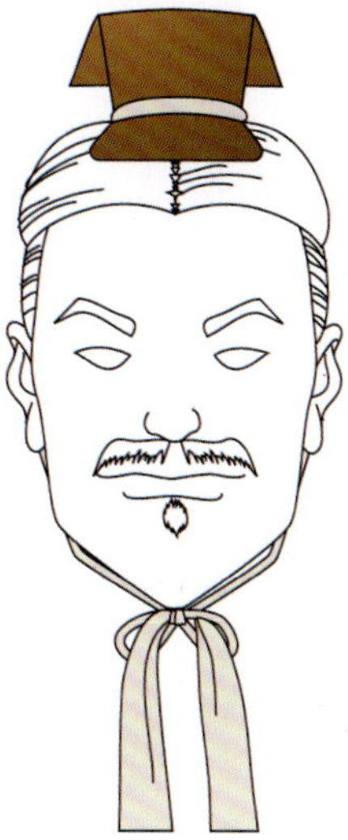

正面

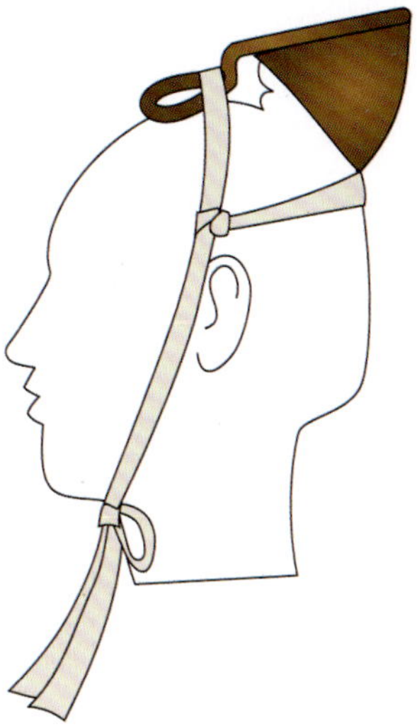

侧面

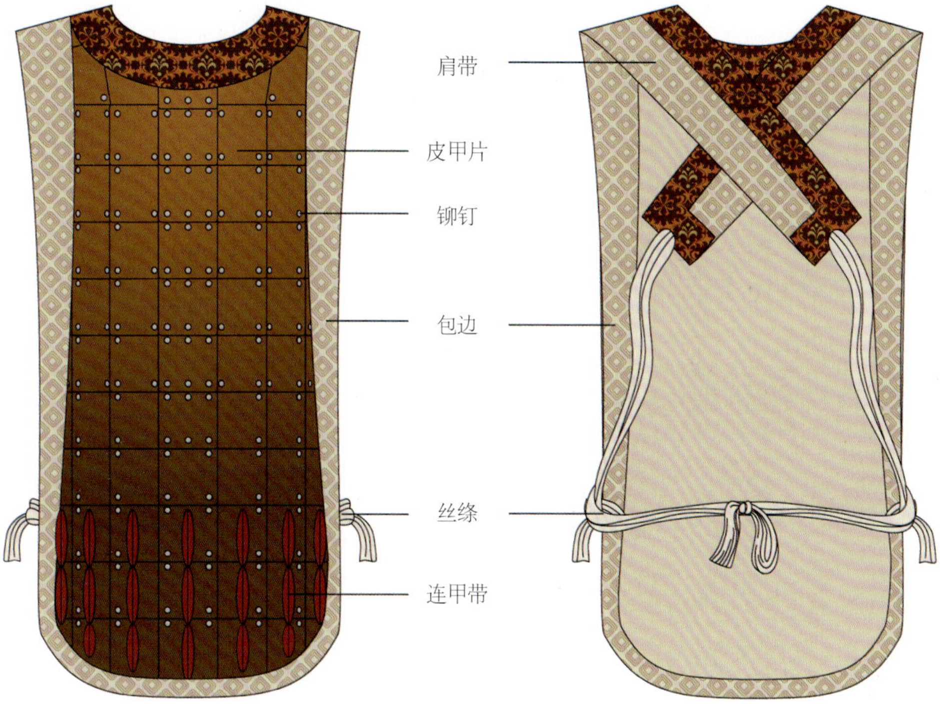

正面　　背面

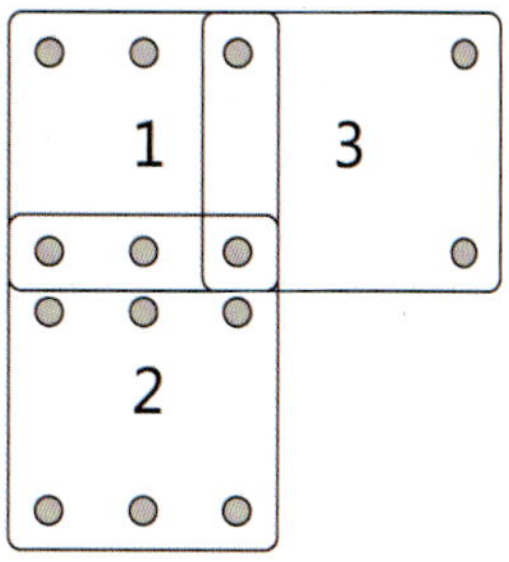

上部上压下

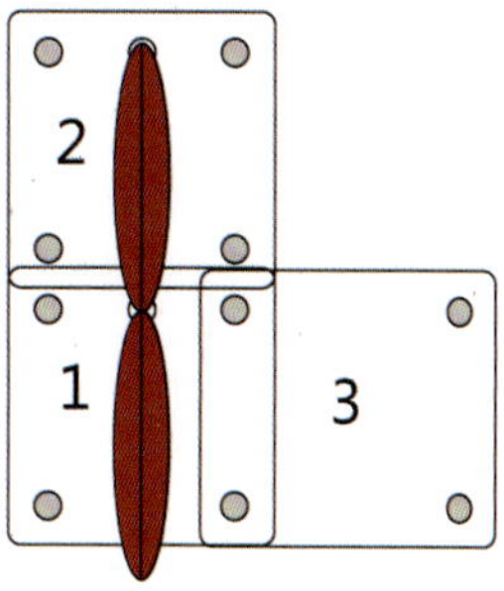

下部下压上

② 皮甲

根据陕西省秦兵马俑军吏俑绘制。一型单片甲与西周二的单片甲很相似，应该是当时比较落后的甲型了，这种甲型在秦兵马俑中也是最少的一种。

其编缀方式是上腹到胸部的甲片都是上片压下片的固定编缀，甲片不可活动，而下腹部的甲片，都用连甲带下片压上片连接，甲片可以上下活动，以便于穿者的身体活动。从胸腹正中的中线来看，所有甲片都由中间向两侧叠压。所有甲片上都有甲钉，其数或二或三或四不等，最多者不超过六枚。

陕西省秦兵马俑军吏俑

假想的甲胄穿着流程

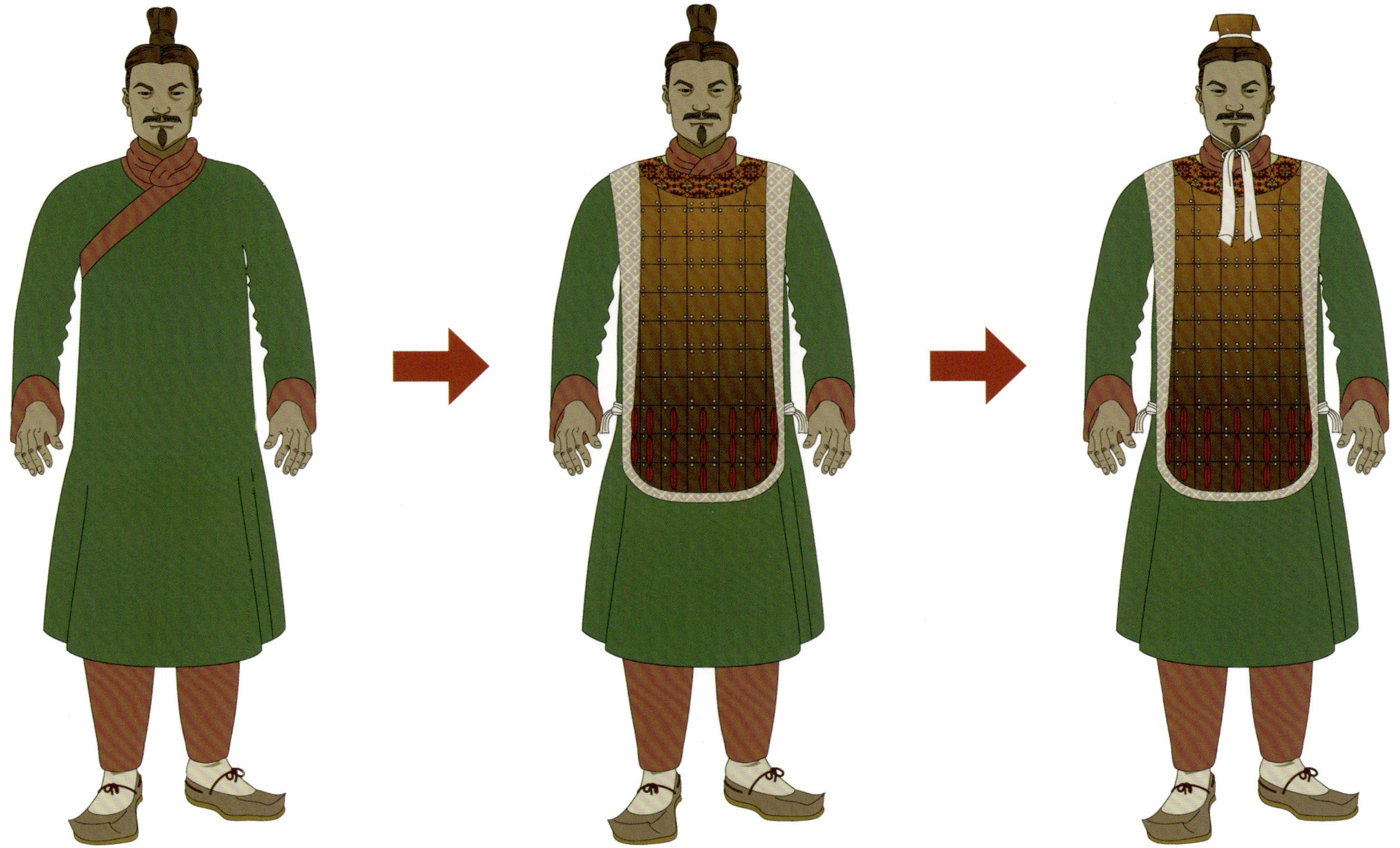

1 穿着甲胄前，先穿履。 2 穿着皮甲。 3 戴帻。

秦代

二

二型A种侧襟皮甲

根据秦兵马俑将军俑绘制，应该是秦代最先进的形制。

3 4

与东周二、三相同。

5

应该是皮革制成，与秦代一的履相似，但履的头部高高上翘。

绛袙 ①

根据陕西省秦兵马俑将军俑绘制。绛（jiàng）袙（pà）也是帻的一种，是以较厚的织物折成的头饰，其名称根据《后汉书·志第三十·舆服下》中“秦雄诸侯，乃加其武将首饰为绛袙，以表贵贱”而来。这里绛是指大红色，袙是指头巾，绛袙就是红色头巾的意思。

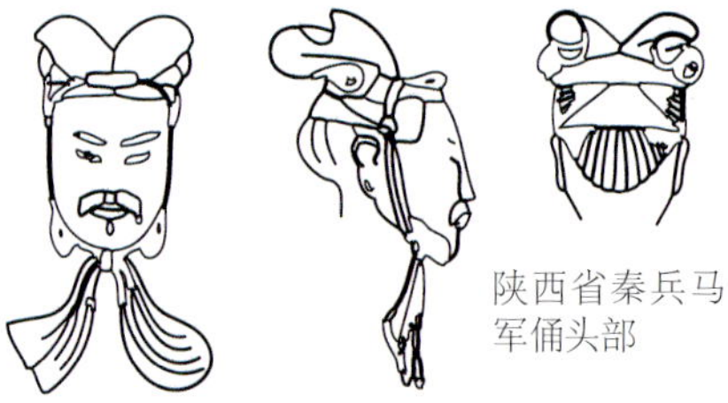

陕西省秦兵马俑将军俑头部

正面　　侧面

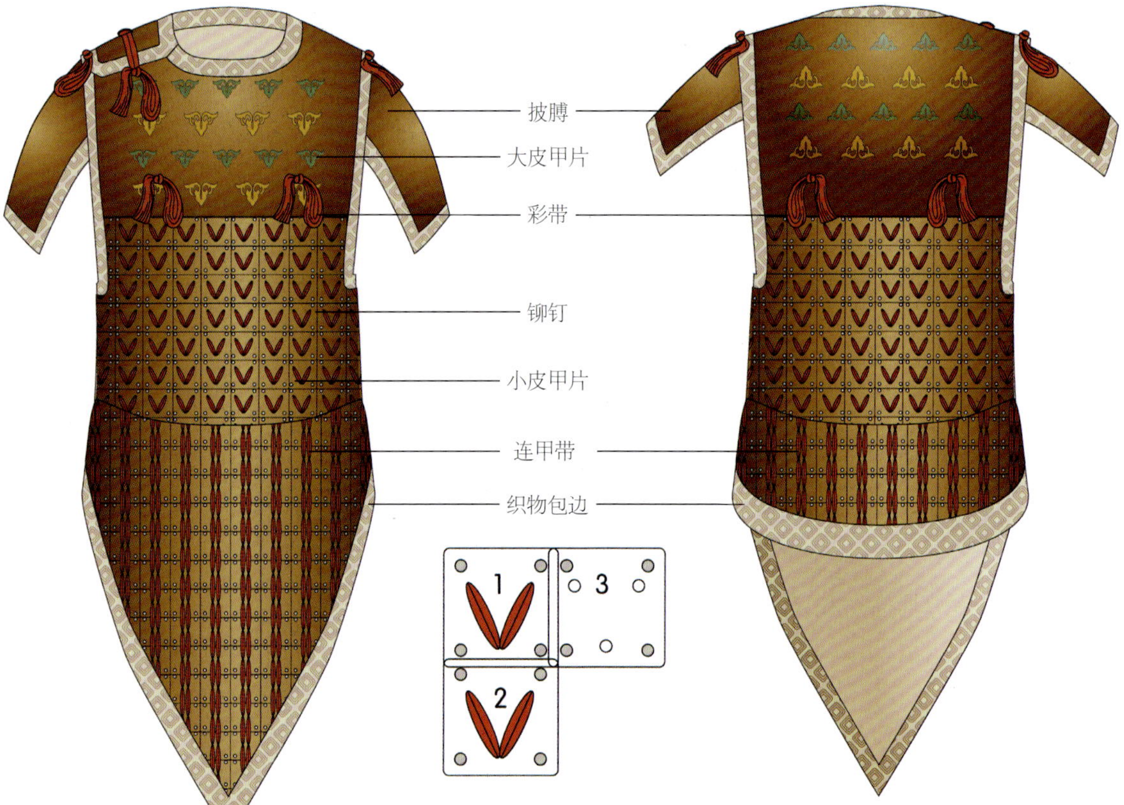

其编缀方式可能是上压下，中间压两侧，先纵后横

正面　　背面

皮甲 ②

根据陕西省秦兵马俑将军俑绘制。该甲最大的特点是下缘呈三角形，长度至小腹以下。甲身的上部，也就是前胸后背都由整块的甲片制成，漆有彩纹。披膊也是由整片甲片制成。甲身下半部和下缘部分都是由小甲片编缀而成，其中下半部甲片都用V字形丝绦装饰。整个甲都有彩纹织物的包边。甲的前胸后背和两肩都有彩带装饰，可能是起到区分军衔的作用。

陕西省秦兵马俑将军俑

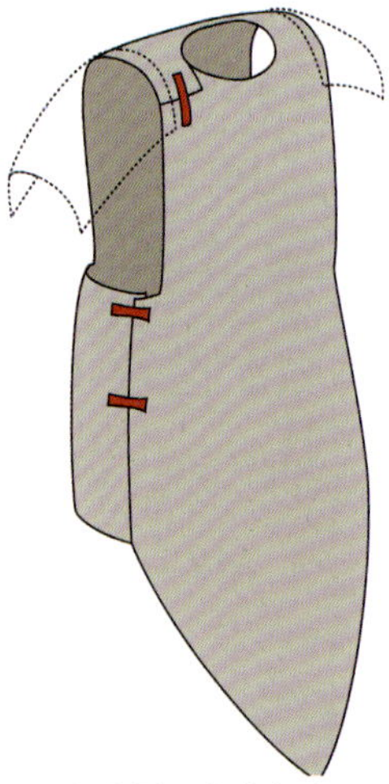

皮甲的穿戴方式

假想的甲胄穿着流程

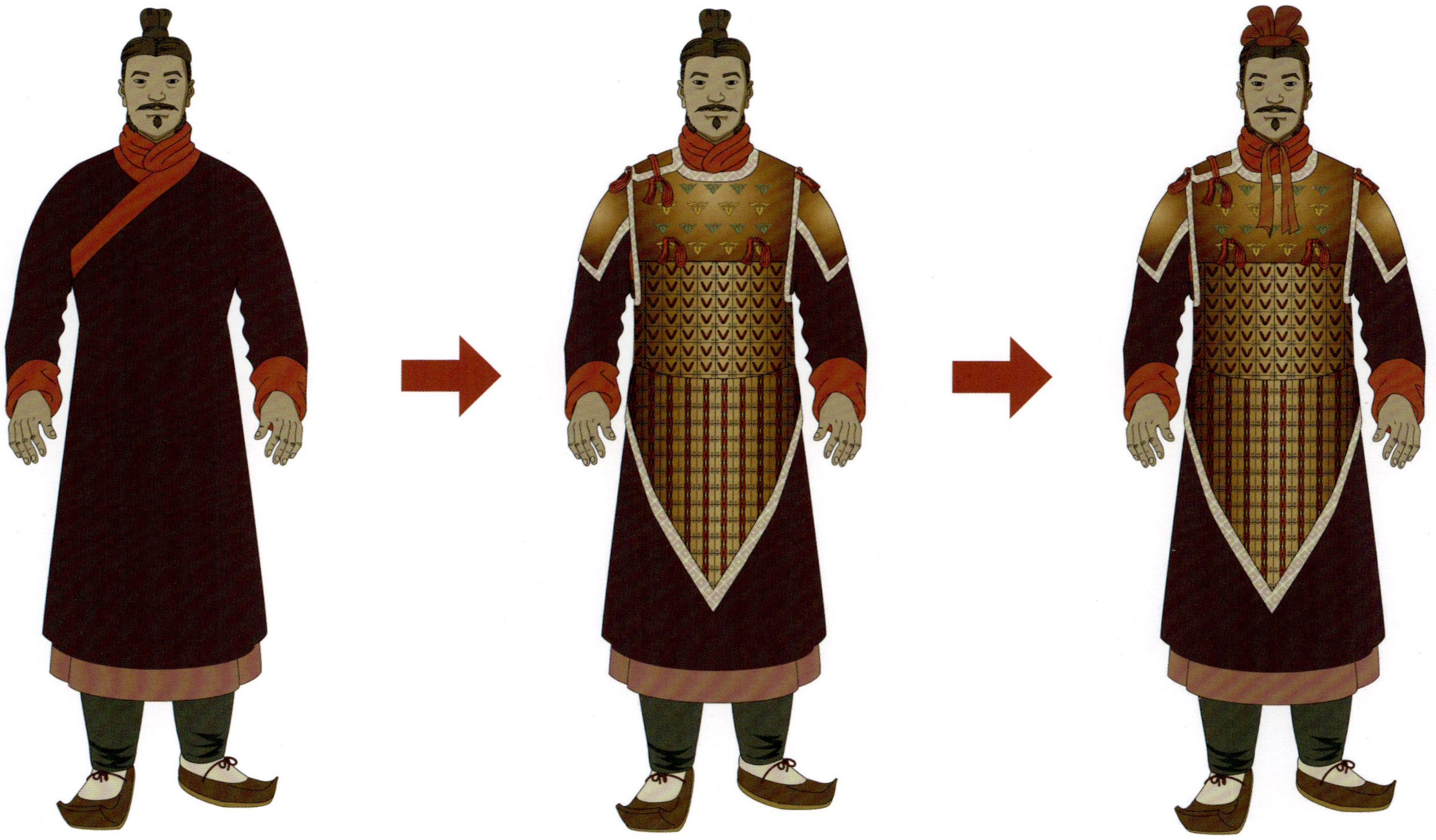

1 穿着甲胄前，先穿履。 2 穿着皮甲。 3 戴绛袙。

秦代 三

三型A种侧襟皮甲

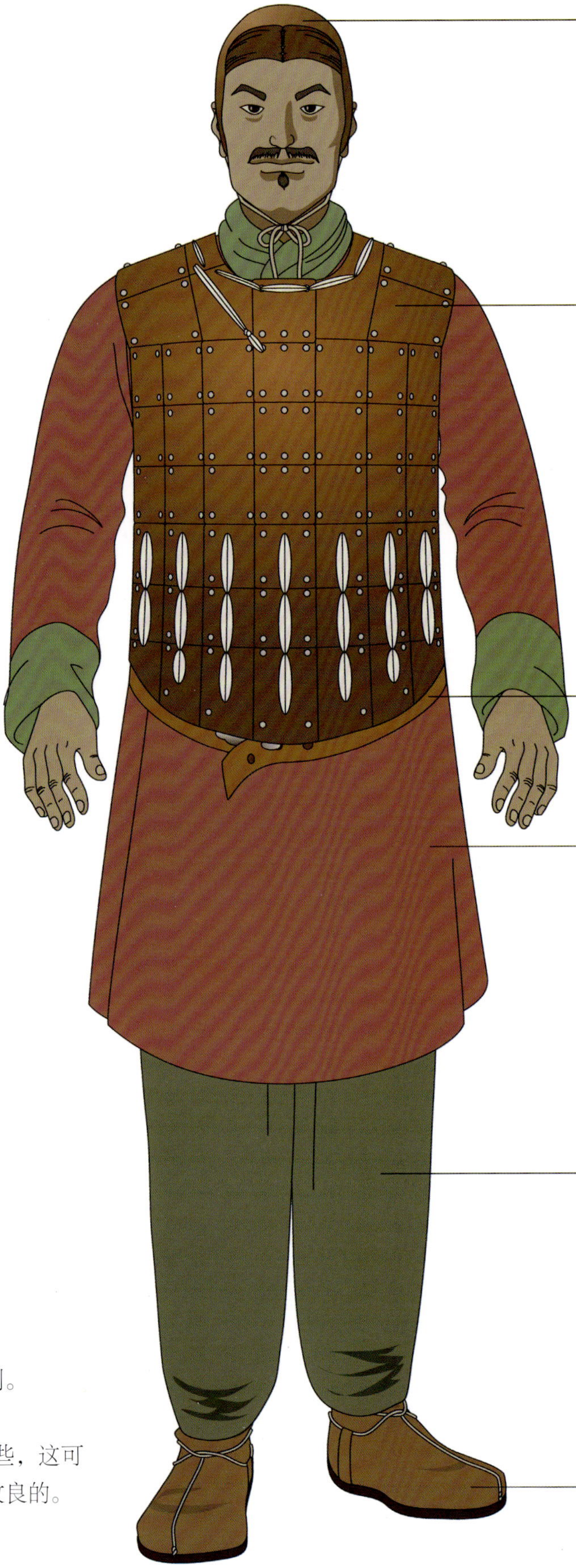

根据秦兵马俑骑兵俑绘制。

4
骑兵深衣较其他兵种要短一些，这可能是为了方便士兵上下马而改良的。

5
与东周二、三相同。

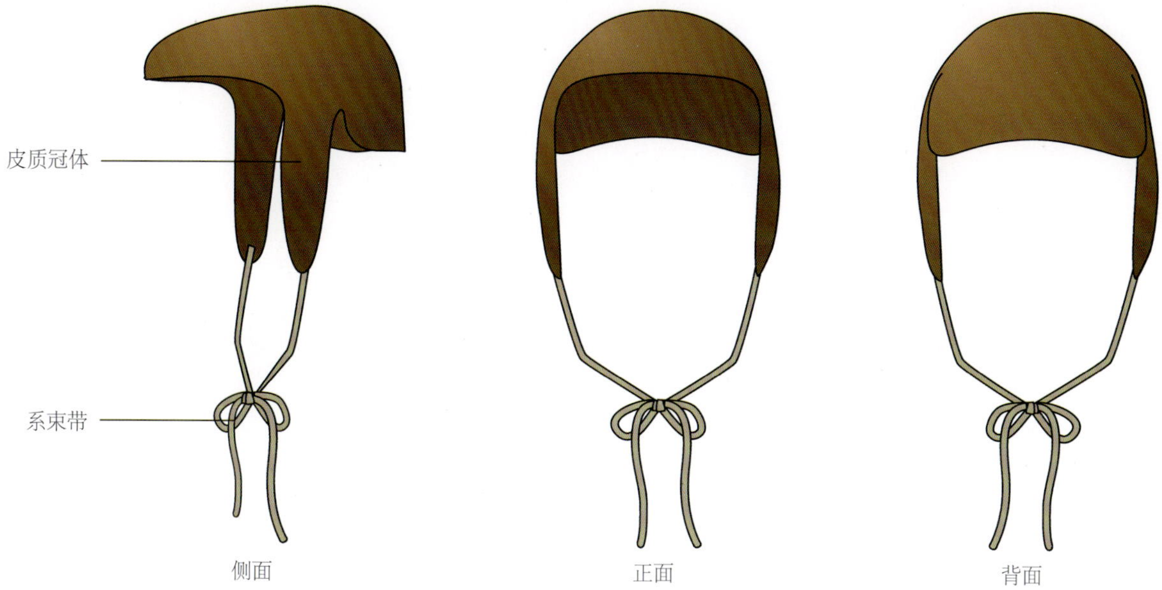

①皮冠

根据陕西省秦兵马俑骑兵俑绘制。该皮冠与汉代的武冠比较相似，只是体积更小些，可能只是固定骑兵发髻的作用，也有人认为皮冠是秦始皇赐予优秀骑兵的一种奖品。

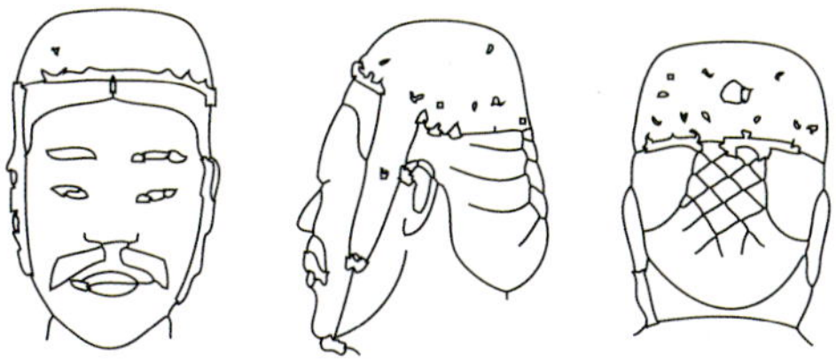
陕西省秦兵马俑骑兵俑头部

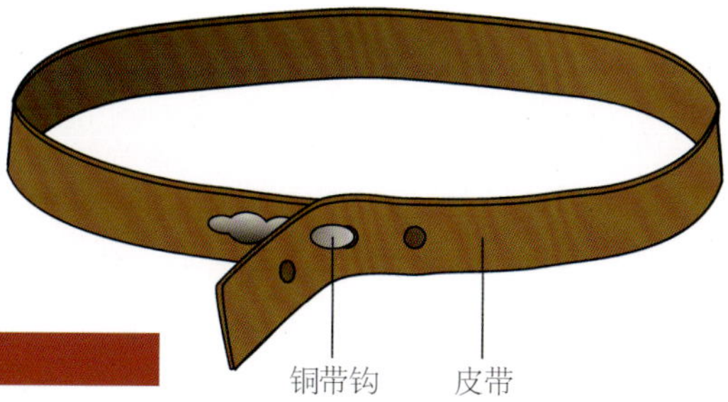

③铜钩皮带

根据陕西省秦兵马俑骑兵俑绘制。从该俑所系腰带可以看出秦军并不是采用东周一那样的长带钩装置，而是更短小的带钩装置。

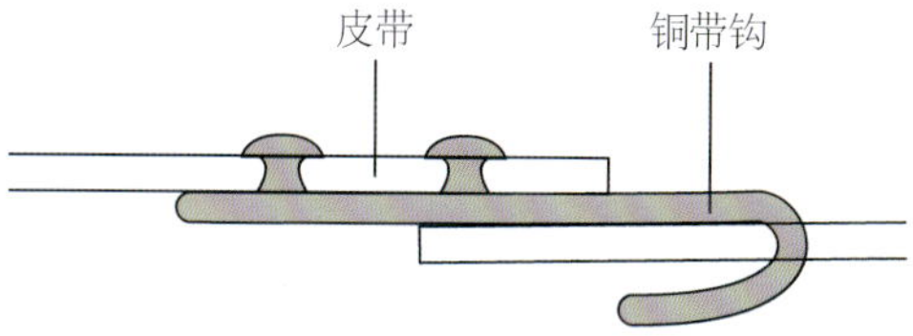

皮带与带钩的系束示意

⑥高筒靴

根据陕西省秦兵马俑骑兵俑绘制。与秦代一二不同，秦骑兵脚上所穿不是履，而是靴，这种靴应该是皮革制成，靴头较圆滑厚实，用绳带缚于脚面和脚踝加以固定。

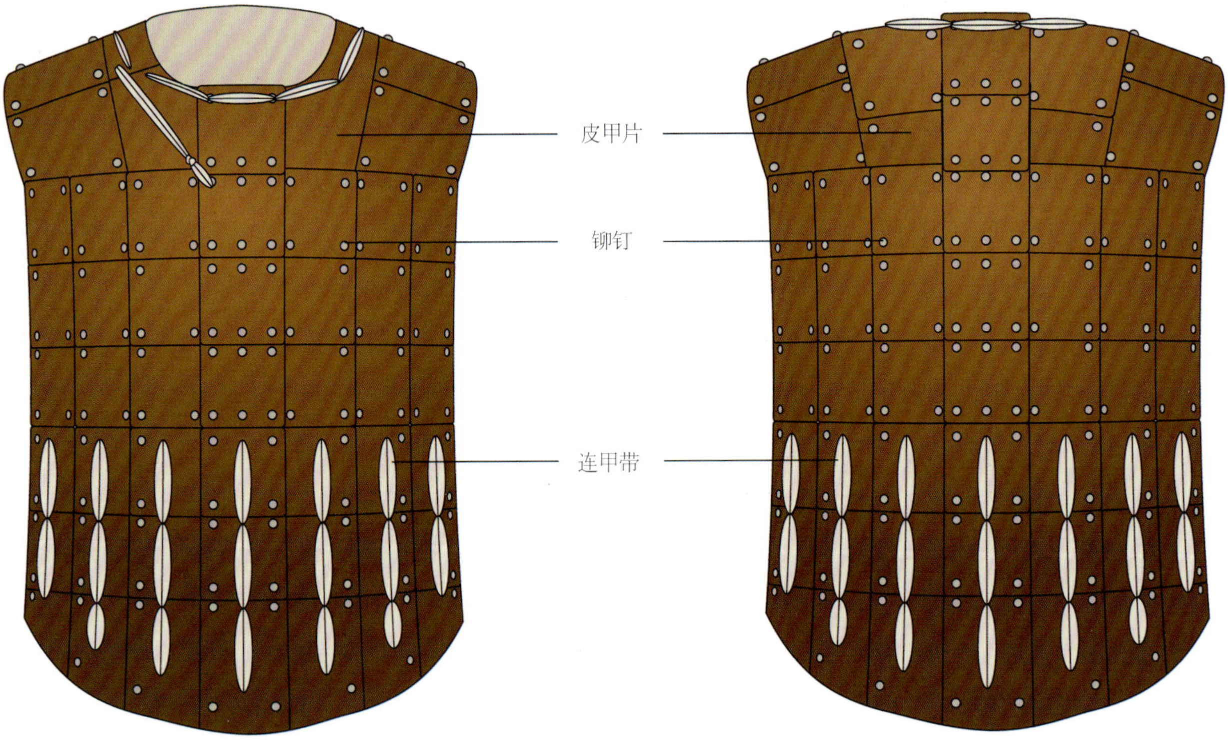

正面　　背面

皮甲 ②

根据陕西省秦兵马俑骑兵俑绘制。该甲与其他三型甲相比要短一些，只到腹部。甲片大而厚，甲片用铆钉钉缀，甲的下方也有丝绦连接。其编缀方式与秦代一、二相同。

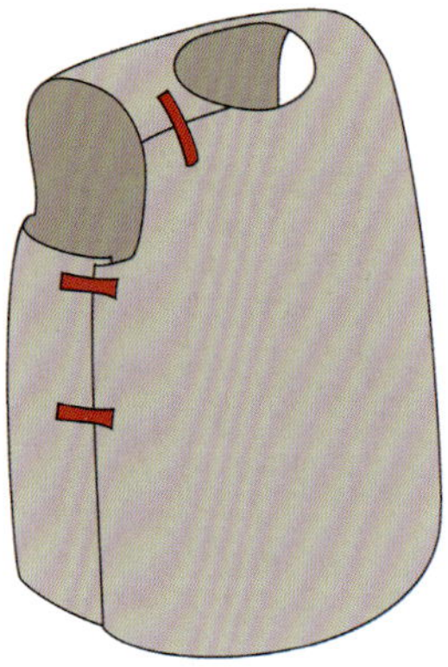

皮甲的穿戴方式

陕西省秦兵马俑骑兵俑

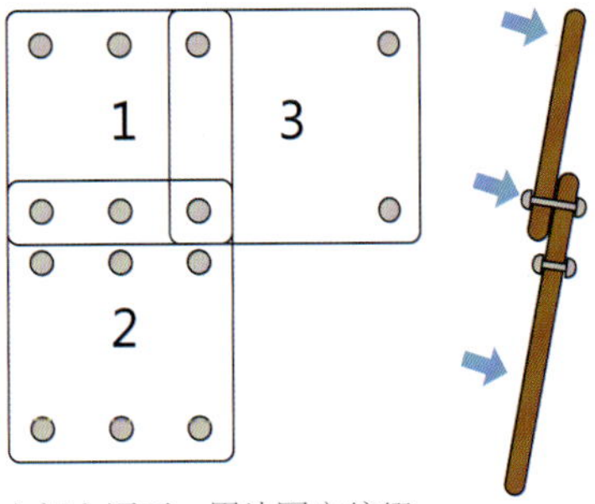

上部上压下，甲片固定编缀

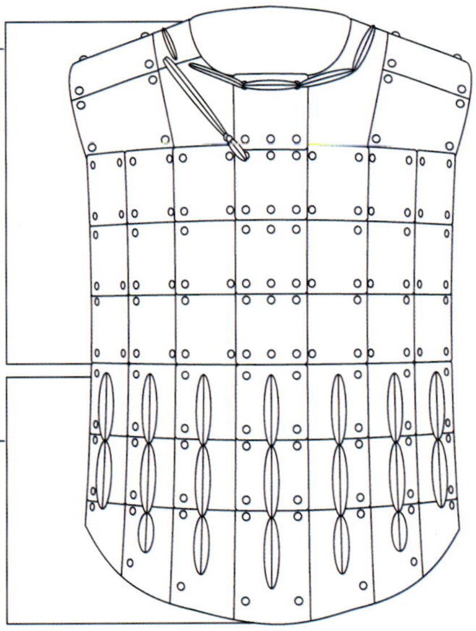

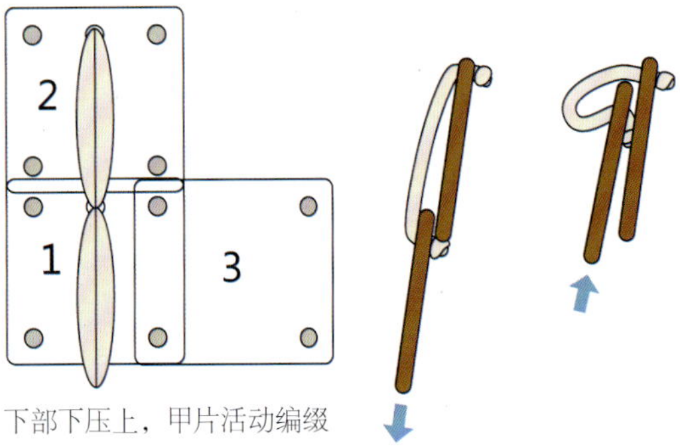

下部下压上，甲片活动编缀

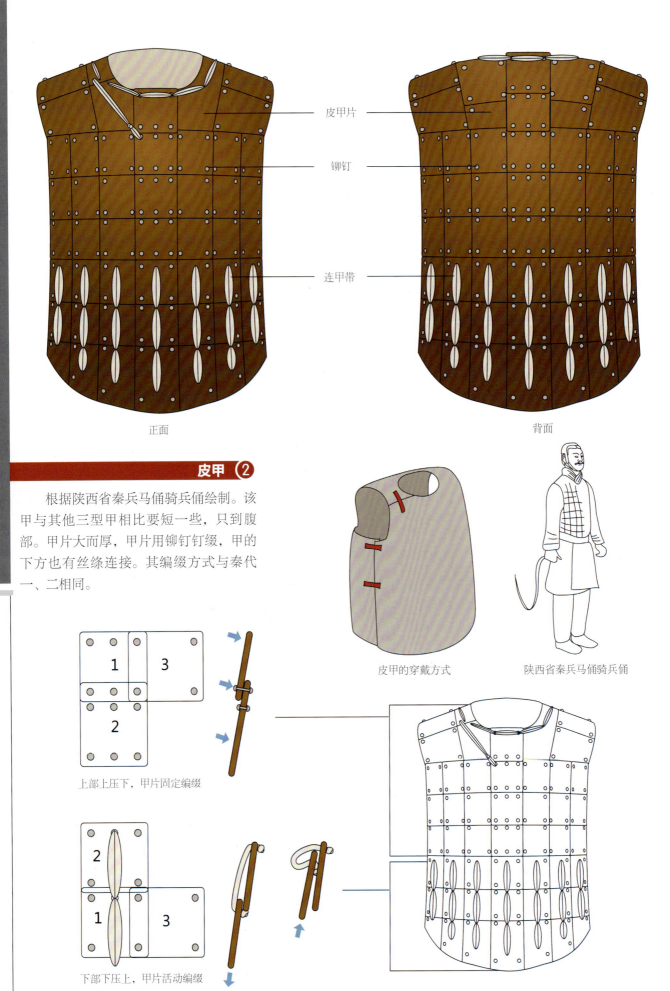

假想的甲胄穿着流程

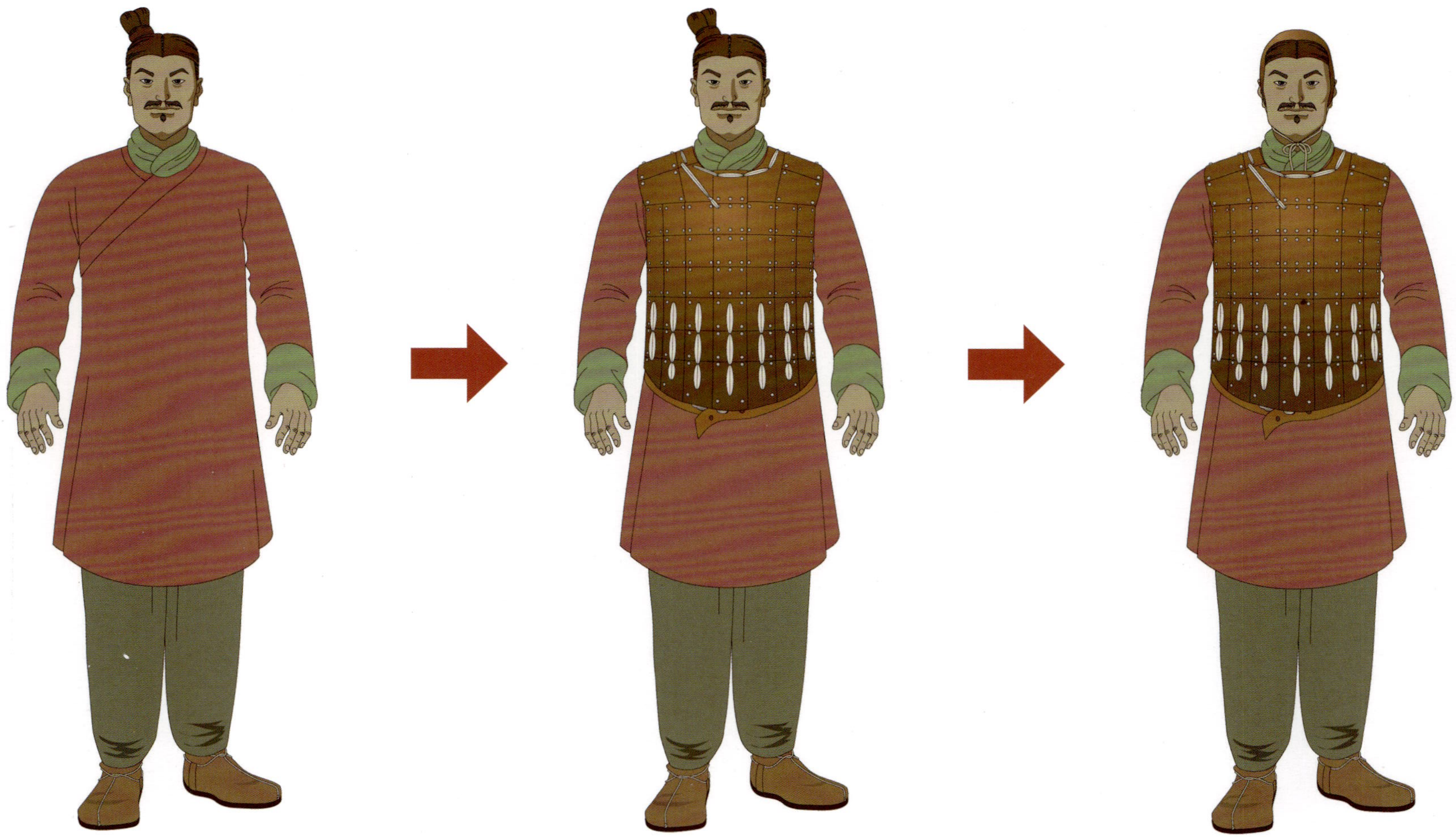

① 穿着甲胄前，先穿靴。

② 穿着皮甲后，在腰间系束皮带。

③ 戴冠。

秦代 四

三型B种侧襟皮甲

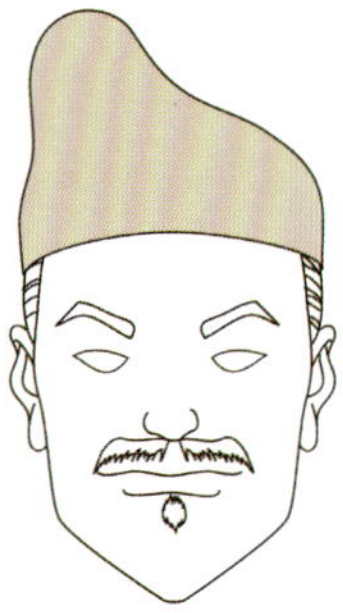

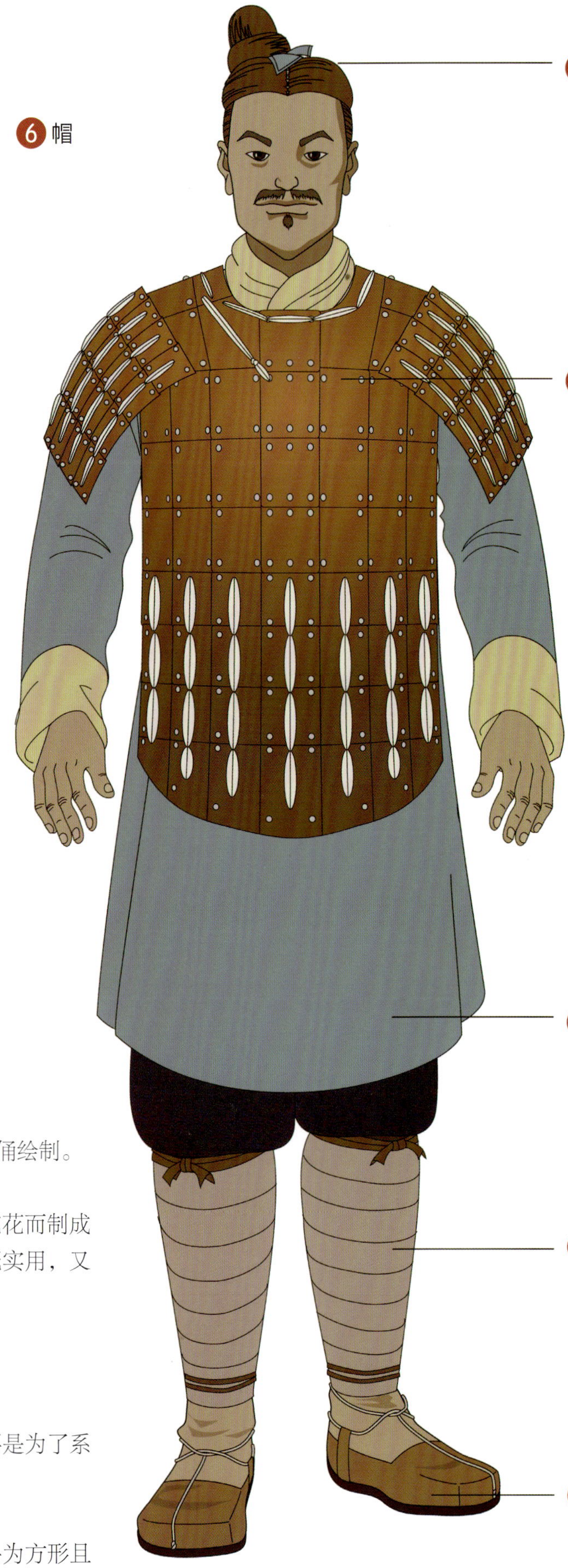

根据秦兵马俑步兵、射手、车兵俑绘制。

1

偏诸是在经纬交织基础上另以彩纬挖花而制成的丝织品，用于裹发，系成发髻。既实用，又起装饰作用。

3

与东周二、三相同。

4

绑腿布。兵士或远行者所使用，主要是为了系束裤脚，方便奔跑。

5

与秦代一、二形制相同，只是其履头为方形且不上翘。

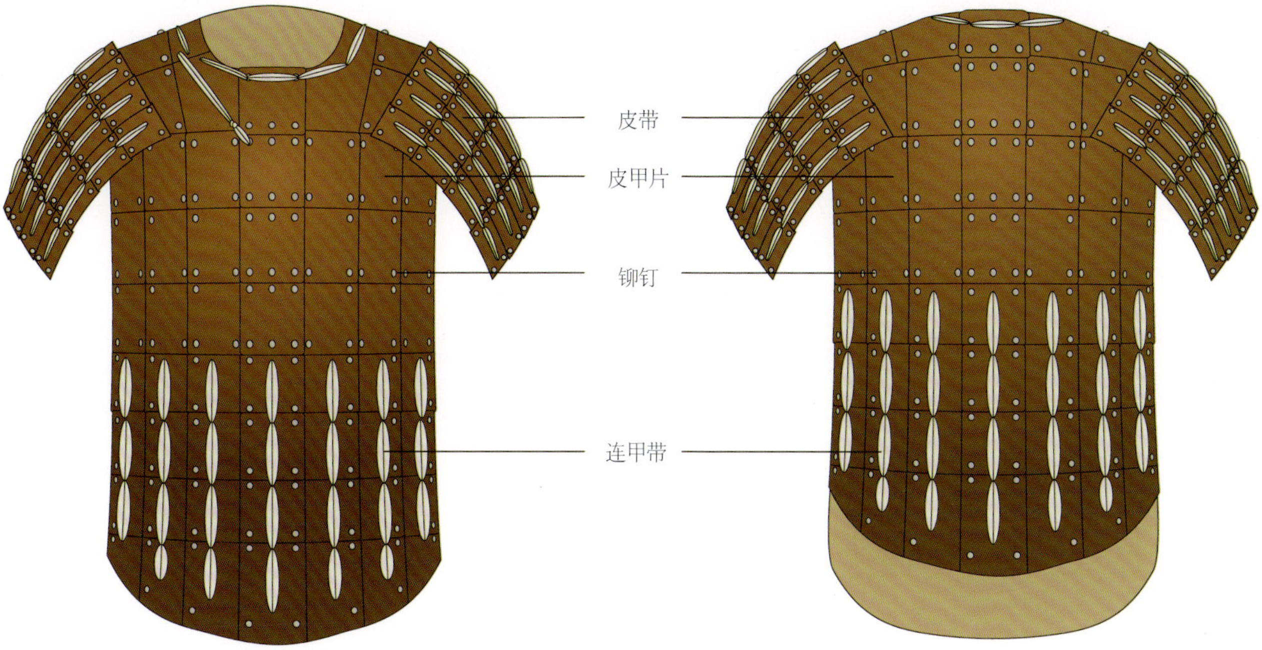

正面　　背面

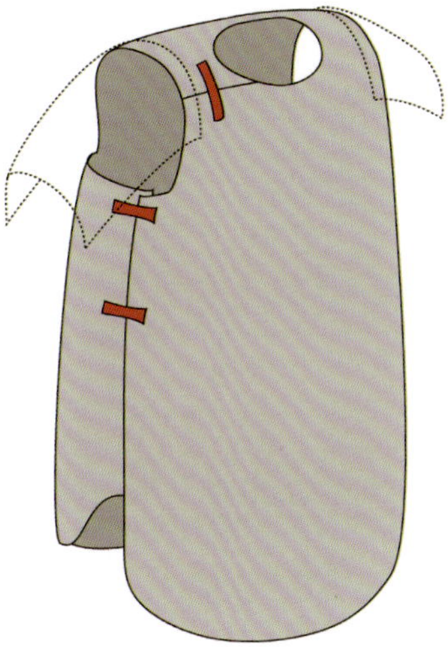

皮甲的穿戴方式

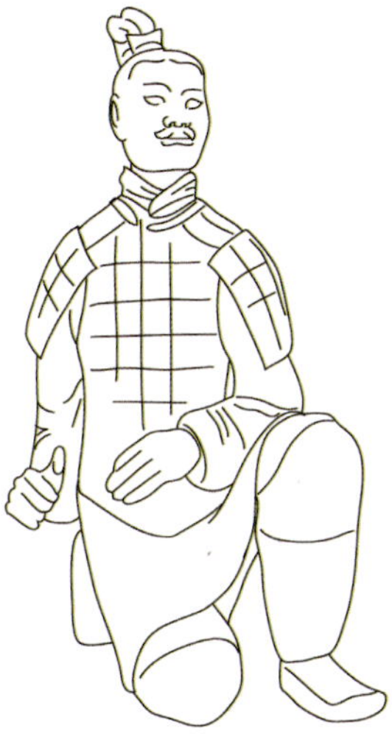

陕西省秦兵马俑射手俑

② 皮甲

根据陕西省秦兵马俑步兵、射手、车兵俑绘制。该甲与秦代三的三型A种甲相比结构基本一致，只是要比A种甲长一些，并且比A种甲多出两侧披膊。其编缀方式可能与秦代一三相同，披膊的甲片编缀与下缘部分的编缀相同，也同样用连甲带活动编缀。

陕西省秦兵马俑中戴帽的兵俑

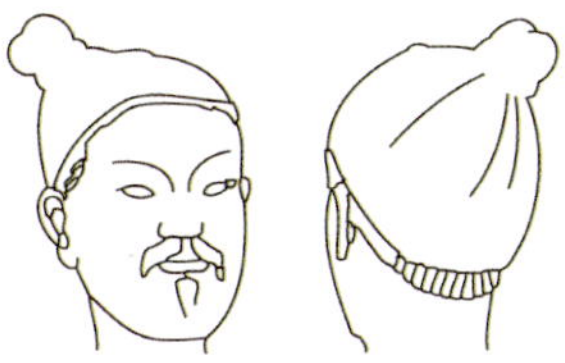

陕西省秦兵马俑中戴帽的兵俑头部

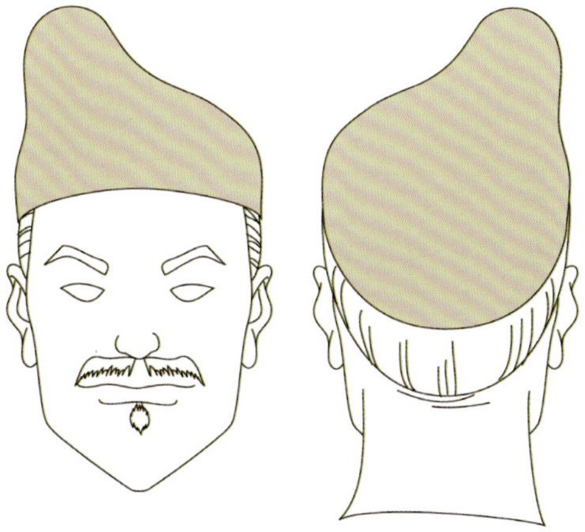

正面　　背面

⑥ 帽

在秦俑中有部分步兵和车兵戴有这种帽，从外观看应该是织物所制，可能同秦代三的冠一样，只有固定发髻的用途。

假想的甲胄穿着流程

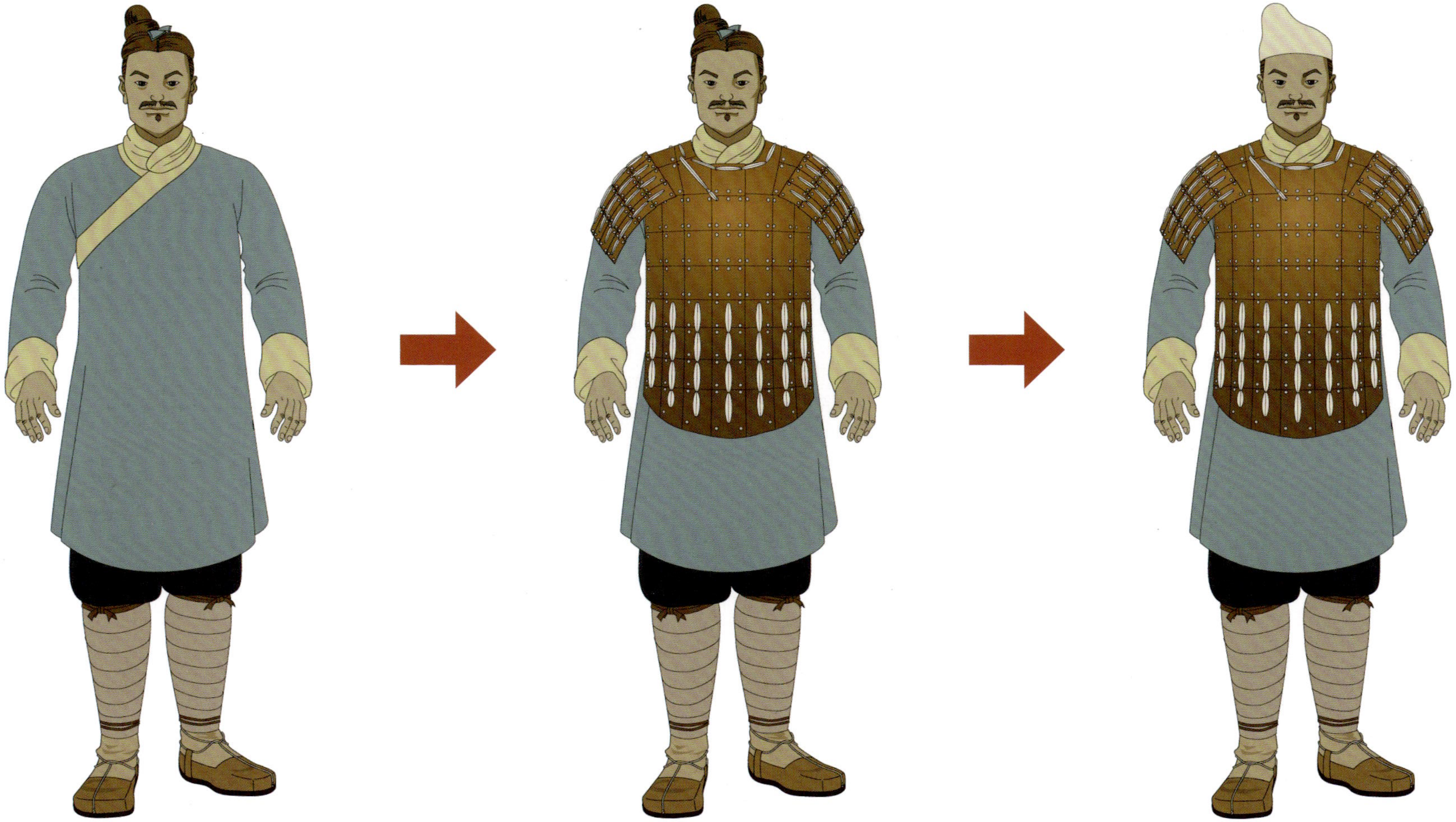

❶ 穿着甲胄前，先打行缠再穿履，头上的偏诸也已打好。

❷ 穿着皮甲。

❸ 部分步兵和车兵最后戴帽。

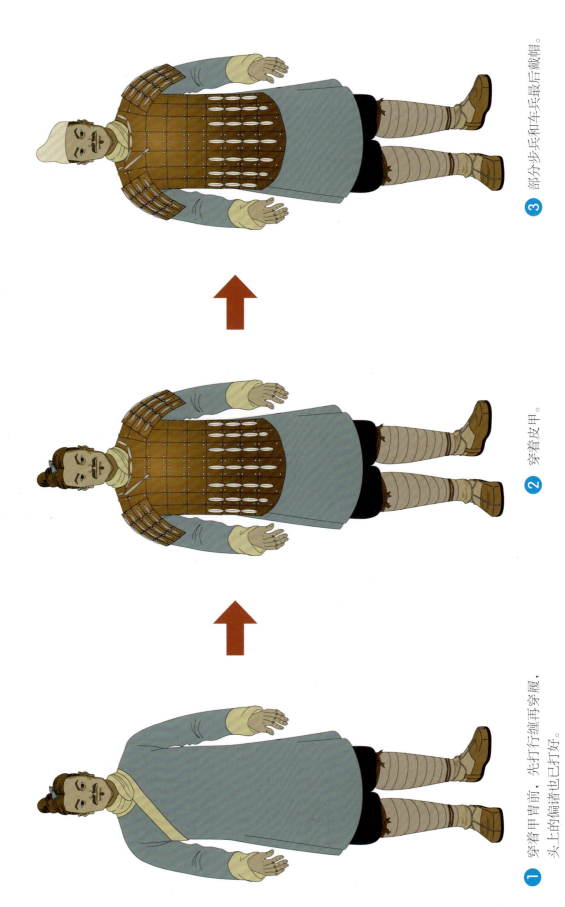

秦代 五 四型侧襟长袖皮甲

根据秦兵马俑驭手俑绘制。

❶ ❸ ❹ ❺
除了该驭手专有的甲型以外，其他部分与秦代一、四相同。

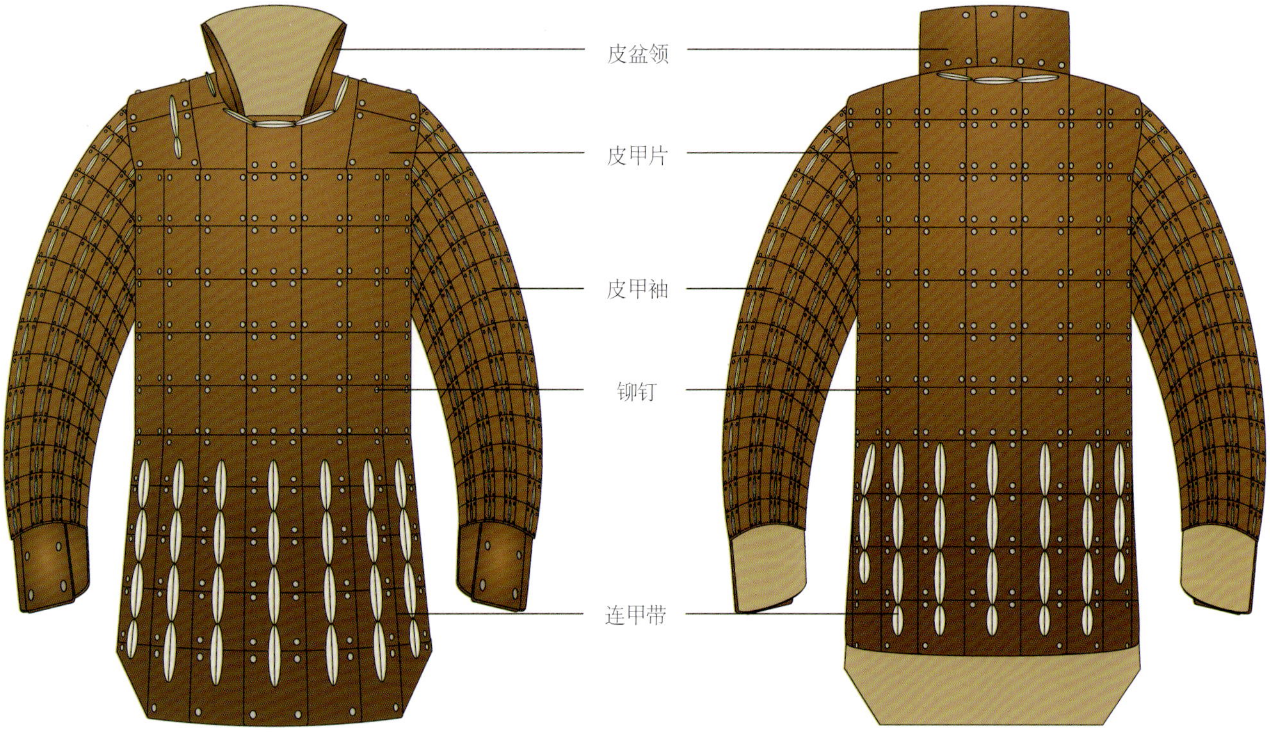

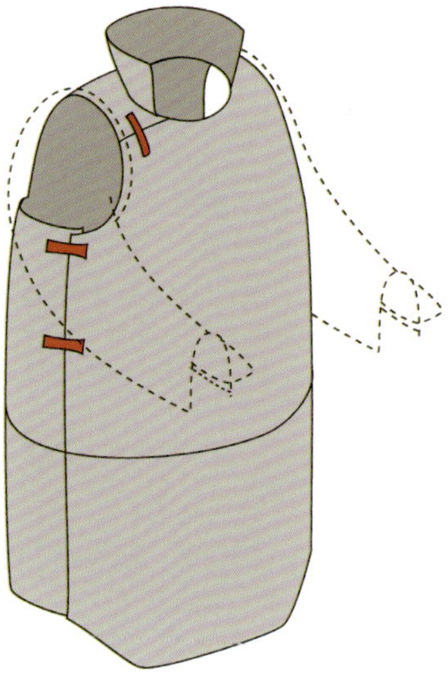

皮甲的穿戴方式

陕西省秦兵马俑驭手俑

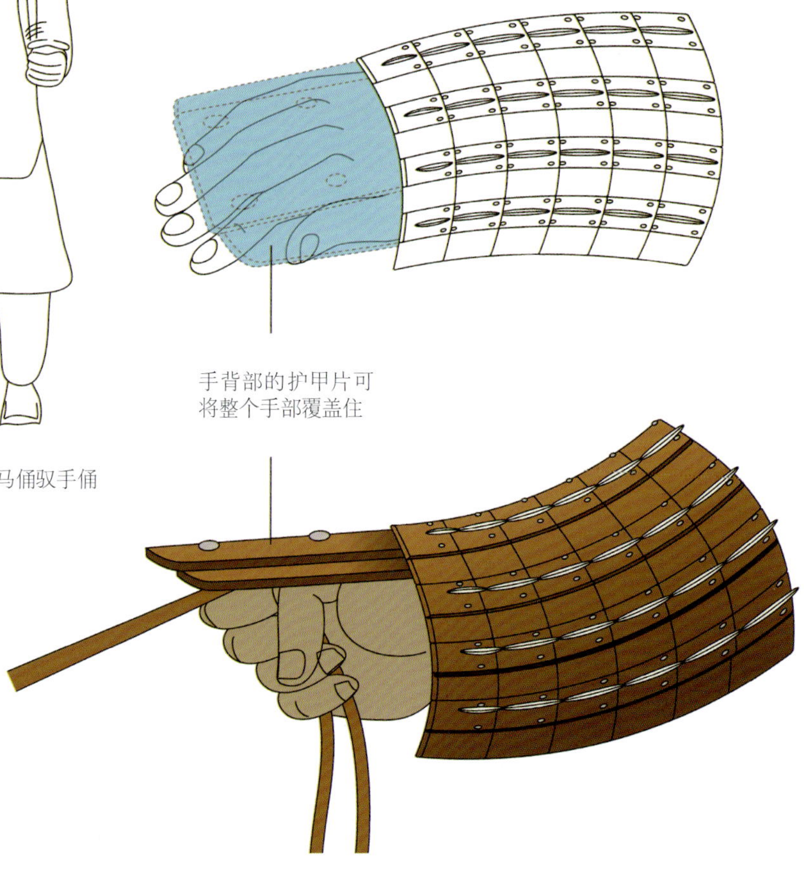

皮甲 ②

根据陕西省秦兵马俑驭手俑绘制。该甲与东周一的皮甲形制十分相似，而身甲的结构和甲片的编缀与秦代四的三型B种甲基本一致，只是要比B种甲身更长一些，并且比B种甲多出竖起的盆领和两侧甲袖及手背甲片，甲袖与东周一的甲袖相同，袖筒不封闭。

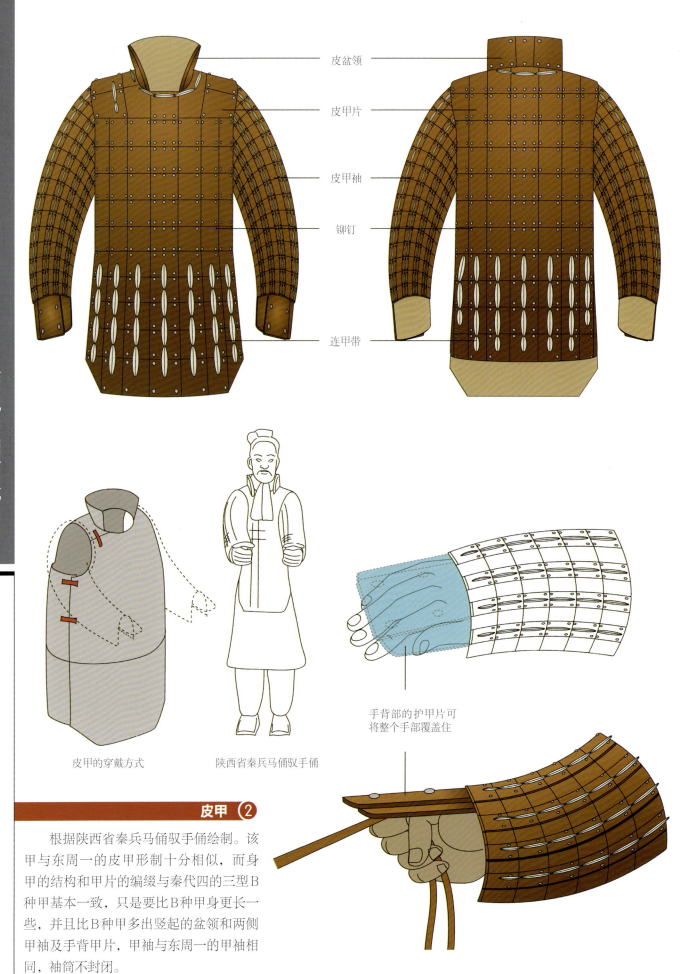

假想的甲胄穿着流程

❶ 穿着甲胄前，先打行缠后穿履。

❷ 穿着皮甲。

❸ 戴帻。

秦代

六 铁胄和铁甲

陕西省秦始皇陵除了兵马俑的发现，还随之出土一批石质甲胄实物。石胄的出土彻底改变了早期“秦代无胄”的说法。根据保护身体部位和甲衣结构的不同，身甲有各种不同的类型。有的仿皮甲形制，有的仿铁甲，这些石甲分为三种类型，包括鱼鳞甲、札甲和马甲，图中所绘的札甲是其中数量最多的一种类型。这些石质甲胄制作起来极其复杂，其甲片厚度不足1厘米，穿孔时如果受力不均很容易使石甲片折断破碎。所以从易碎这一点也可以看出这些石质甲胄并不是实战装备，而是专门用作陪葬的器具。以石质甲胄随葬可能是秦人的某种信仰和习俗。

因为石甲是从铁制甲胄的形制仿制而来，所以在秦代可能会有少许与这些石制甲胄形制相同的铁制甲胄。本款甲胄是依照出土的石质甲胄设计的一套秦代铁甲。

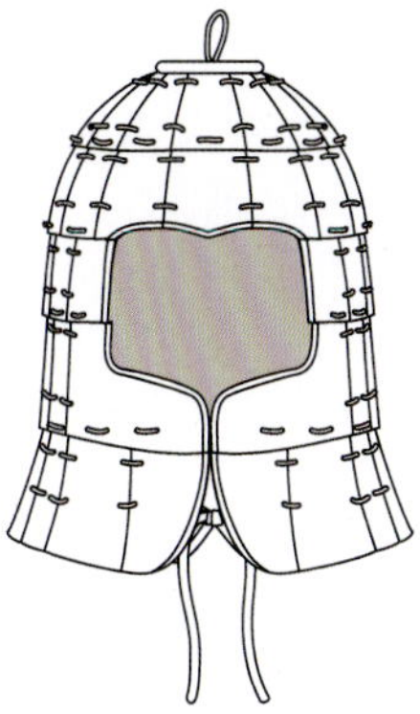

陕西省临潼秦始皇陵陪葬坑出土石胄复原图

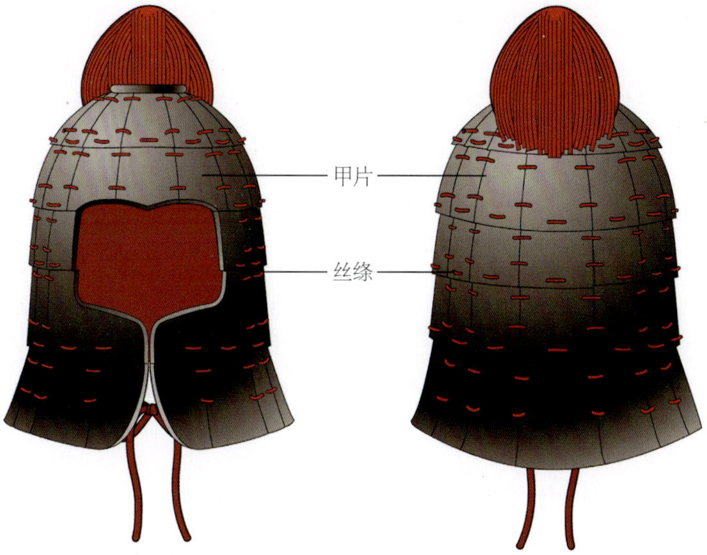

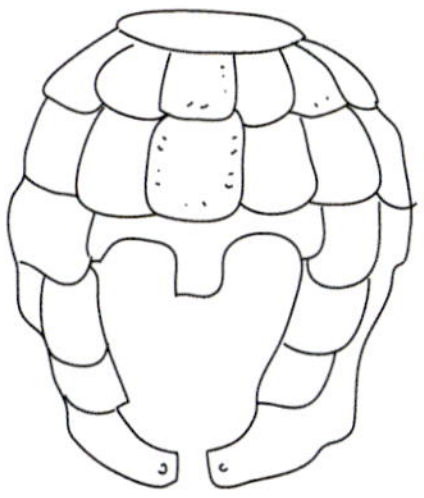

河北省易县燕下都遗址出土战国铁胄

① 铁胄

根据1998年陕西省临潼秦始皇陵陪葬坑出土实物复原绘制。由于秦代石胄是铁胄的仿制品，所以这里以石胄形制来设计铁胄。秦陵出土的石胄大约有三十余顶。这些胄与东周三燕下都发现的铁胄形制相似，但又比燕下都的铁胄设计得更为科学、合理，胄的下缘长可披搭于肩上，可以起到保护颈项的作用。所有石胄均由一整片圆形顶片和各类型的侧片组成，顶片中央有一个圆形孔，因为没有管状物，所以应该不是安插翎羽之类的饰物，可能只是为安插缨饰所用。

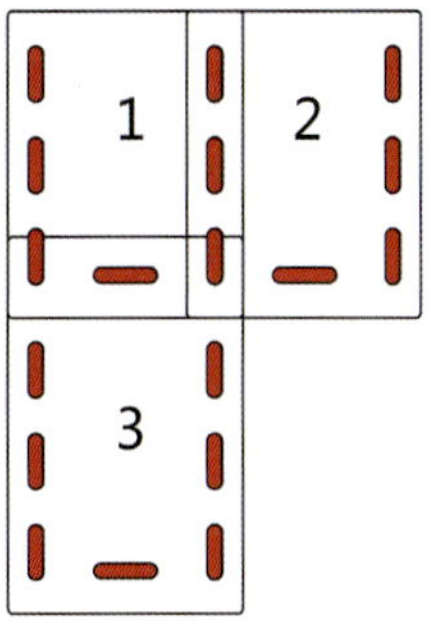

其编缀方式应该是上压下，中间压两侧，先横后纵

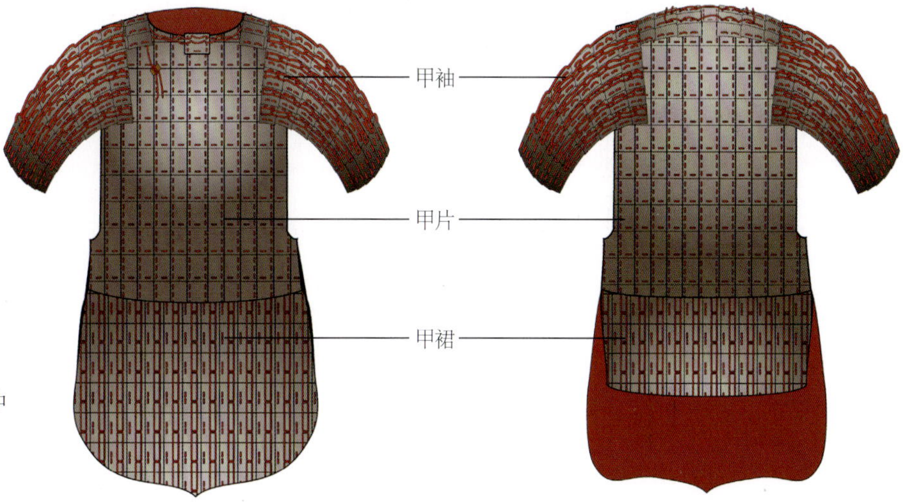

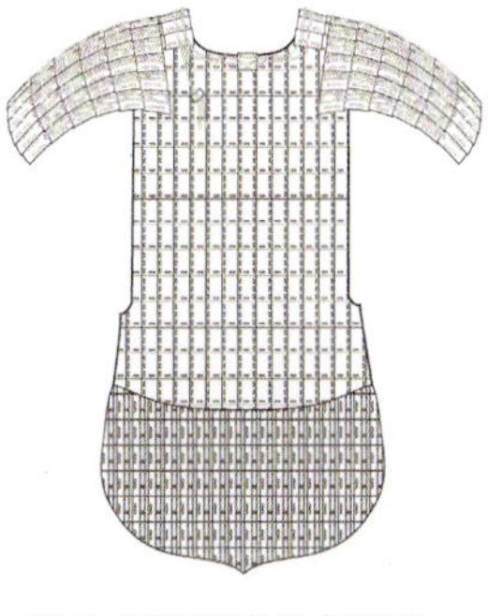

陕西省临潼秦始皇陵陪葬坑出土石甲复原图

② 铁甲

根据1998年陕西省临潼秦始皇陵陪葬坑出土实物复原。实物虽然是石甲，但由于石甲是仿制于铁甲和皮甲，所以这里以石甲为原型假设为铁甲。实物石甲外形与秦代四的三型B种甲相似，由长方形或近方形甲片组成。这类甲约占出土石甲的97%。其特征是甲片比同时出土的鱼鳞甲甲片厚大，大多向外稍凸出，甲片上分布有圆形小孔等。组成甲衣的甲片有300 ~ 600片。

假想的甲胄穿着流程

❶ 穿着甲胄前，先打行缠后穿履。

❷ 穿着甲。

❸ 戴胄。

汉代

汉代：公元前206年至公元220年。

公元前206年至公元前202年是推翻秦帝国的昔日盟友楚和汉争雄天下的时期，最后以刘邦一方的汉取得最后胜利。从公元前202年才正式进入汉帝国时期，历史上称为西汉。公元8年至公元23年王莽曾经篡权建立新朝，后被汉室刘秀于公元25年重新夺回政权，历史上称为东汉。汉帝国前后数百年使中国自此进入了一个长期统一的繁荣时期，由文景之治到汉武帝的强盛，使凡是在汉域生活的各族人民都自称汉人，从此"汉人、汉字、汉族"就用到了今天。

汉代自建立之日起就长期处在对外民族和其他势力的战争之中，尤其到了汉武帝时期对匈奴的大规模讨伐战争持续了很长的时间，军事装备因为战争的需要也得到进一步的发展。在甲胄方面，汉代除了依然使用皮制甲胄外，同时也开始大量制造和装备铁制甲胄作为主要防具。由于西汉时期多把兵器铠甲作为随葬品，所以汉代在甲胄方面的实物资料是很丰富的。

汉代

一

铁胄、金银饰铁甲

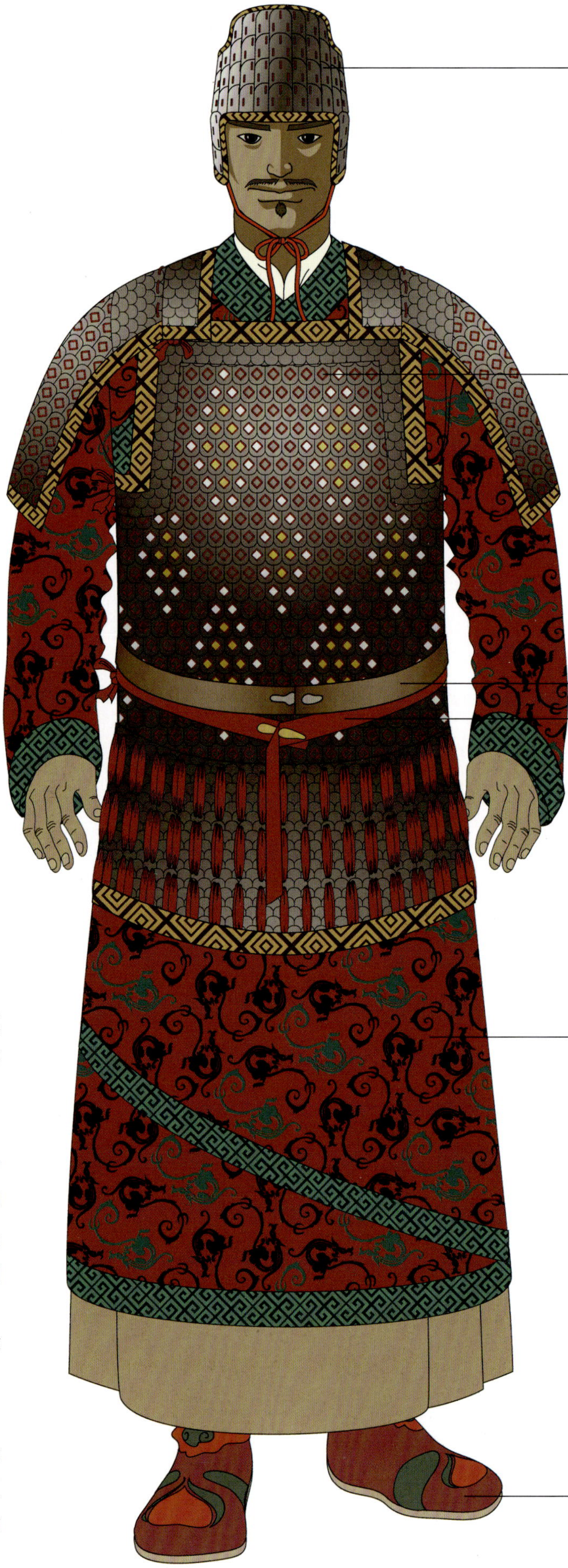

该套甲胄是根据西汉齐王墓出土实物绘制，是诸侯贵族所穿戴的甲胄。

❺

汉代男子的服装样式，大致分为曲裾（jū）、直裾两种。曲裾，即为战国时期流行的深衣。汉代仍然沿用，但多见于西汉早期。到东汉，男子穿深衣者已经少见，一般多为直裾之衣，但并不能作为正式礼服。

❻

根据1965年陕西省咸阳市北郊杨家湾西汉墓出土将军俑（参见汉代三铁甲实物图）所穿圆头高鞠靴所绘。

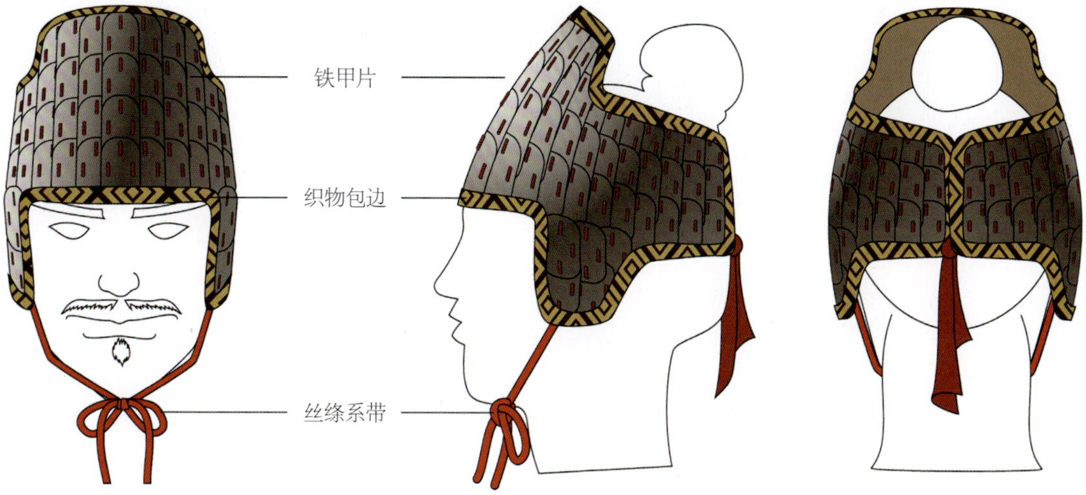

正面　　侧面　　背面

1 铁胄

根据1979年山东省临淄大武村西汉齐王墓五号坑出土实物复原。该胄由鱼鳞型甲片编缀，围起来形成圆锥筒状，胄顶不封口，胄内有织物做衬，边缘有织物包边。

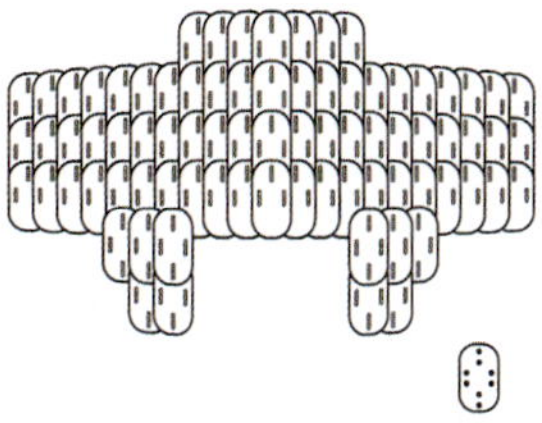

山东省临淄大武村西汉齐王墓出土铁胄甲片

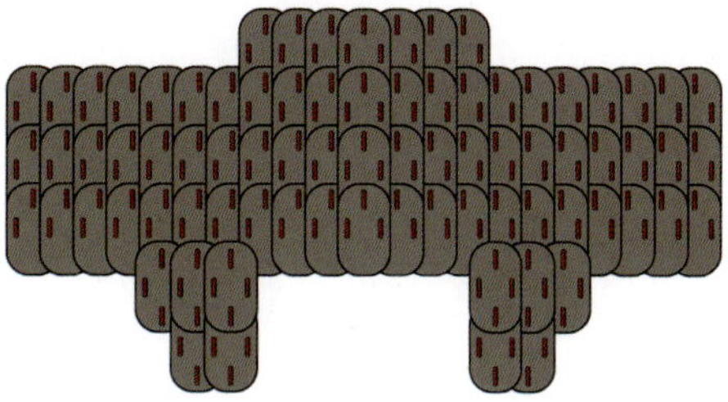

其编缀方法是上部的主要部分都是下压上，中间压两侧，下面保护面颊用的两部分是上压下编缀

作者觉得古人在行军打仗时戴这顶铁胄时应该不会让头发直接暴露在外，所以应该会在头上包裹一层内衬。图中人物铁胄内的织物衬是作者假设加进去的

3 皮带

皮带与秦代形制基本相同，由皮革制成，用带钩系连，用于固定甲衣，其带勾形制与秦代三相同。

4 绢带

绢带由织物制成，用带钩系连，其形制与皮带相同，其用途是用于武器的挂置，由于武器较长不能只固定一点，所以上半部则用丝绳系于前胸。

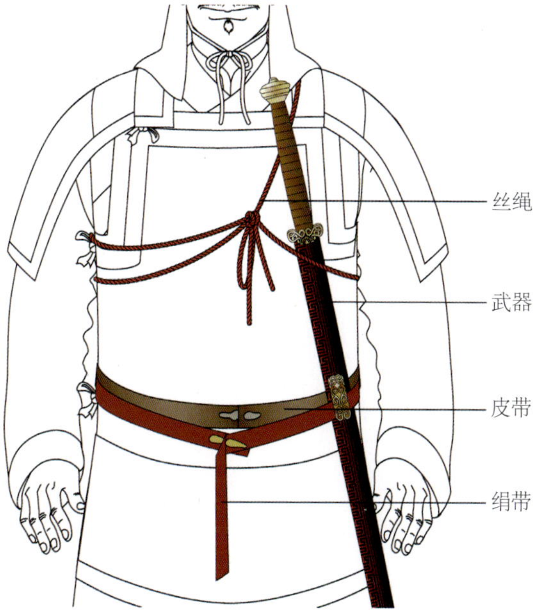

铁甲 ②

与铁胄一样，是根据1979年山东省临淄大武村西汉齐王墓五号坑出土实物复原。该甲也是由鱼鳞型甲片编缀，局部有厚约1厘米的金银菱形甲片装饰，钎（披膊）有6排17列，垂缘（甲裙）有8排，都是活动编缀，可以上下伸缩，而甲身为固定编缀。

钎固定编缀在肩带之上，穿时身甲右腋下连襟，右肩带是活动的，而左肩带是固定的。甲身部分的编缀方法是上压下，先横后纵。甲裙部分的编缀方法是下压上编缀。

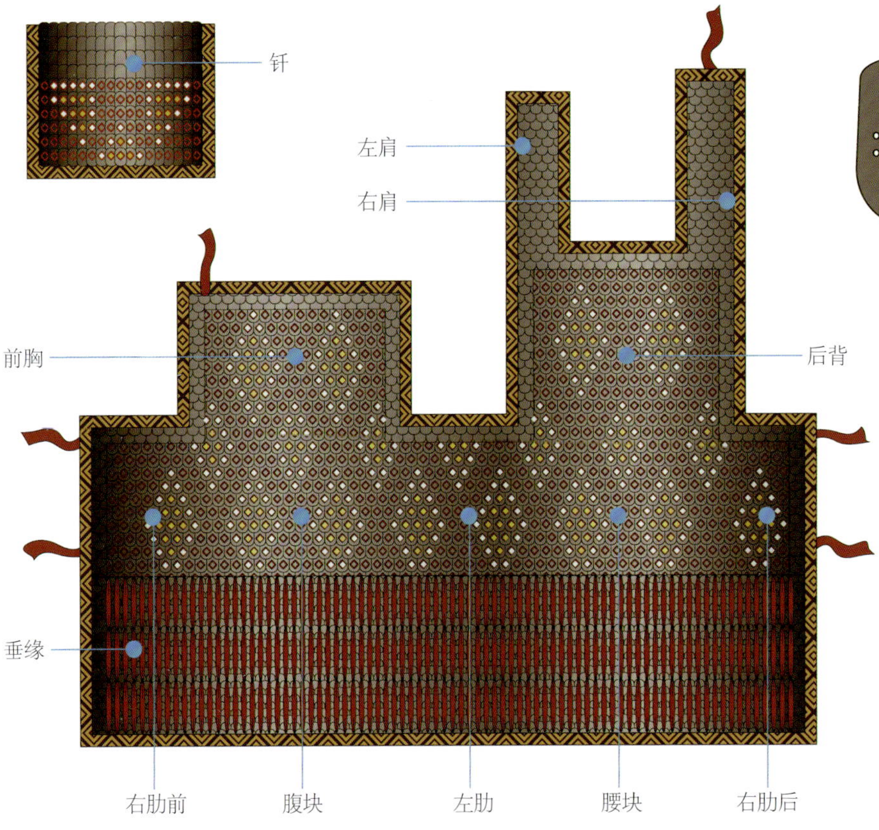

山东省临淄大武村西汉齐王墓出土铁甲的复原图

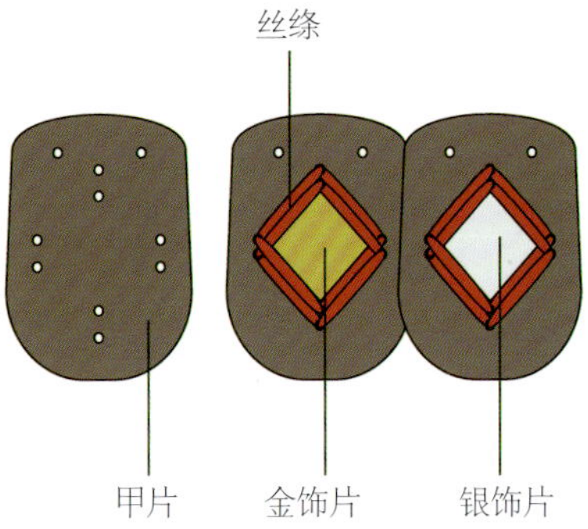

铠甲中的甲片与金银饰片

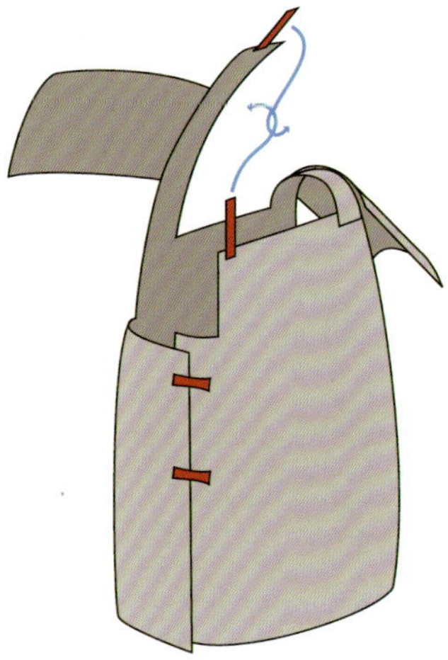

铁甲的穿戴方式

假想的甲胄穿着流程

❶ 穿着甲胄前。

❷ 穿着铁甲并在腰间系束皮带和绢带。

❸ 戴胄。

汉代 二 玄铁胄、玄铁甲

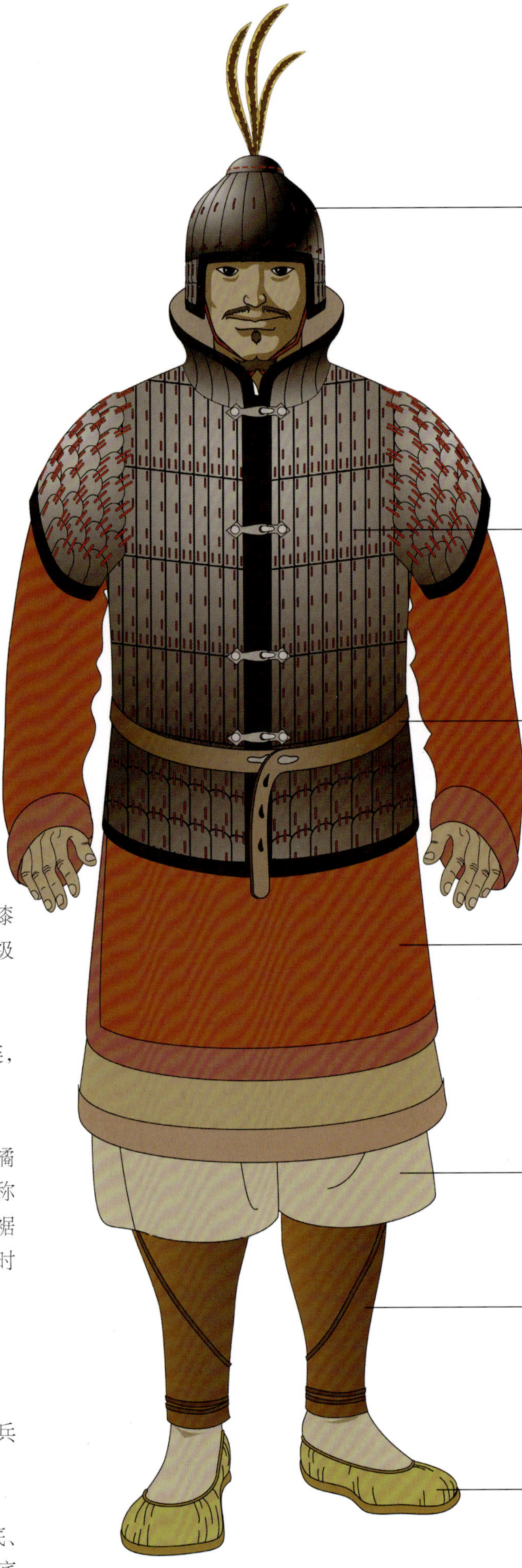

汉代军队多使用玄甲，玄甲就是黑漆铁甲或者黑铁甲。这套甲胄应当属于高级军官或者皇帝的卫队所有。

3
与汉代一相同，皮革制成，用带钩系连，用于固定甲衣，其带钩形制参见秦代三。

4
缇（tí）是红色的一种，应该是指大红与橘红之间的一种颜色。皇帝的禁军卫队被称为“缇骑”就是穿这种颜色的服装，直裾是汉代男子的服装样式，与曲裾深衣同时存在于汉代时期。

5
袑（shào）是汉代一种裤腿很大的裤子。

6
织物或皮质的行缠多用于步兵，后被多兵种广泛使用。

7
汉代军队中脚下以履为主，有圆头平底、月牙形头等样式，图中所绘为圆头平底麻履。

1) 铁胄

根据1980年吉林省榆树县老河深村东汉墓实物复原，该胄由一排长甲片围成胄主体，由两排短甲片围成护颊及后颈部分，由胄顶的半球型铁甲收拢。

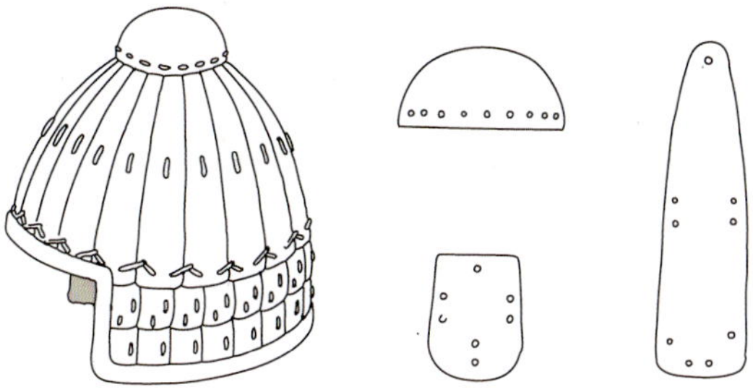

吉林省榆树县老河深村东汉墓出土铁胄甲片及铁胄复原图

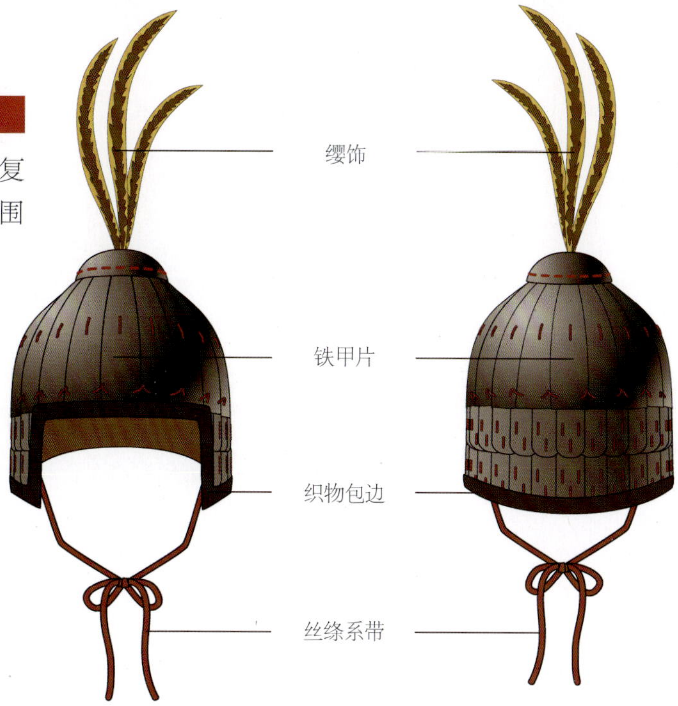

正面　　背面

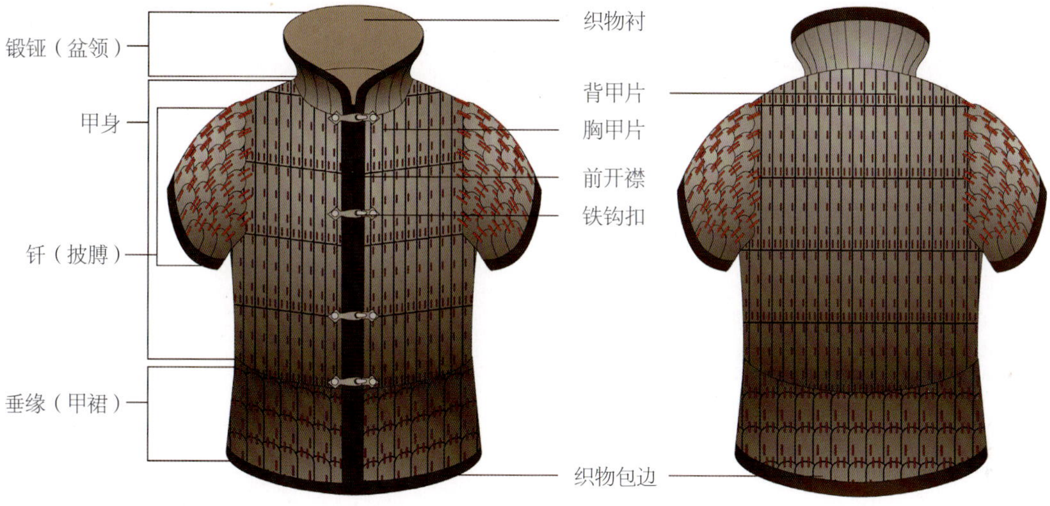

正面　　背面

2) 铁甲

根据1960年内蒙古自治区呼和浩特市郊二十家子汉遗址七区窑穴内发掘的实物复原，甲身由大长方形甲片编缀，垂缘部分用相对较小的鱼鳞片编缀，胸前开襟用铁钩扣相连，钎与锻铔也是鱼鳞片编缀，但是锻铔是固定的，而钎和垂缘部分是可以伸缩的。

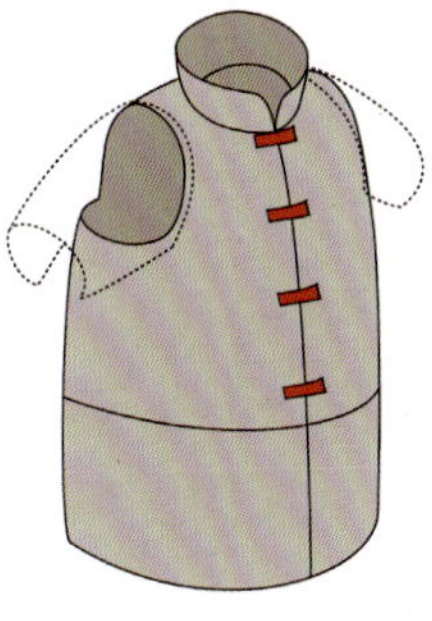

铁甲的穿戴方式

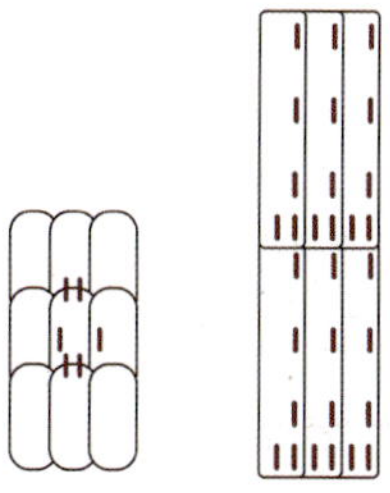

其编缀方式是前压后，先横后纵，而垂缘和钎部分是下压上，先横后纵

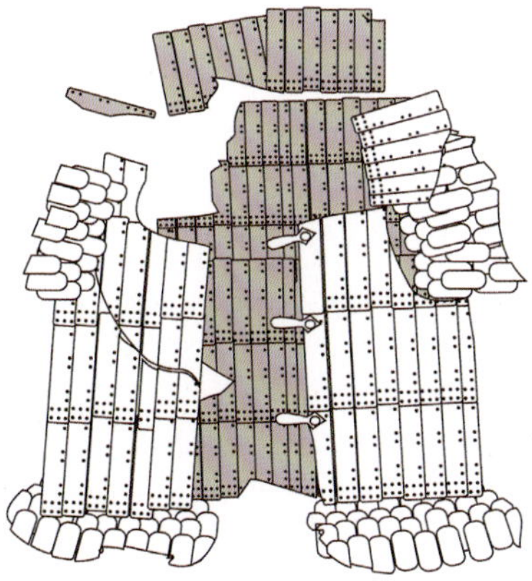

内蒙古自治区呼和浩特市郊二十家子汉遗址出土的铁甲

假想的甲胄穿着流程

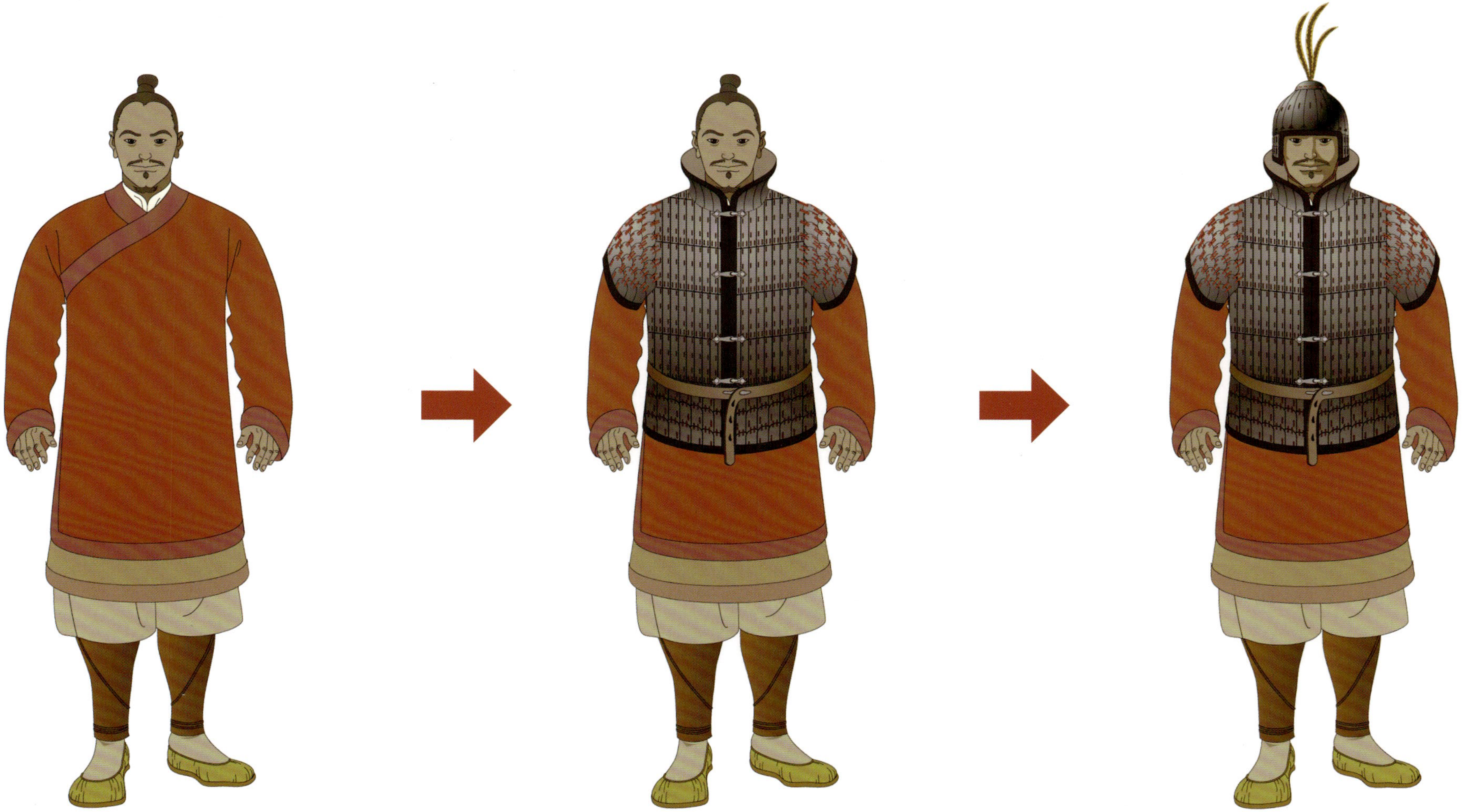

❶ 穿着甲胄前，先打行缠后穿履。

❷ 穿着铁甲并在腰间系束皮带。

❸ 戴胄。

汉代

三 帻冠和玄铁甲

该形制根据陕西省咸阳市杨家湾汉墓将军俑二类一型玄铁甲为主线绘制。

3 4

同汉代二。

5

同汉代一。

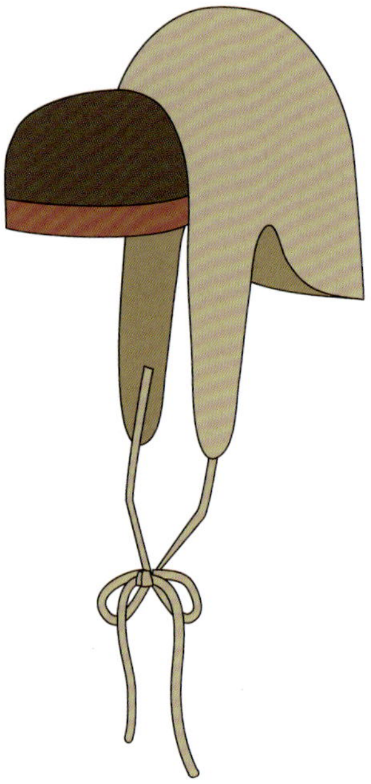

侧面

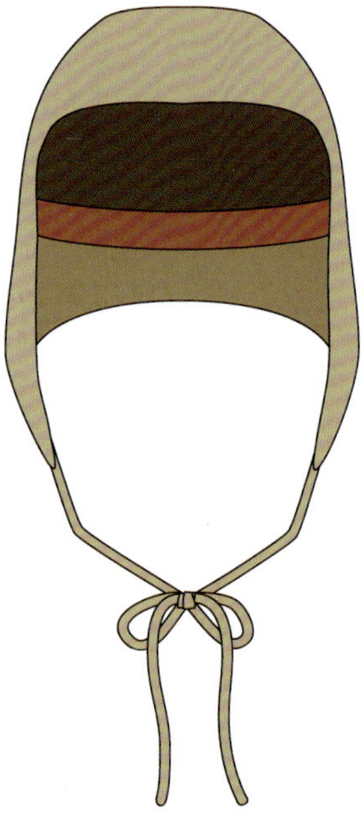

正面

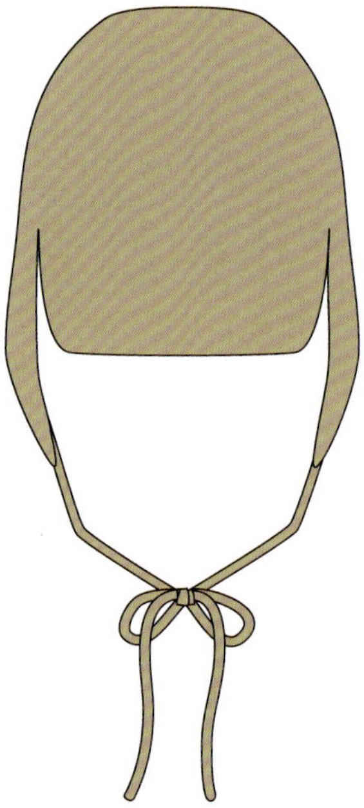

背面

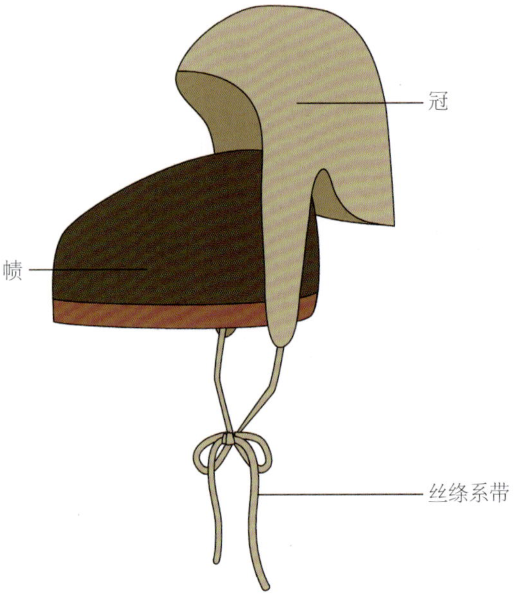

① 帻、冠

这套帻冠根据陕西省咸阳市杨家湾汉墓出土的兵俑绘制。大量资料表明汉代军人普遍使用帻外罩武冠。汉代时期的帻与秦代的帻差别比较大。汉代的帻由纱、布等制成，而冠是罩在外层的帽子，有漆纱、毡、皮等物制成，与秦代三的冠很相似。帻有两种：一种是上述所说的西汉平巾帻，而另一种是东汉以后的屋山帻。屋山帻是由织物所制的硬顶帽子，外面不再罩武冠。屋山帻据说是因为王莽顶秃，所以改革了原来的平巾帻而有的屋山帻。

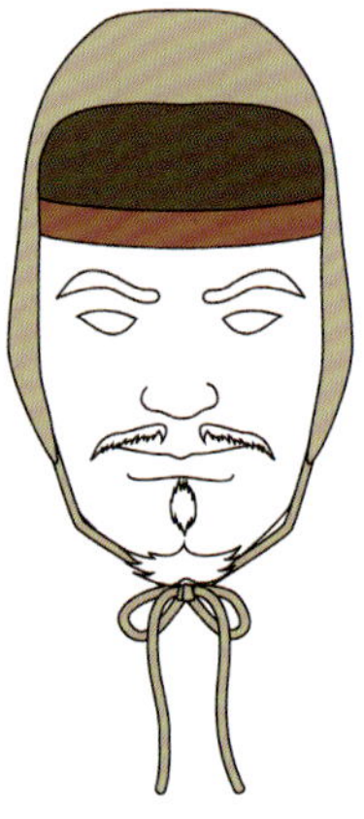

平巾帻

屋山帻

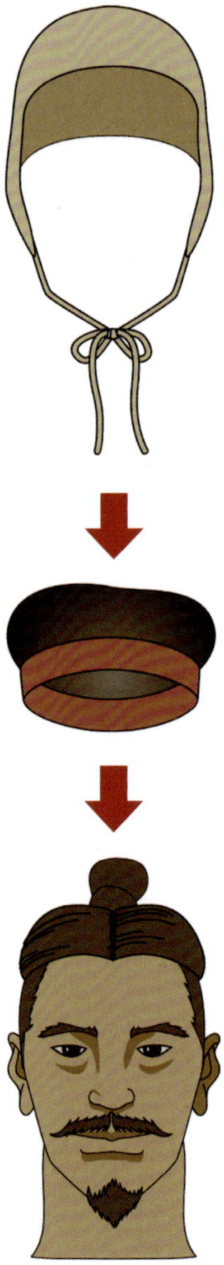

戴帻冠时的上下关系

陕西省咸阳杨家湾汉墓兵俑所戴的帻冠

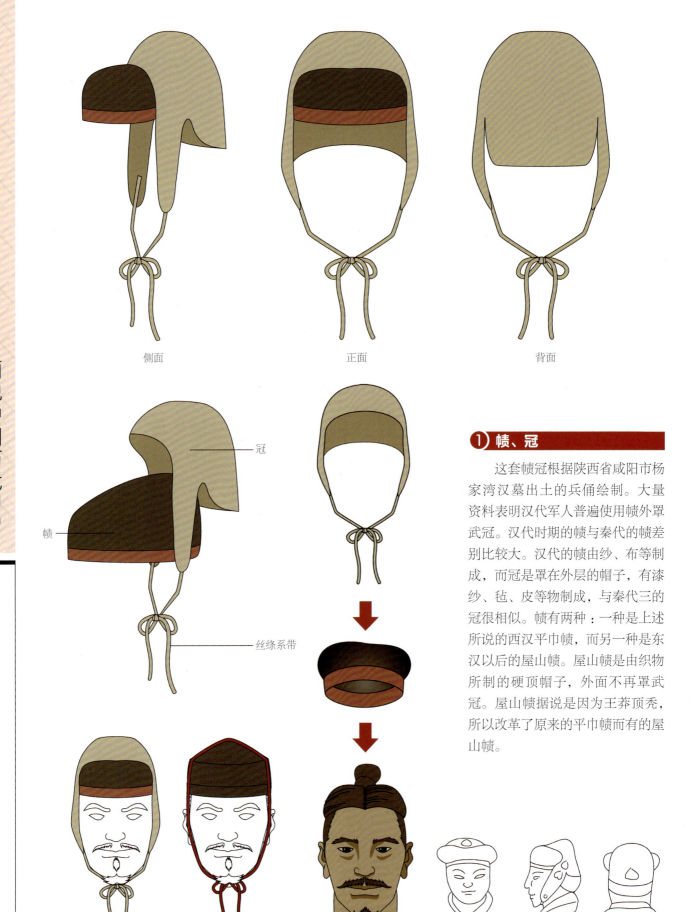

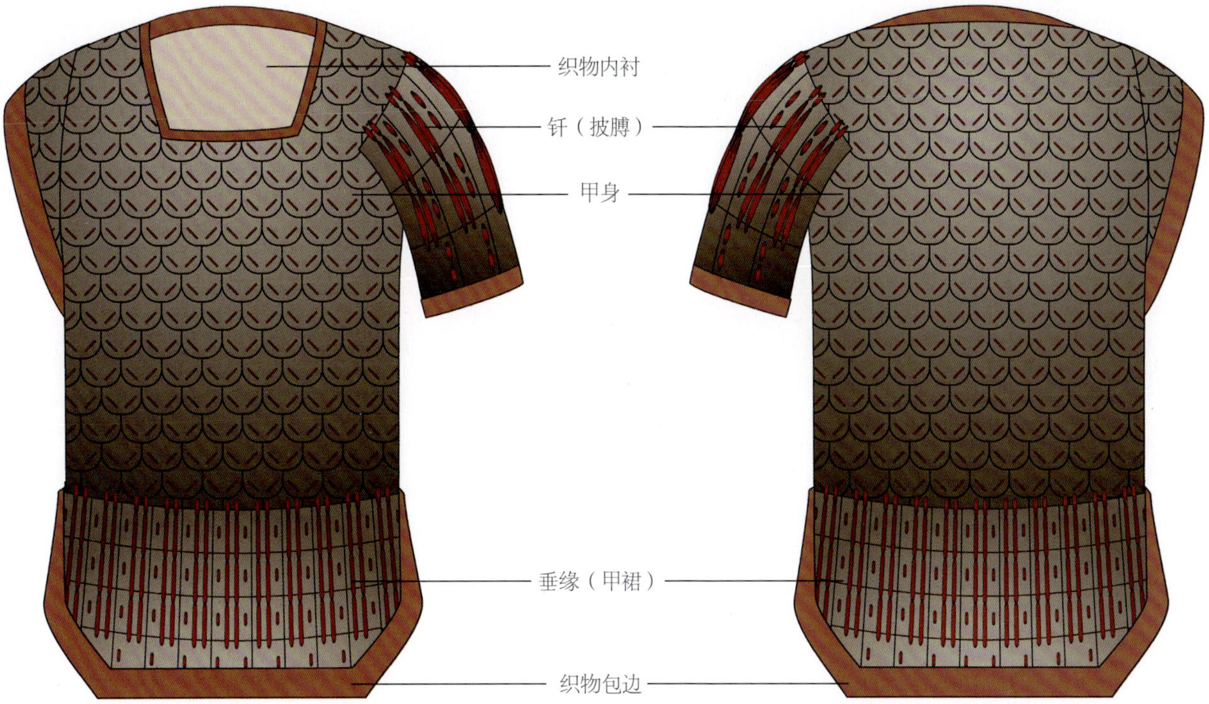

正面　　背面

② 铁甲

根据陕西省咸阳市杨家湾汉墓出土的将军俑绘制。从该陶俑上看，这名将领身上的玄铁甲最大的特点就是只有左肩部有钎（即披膊）的装置，而右肩却没有。这种形制的玄铁甲是真实存在过的还是绘制陶俑时故意省略掉的，目前从出土实物和文字记载都无法考证，所以这里遵照彩俑的本来样子，将该甲设计为单侧披膊的玄铁甲。该甲甲身由18排鱼鳞形甲片编缀，钎与垂缘部分与汉代二相同，采用可以伸缩的活动编缀。

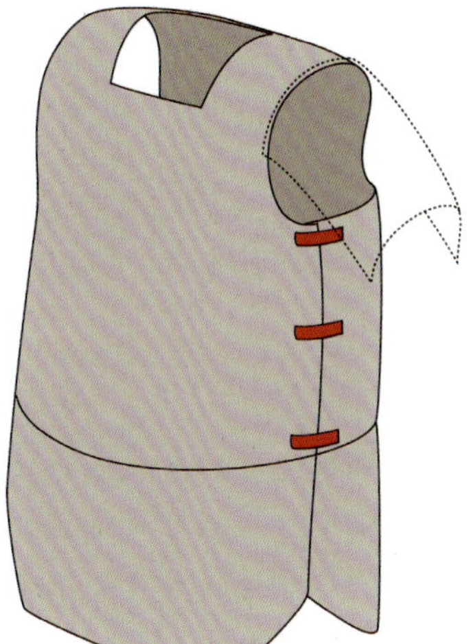

铁甲开襟可能是在左边

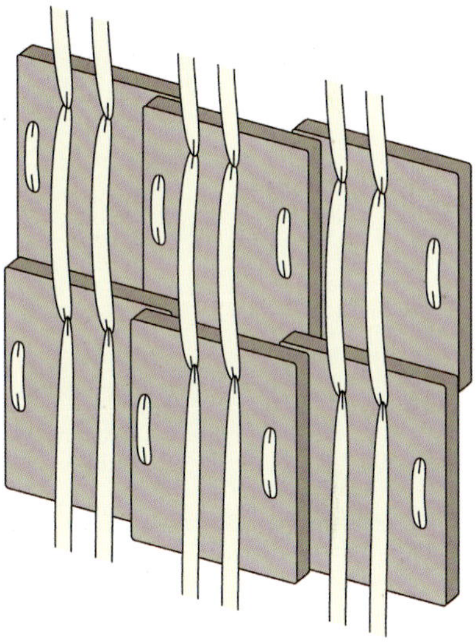

外侧的钎和垂缘活动甲片的编缀

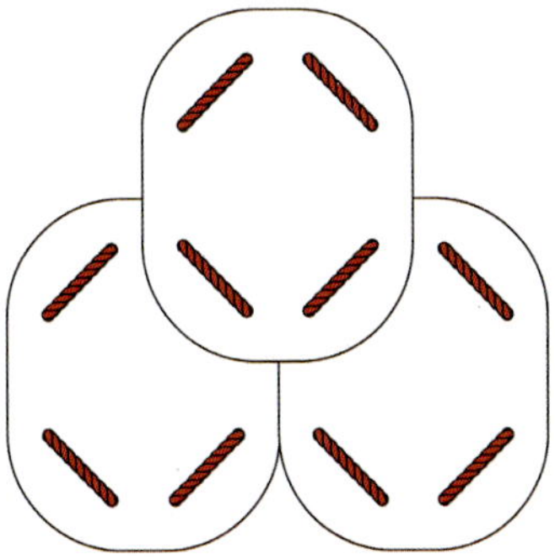

身甲鱼鳞甲片的编缀

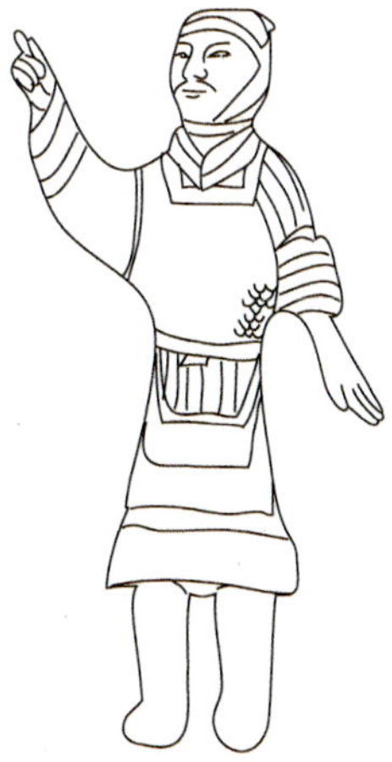

陕西省咸阳杨家湾汉墓将军俑

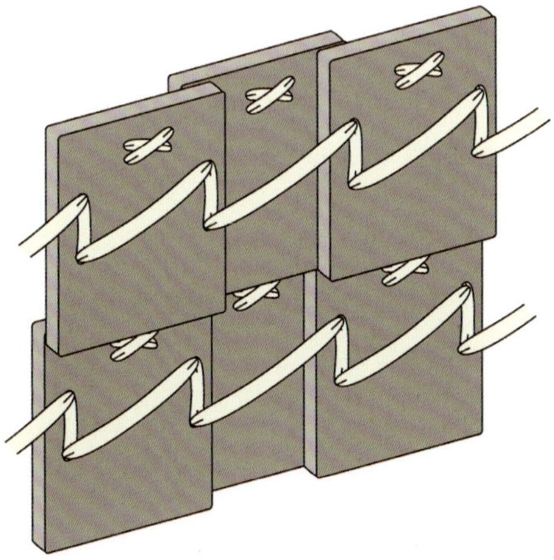

内侧的钎和垂缘活动甲片的编缀

假想的甲胄穿着流程

1 穿着甲胄前，先穿好靴。

2 穿着铁甲并在腰间系束皮带。

3 戴帻冠。

汉代 四 帻冠和箭袖铠

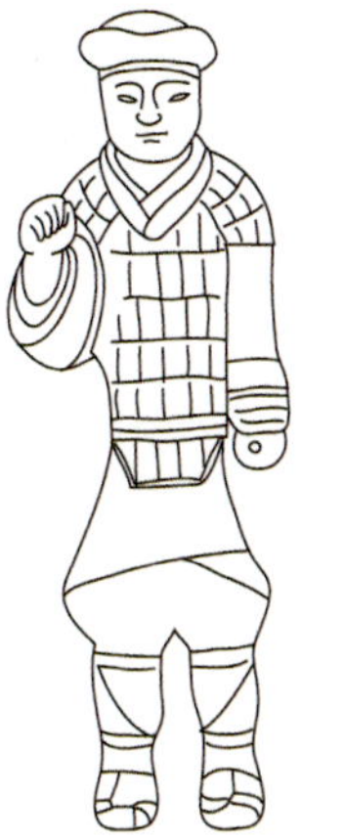

陕西省咸阳杨家湾汉墓骑兵俑

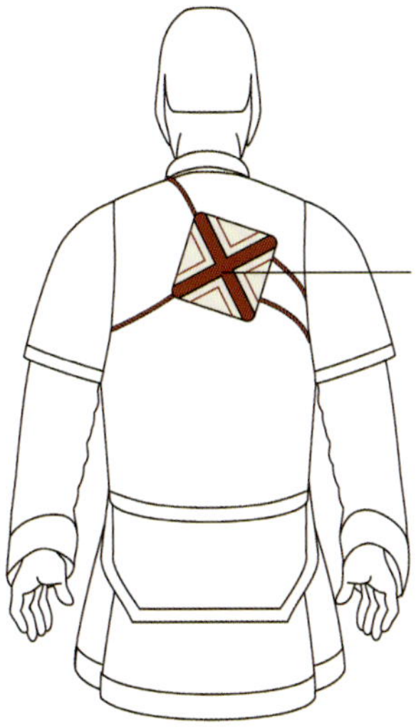

根据河北省满城刘胜墓出土实物和陕西省咸阳市北郊杨家湾汉墓穿二类二型玄铁甲兵俑为主线绘制。

1 3 4 5 6 7

同汉代一、二、三。

8

根据1965年陕西省咸阳市北郊杨家湾汉墓骑兵俑背后所负之物绘制。该物详解请参见汉代附。

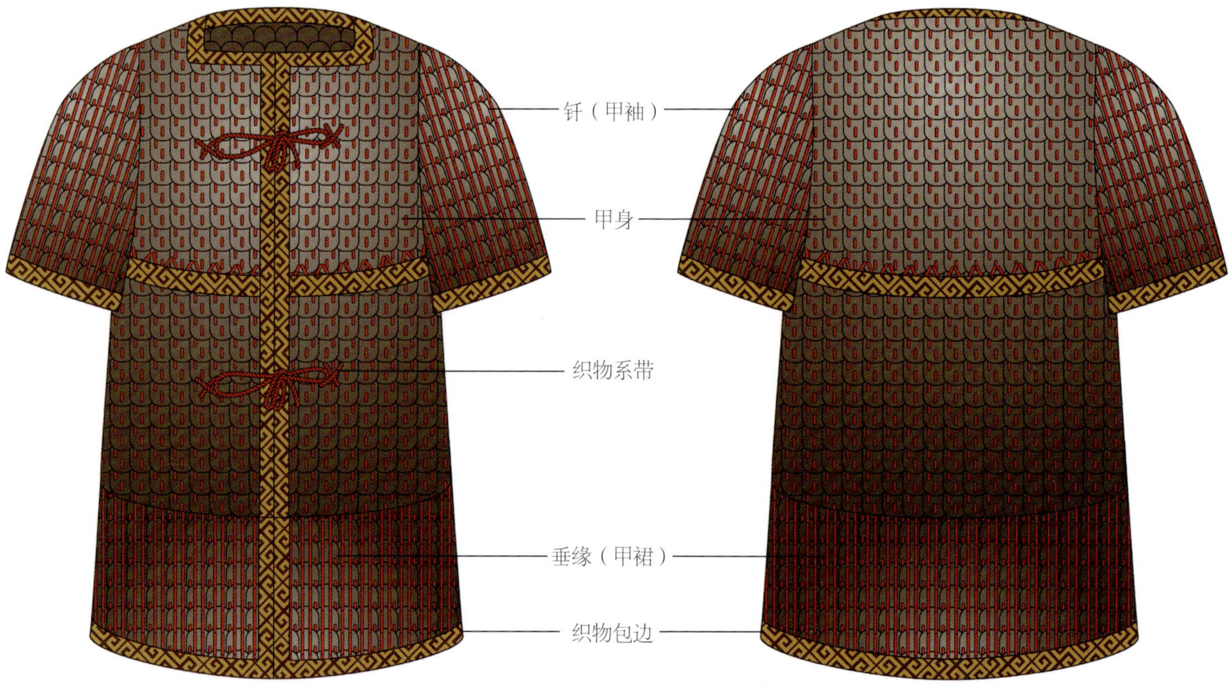

正面　　背面

② 筩袖铠

筩袖铠根据1968年在河北省满城汉中山靖王刘胜墓中出土铁制筩（tǒng）袖铠实物绘制，该甲用两千余鱼鳞甲片编缀而成，身甲上身的均为用丝绳固定组编，釬（披膊）与垂缘（甲裙）6排甲片为活动编缀，釬的腋下封口形如短袖，故名“筩袖”。该甲领口为方形，前胸对开襟，用丝线做绊扣连接，用织物包边。墓主汉中山靖王刘胜死于汉元鼎四年，也就是该甲大约是在公元113年随葬入土的，按时间计算该甲应该属于汉武帝中期的遗物。

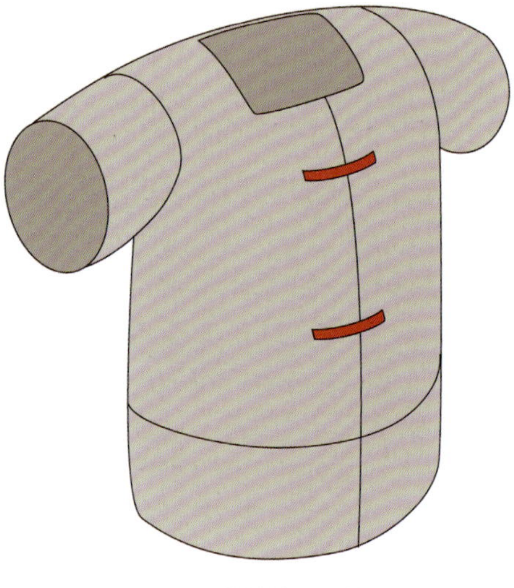

筩袖铠的形制

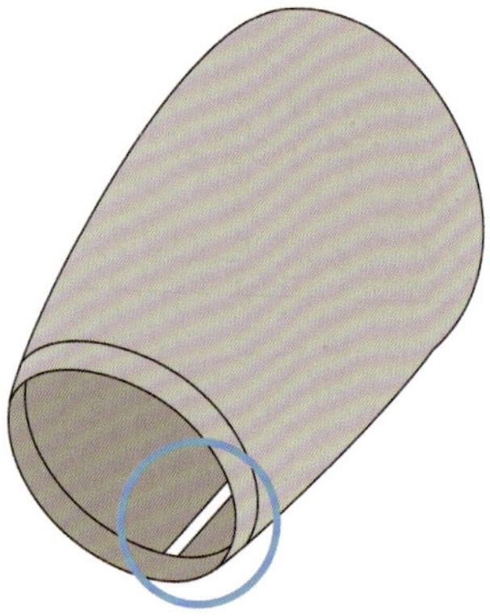

筩袖铠的“筩袖”在底下连接，但并不完全封死，而是留有空隙，以便“筩袖”活动

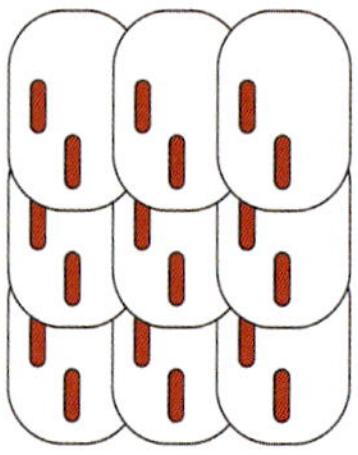

左襟身甲的编缀

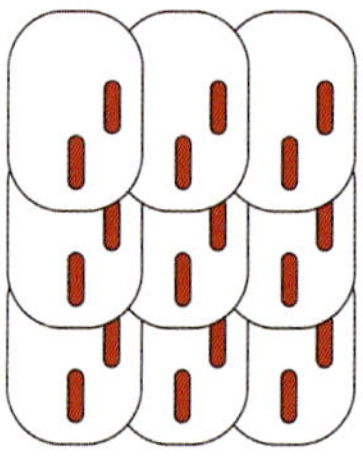

右襟身甲的编缀

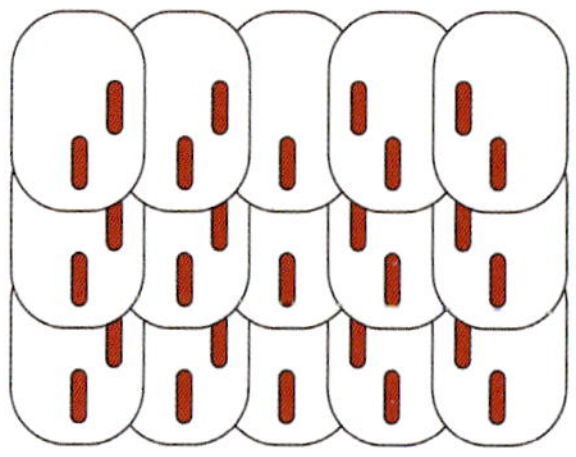

身甲后背的汇合

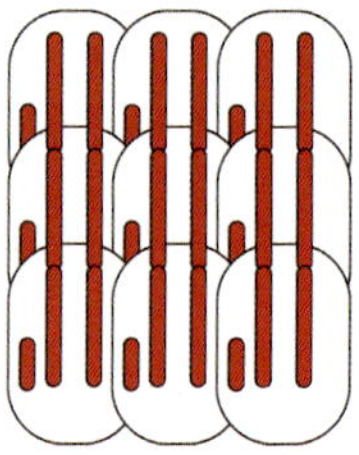

左襟垂缘的编缀

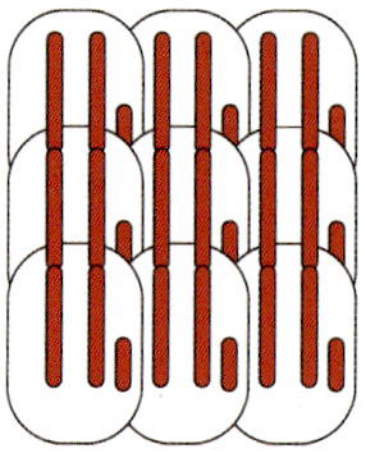

右襟垂缘的编缀

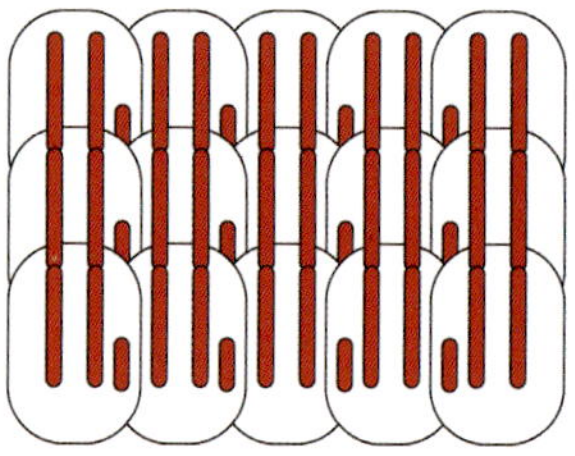

后背垂缘的汇合

假想的甲胄穿着流程

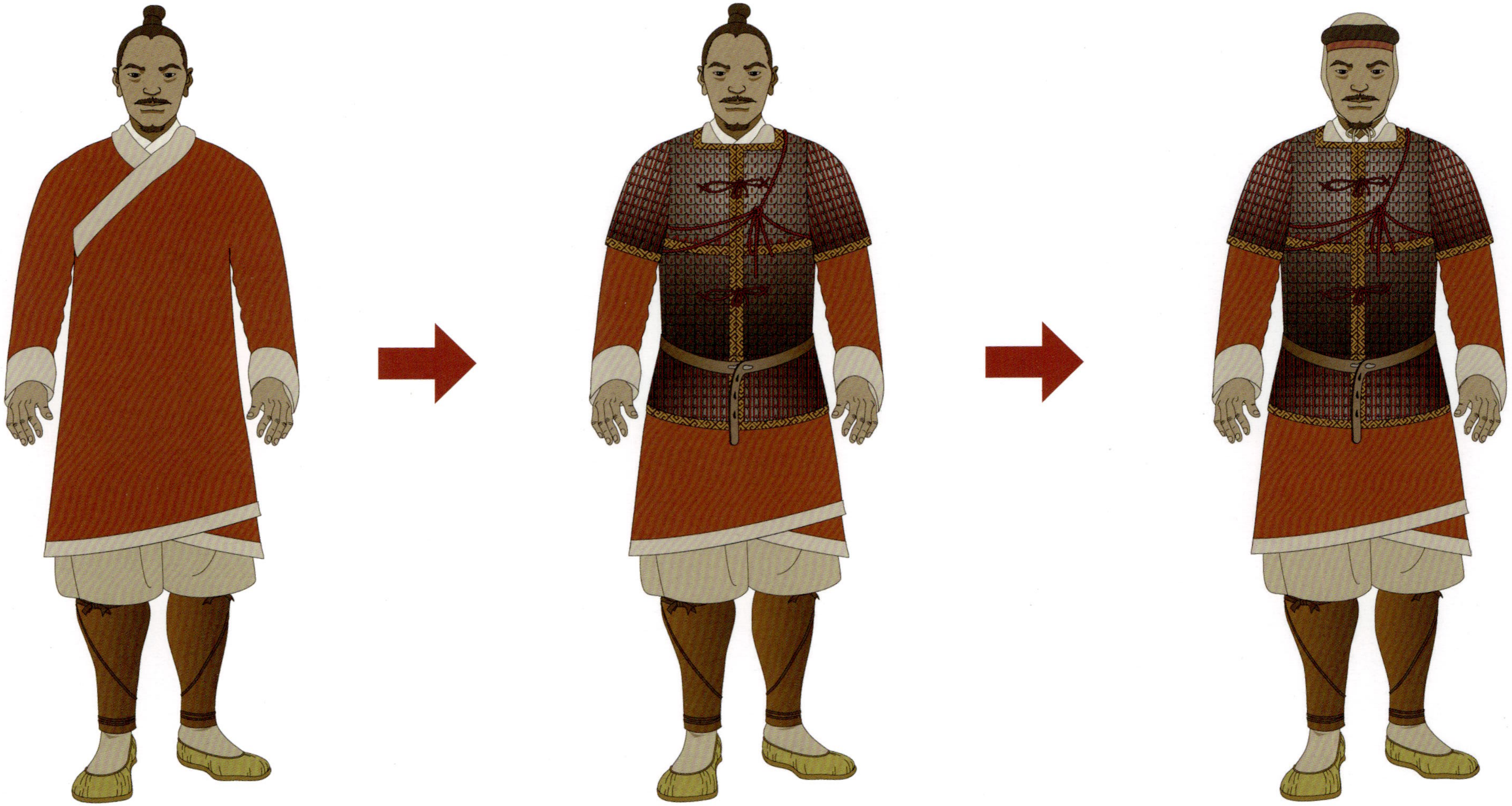

❶ 穿着甲胄前先打行缠后穿履。

❷ 穿着铁甲并在腰间系束皮带。

❸ 戴帻冠。

汉代

五 鹖冠和玄铁甲

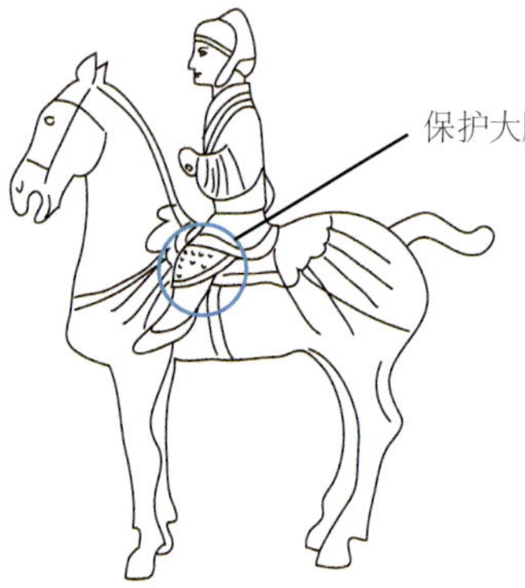

陕西省咸阳市北郊杨家湾汉墓骑兵俑

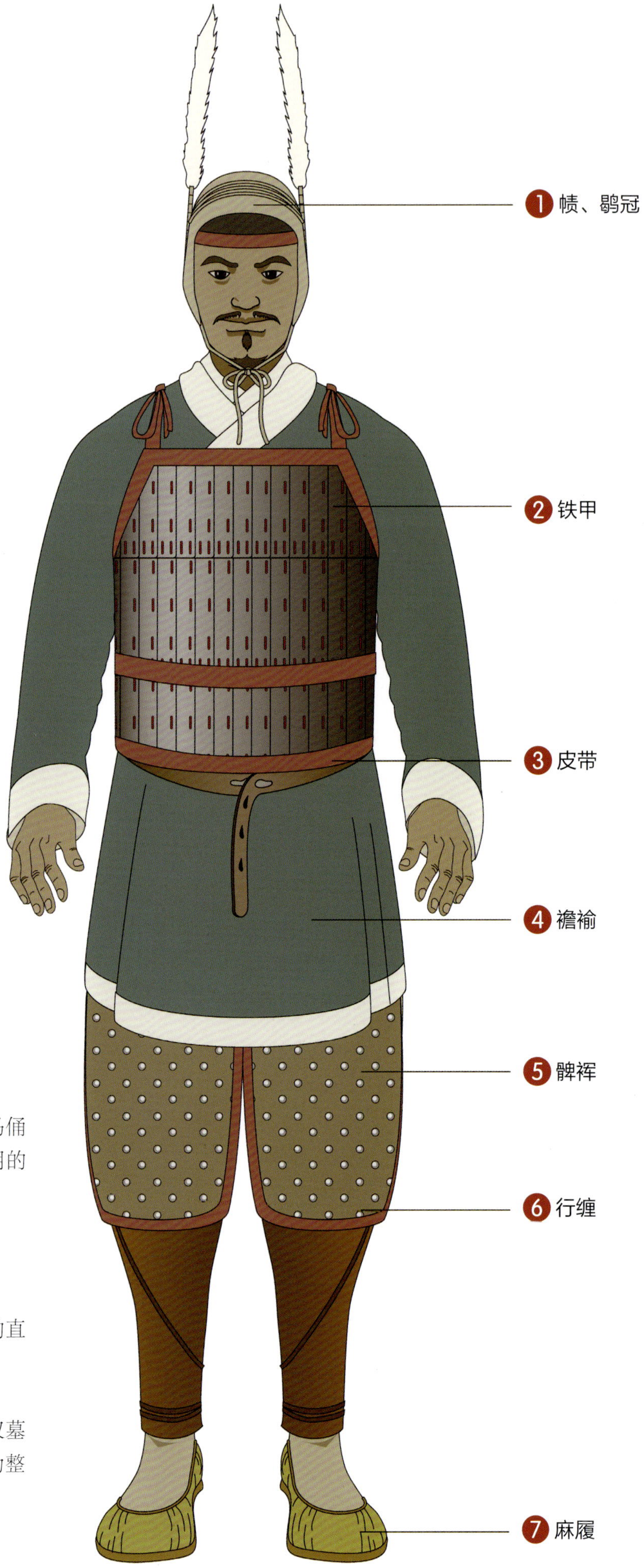

根据陕西省咸阳市杨家湾汉墓兵马俑为主线所绘的汉代骑兵，该汉骑兵使用的是一类一型短玄甲。

3 6 7

同汉代二。

4

襜（chān）褕（yú）是汉代一种较短的直裾衣。

5

根据1965年陕西省咸阳市北郊杨家湾汉墓骑兵俑绘制。髀（bì）裈（kūn）可能为整块皮质，用于保护骑兵大腿。

1 帻、鹖冠

此鹖冠根据新疆罗布淖尔汉楼兰烽燧堡遗址出土毡制武冠复原图绘制。该毡冠出土时还留有安插羽饰的铜管和羽毛残迹，鹖冠就是在毡或者皮制成的武冠两侧竖插的鹖尾或者其他羽毛而得名。这种鹖冠早在战国时期就已使用，如战国铜镜背面线刻武士像所戴的就是这种鹖冠。但是当时的鹖冠是直接戴在头上的，而汉代的鹖冠同汉代三、四的武冠一样是罩在帻上的。

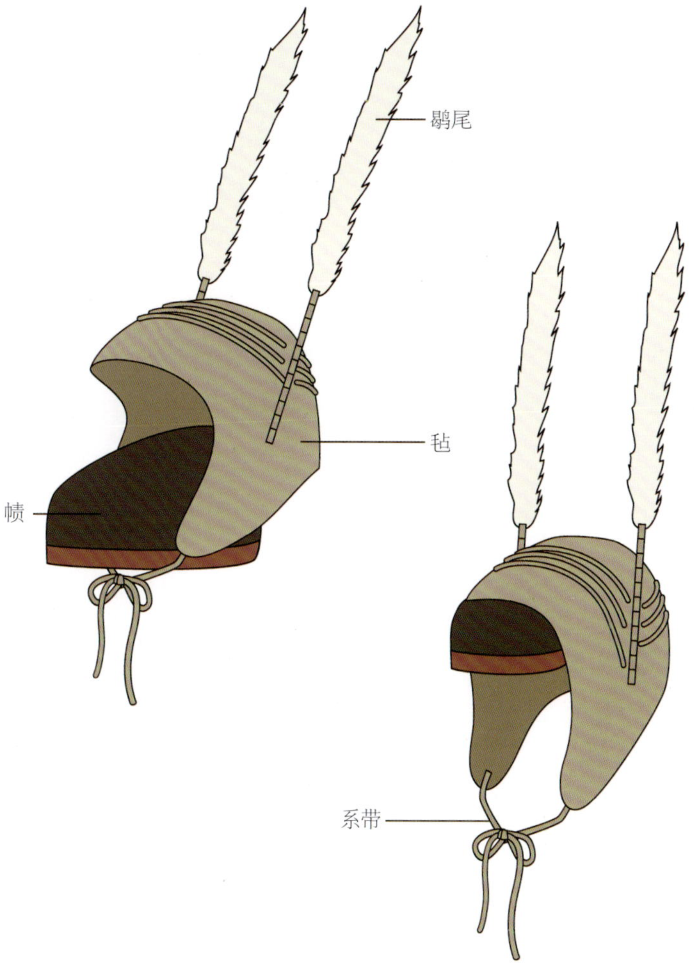

传为洛阳金村出土的战国铜镜背面线刻武士像

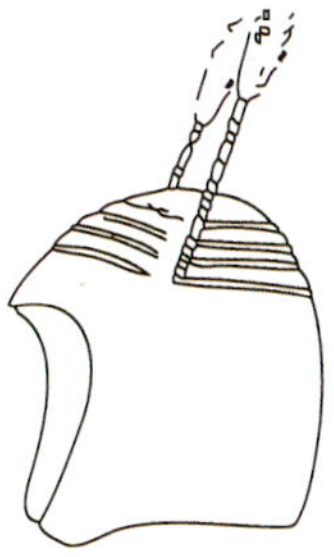

新疆罗布淖尔汉楼兰烽燧堡遗址出土毡制武冠复原图

2 铁甲

此铁甲根据1965年陕西省咸阳市北郊杨家湾汉墓兵马俑一类一型玄铁甲绘制。该甲在胸背部分缀以甲片 。胸甲和背甲在肩部用带系连，在腋下也有带子相连。由于这类铠甲比较轻便，下长仅至腰部，所以多用于骑兵。

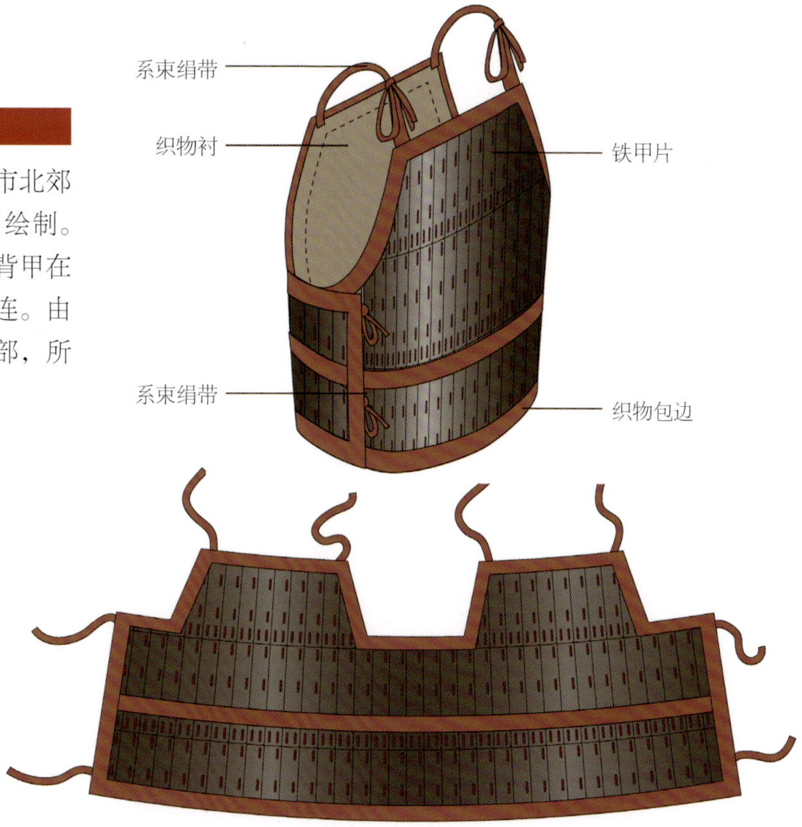

陕西省咸阳杨家湾汉墓兵俑

甲身全部由大长方形甲片固定编缀

假想的甲胄穿着流程

❶ 穿着甲胄前，先打行缠后穿履，然后在腰间系束皮带。

❷ 髀裈穿于襜褕下并在腰间系束。

❸ 穿着铁甲。

❹ 戴冠。

汉代 附 汉代军队中的徽识

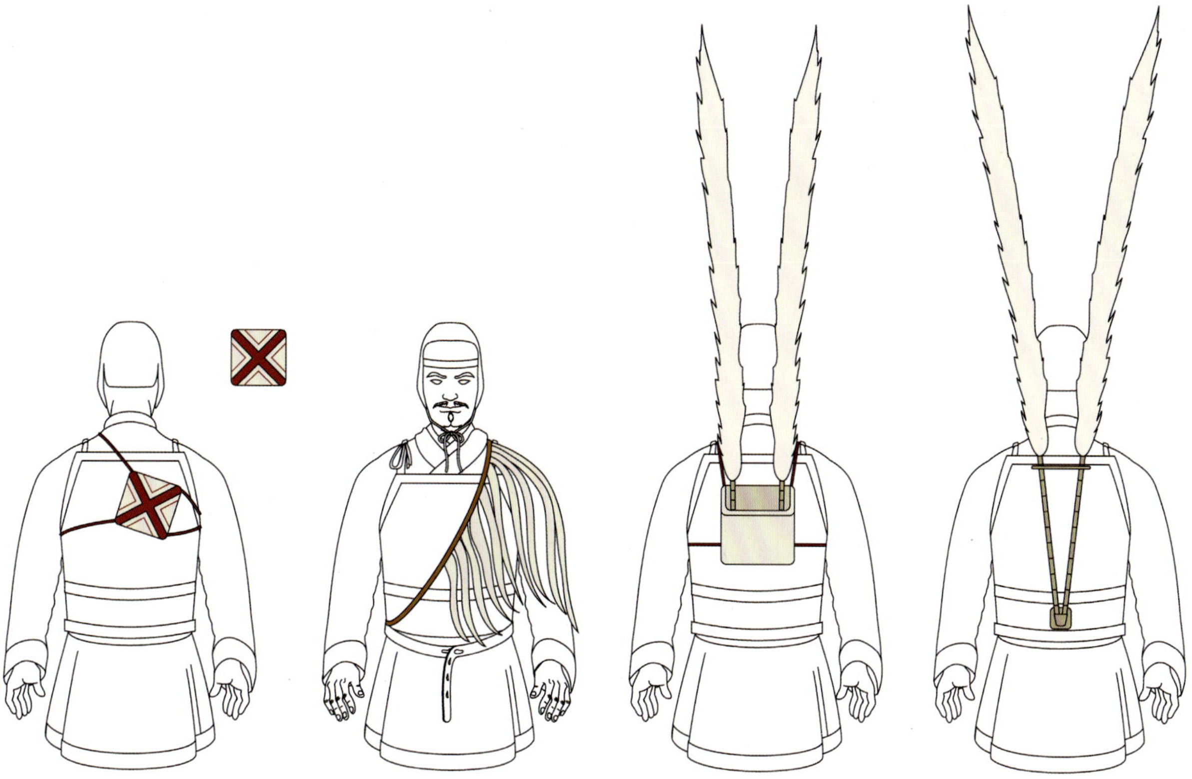

❶ 章　❷ 幡　❸ 负羽一　❹ 负羽二

根据资料记载，汉代军队使用章、幡和负羽三种徽识。

❶ 汉代四中武士所负之物。这是根据陕西省咸阳市北郊杨家湾汉墓兵马俑绘制。据文献记载，章的上面写有佩戴者姓名、所属部队等资料，便于将士在牺牲后识别身份。但笔者认为在汉兵马俑等资料中并不是每个士兵都佩戴这种章的，并且作为识别士兵身份的徽识完全没必要背在后面，更没必要做成这么大的尺寸。笔者认为这种章与第二次世界大战时期美军战地军官所戴钢盔背面的标识作用可能一样，是为了小队其他人员能紧紧跟随指挥官，避免跟错队而使用的，所以这种章很有可能也是汉军基层军官所佩戴的。

❷ 根据陕西省咸阳市北郊杨家湾汉墓兵马俑绘制。多数资料说幡是作为指挥官标记而佩戴的，这种说法虽然是可行的，但笔者认为更可能是信使、传令官特有的识别装饰，因为杨家湾汉墓中披戴幡的汉兵马俑连护甲都没有，这在战场上是不合乎逻辑的。

❸ 在各种文献中常常提到负羽，但是并没有形象上的说明。有一种汉俑背后的盒子是装置负羽的说法。但这种说法很难成立，因为它作为装置弩箭的矢箙（fú）更为合理。

❹ 负羽作为什么人使用也并不明确，但作为基层军官使用几乎是不可能的，因为明显的标识会使敌人集中兵力加以攻击。根据日本战国时期的资料，当时的军队中也有类似负羽的装束，佩戴者是传令兵，明显的标识方便传令兵往来战场与大本营之间。也许汉军中的负羽也是如此作用。图中绘制的是根据日本战国时期铠甲背后安装的指物装置而假想的。

第二次世界大战时期美军少尉以上军官的钢盔背面都有白色的竖条，军士长至中士则是横条

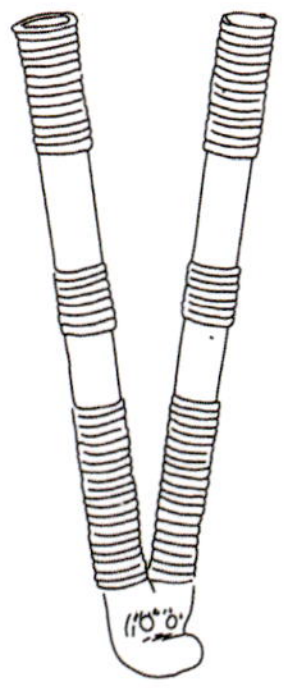

日本战国时期铠甲背后安装的指物装置中的受筒

魏晋时期

魏晋，即三国与两晋时期：公元220年至公元420年。

东汉末年，宦官专政，外戚争权，政治腐败，大姓豪族割据一方，互相争战。最后形成魏、蜀、吴三国相互鼎立的局面，史称“三国”。随后魏之豪族司马炎篡魏，吞并蜀、吴夺取了天下，国号晋，是为晋武帝，史称西晋。西晋至晋惠帝末年的八王之乱，和其他的外患导致中原沦陷，司马王室南迁，建立东晋政权。北方则成为各少数民族的逐鹿之地，直至东晋灭亡，中原从未被东晋收复，国家未能统一，此段时期历史上也称为“东晋十六国”或“五胡十六国”。

魏晋时期以至后面的南北朝时期使中国陷入极度混乱，长达三百余年之久。这段时期战略战术军事工业得到发展，但是社会经济却是百业殆尽，民不聊生，甲胄方面从形象资料上来看主要是使用一种从汉代沿袭下来的筩袖铠，而从文字资料来看，魏晋时期甲胄的种类就很多了，如魏时期曹植写的《先帝赐臣铠表》中提到了有黑光甲、明光甲、两当甲、环锁甲、马铠等，但目前都没有魏晋时期的形象资料可以参考。所以，这里我们以筩袖铠为主。

魏晋

一 屋山帻和箭袖铠

该甲胄应该属于魏晋时期骑兵的装备，其形制在汉代的基础上进行了一些改进，腿裙（即汉代的髀裈）作为与身甲同样重要的组成部分得到了更多的发展。

3
褶（xí）服有很多种，图中这一种是短至两胯，紧身小袖口，交直领的样式，始为左衽（rèn）骑服，后亦改为右衽。

6
皮制的圆头靴，靴尖不翘起，属于军人的制式装束。

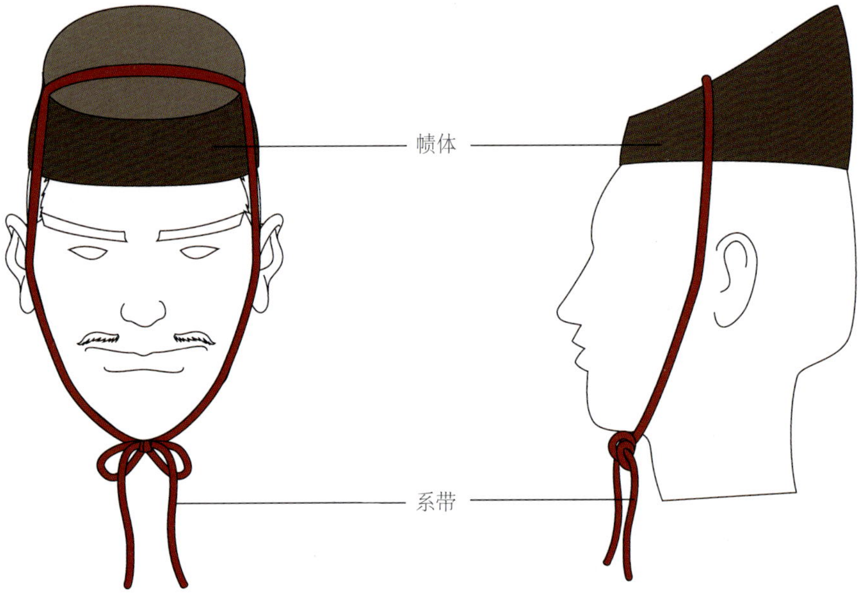

正面　　侧面

江苏省博物馆藏江苏省南京出土的东晋持盾武士俑

屋山帻 1

屋山帻是根据江苏省博物馆所藏江苏省南京出土的东晋持盾武士俑所戴帻冠复原绘制的。从该俑上可以看出屋山帻在魏晋时期有了一些变化，与汉代时期（参见汉代三）相比，帻冠的尾部稍稍跷起，这个形象与南北朝、隋唐时期的平巾帻（参见隋代一）很相似，所以魏晋时期的屋山帻很可能是后世平巾帻的原始形制。

图中的帻冠上的系带是笔者假想添加上去的，武士俑上并没有这种系带。帻冠应该是使用质地较为坚硬的皮或帛制成，这样才能使帻冠保持形状。

冠饰：帢

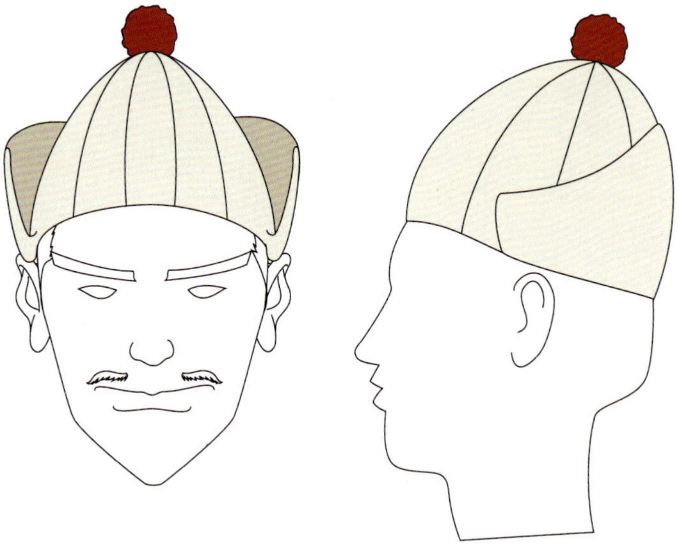
正面　　侧面

武汉黄陂滠口晋墓出土持盾武士俑

帢的绘制是根据武汉黄陂滠（shè）口晋墓出土持盾武士俑复原。《太平御览》卷六八八引《傅子》："汉末魏太祖（曹操）以天下凶荒，资财乏匮，拟古皮弁，裁缣帛以为帢（qià），合于简易随时之义，以色别其贵贱，于今施行，可谓军容，非国容也。"这段记载清楚地说明了帢的来历，帢是由三国时期曹操制定的一种尖顶帽子，与西周二的韦弁外形相近，形似合手。与韦弁不同的是，这种帽子是用缣帛缝制，帢用不同的颜色区分所戴者的身份。帢初期只用于军队中，并不是百姓服饰。在后世的发展演变中，帢逐渐成为葬礼所戴的丧服冠。

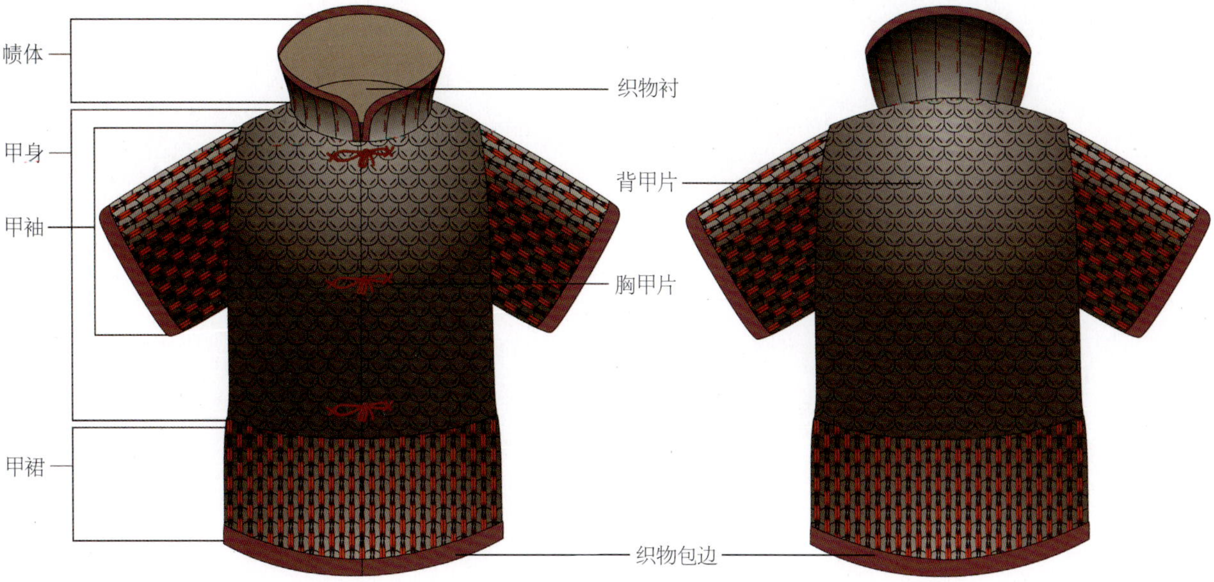

正面　　背面

② 筩袖铠

根据陕西省西安出土东晋陶俑和辽宁省朝阳市出土铁盆领绘制。该筩袖铠与汉代四的河北省满城汉中山靖王刘胜墓出土的筩袖铠形制很相似，其钎（披膊）都是四周封口的甲袖形制。在刘永华先生的著作1995年出版的《中国历代军戎服饰》中提到此甲的穿戴时是套头穿入的，但2007年笔者亲自访问刘永华先生提到此甲时，刘先生指出该甲应该是前开襟而穿的，因为套头穿入经过实验证明是不可行的，所以应该是与汉代的筩袖铠相同，是前开襟穿入，且有盆领。这种甲据《南史·殷孝祖传》说“二十五石弩射之不能入”，曹操麾下文臣陈琳在的《武军赋》描绘该甲“铠则东胡、阙巩，百炼精刚”，所谓“百炼钢”是东汉末年发明的反复折叠锻打的锻造技术，这种技术至今在中国部分农村地区仍在使用。

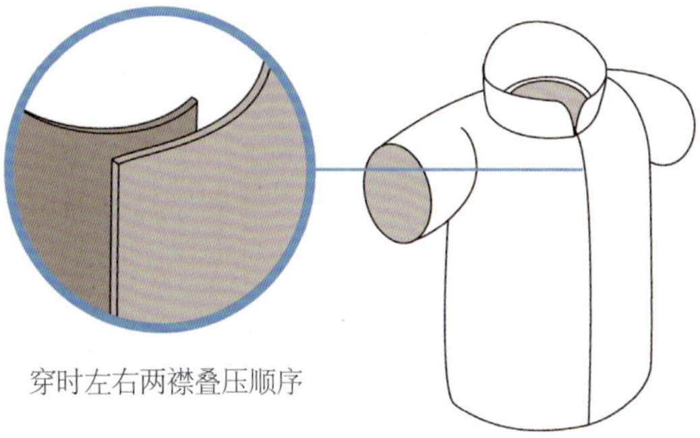

穿时左右两襟叠压顺序

陕西省西安出土的东晋陶俑所穿筩袖铠

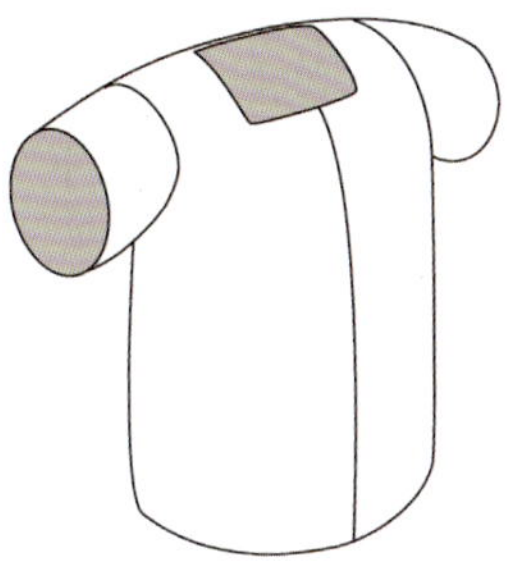

河北省满城汉中山靖王刘胜墓出土的筩袖铠

陕西省西安出土的东晋陶俑

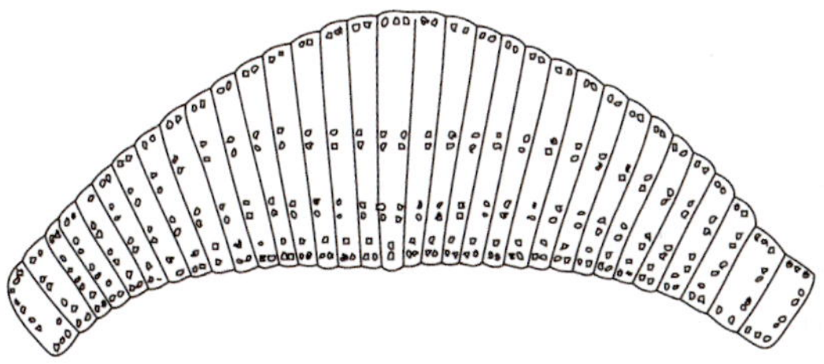

辽宁省朝阳市十二台子乡砖厂前燕墓出土铁盆领

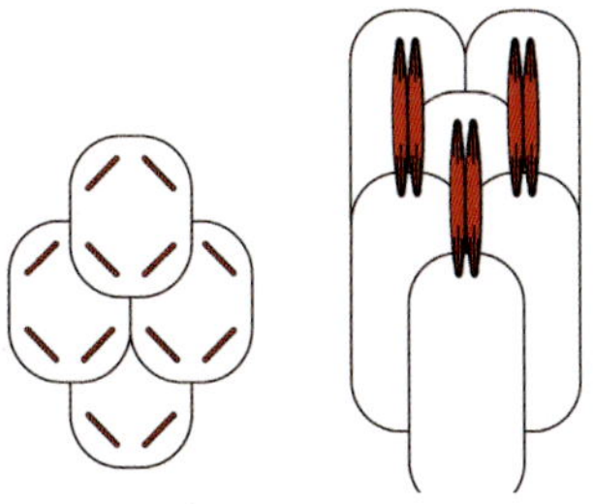

其甲身编缀方式是上压下，先横后纵，而垂缘和钎部分是下压上，先横后纵

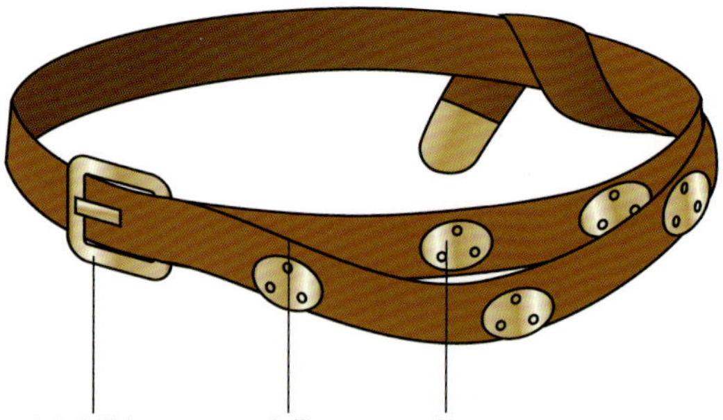

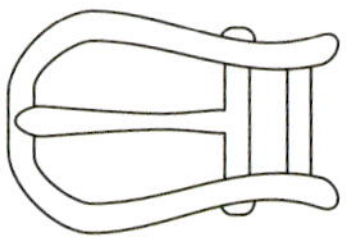
辽宁省朝阳市袁台子东晋墓出土的银制活舌带扣

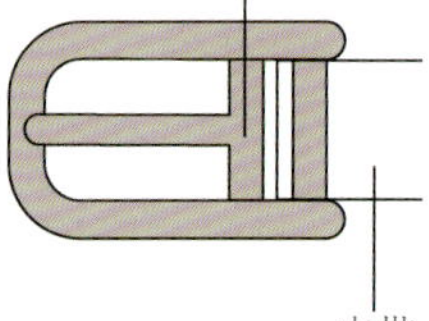

④ 活舌带扣皮带

根据辽宁省朝阳市袁台子东晋墓出土的银制活舌带扣改编。皮带上装饰有銙（kuǎ），皮带带尾很长，穿时带扣置于身体的一侧，而不是像今天的穿法将带口置于腹下中央。由于魏晋时期马具的发展，出现了活舌带扣，很快这种更方便的活舌带扣取代了两千多年来使用的带钩和死舌带扣，且广泛流传推行。

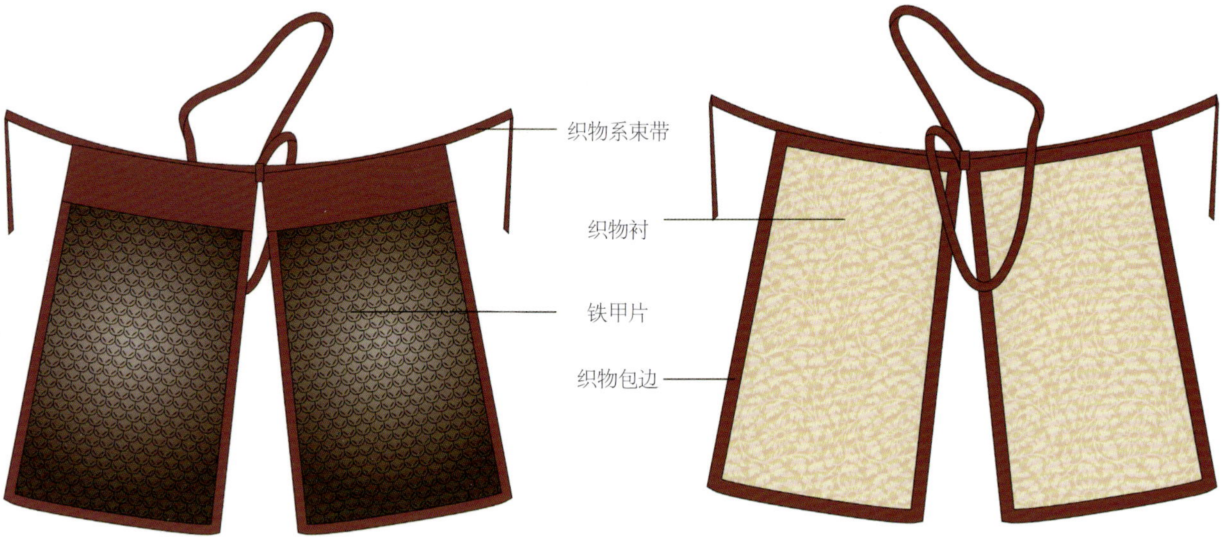

正面　　背面

腿裙的穿着正面

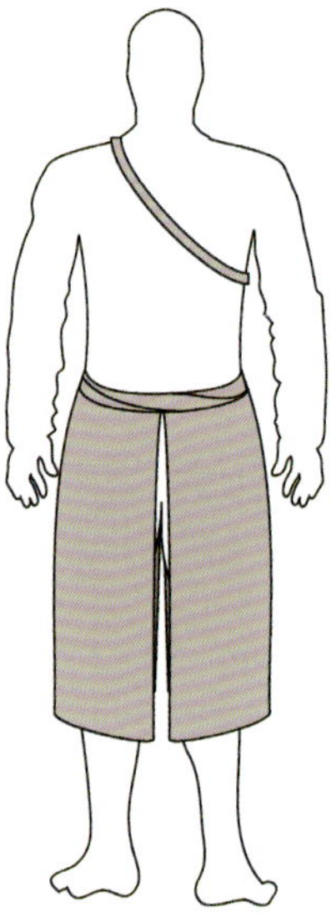
腿裙的穿着背面

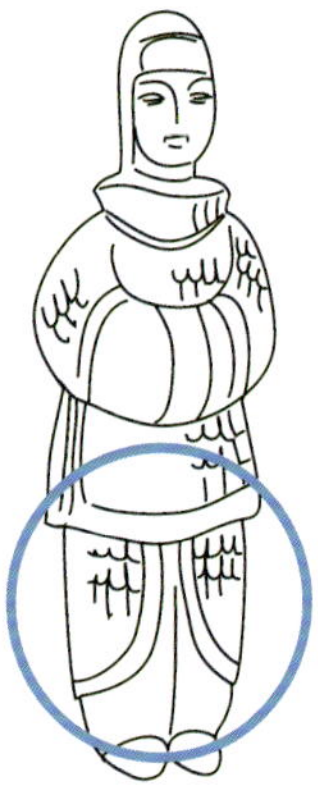
陕西省西安出土的东晋陶俑制

⑤ 腿裙

根据陕西省西安出土东晋陶俑绘制，腿裙就是汉代的髀裈，相比之下魏晋的腿裙要更长更大一些，骑在马上完全可以遮盖住腿部。其编缀方式同筩袖铠的垂缘部分一致。图中所绘腿裙的形制根据日本的佩楯的穿法假设而来。

假想的甲胄穿着流程

❶ 穿着甲胄前先穿靴。 ❷ 戴帻冠。 ❸ 穿着腿裙并在腰间系束。 ❹ 穿着铁甲并在腰间系束皮带。

魏晋 二 铁胄、筩袖铠

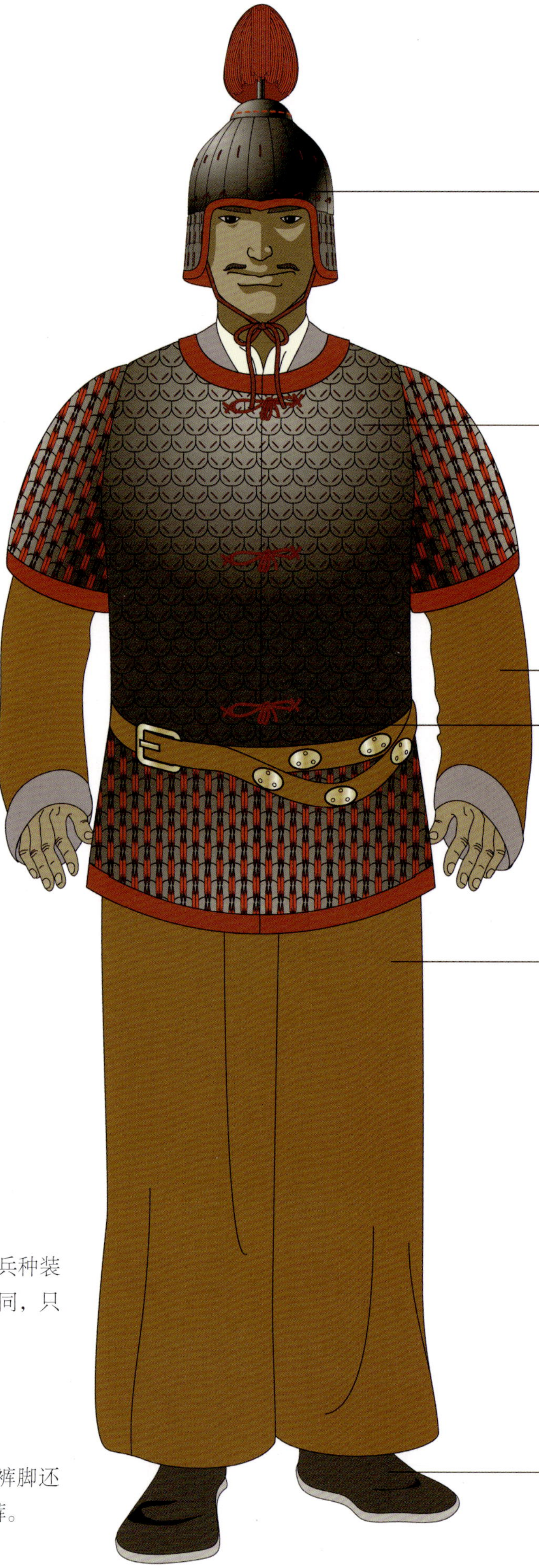

该甲胄属于步兵或其他兵种装备，其形制基本与魏晋一相同，只是简化掉了盆领和腿裙。

3 4 6

同魏晋一。

5

大口裤，相比东晋，西晋的裤脚还要大，很像现代女子穿的裙裤。

① 铁胄

根据河南省偃师杏村魏晋墓出土陶俑所戴的胄绘制。实物资料有辽宁省朝阳市十二台乡前燕（东晋十六国之一）墓出土的铁胄。从陶俑和铁胄实物都可以看出其形制与汉代二的铁胄基本相同。

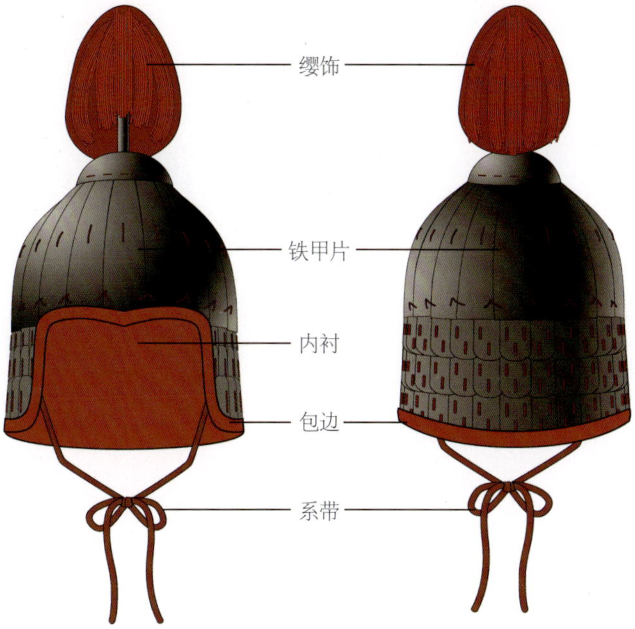

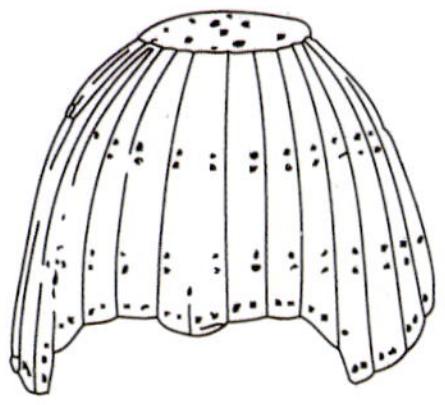

辽宁省朝阳市十二台乡
前燕墓出土铁胄实物

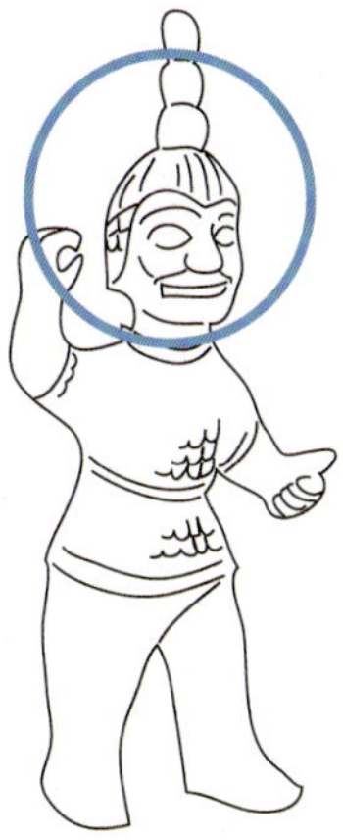

河南省偃师杏村魏晋
墓出土陶俑

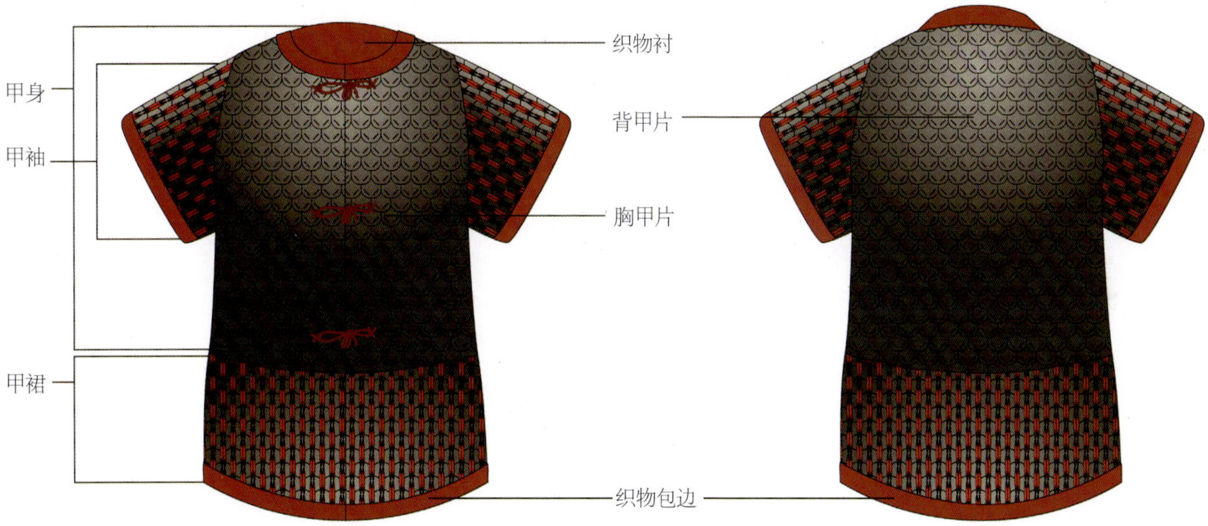

正面

背面

② 筩袖铠

根据河南省偃师杏村魏晋墓出土的陶俑绘制。从陶俑上看，该甲没有开襟之处，如果此甲是套头穿着，应该是不可能的，这一点与魏晋一的分析相同，该甲也由“百炼钢”制作的鱼鳞甲片编缀，与魏晋一的差别在于，该甲没有魏晋一中筩袖铠的盆领，其他均相同，应该属于步兵的防护装备。

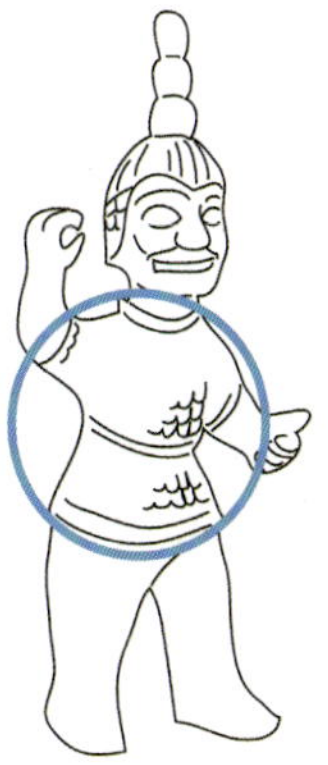

河南省偃师杏村
魏晋墓出土陶俑

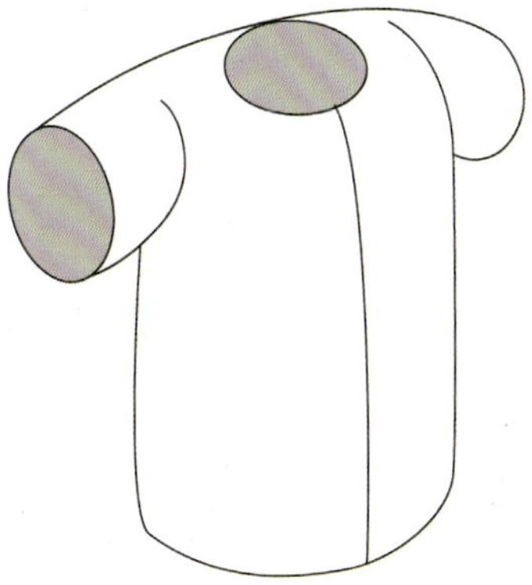

筩袖铠的形制

假想的甲胄穿着流程

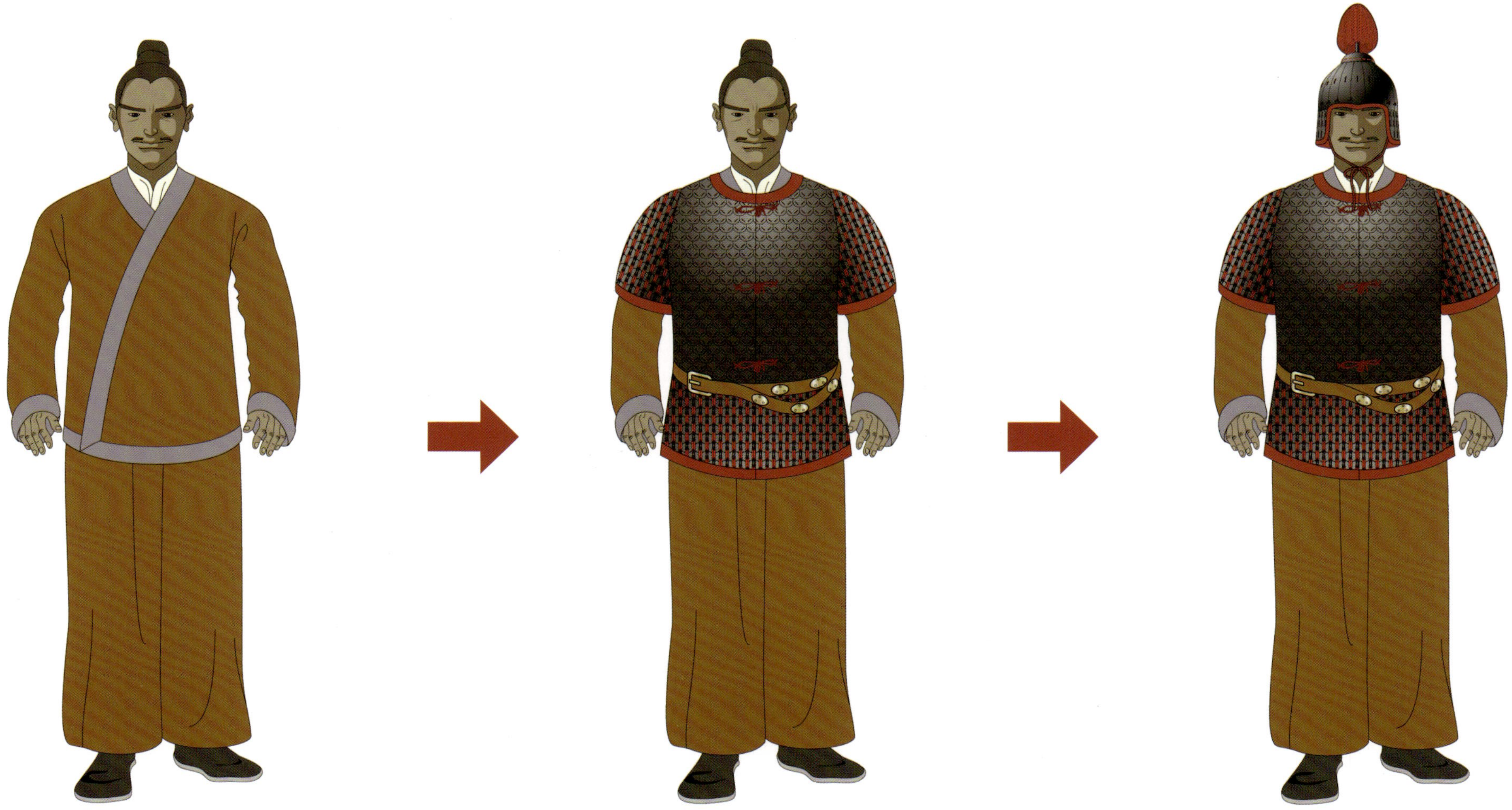

1 穿着甲胄前先穿靴。

2 穿着铁甲并在腰间系束皮带。

3 戴胄。

南北朝

南北朝：公元420年至公元589年。

随着东晋的灭亡，中国进入南北朝时期。南北朝是南朝与北朝的合称。北朝的朝代先是有北魏，北魏后来分裂成了东魏和西魏，然后是北齐取代了东魏，北周取代了西魏，北周又灭掉了北齐。南朝则比较简略，先后是宋、齐、梁、陈。

南北朝是中国民族大融合时期，同时也是东晋十六国以来乱世的延续，无休止的战争使得军事装备得到继续发展，甲胄的设计与生产也进入一个全新的阶段，魏晋时期的筩袖铠逐渐被两当甲和明光甲取代。

南北朝

一 铁胄、筩袖铠

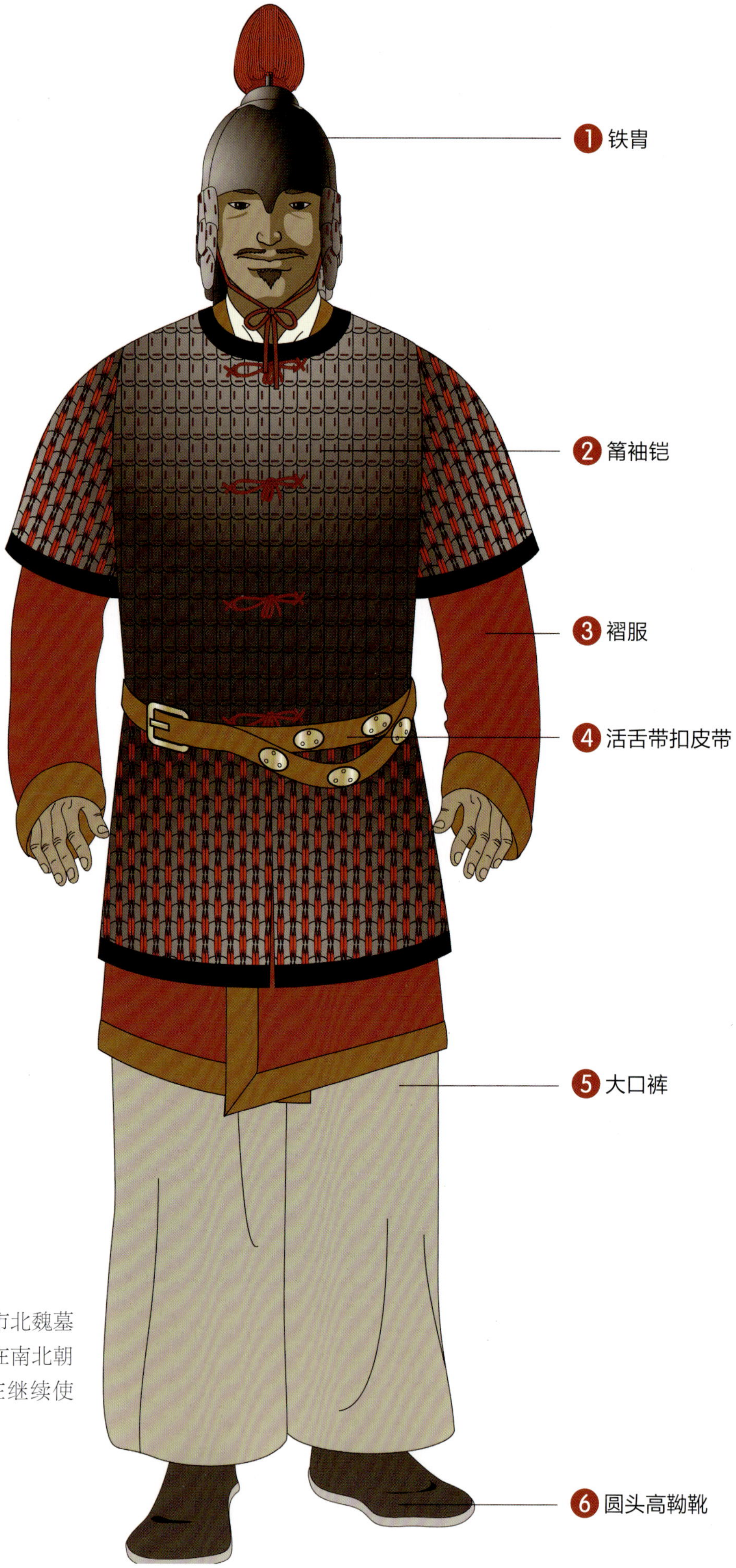

内蒙古呼和浩特市
北魏墓出土武士俑

根据内蒙古自治区呼和浩特市北魏墓出土的武士俑绘制，可以看出，在南北朝时期，魏晋时期的筩袖铠仍然在继续使用，其形制也没有什么变化。

❷ ❸ ❹ ❺ ❻
与魏晋时期相同。

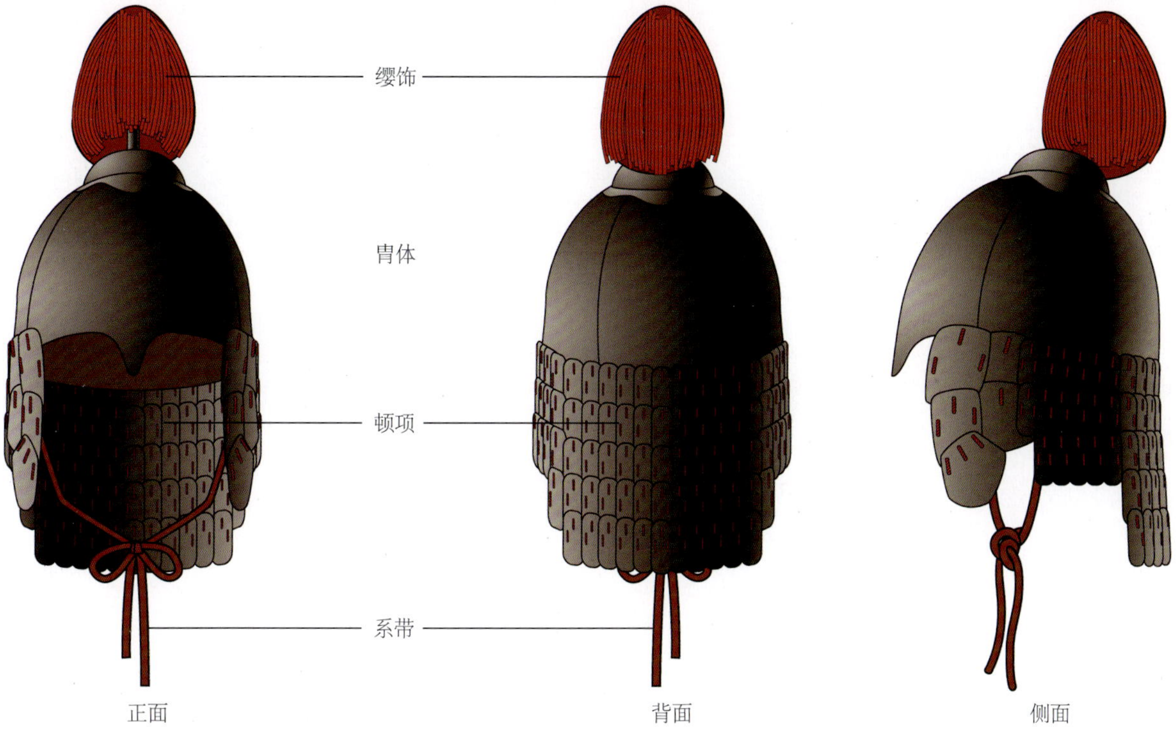

①铁胄

根据1986年河北省邺南古城遗址朱明门外城壕中发掘一型铁胄复原。胄顶为半球型，胄体由四块铁甲片组成，由数排短甲片围成护颊及后颈部分，没有包边。

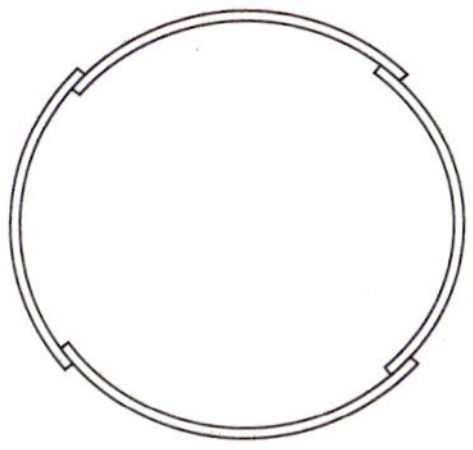
胄体四块铁甲片的组成方式

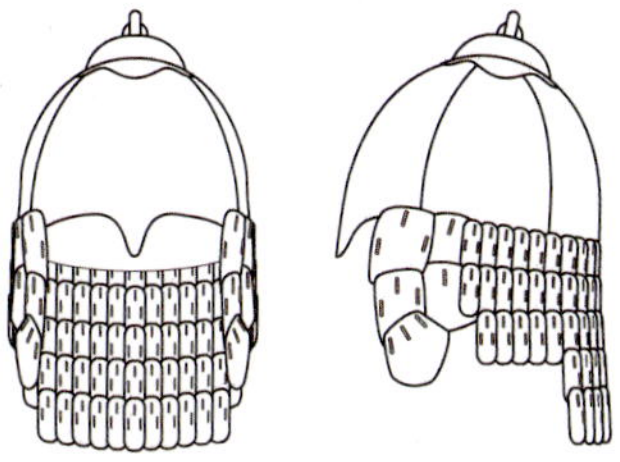
河北省邺南古城遗址出土的一型铁胄复原图

另一种铁胄

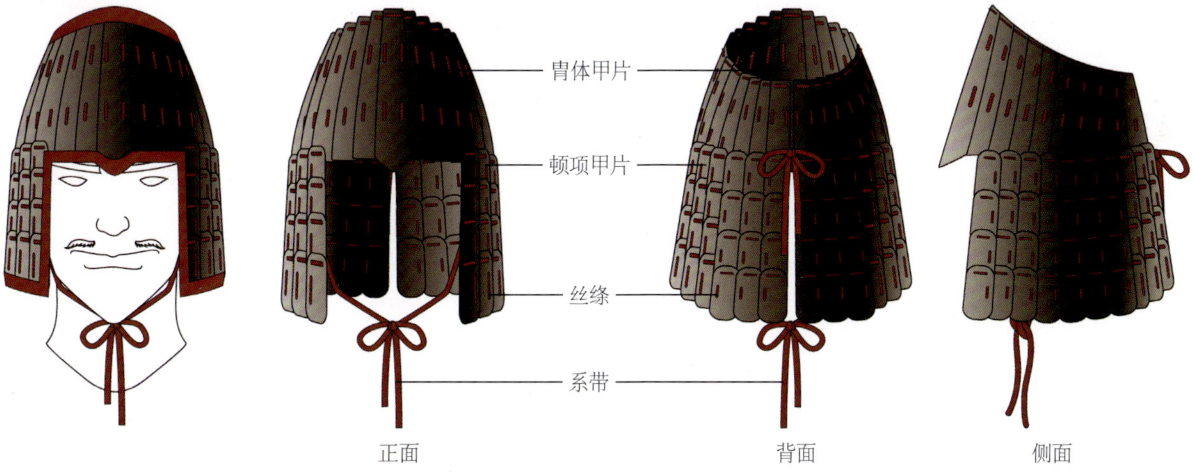

根据1986年河北省邺南古城遗址朱明门外城壕中发掘的二型铁胄复原。该胄与汉代一的铁胄有些类似，也是无胄顶，胄体由数块长方形铁甲片组成，顿项也是由数块短小的甲片编缀，小甲片周边有细密的小孔且边缘平齐，推测是有织物包边的。胄体脑后部可以开合，应该是可以调节胄的大小的。

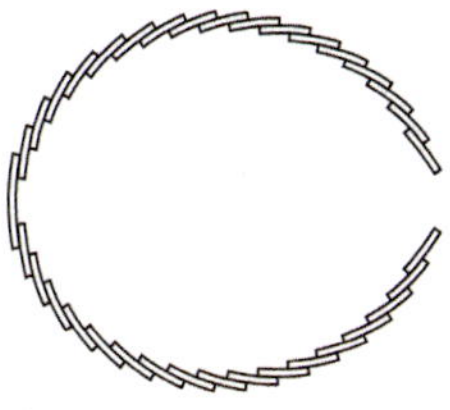
胄体铁甲片的组成方式

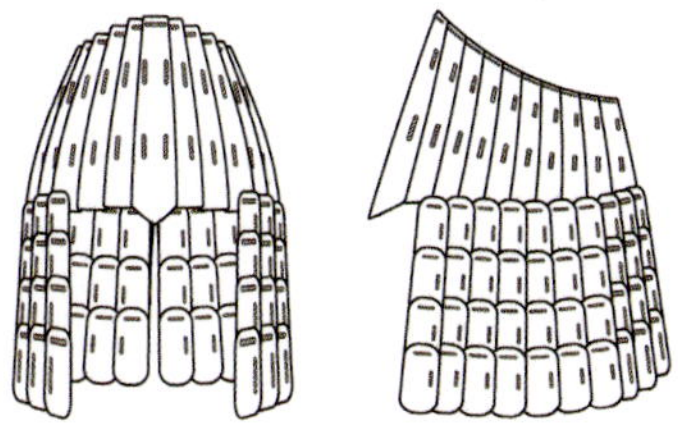
河北省邺南古城遗址出土的二型铁胄复原图

假想的甲胄穿着流程

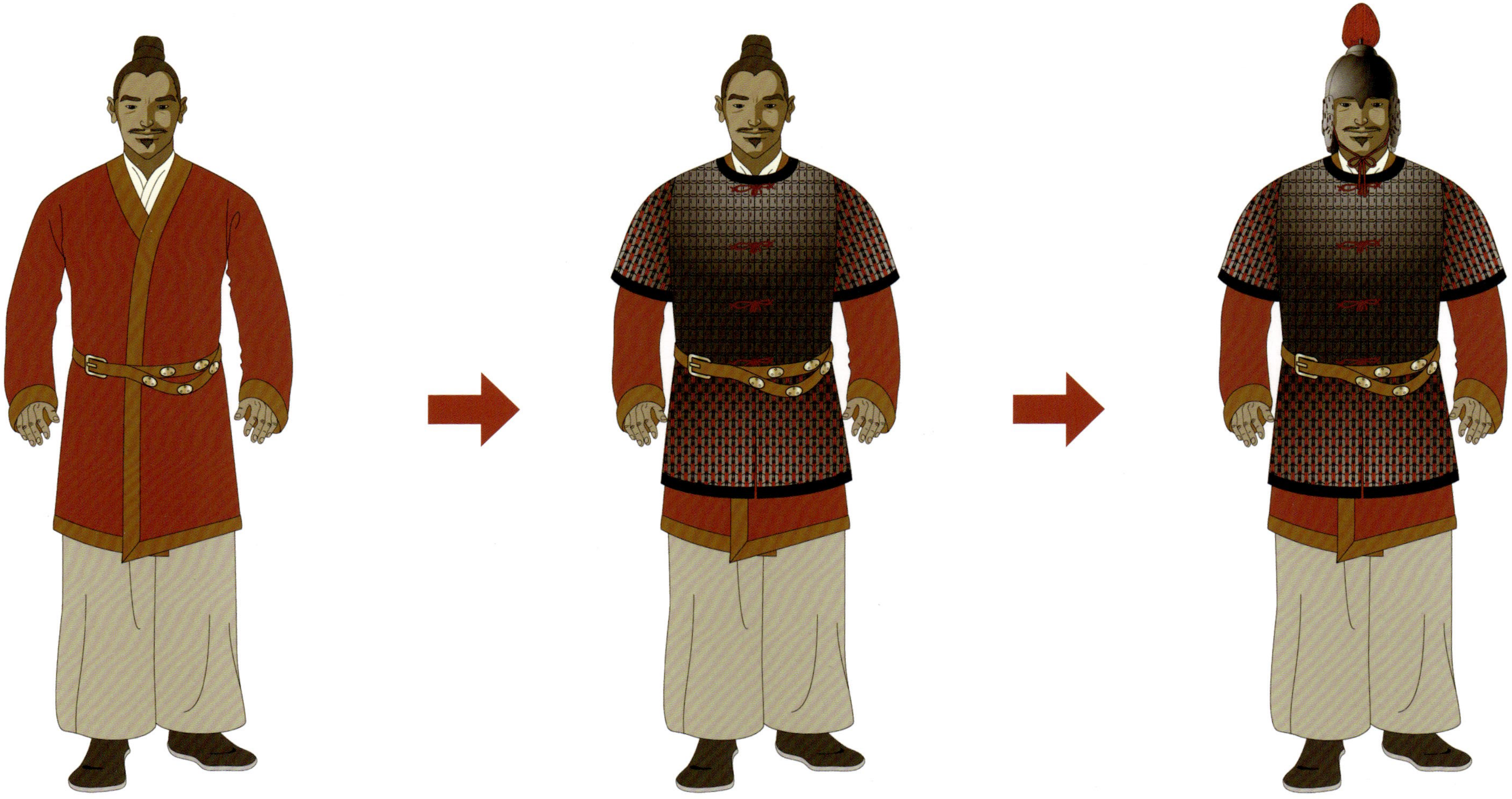

❶ 穿着甲胄前，先穿靴。

❷ 穿着铁甲并在腰间系束皮带。

❸ 戴胄。

南北朝

二

罩甲首铠和两当甲

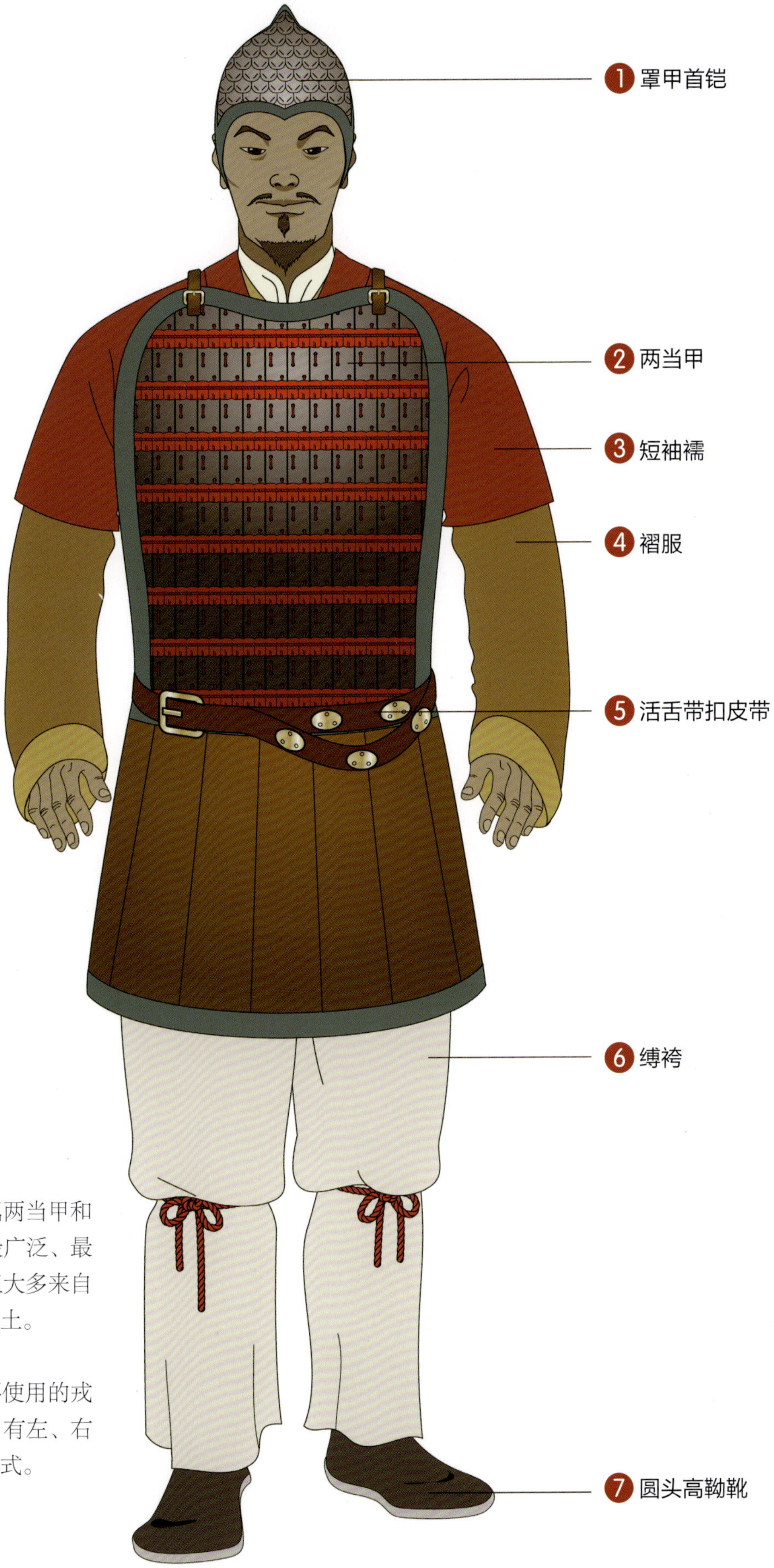

在南北朝时期最典型的当属两当甲和明光甲，两当甲是军队中应用最广泛、最常见的形制。虽然资料丰富，但大多来自雕像，其实物只有零星的甲片出土。

3

短袖襦（rú）是南北朝时期主要使用的戎服，其形制来自胡服，小袖口，有左、右和前开襟，大翻领，单棉衣等样式。

4 5 7

与南北朝一相同。

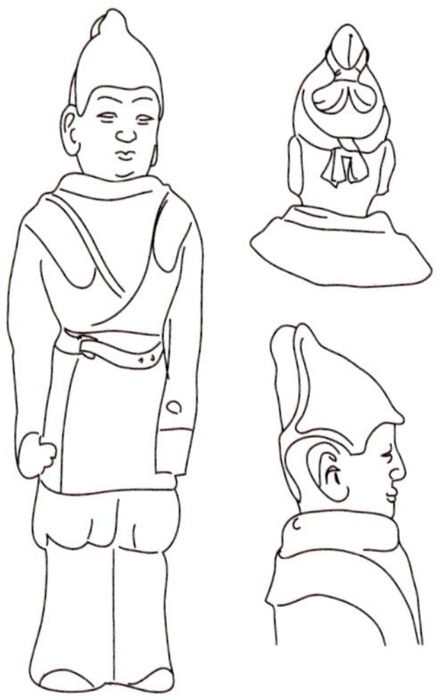

河北省磁县湾漳北朝墓出土侍卫俑

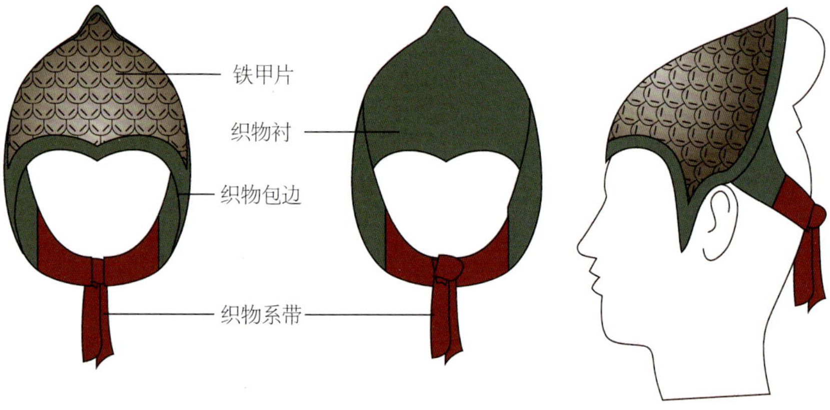

① 罩甲首铠

根据河北省磁县湾漳北朝墓出土侍卫俑绘制。该首铠可能使用鱼鳞铁甲片编缀，也可能是皮甲片编缀，缚于额前只起到保护前额部分，应该不属于高级军官的装备，这种首铠一直延续到唐宋时期仍有使用。

另一种铁胄

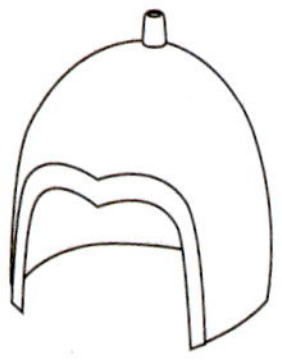

内蒙古呼和浩特出土北魏铁胄

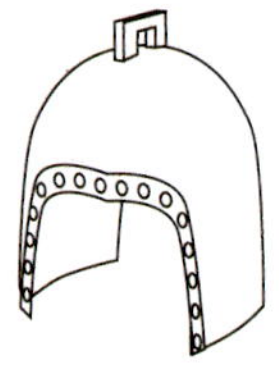

内蒙古呼和浩特出土北魏铁胄

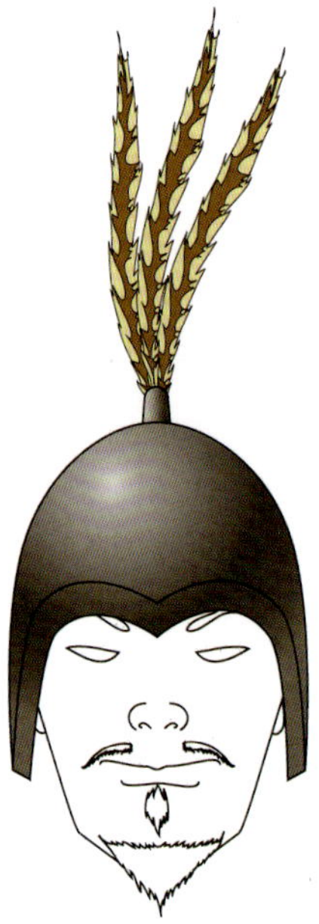

胄顶铁管安插翎羽后戴在头上的形象

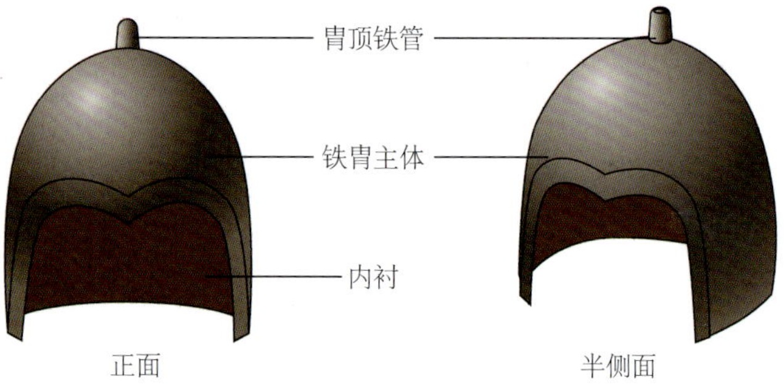

根据内蒙古呼和浩特出土北魏铁胄实物绘制。该铁胄是用生铁整体铸造而成，胄顶有安插翎羽等缨饰铁管。该胄与东周二的青铜胄在形制上有相似的简洁之处，但相比该胄颈后是封闭的，而东周二的青铜胄前后都是敞开的。

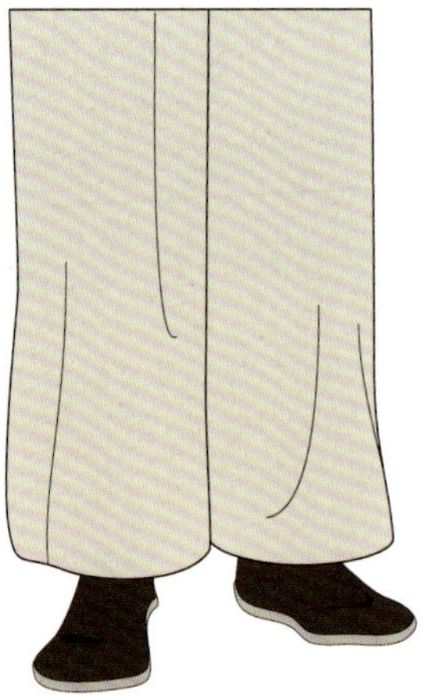

大口裤

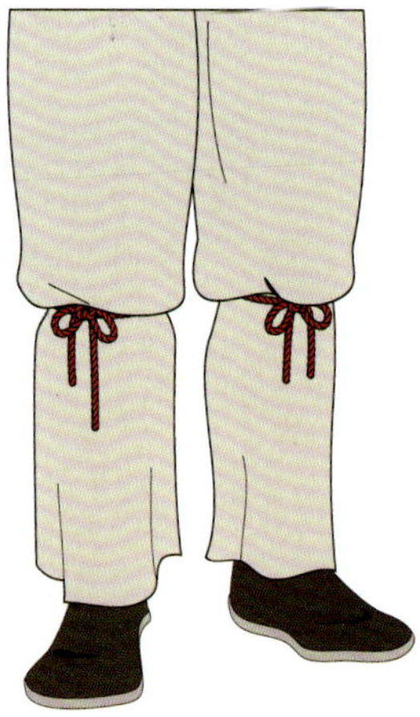

缚袴

⑥ 缚袴

在出土的南北朝时期的很多形象资料上都可以看到这种缚袴。袴（kù）同“裤”，由于魏晋时期的大口裤裤口宽大，在北朝后期就开始用带子在膝下扎住裤腿，使裤脚提起，以方便武士行动，这种方式叫做“折襇（jiǎn）缚袴”。使用这种方式的大口裤称为缚袴。缚袴和褶服合称为“袴褶服”，是南北朝、隋代、唐初时期典型的服饰。

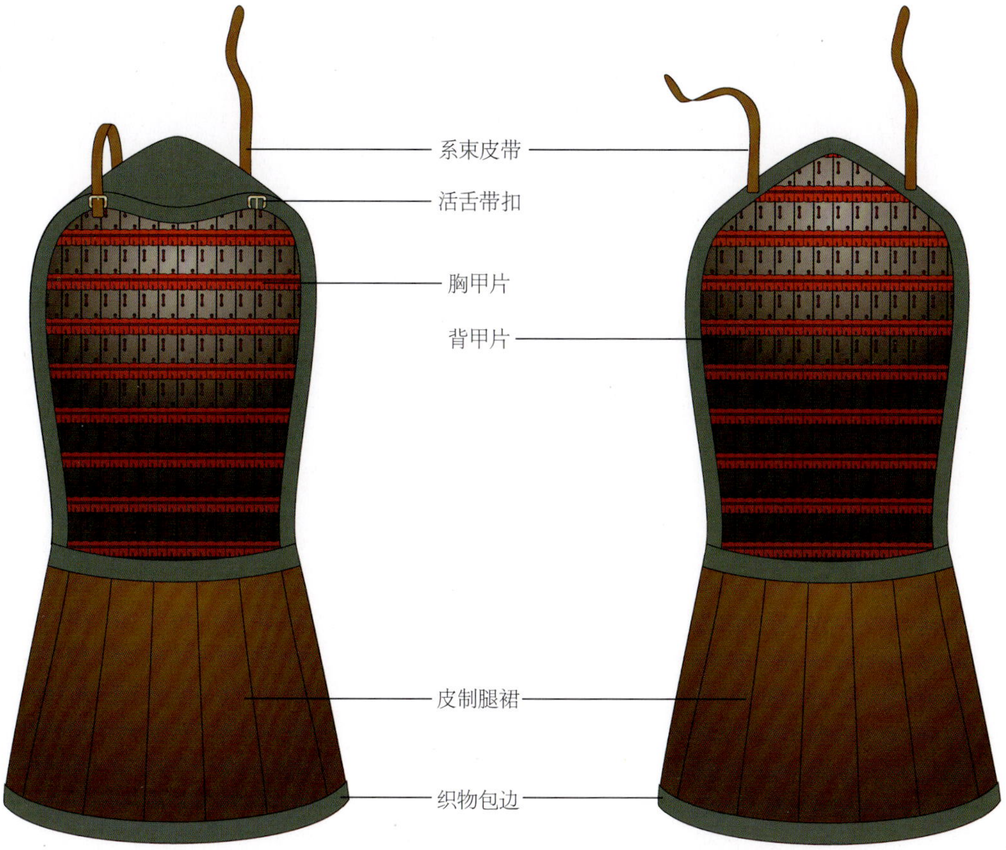

正面　　背面

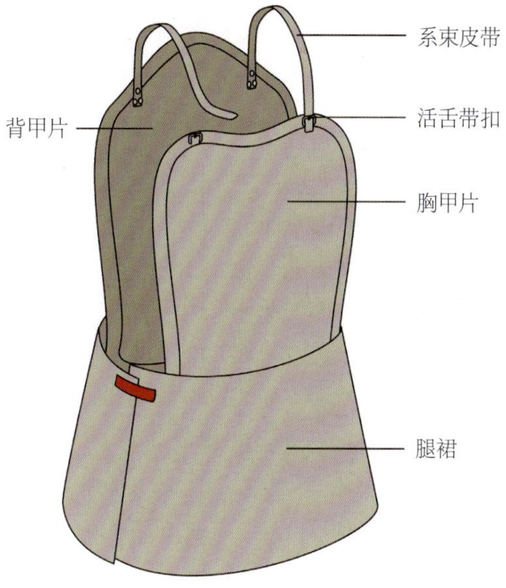

两当甲的结构

② 两当甲

根据日本早稻田大学东洋美术陈列室北魏加彩陶俑绘制。《释名·释衣服》记载："裲裆，其一当胸，其一当背也。"裲裆，亦作两当，故名两当甲。两当甲由胸甲、背甲和腿裙组成。胸甲和背甲左右两侧并不相连，背甲上缘钉有两条皮带，披挂在肩上，在胸甲的带扣上系束。胸甲上缘两角突出，宽度超过肩宽，背甲上缘中间突出，腰部以下用皮革围裹，形成腿裙。有些两当甲的腿裙与胸甲背甲连为一体。胸甲和背甲有的使用铁甲片编缀，有的使用整块皮革制成。

甲片编缀方法根据辽宁省北票市北燕冯素弗墓出土实物绘制。甲片按前压后，先横后纵的方式编缀。但是其独特的地方是每个甲片的上缘都有包边，其目的可能是防止铁甲片相互摩擦减少甲的寿命。

日本早稻田大学东洋美术陈列室收藏的北魏加彩陶俑

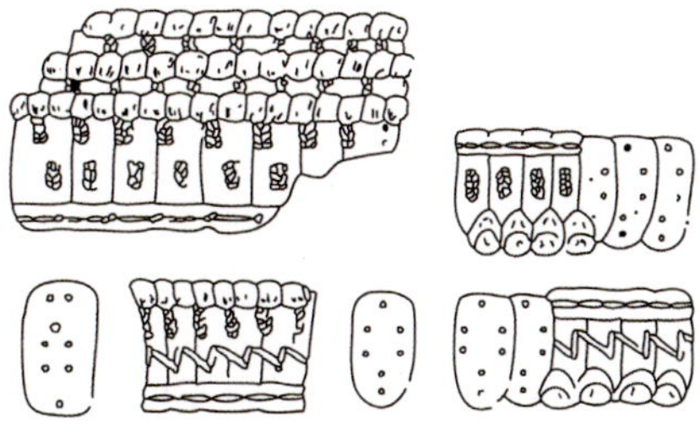

辽宁省北票市北燕冯素弗墓出土实物

假想的甲胄穿着流程

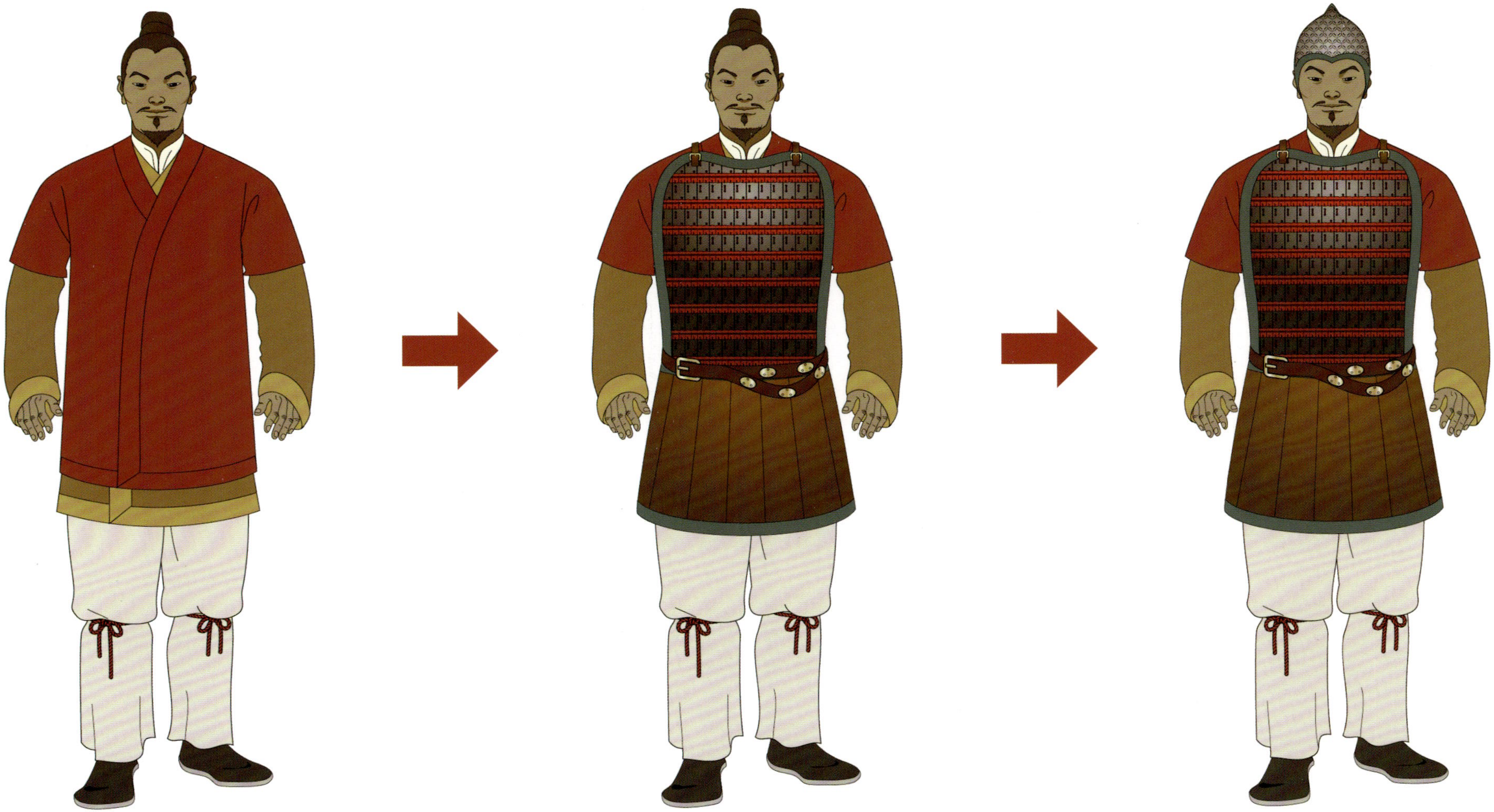

1 穿着甲胄前，先穿靴，然后在膝盖下系束缚袴。

2 穿着甲并在腰间系束皮带。

3 戴首铠。

南北朝

三

铁胄、明光甲

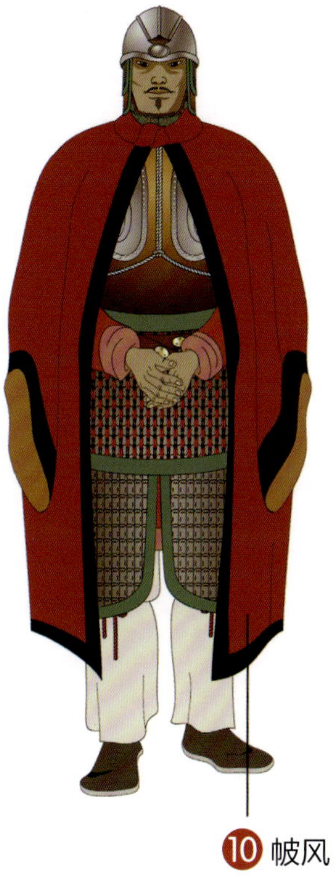

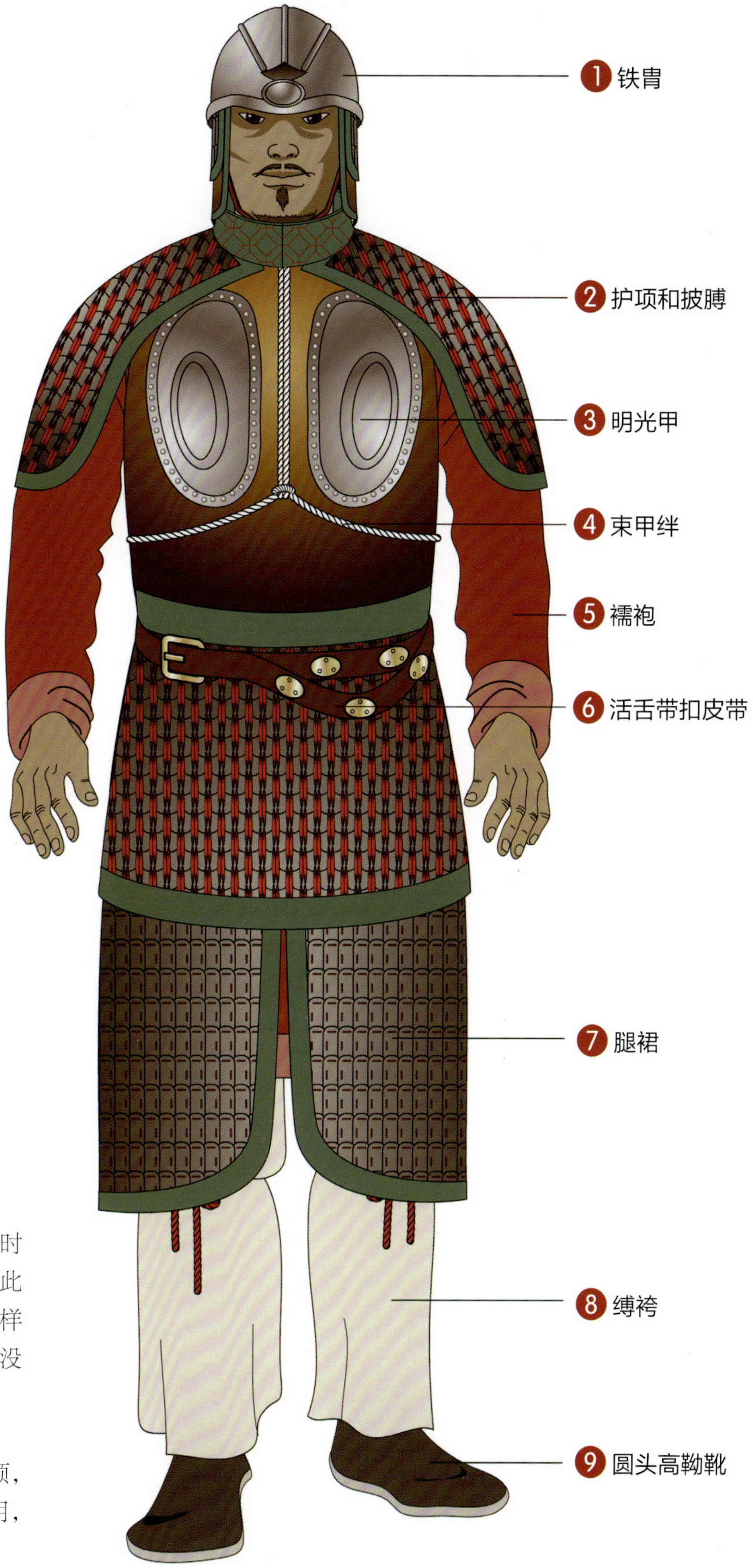

中国古代著名的明光甲在南北朝时期开始广泛使用于将校军官身上，从此一直流传至唐末时期。同南北朝一同样其形象资料大多来自雕像及绘画，并没有实物出土。

5

襦袍穿在铠甲内，衣长至膝，圆立领，有的棉衣有长袖，作为冬季保暖使用，与清代的马蹄袖作用相同。

6 8 9

同南北朝二。

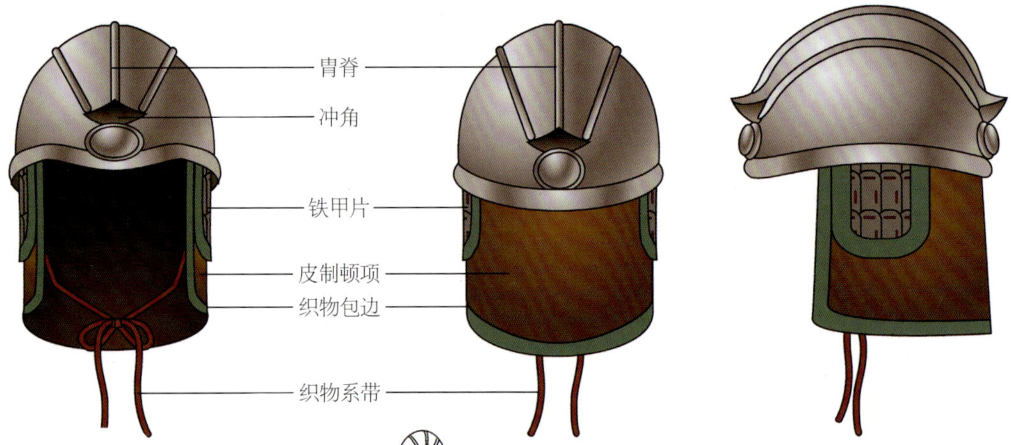

正面　　背面　　侧面

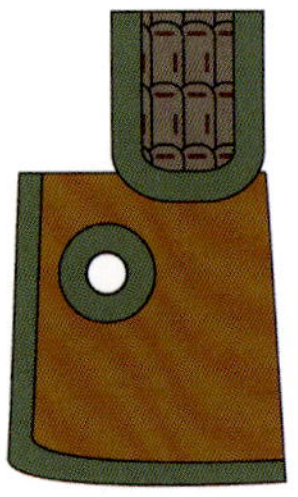

据资料说明铁甲片这一层的防护下面应该有方便听力的洞孔

洛阳北魏元邵墓出土武士俑

① 铁胄

根据洛阳北魏元邵墓出土武士俑绘制。这个时期的胄也叫做兜鍪（móu），是由铁胄架附以铁甲片而成，前额有尖锐突出的冲角，皮制的顿项两侧有铁甲片编缀的多重防护。

另一种铁胄

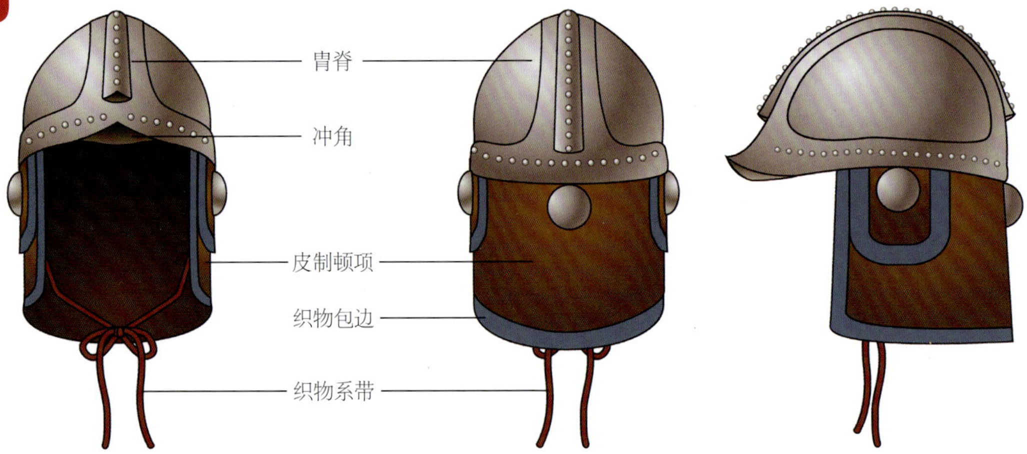

正面　　背面　　侧面

河北省磁县湾漳北朝墓出土武士俑

铁胄穿戴后的形象

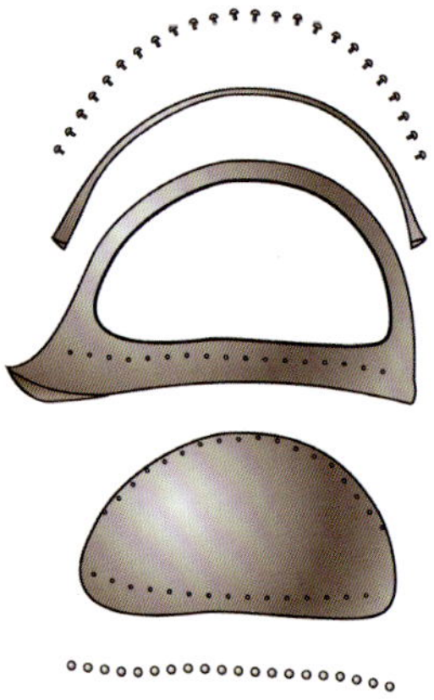

假想的铁胄分解示意图

根据河北省磁县湾漳北朝墓出土武士俑绘制。其形制与上图第一种铁胄相同。

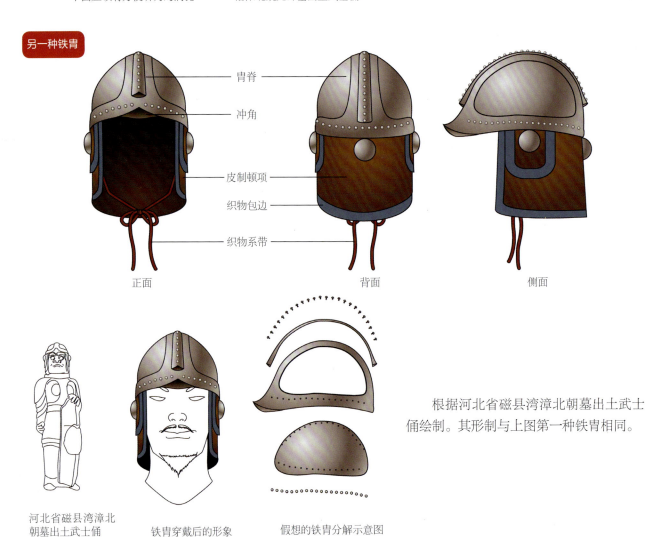

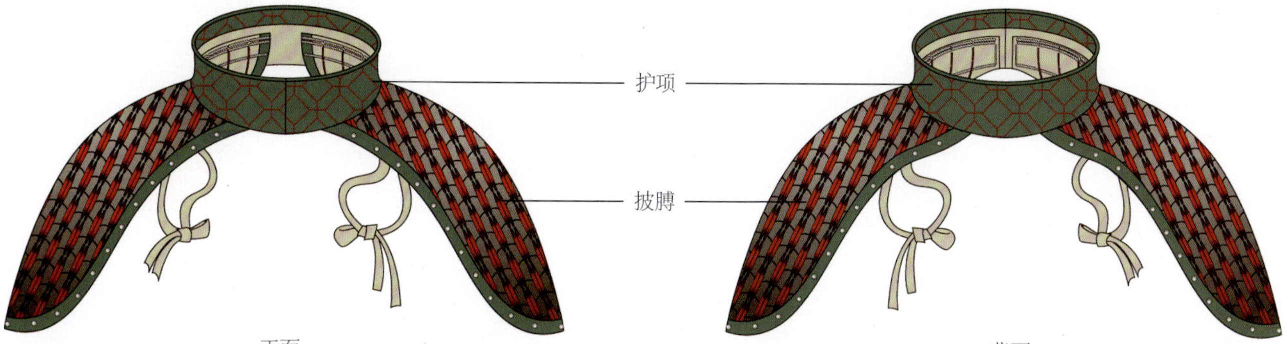

正面　　背面

② 护项和披膊

根据河北省磁县湾漳北朝墓出土持盾武士俑绘制，很多资料都将护项和披膊与身甲放在一起讲解，笔者觉得它们应该是分开的，也就是披膊和护项并不是固定安装在身甲的一部分，而是需要单独安装的护具。这种想法也是根据山西省太原北齐墓出土武士俑而来，该俑的披膊就是一整块皮制护具披挂在肩部。护项是南北朝时期从魏晋时期的盆领演变而来的，其质地应该是铁质或者皮质，表面用织物罩裹。

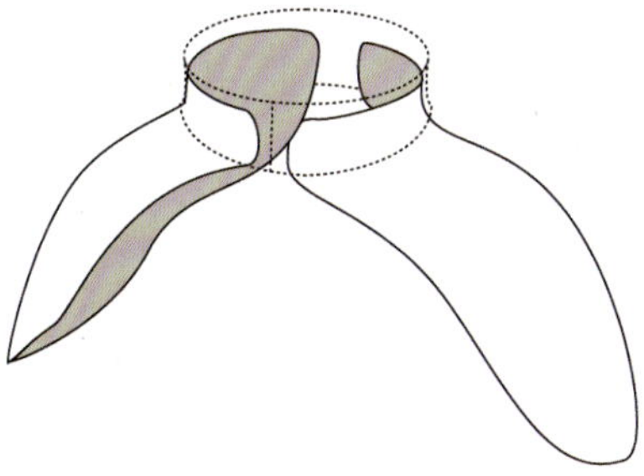

假想的护项与披膊的结构

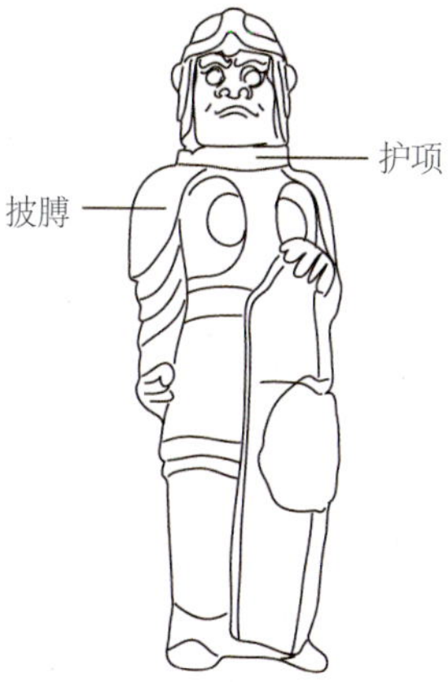

河北省磁县湾漳北朝墓出土武士俑

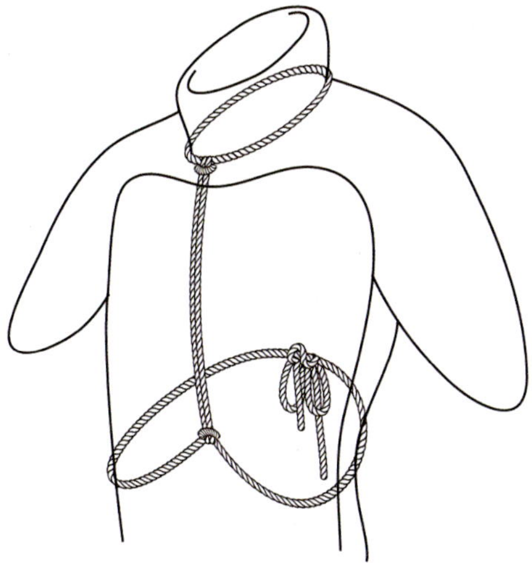

④ 束甲绊

南北朝后期开始使用束甲绊来系束明光甲，这样可以使甲更贴身，更方便人体的活动。束甲绊多用绢帛、皮带和丝绳制成，束甲时将束甲绊套于领间，在领口打结后纵垂下来，在腹前打结，然后分开两端围裹到后腰处系束，这种方式也同明光甲一样一直流传到唐末时期。

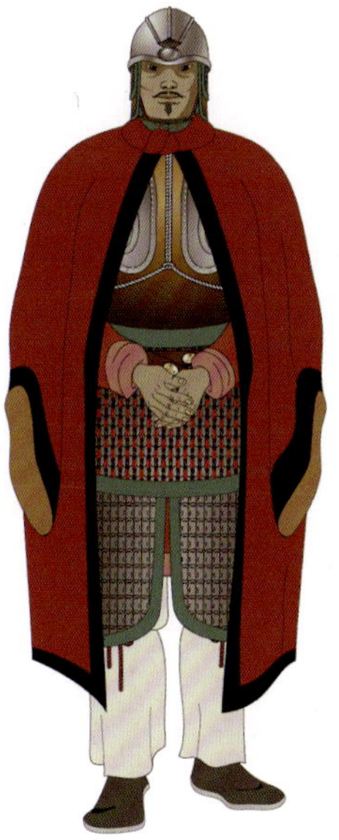

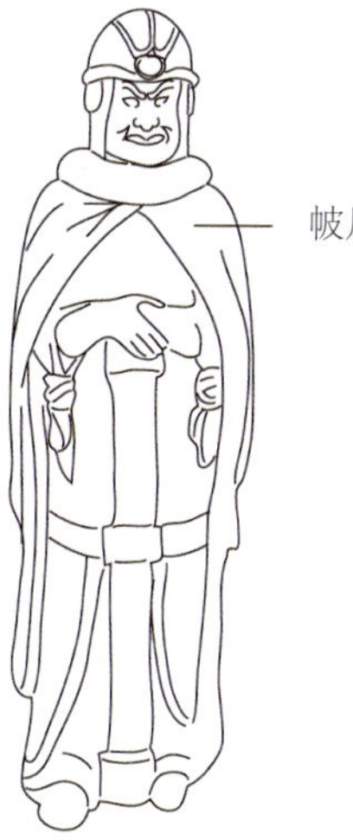

洛阳北魏元邵墓出土武士俑

⑩ 帔风

根据洛阳北魏元邵墓出土武士俑绘制。南北朝时期的武士俑很多都披戴这种帔（pèi）风，其形制是一件大衣，有领有袖，但穿时手臂并不套入袖中，而是悬在两侧，只有领口在颌下系束。

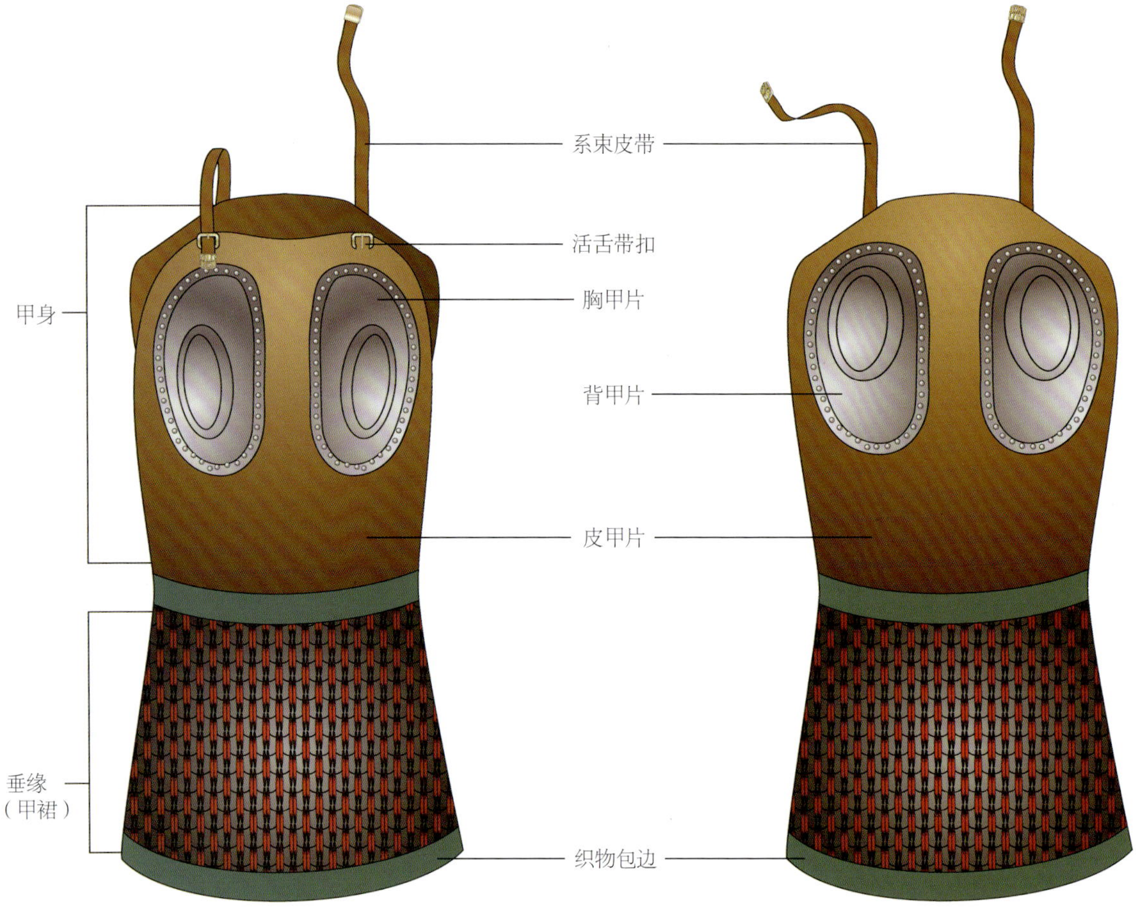

正面　　　　背面

③ 明光甲

根据河北省磁县湾漳北朝墓出土的持盾武士俑绘制。“明光”一词的来源，据说与胸前和背后的圆护有关。因为这种圆护大多以铜铁等金属制成，人们发现防止铁甲片生锈除了髹漆，还可以水磨，因此水磨后的甲片极光，颇似镜子。在战场上穿明光铠，由于太阳的照射，将会发出耀眼的“明光”，故名。这种铠甲的样式很多，而且繁简不一，图中所绘明光甲只是在两当甲的基础上前后各加两块圆护，属于比较简陋的一种明光甲。垂缘（甲裙）与胸背甲连接为一体在腰部右侧系束。垂缘上甲片编缀方式与魏晋一相同。

半侧面

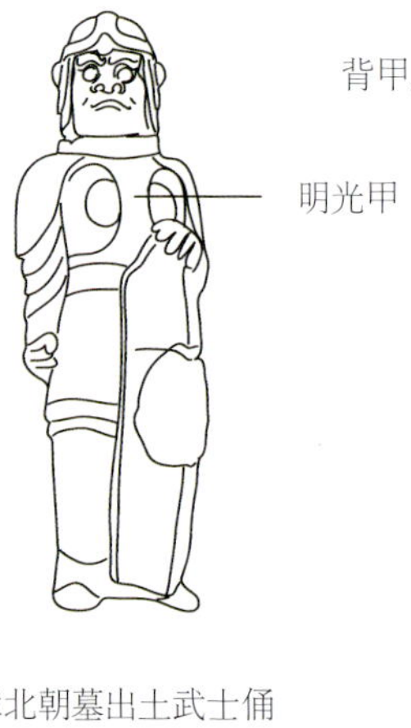

河北省磁县湾漳北朝墓出土武士俑

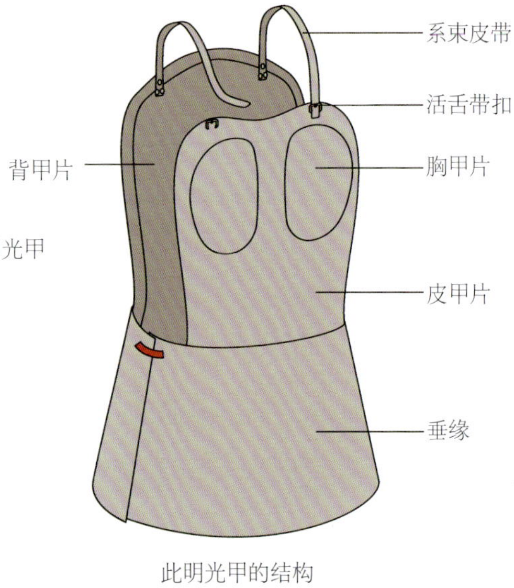

此明光甲的结构

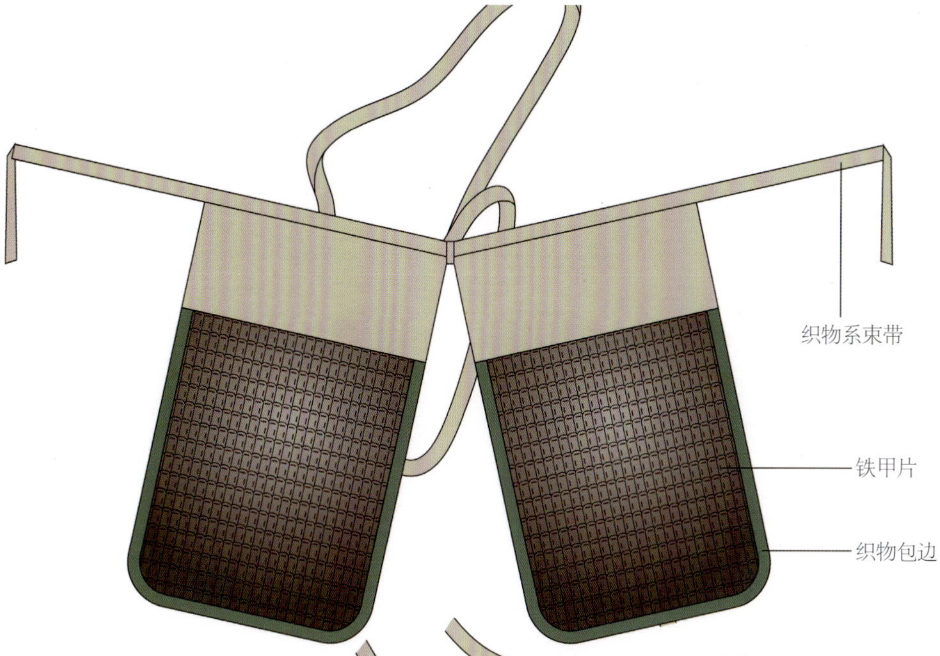

正面

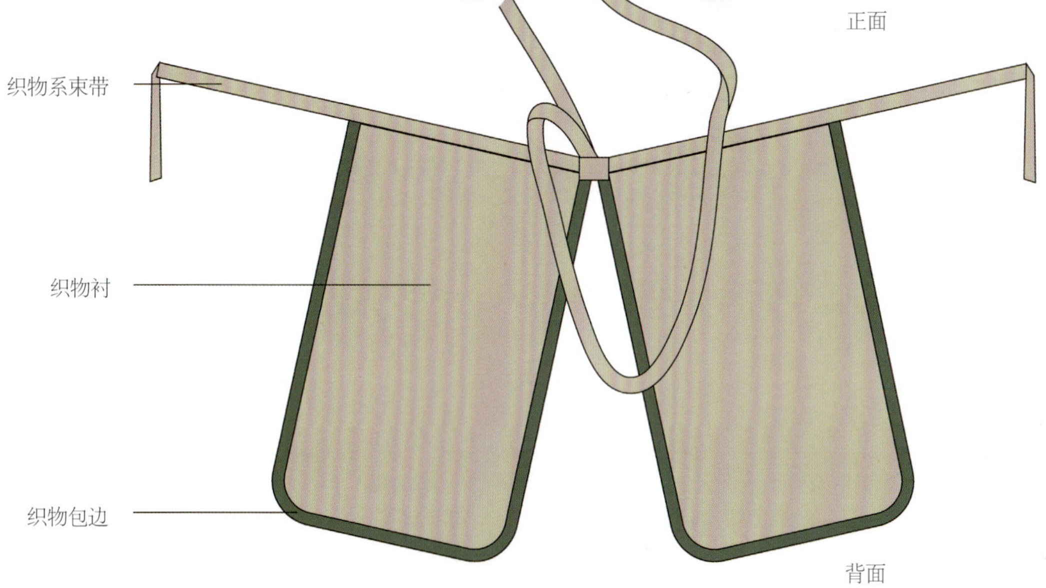

背面

⑦ 腿裙

根据河北省磁县湾漳北朝墓出土的持盾武士俑绘制。笔者认为同护项披膊相同腿裙也应该是单独的部件，而不是与明光甲一体的。图中所绘腿裙的形制是根据日本的佩楯的穿法假设而来的。

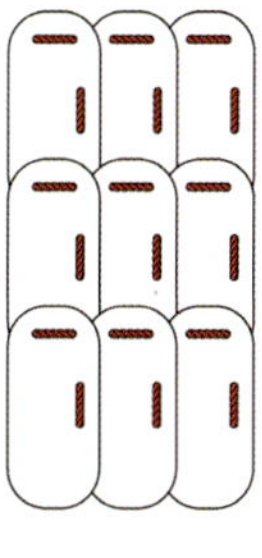

其编缀方式是前压后，先横后纵

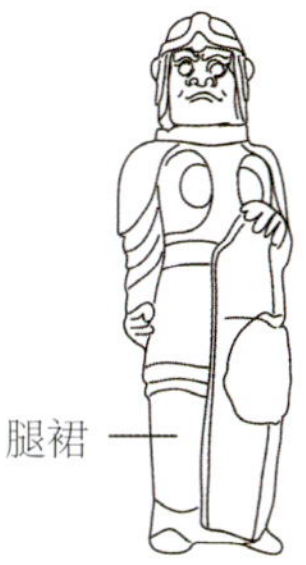

河北省磁县湾漳北朝墓出土武士俑

佩楯的穿法正面

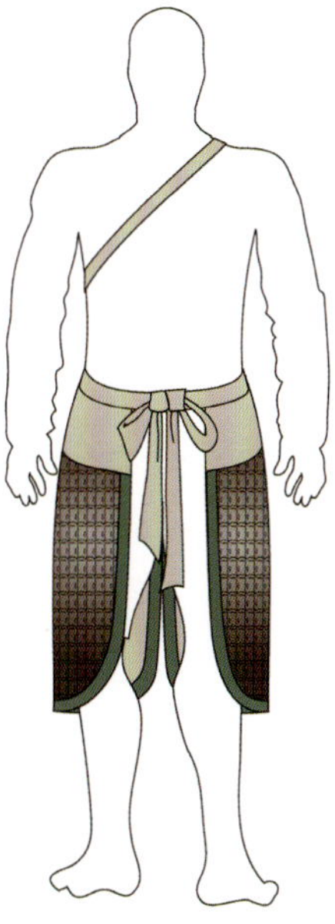

佩楯的穿法背面

假想的甲胄穿着流程

1. 穿着甲胄前先穿靴，然后在膝盖下系束缚袴。
2. 穿着腿裙，在身后系束并系束肩带。
3. 穿着明光甲并在腰间系束皮带。
4. 披穿护项与披膊并系束束甲绊。
5. 戴铁胄。
6. 穿外套帔风。

隋代

隋代：公元581年至公元618年。

公元581年，北周相国杨坚接受北周静帝的“禅让”称帝，国号“隋”。隋继承了北周的强大，等内部安定后，随即在公元589年消灭了南方的陈帝国，结束了二百七十余年的大混战，重新统一了中国。

隋代是中国历史上继秦帝国之后又一个统一而又短命的朝代，由于时间短，在各方面仍然沿袭南北朝时期旧制，军事装备方面也是如此，所以甲胄方面依然以两当甲和明光甲为主。

隋代

一 平巾帻和两当甲

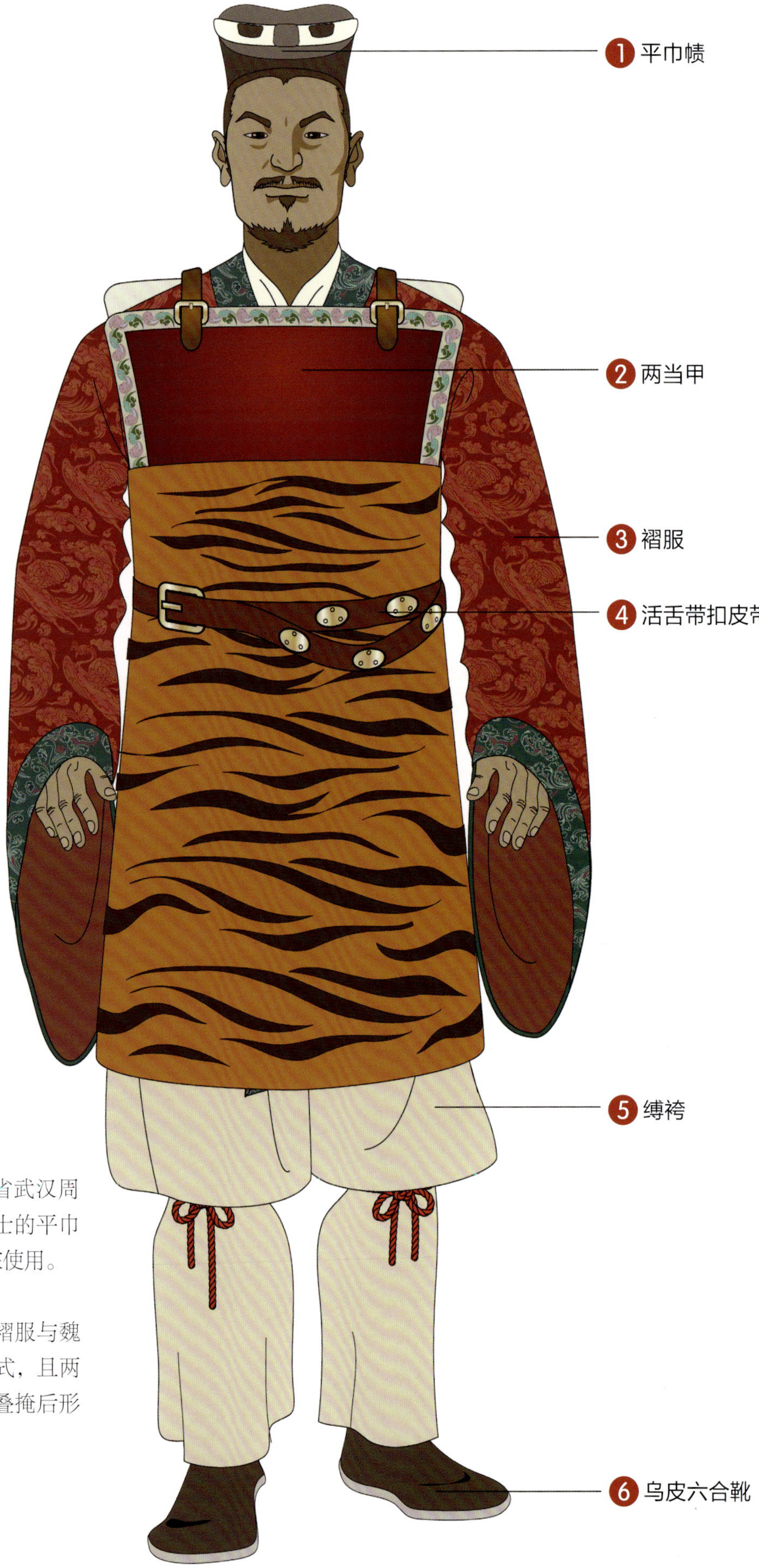

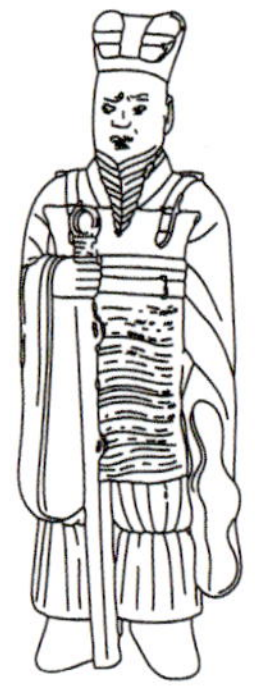

湖北省武汉周家湾
隋墓出土武士陶俑

图中所绘整体形象根据湖北省武汉周家湾隋墓出土武士陶俑绘制。武士的平巾帻始于南北朝时期，隋唐时期也在使用。

3

褶服的样式有很多种，该图中的褶服与魏晋和南北朝相比是一种宽袖的样式，且两襟对掩，衣襟下摆成锐角，互相叠掩后形成两个小燕尾。

4 5

与南北朝时期相同。

6

由六块染黑的皮革制成的靴子。

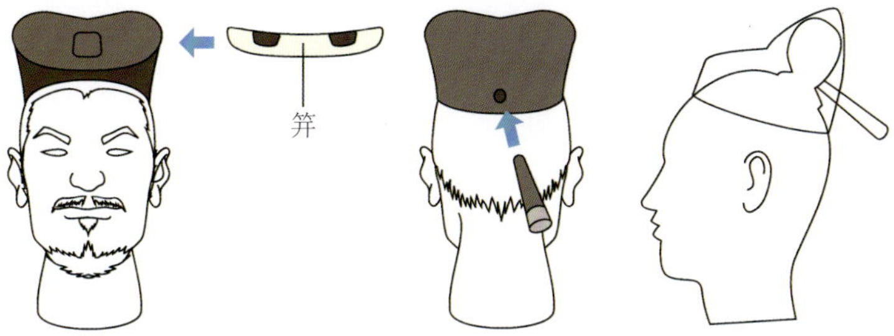

正面　　　　背面　　　　侧面

南北时期的平巾帻

湖北省武汉周家湾
隋墓出土武士陶俑

① 平巾帻

根据湖北省武汉周家湾隋墓出土的武士陶俑绘制。这种平巾帻起源于南北朝时期，由魏晋时期的平巾帻演变成一种小冠，用笄（jī）固定在发髻中，到了隋代冠体变大了许多。这种平巾帻戴法根据刘永华先生的《中国古代军戎服饰》而来。

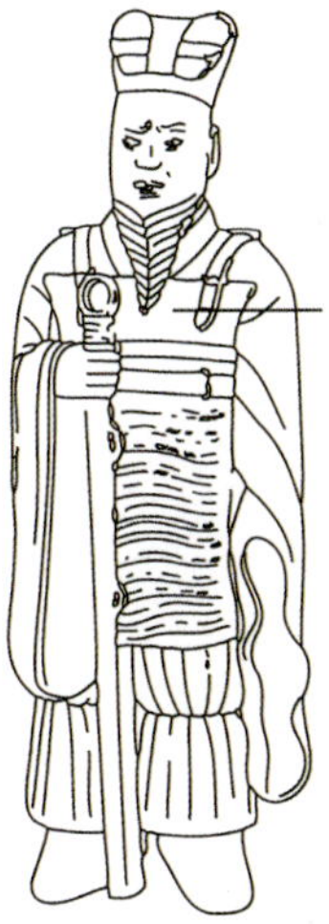

湖北省武汉周家湾
隋墓出土武士陶俑

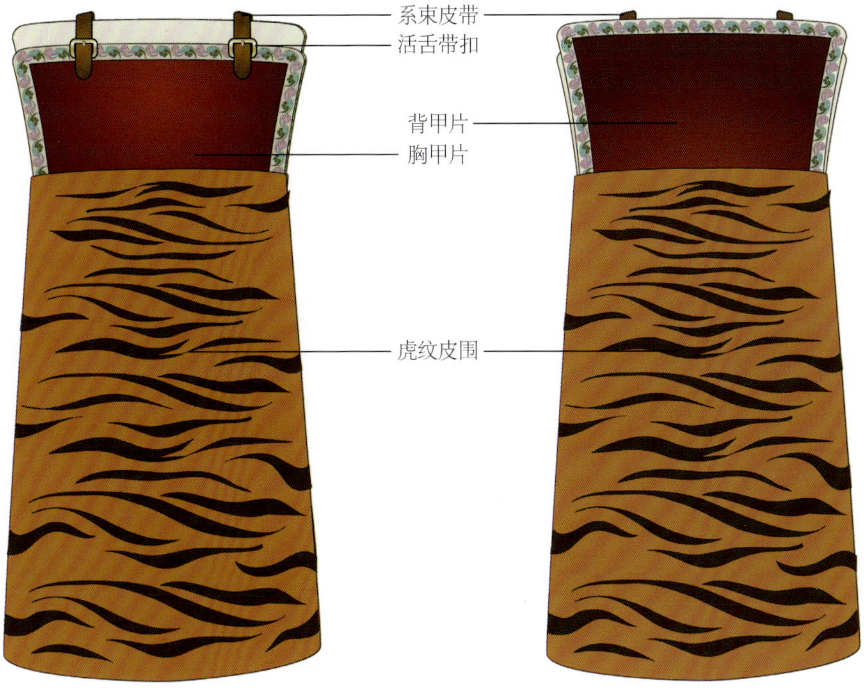

正面　　　　背面

② 两当甲

根据湖北省武汉周家湾隋墓出土的武士陶俑绘制。同南北朝时期的两当甲形制基本相同，图中所绘应属于皮制的两当甲，除了南北朝一中的铁甲片两当甲和本图中的皮制两当甲，还有绢帛制成的两当甲。除此之外，武士在穿着两裆铠时，里面还常衬有一件厚实的裲裆衫。裲裆衫与两当甲外形相同，其主要作用是为了防止金属甲片磨损肌肤，裲裆衫也可以直接穿在外面，不着两当甲，作为武将军官常服使用。裲裆衫与两当甲一直到唐代仍在使用。

两当甲的结构

假想的甲胄穿着流程

❶ 穿着甲胄前，先穿靴，然后在膝盖下系束缚袴。

❷ 穿着甲并在腰间系束皮带。

❸ 戴帻。

隋代

二 兜鍪和明光甲

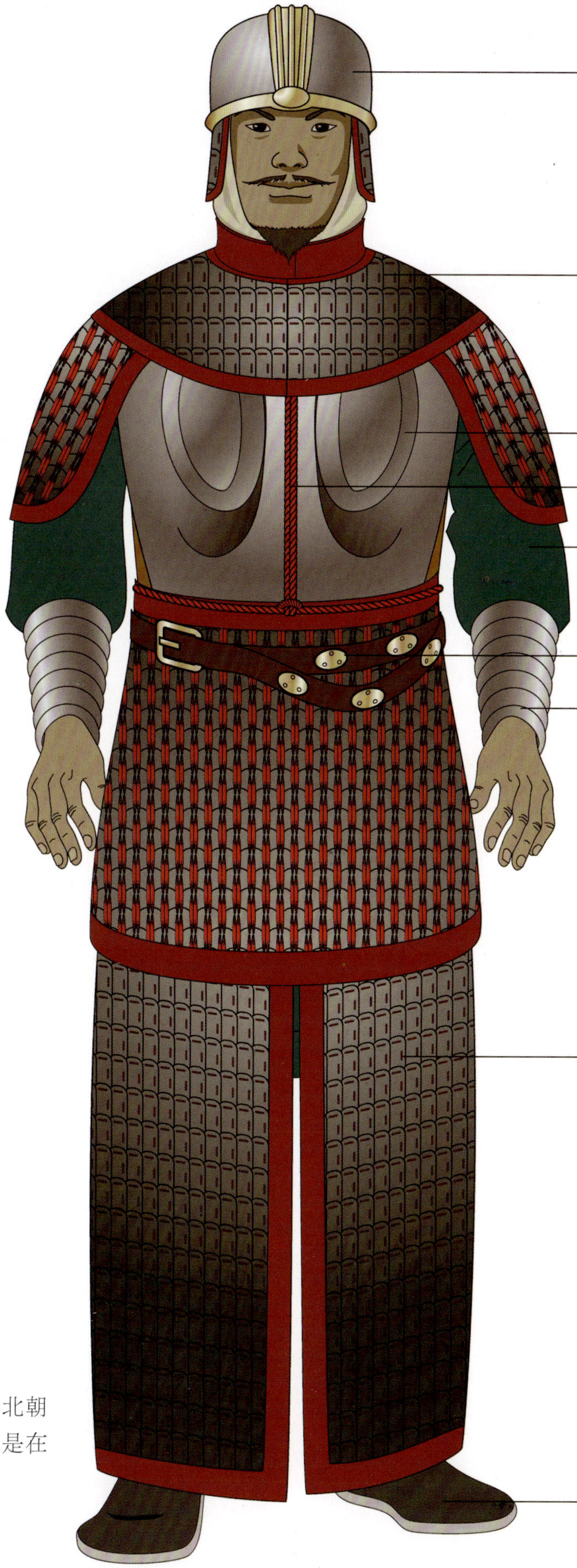

隋代明光甲的形制与南北朝时期并没有太多的变化，只是在局部稍有改变。

4 5 6 9 同南北朝、隋代一相同。

安徽省合肥市杏花村五里岗隋墓出土的持盾武士俑

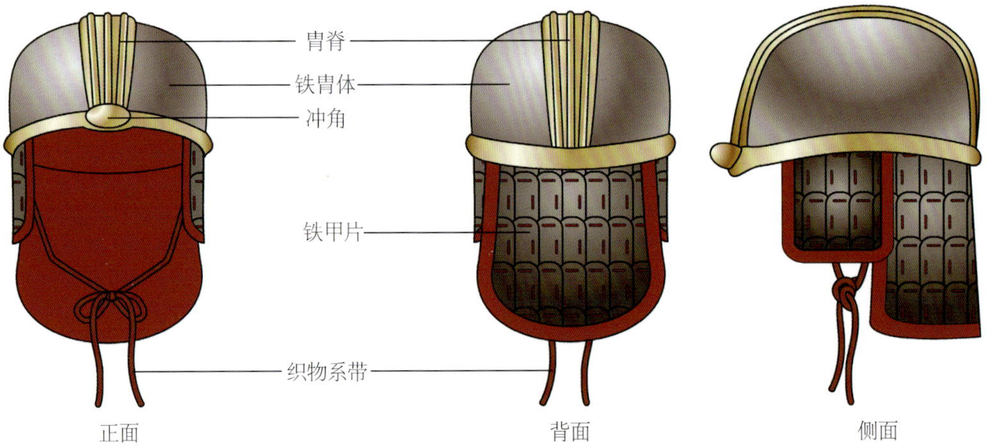

1) 兜鍪

根据安徽省合肥市杏花村五里岗隋墓出土持盾武士俑绘制。其制作工艺和结构都与南北朝时期相同，只是造型各异。

另一种铁胄

河南省安阳县张盛墓出土武士俑

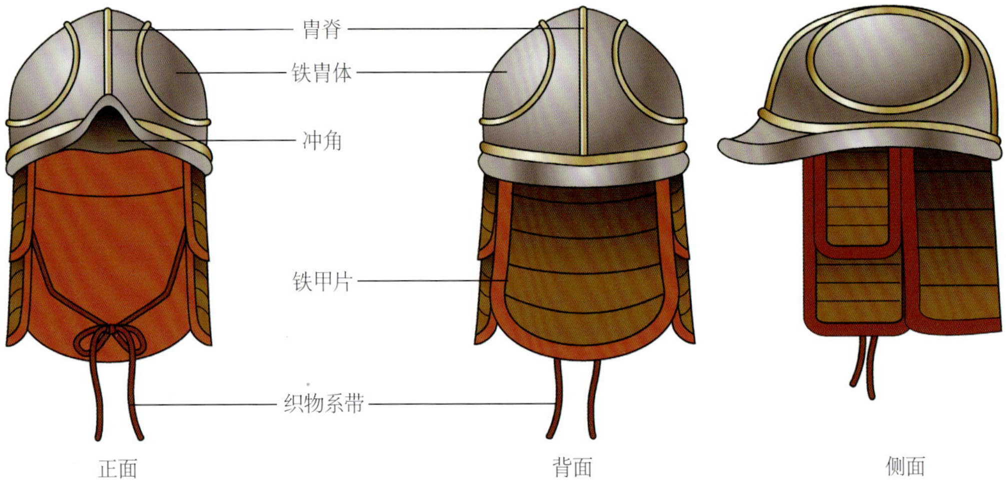

根据1959年河南省安阳县张盛墓出土武士俑绘制。

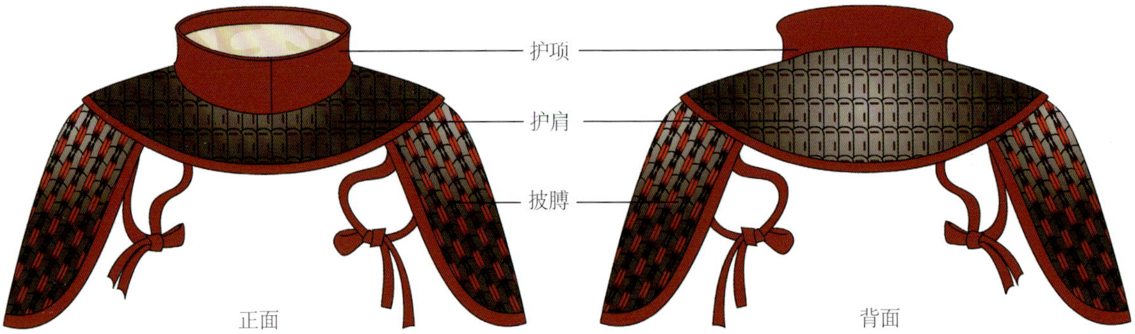

安徽省亳县隋墓出土武士俑

2) 护项、护肩和披膊

根据安徽省亳（bó）县隋墓出土的武士俑绘制。与南北朝二的护项、披膊很相似，基本是在护项的下面又加装了防护面积比较大的护肩。护肩是皮制上面编缀有铁甲片，护项和护肩在领前开襟。而披膊应该是安装在护肩的里面。

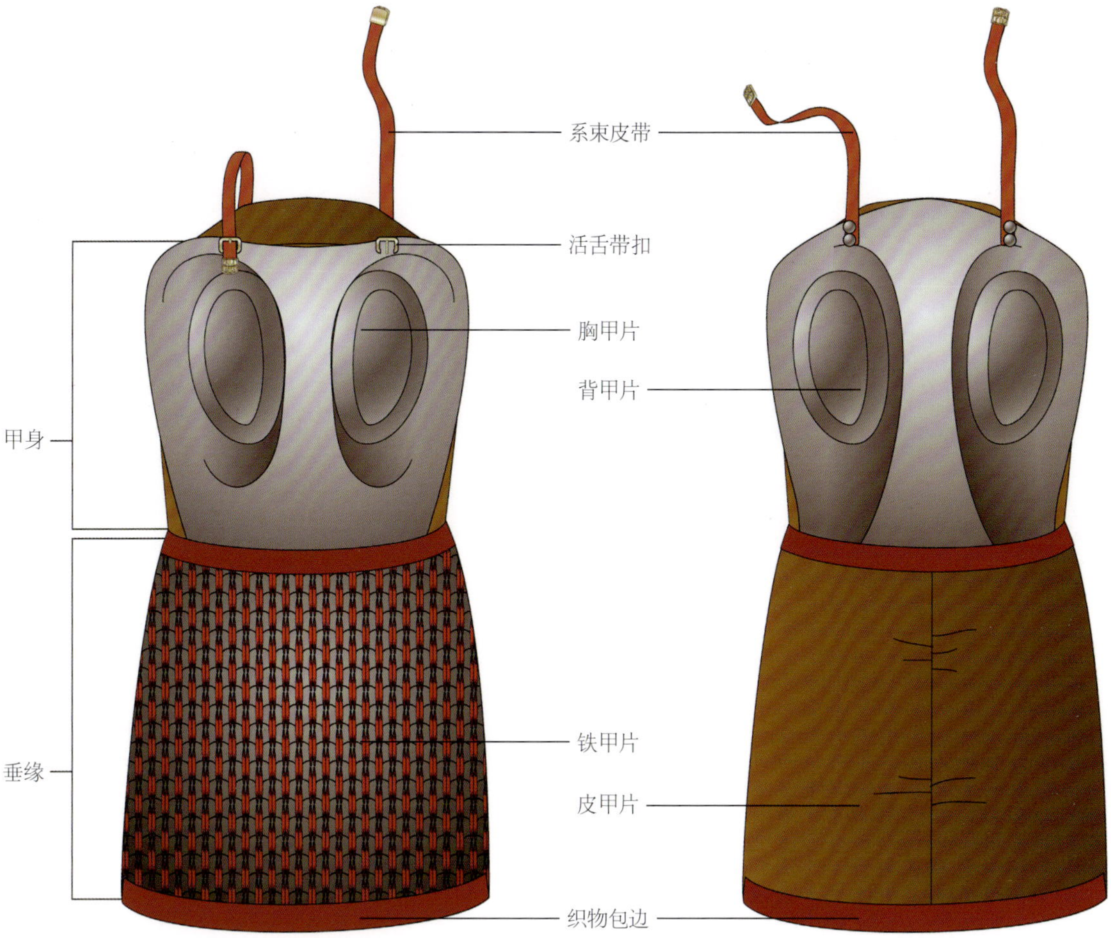

正面　　背面

③ 明光甲

根据安徽省合肥市杏花村五里岗隋墓出土持盾武士俑绘制。垂缘前部有甲片编缀，而背后是皮制，垂缘同南北朝二相同也是与胸背甲一体。胸甲片的样式是根据加拿大多伦多皇家博物馆藏河北景县封氏墓出土北魏彩绘陶武士俑绘制，因为隋代采用南北朝旧制，所以这里将北魏俑作为隋代明光甲参考。该图中的明光甲与南北朝二的形制大体相同，只是两块金属圆护改成一整块的铁板，也属于比较简陋的一种明光甲。

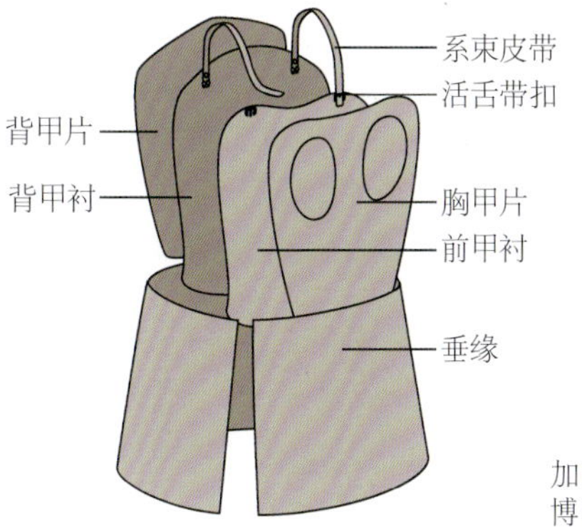

明光甲的结构

加拿大多伦多皇家博物馆藏河北景县封氏墓出土北魏彩绘陶武士俑

安徽省合肥市杏花村五里岗隋墓出土的持盾武士俑

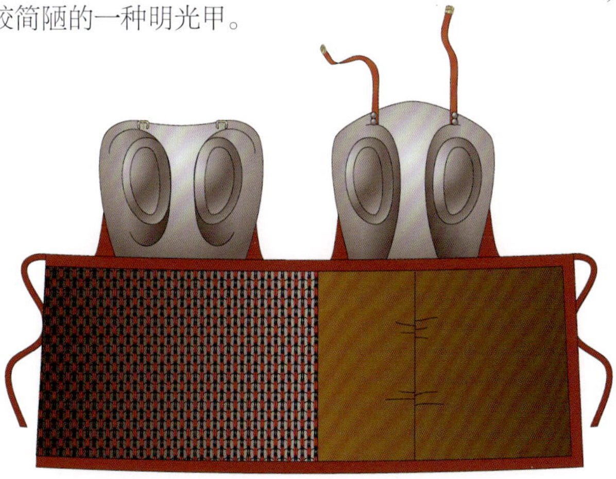

明光甲正面展开

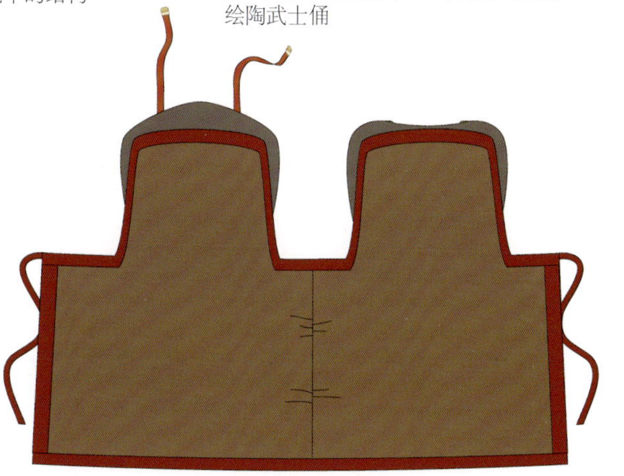

明光甲背面展开

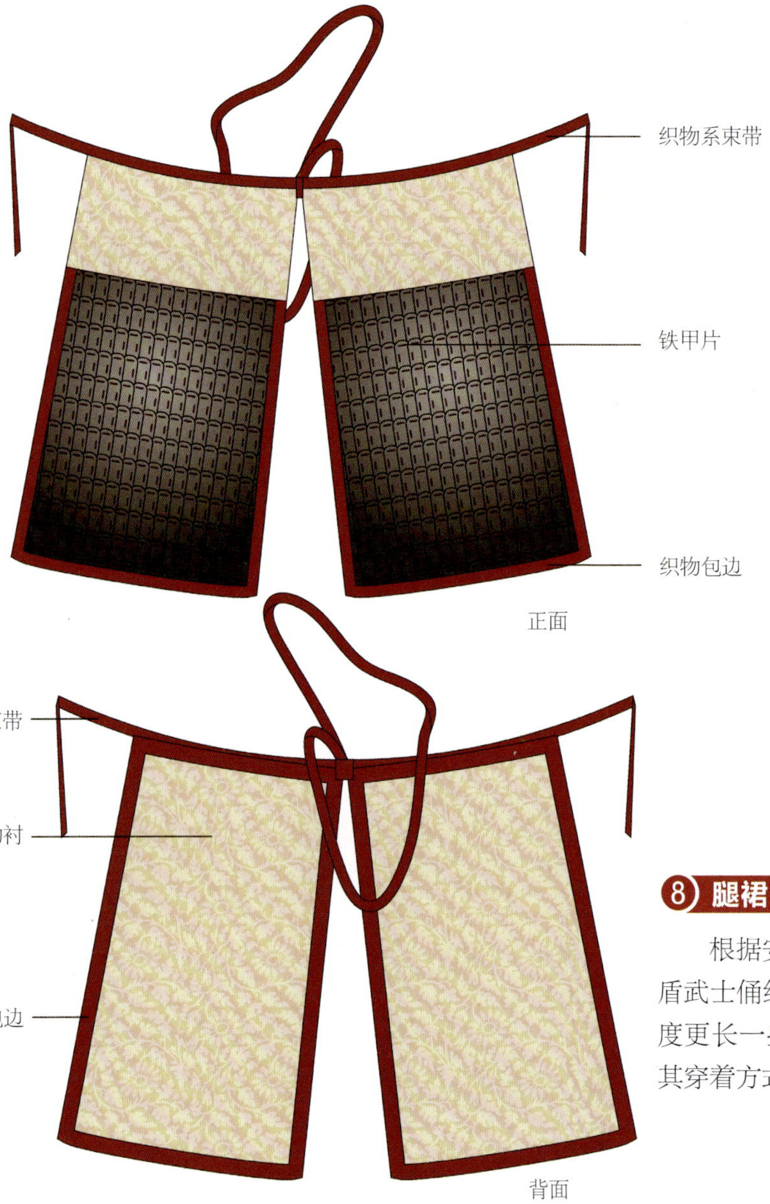

安徽省合肥市杏花村五里岗隋墓出土的持盾武士俑

8 腿裙

根据安徽省合肥市杏花村五里岗隋墓出土持盾武士俑绘制。其形制与南北朝二相同，但是长度更长一些，根据武士俑看来，腿裙长至脚背。其穿着方式参见南北朝二。

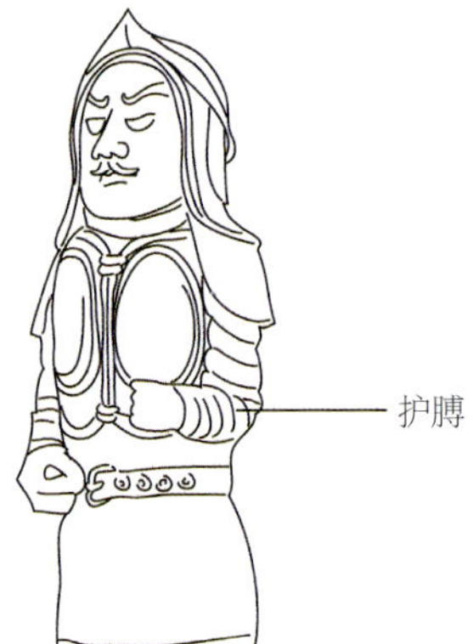

河南省安阳县张盛墓出土的武士俑

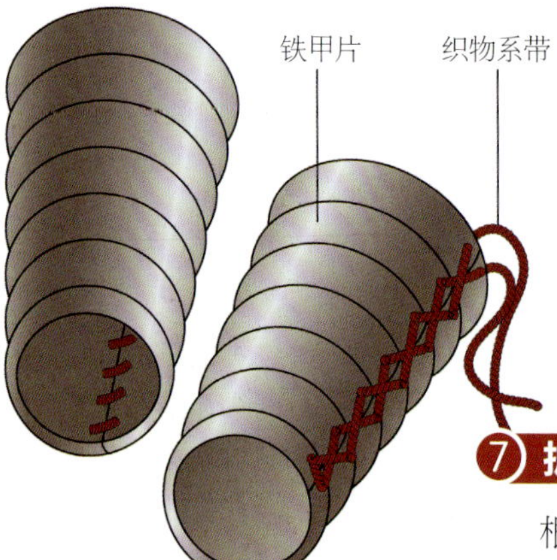

铁护臂的切面示意图

7 护臂

根据1959年河南省安阳县张盛墓出土武士俑绘制。该武士俑戴有护膊，应该是一整块金属的护具，护臂的表面铸成一环一环的形状，而内壁是垂直光面的，护臂有一处开口可以开合，用于佩戴在手臂上，然后用系带系束。

假想的甲胄穿着流程

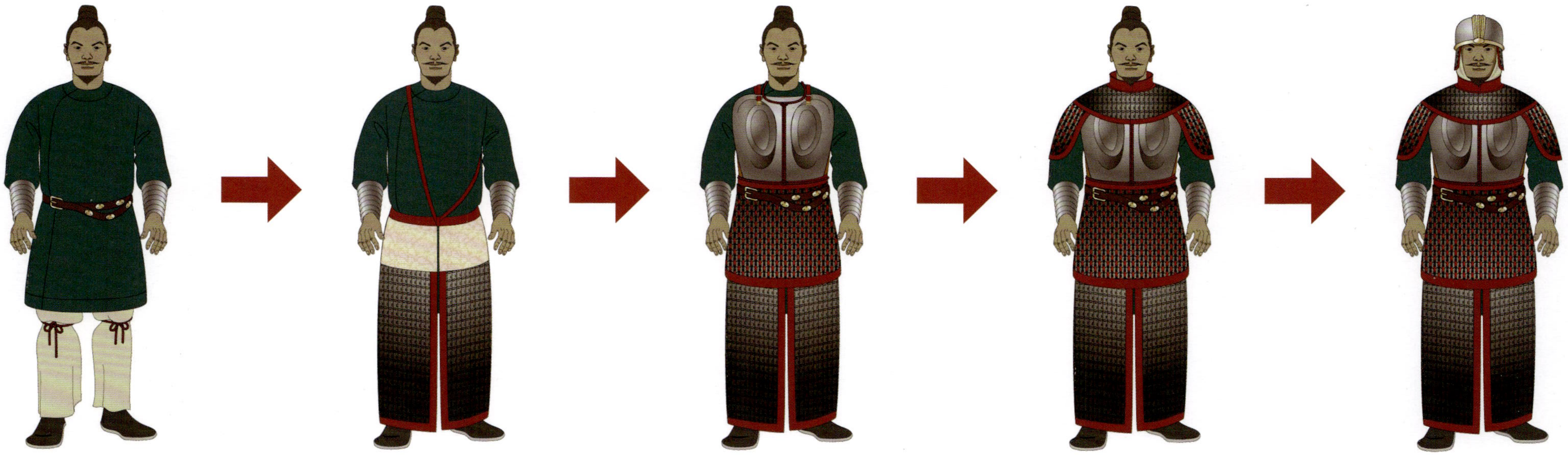

1. 穿着甲胄前，先系束护臂再穿靴，然后在膝盖下系束缚袴。
2. 穿着腿裙，在身后系束并系束肩带。
3. 穿着明光甲，系束束甲绊并在腰间系束皮带。
4. 披穿护项与披膊。
5. 戴兜鍪。

唐代

唐代：公元618年至公元907年。

隋代的最后一任皇帝是暴君隋炀帝杨广，他的一系列暴政，使得兵变、民变、政变纷纷，使刚刚统一的中华帝国又一次面临大混战。最后，以李渊、李世民父子的胜利而使中国进入一个伟大的大唐帝国时代。正如柏杨《中国人史纲》所说："唐王朝是中国历史上贡献最巨，国力最强，历时最长的王朝之一……其中接近一半时间在黄金时代之内。"如果说汉代让中国有了自己的称谓，唐代则使中国人走向了历史的顶峰。

历史学常常将唐代分为初、中（也被称为盛唐期）、晚三个时期，这三个时期在各方面都有自己的鲜明特征。甲胄方面也是如此，初唐时期甲胄继续沿袭隋代的制式，以两当甲和明光甲为主，而中晚期就渐渐形成了唐代自己风格的甲胄制式。

据《唐六典》卷十六记载："甲之制十有三：一曰明光甲、二曰光要甲、三曰细鳞甲、四曰山文甲、五曰乌锤甲、六曰白布甲、七曰皂绢甲、八曰布背甲、九曰步兵甲、十曰皮甲、十有一曰木甲、十有二曰锁子甲、十有三曰马甲。"其中以明光甲最为今天的人们所熟知。

唐代

一 初唐兜鍪和明光甲

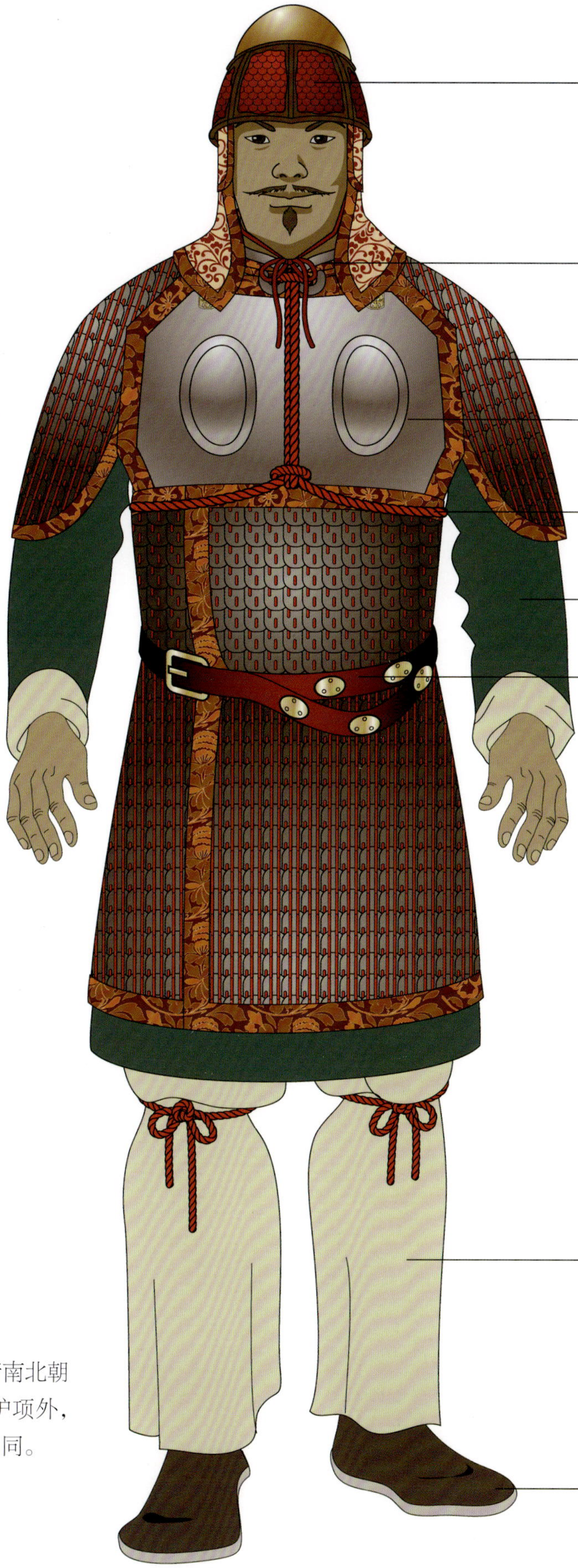

初唐的明光甲基本保持着南北朝至隋代的样式和形制。除了护项外，其他部分都与隋代二的制式相同。

5 6 7 8 9
与南北朝、隋代相同。

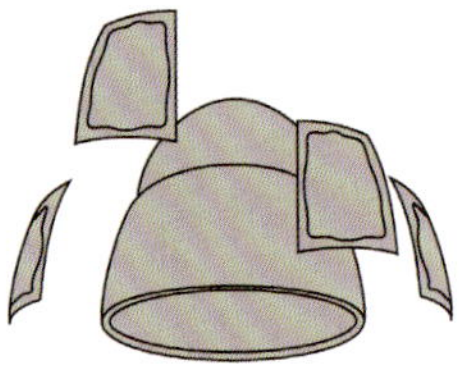

兜体应该是由六块甲片围成胄体编缀而成

陕西省礼泉郑仁泰墓出土贴金彩绘武士俑

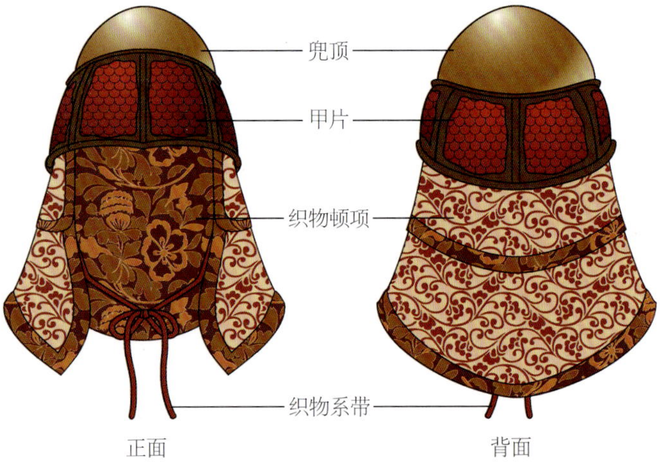

① 兜鍪

根据陕西省礼泉郑仁泰墓出土贴金彩绘武士俑的兜鍪绘制。该兜鍪起源于隋代晚期，应该是由六块甲片围成兜体编缀而成，兜顶由半球形整体金属制成。

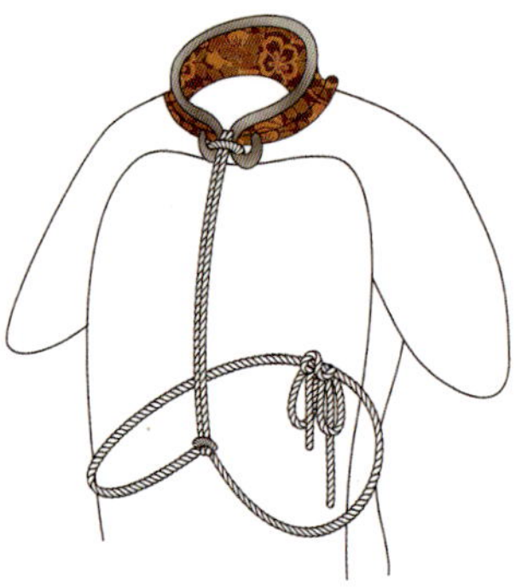

② 护项和束甲绊

唐代的护项较之隋代有了比较重要的变革，护项在领口处外翻出两个圆钩，有的束甲绊就直接套在两个圆钩上，向下到束甲裙的带上，在胸下部绕到背后系束。

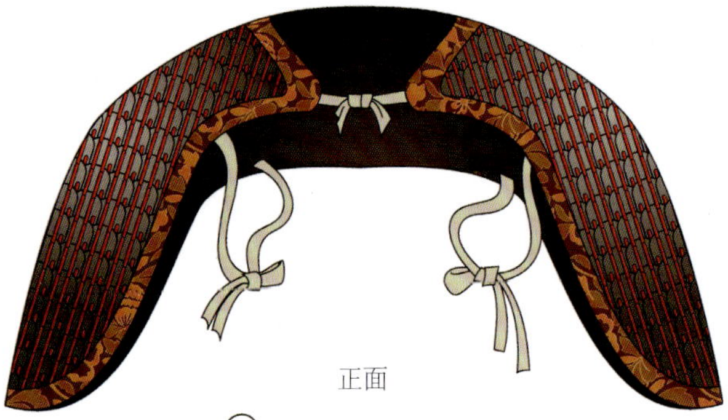

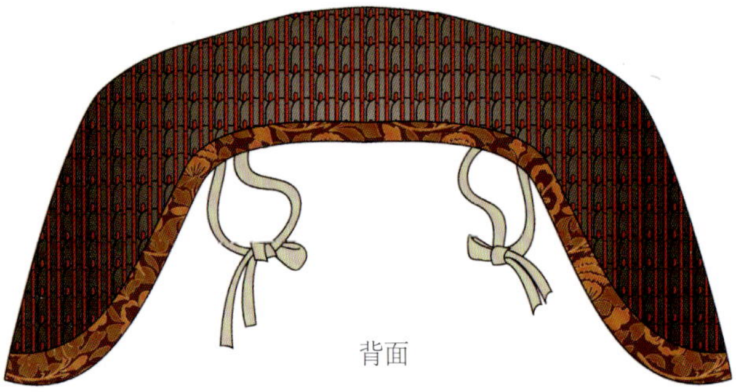

河南省洛阳偃师堂柳凯墓出土武士俑

③ 披膊

根据河南省洛阳偃（yǎn）师堂柳凯墓出土武士俑绘制。该俑的披膊是在明光甲的里面，而护项是在甲的外面，所以有可能该俑的披膊是独立的，而不与护项连属。披膊左右后背连成一体，在胸前系束，既起到保护肩部的作用，又起到保护上臂的作用。

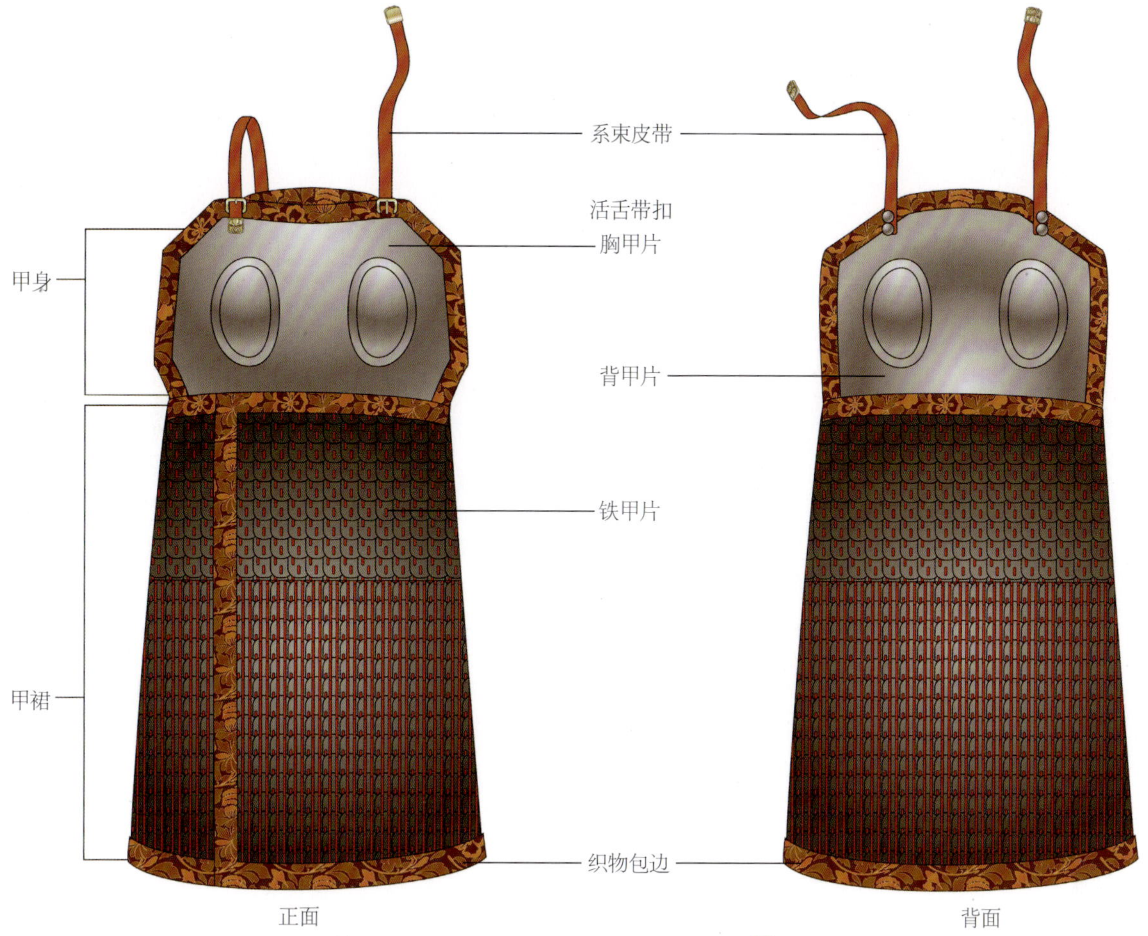

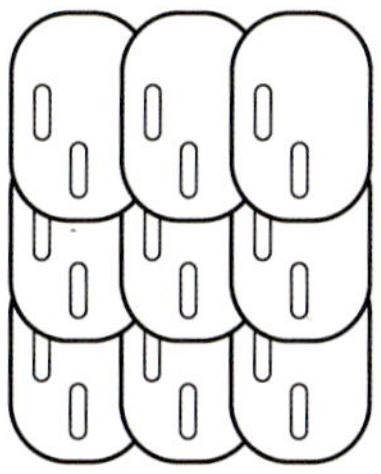

甲裙的上部编缀方式是前压后，先横后纵

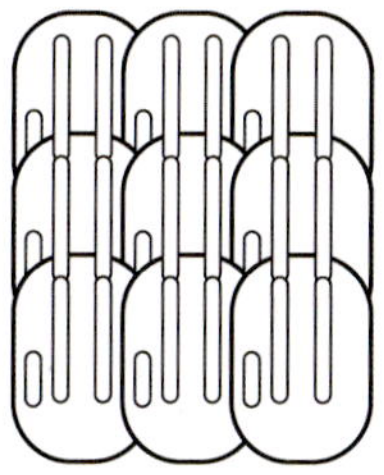

甲裙的下部编缀方式是前压后，先横后纵，活动编缀

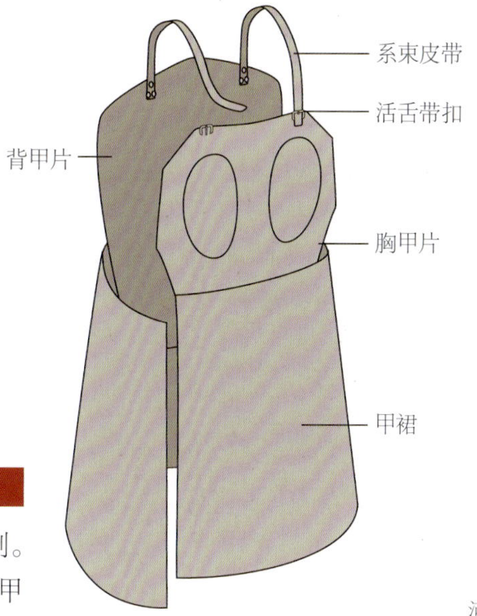

明光甲的结构

河南省洛阳偃师堂柳凯墓出土武士俑

④ 明光甲

根据河南省洛阳偃师堂柳凯墓出土武士俑绘制。该图中的明光甲与隋代二的形制相同，胸背甲与甲裙连为一体。只是甲裙更长了一些，向上直达胸下。甲裙的上腹部分是固定编缀，而其下部分则是上下活动编缀。

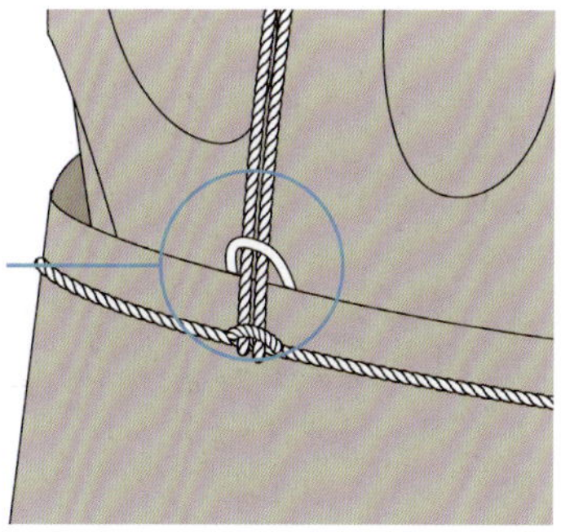

编缀有甲片的甲裙，体积要比前几朝的都大，相比之下也相当的厚重，如果仅靠横向束带勒束也不会很牢固，在这一点上笔者查阅的各种资料上都没有明确解释过，所以，笔者猜想也许在甲裙的上缘应该有个可以让束甲绊穿过去的地方，这样可以使纵向的束甲绊起到将甲裙提起的作用

假想的甲胄穿着流程

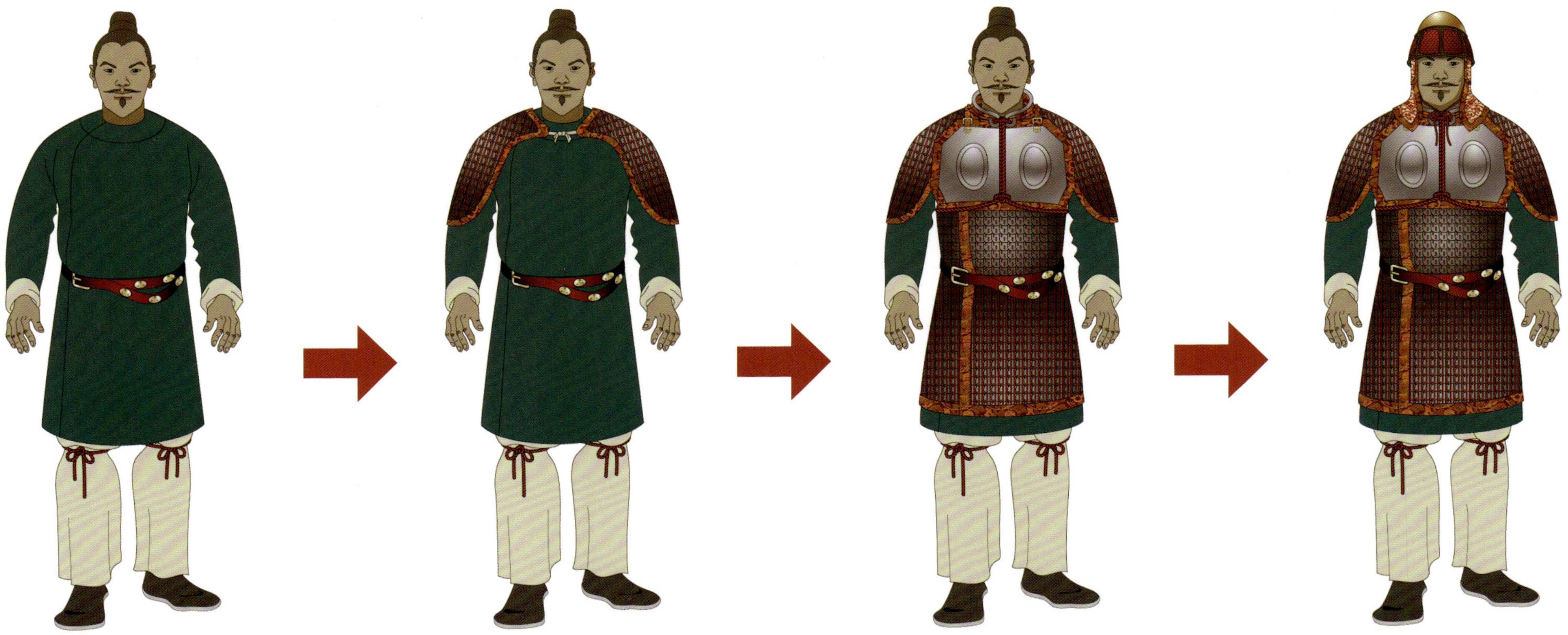

1 穿着甲胄前，先系束护臂再穿靴，然后在膝盖下系束缚袴。

2 披挂披膊，在胸前系束。

3 穿着明光甲，系束束甲绊并在腰间系束皮带。

4 戴兜鍪。

唐代

二 中唐兜鍪和明光甲

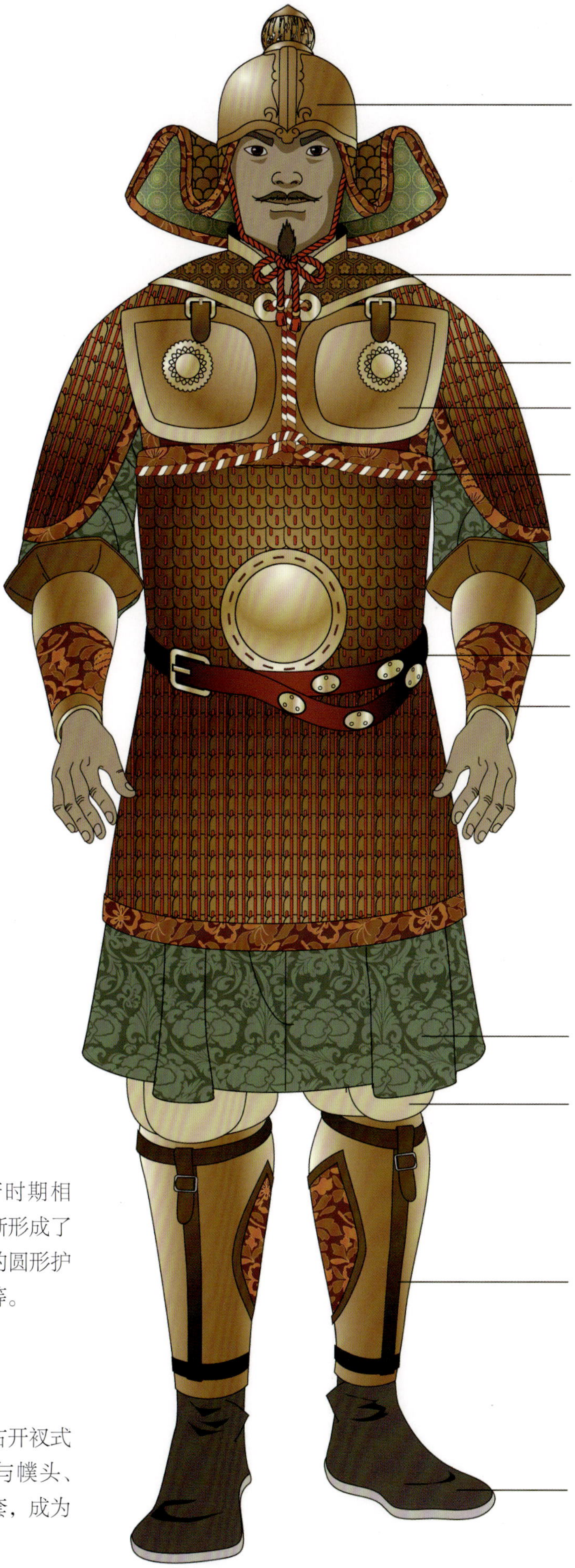

中唐时期的甲胄与初唐时期相比，各方面都有了变化，逐渐形成了唐代自己的风格。比如腹部的圆形护具和兜鍪上高高翘起的顿项等。

❺ ❻

与唐代一相同。

❽ ❾ ⓫

缺胯袍属于直裾，是一种左右开衩式的长袍，又叫“四衩衫”，与幞头、革带、大口裤、长靿靴等配套，成为唐代男子典型的服装形式。

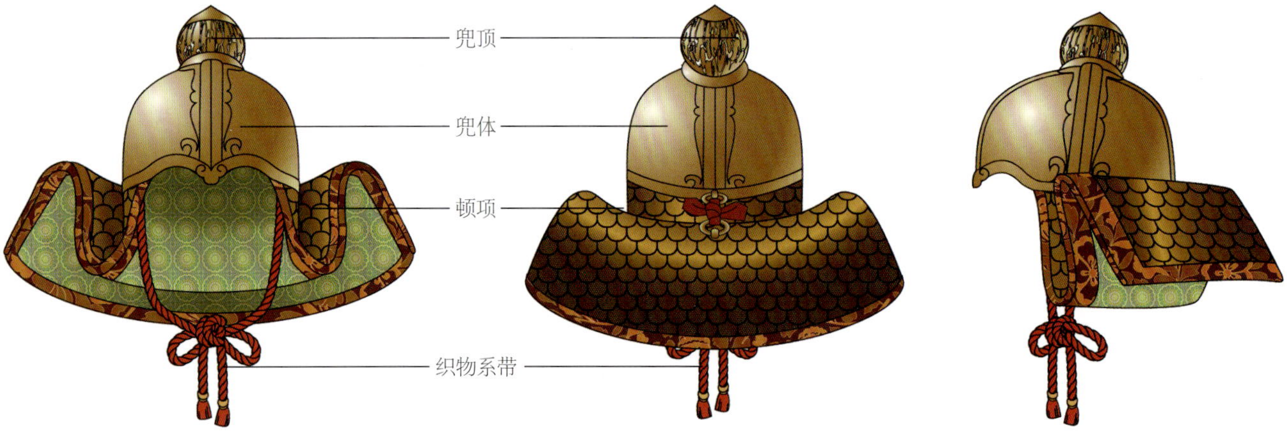

正面　背面　侧面

兜鍪 ①

在唐代出土的雕塑和壁画上经常能看到顿项向上翻卷的武士形象，如河北省定州贡院内静志寺塔基地宫出土唐代鎏金铜天王像所戴兜鍪，中唐时期(吐蕃时代)的敦煌榆林窟第二十五窟的前室东壁南侧南方毗琉璃天王的兜鍪，以及上海博物馆所藏唐代天王石像的兜鍪。笔者一度以为这种顿项翻卷的兜鍪是一种独特的一体成型的头盔。后来在河北省沧州南皮县金刚亭的两尊据传为唐代的石金刚的顿项上发现了一种吊挂的装置，这种装置可以在平时拉起顿项，使武士可以避免闷热之苦，作战时放下顿项，从而起到防护作用。

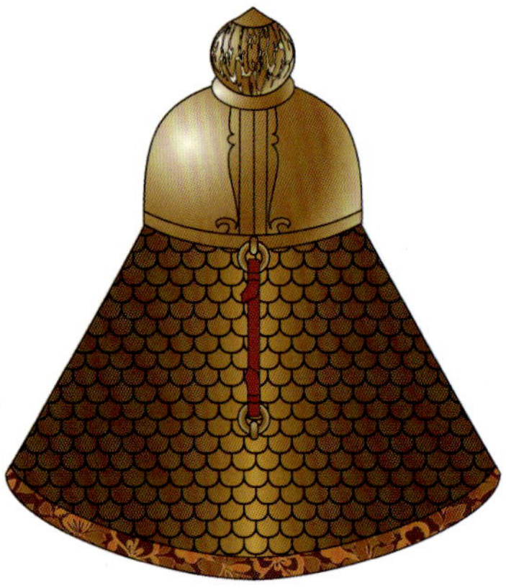

顿项吊挂放下状态

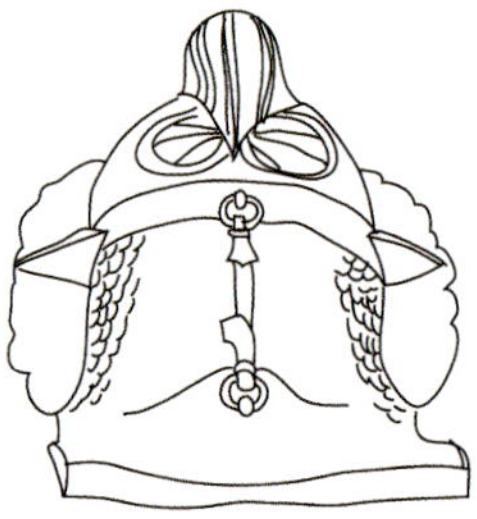

河北省沧州南皮县金刚亭石金刚顿项背面

河北省定州贡院内静志寺塔基地宫出土鎏金铜天王像

上海博物馆藏唐代天王石像

敦煌榆林窟中南方毗琉璃天王壁画

正面

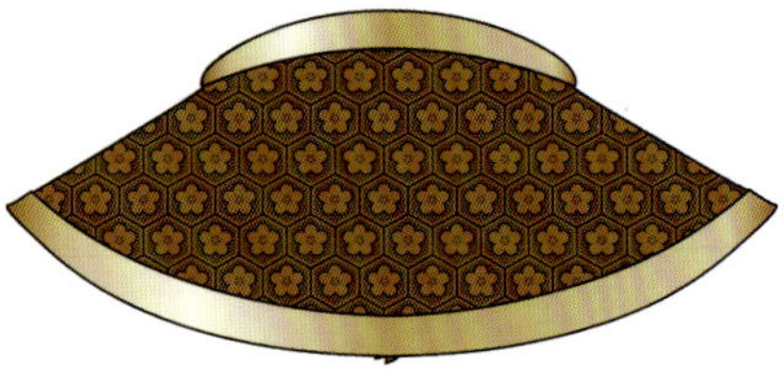

背面

西安韩森寨段伯阳妻高氏墓出土的武士俑

护项 ②

根据西安韩森寨段伯阳妻高氏墓出土武士俑的护项原型设计。中唐时期的护项较之唐初有了比较细致的改变，护项依然在领口处外翻出两个圆钩，有的用于系束束甲绊，护项下裙更宽达一些，增大面积可能是为了受重的肩部能够更舒适些。

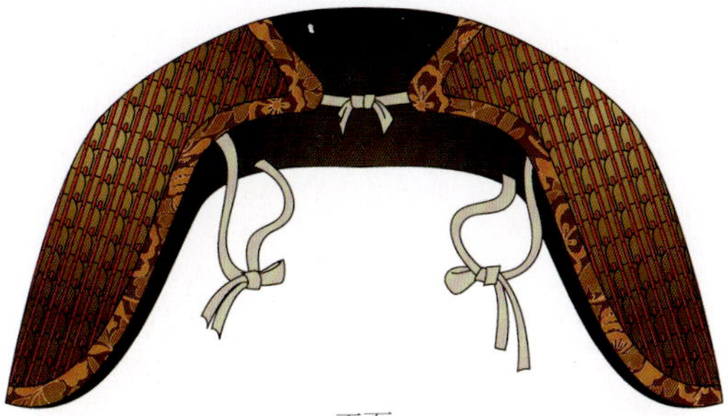

正面

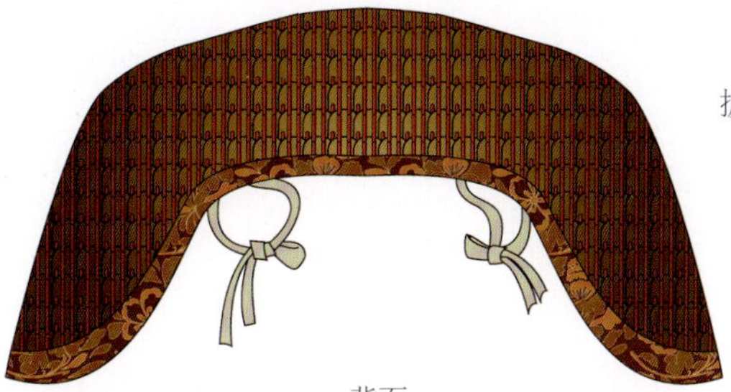

背面

西安韩森寨段伯阳妻高氏墓出土的武士俑

③ 披膊

根据西安韩森寨段伯阳妻高氏墓出土武士俑的披膊绘制。该披膊与唐代一形制相同，都是穿在明光甲的下面，由于后背部分宽大，且有甲片编缀。这样身甲上的背部就不再使用重复的甲片了（参见本章明光甲部分）。

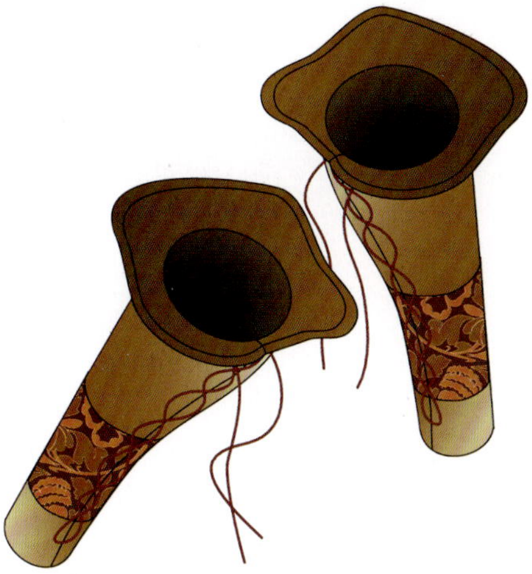

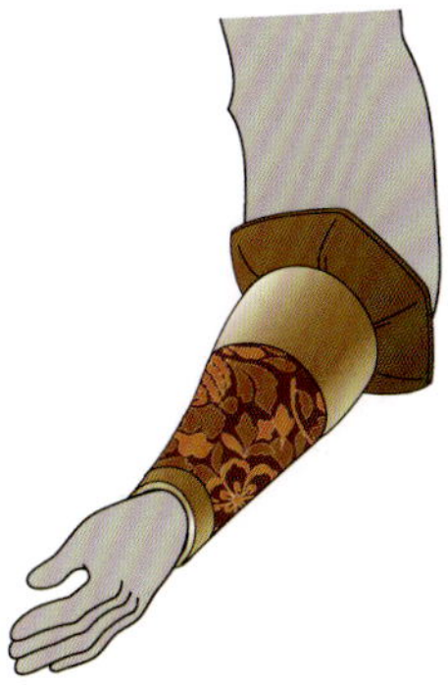

护臂上缘的房檐状的防护装置所在的手臂位置

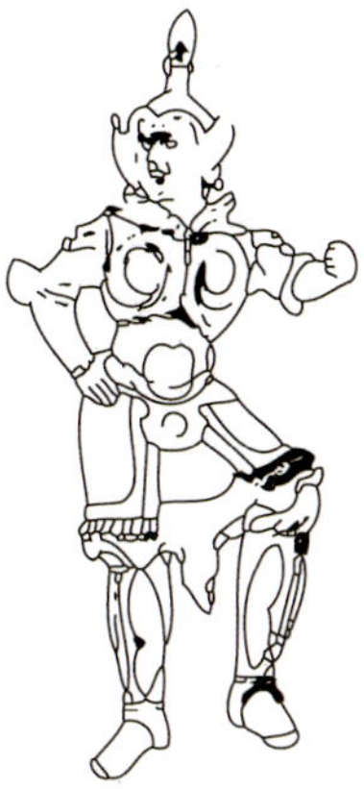

西安红庆村独孤君妻元氏墓出土的武士俑

陕西省礼泉郑仁泰墓出土贴金彩绘武士俑

⑦ 护臂

根据陕西省礼泉郑仁泰墓出土彩绘武士俑绘制。该武士俑戴的护膊上缘有象屋檐状的防护装置，可能是起到保护肘部的作用。该装置看起来并不属于坚硬的材料制成，所以可能为皮制。这种形制的护臂在唐代许多雕像上都有出现，比如西安红庆村独孤君妻元氏墓出土的武士俑的手臂也戴有这种护臂。

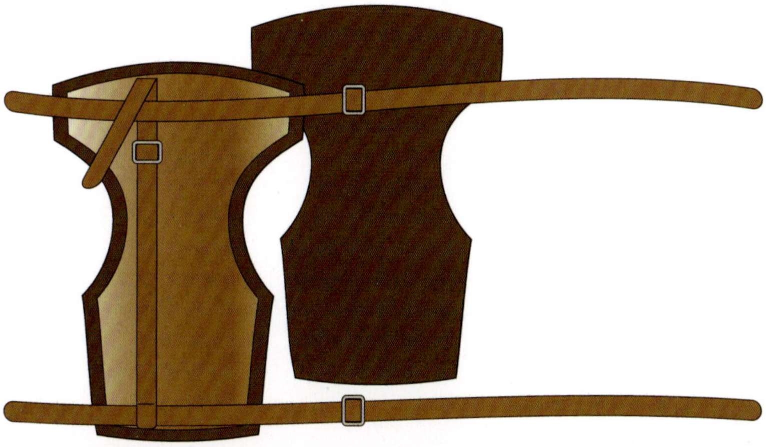

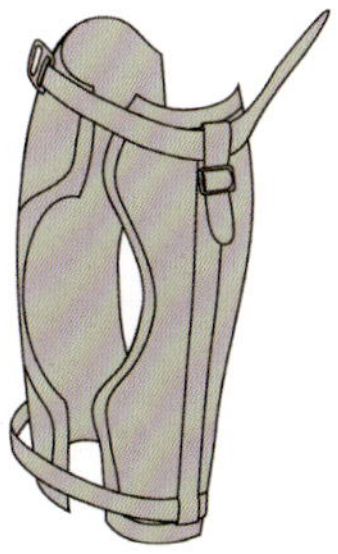

该胫甲应该是由前后两片皮甲片组成，用皮带上下束绊后，纵向再系束一条皮带

西安红庆村独孤君妻元氏墓出土的武士俑

⑩ 胫甲

根据西安红庆村独孤君妻元氏墓出土武士俑所穿胫甲假想。早在东周战国时期就有青铜制胫甲实物出土，但随后相当长一段时间它却消失了，到了唐代胫甲再次出现在武士的身上。

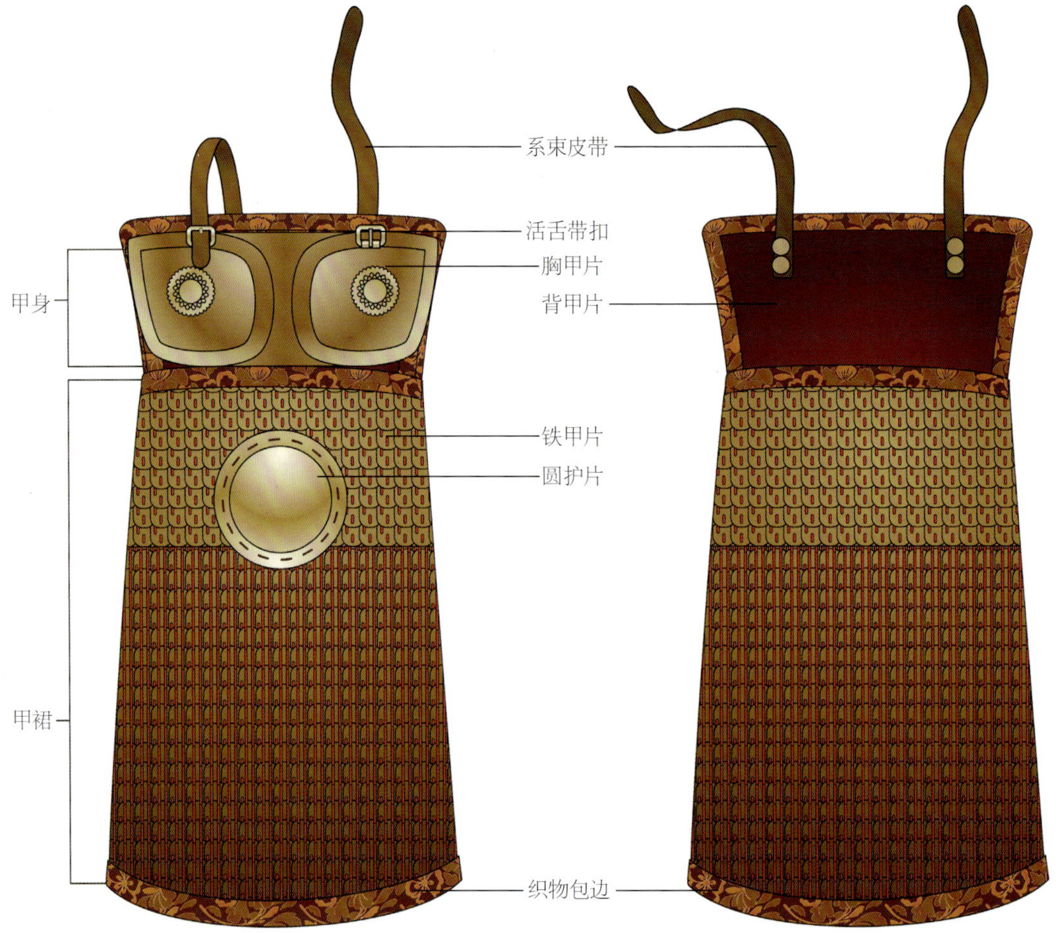

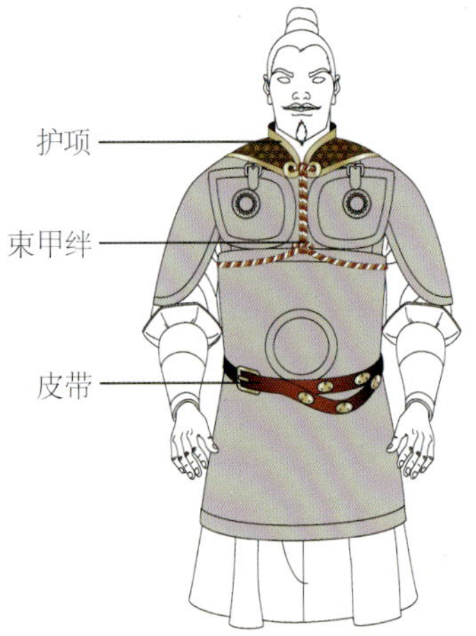

身甲的固定

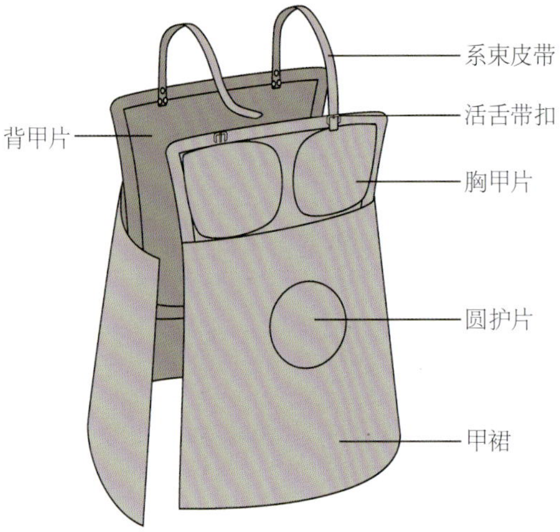

明光甲的结构

④ 明光甲

该图中明光甲的形制是根据陕西省博物馆藏唐汉白玉天王残像绢甲的形制而设计的。图中的明光甲与唐代一的形制大体相同，但有几处得到了革新。其一，前胸的护甲上的装饰更加美观。其二，由于披膊和护肩的结合与加强，背部的金属板已经不再使用，而由皮甲取代。其三，腹部出现了防护装置，类似镜子似的圆形护甲片。身甲穿着后由护项垂下来的束甲绊到胸前以后两端绕到背后系束，腹部再由腰带系束加以固定。

陕西省博物馆藏唐汉白玉天王残像

假想的甲胄穿着流程

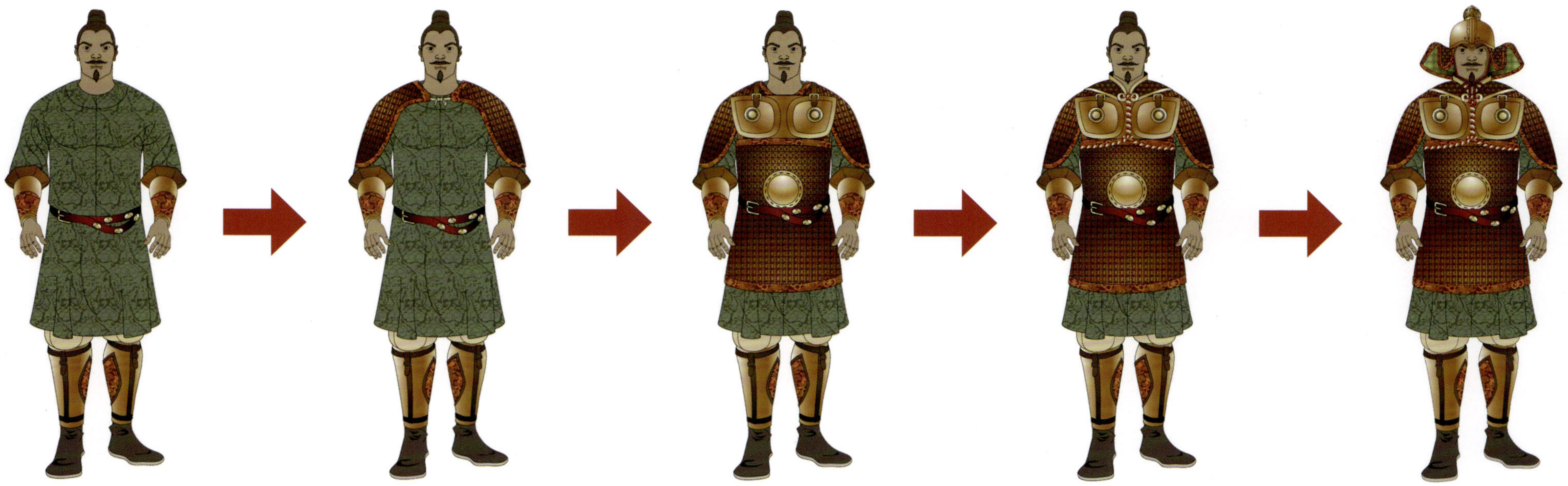

1. 穿着甲胄前，先系束护臂再穿靴，然后在腿部穿着胫甲。
2. 披挂披膊，在胸前系束。
3. 穿着明光甲并在腰间系束护腹和皮带。
4. 戴护项并系束束甲绊。
5. 戴兜鍪。

唐代 二 绢甲

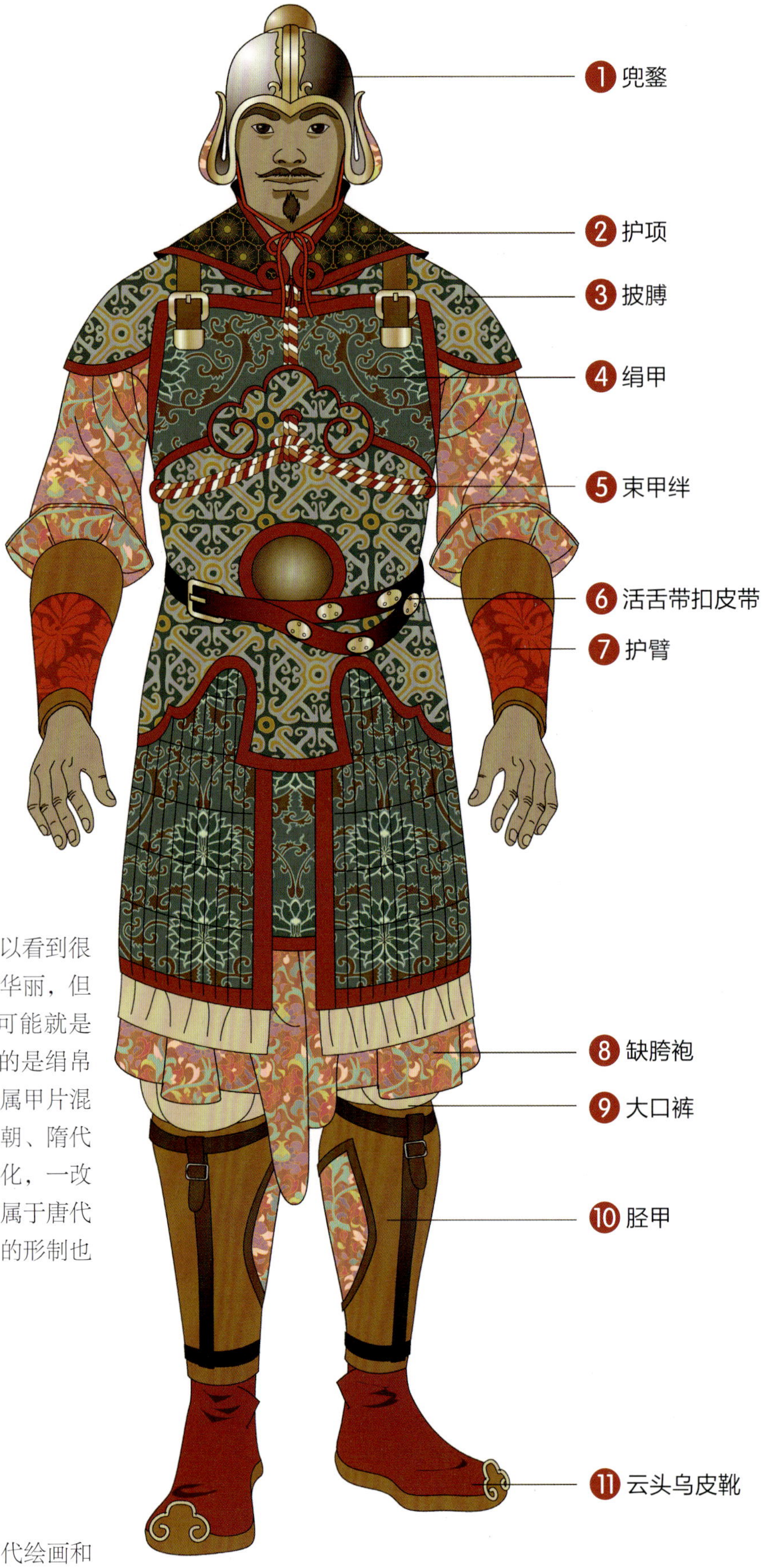

在盛唐时期的雕塑和陶俑上可以看到很多武士、天王像的铠甲，十分繁缛华丽，但是看起来质地却比较柔软，它们可能就是《唐六典》中提到的绢甲。绢甲有的是绢帛制成，有的是绢帛、皮革和局部金属甲片混合制成的。绢甲的问世改变了南北朝、隋代以来的传统身甲形制，将身甲整体化，一改上下旧制而创新为整体式，开创了属于唐代自己的风格，这对以后的金属铠甲的形制也产生了很大的影响。

② ③ ⑤ ⑥
⑦ ⑧ ⑨ ⑩
与唐代二形制相同。

⑪

鞋头饰有云纹装饰的乌皮靴，在古代绘画和现代的连环画里可以经常见到。

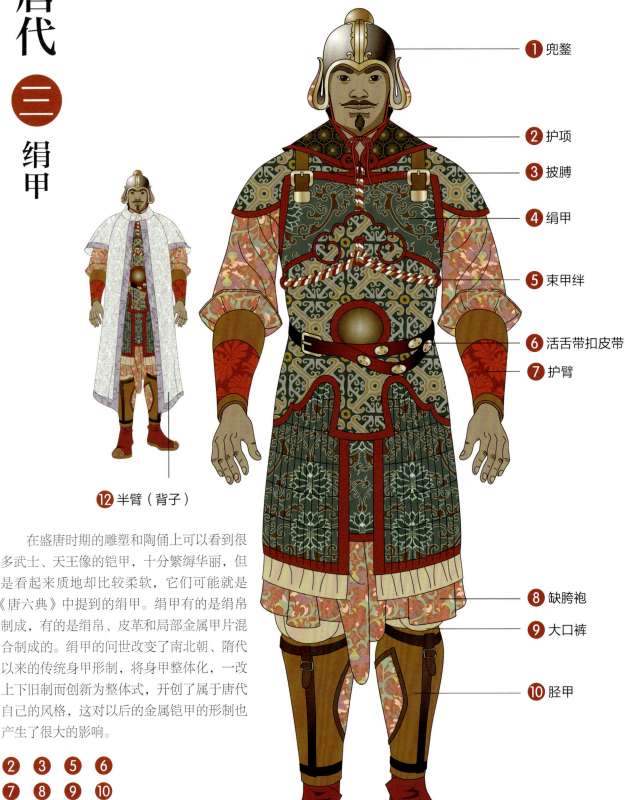

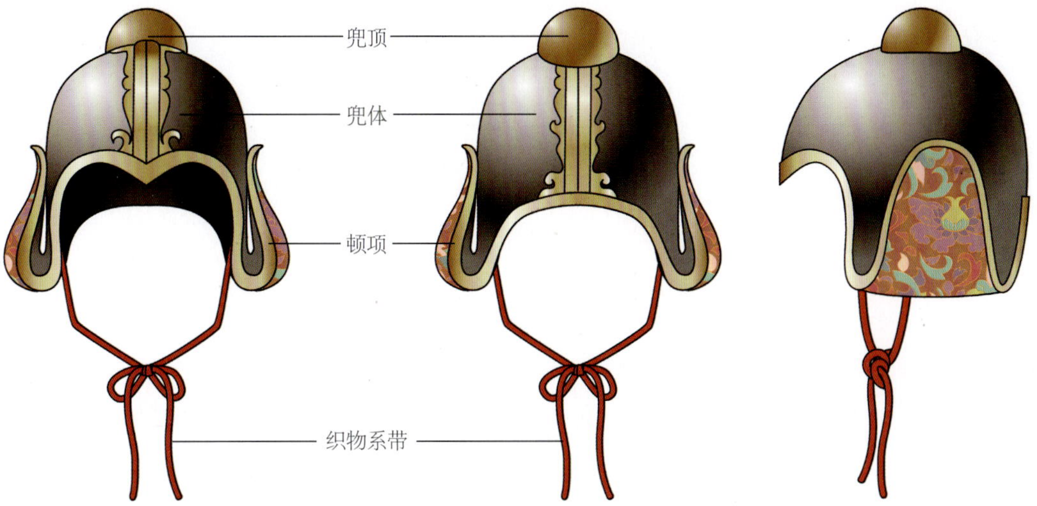

正面　　背面　　侧面

洛阳市博物馆藏唐代三彩镇出土武士俑

⑪ 兜鍪

根据洛阳市博物馆藏唐代三彩镇出土武士俑绘制。盛唐时期，兜鍪的顿项有的整个向上翻卷，有的向双耳两侧翻起，该兜鍪就是左右两侧顿项向上翻起的一种，与唐代二有着同样夸张的艺术造型，是唐代最为典型的兜鍪形制，该兜鍪也是兜体与顿项一体构造。顿项翻起源自实战中的实际需求，即军人需要通风透气时就把顿项翻起并在盔顶系牢；当需要保暖或作战时就把顿项放下。在完全保留唐代形制的近代西藏甲胄以及洛阳关林镇出土的唐俑上可以看到这一点。后来慢慢形成固定形状的翻起兜鍪，作为武将的礼仪用兜鍪。半球形兜顶取代了隋代时期的胄脊。该形制的兜鍪一直到五代、宋代仍有使用。

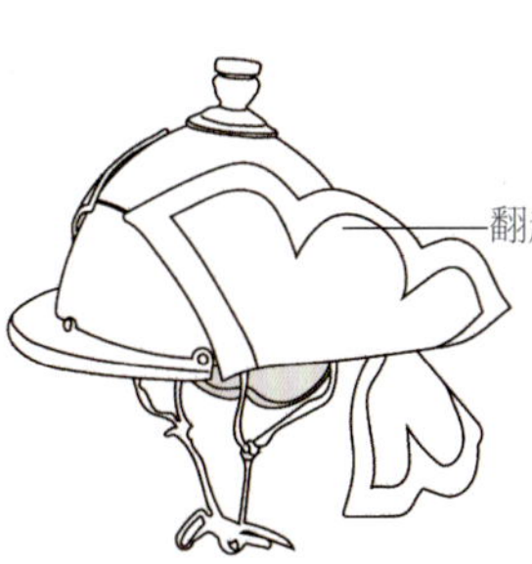

美国大都会博物馆所藏西藏武士头盔

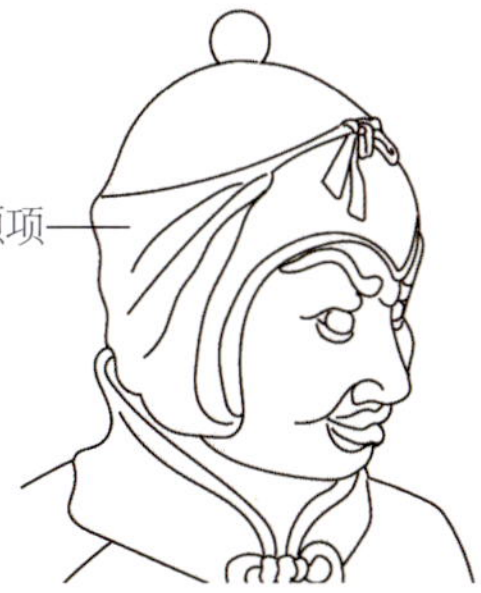

洛阳关林镇出土的唐俑

顿项放下的状态

顿项整个向上翻卷的兜鍪

⑫ 半臂（背子）

根据陕西省西安唐长乐公主墓壁画《出行图》中无甲胄武士所穿绘制。半臂本是隋唐时期女子服饰，后来也成为了唐代、宋代军人的服饰。《新唐书·食货三》中记载："成甫又广之为歌辞十阕，自衣缺后绿衣、锦半臂、红抹额，立第一船为号头以唱，集两县妇女百余人，鲜服靓妆，鸣鼓吹笛以和之。"到了宋代，半臂又叫"背子"，宋《石林燕语》卷十记载："背子本半臂，武士服。"从形象上看，半臂与南北朝二的帔（pèi）风有些类似，是上半部半袖衫后背披风的服饰。

陕西省西安唐长乐公主墓壁画《出行图》中无甲胄武士像

敦煌莫高窟194窟
彩塑南方天王像

敦煌莫高窟194窟
彩塑北方天王像

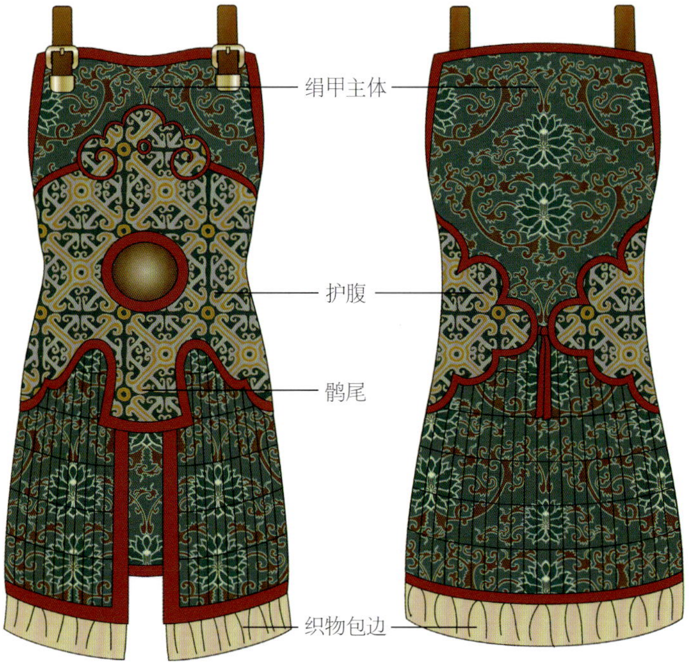

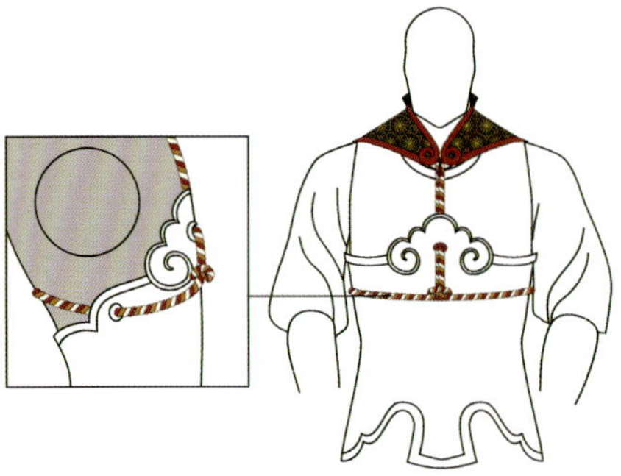

束甲绊穿过护腹在胸下分两端围到后背系束

4 绢甲

由于礼仪活动的需要，武将的铠甲就用绢布甲替代了。使用替代的铠甲这也不是唐代的创新，早在隋代就有“两当衫”替代“两当甲”参加礼仪活动的先例。绢布毕竟柔软轻便，样式上也就不再受到坚硬金属的局限，形制多了起来。由于形制上的变化，对以后金属铠甲的形制也产生了巨大的影响。

图中绢甲是根据敦煌莫高窟194窟彩塑天王俑假想。该图中的绢甲形制与之前的唐代一、二的形制完全不同，整体都得到了革新，但胸甲还是单独一片，甲裙与身甲形成一体。穿时披挂于肩，后背伸出的两翼于两侧腋下围裹到前胸下方系束，用束甲绊穿过护腹在胸下分两端围到后背系束，护腹下方有鹘（hú）尾正好挡住两翼系束后的缝隙，再加以皮腰带系束腰部，形成双重束甲，使绢甲紧紧包裹在身上。

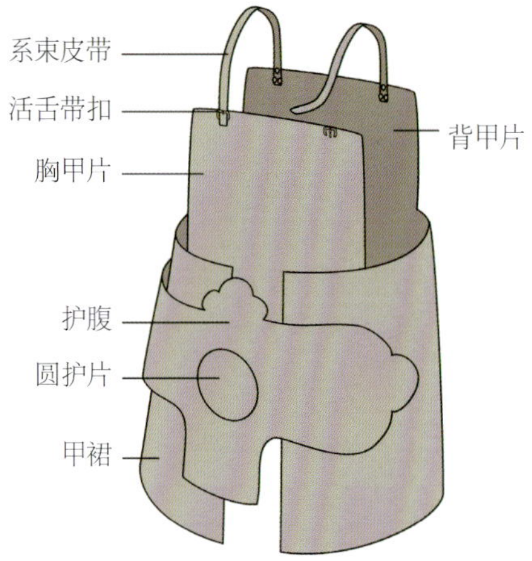

绢甲的结构

假想的穿着步骤

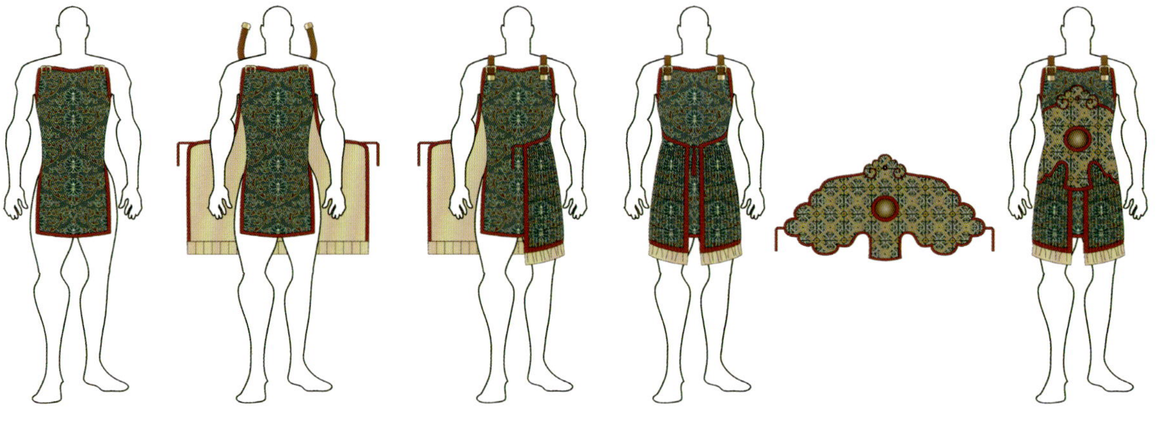

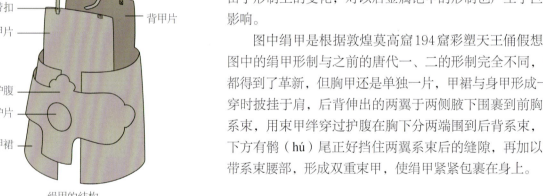

假想的甲胄穿着流程

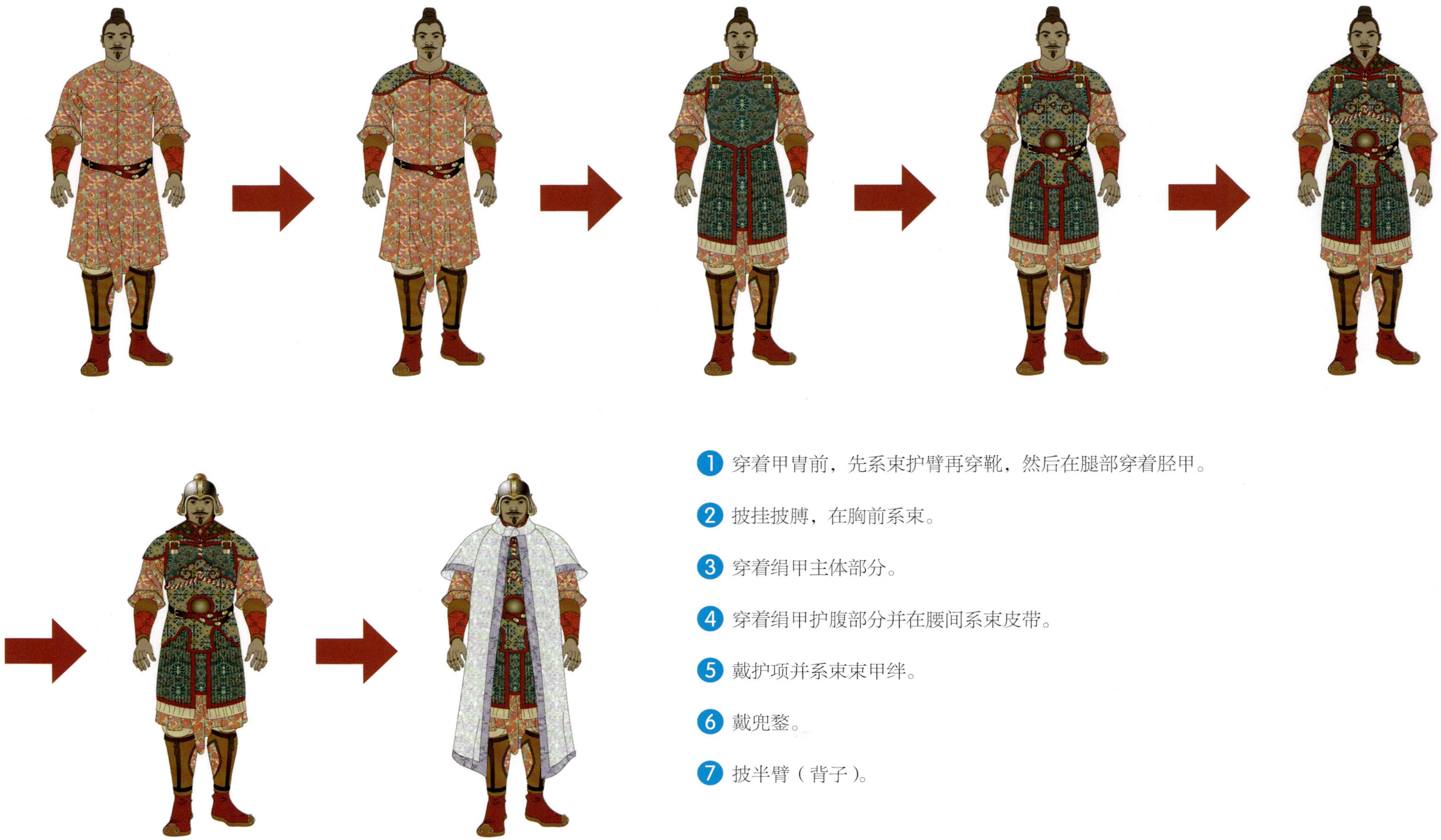

1 穿着甲胄前，先系束护臂再穿靴，然后在腿部穿着胫甲。

2 披挂披膊，在胸前系束。

3 穿着绢甲主体部分。

4 穿着绢甲护腹部分并在腰间系束皮带。

5 戴护项并系束束甲绊。

6 戴兜鍪。

7 披半臂（背子）。

唐代 四

中晚唐兜鍪和明光甲

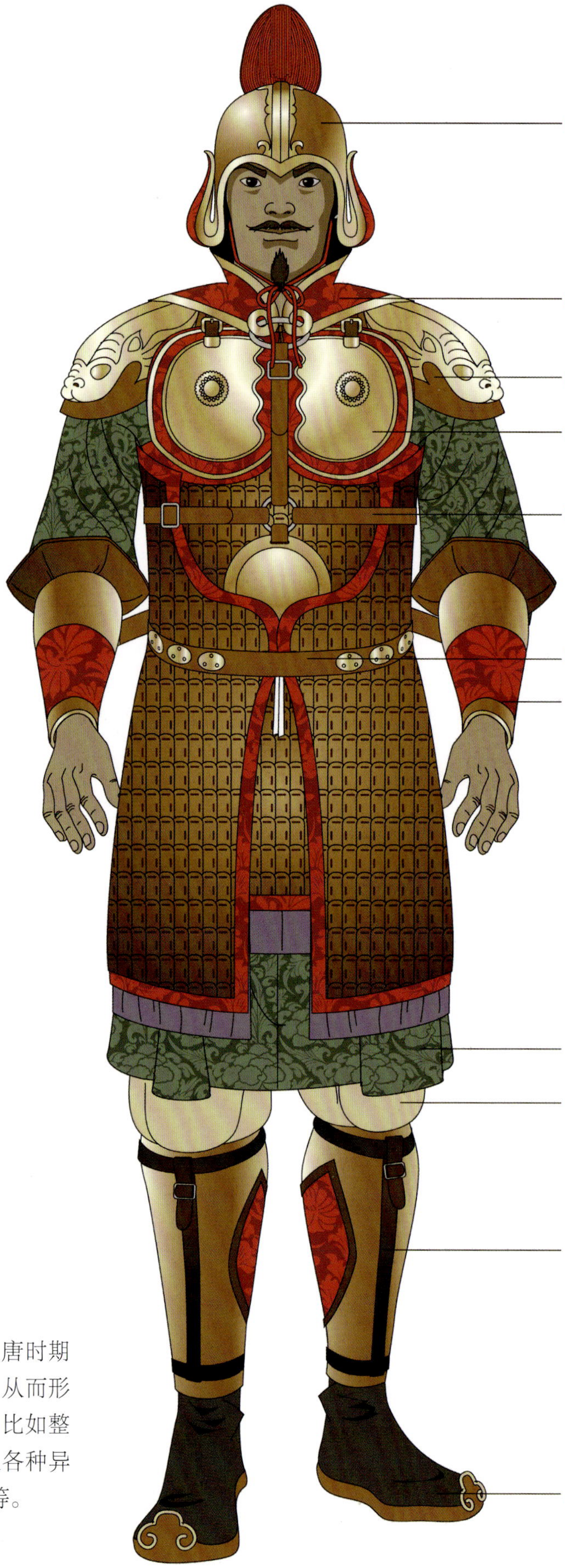

随着绢甲的产生，中晚唐时期的明光甲形制也随之改变，从而形成一系列独特的唐代风格。比如整个身甲的结构变化和兜鍪上各种异兽的造型，高高翘起的顿项等。

❼ ❽ ❾ ❿ ⓫ 与唐代三相同。

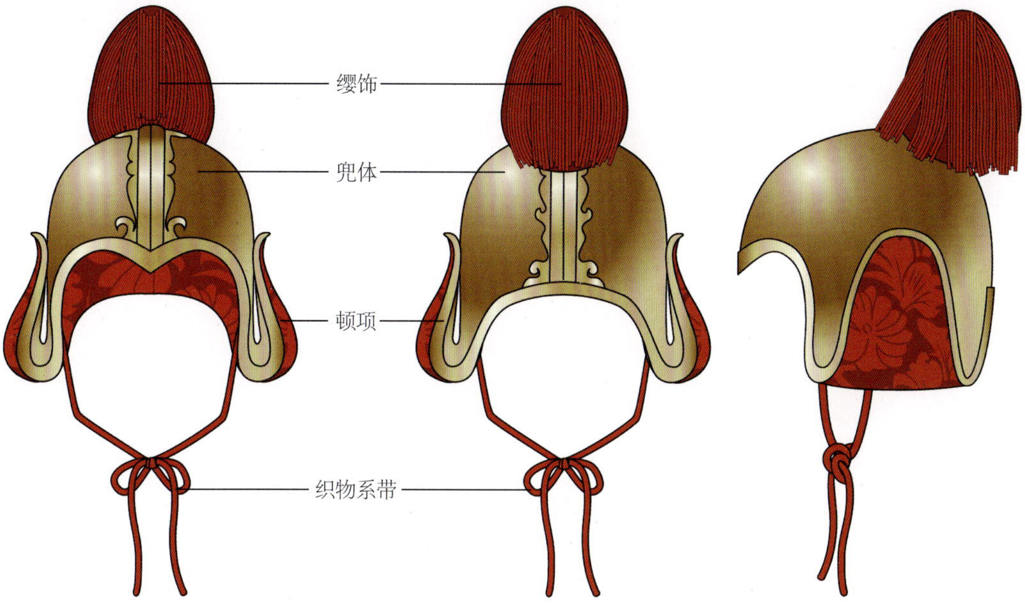

正面　　背面　　侧面

洛阳市博物馆藏唐代三彩镇出土武士俑

1 兜鍪

根据洛阳市博物馆藏唐代三彩镇出土武士俑绘制。该兜鍪形制与唐代三相同，只是兜顶换成了后唐时期使用的大朵缨饰。

另一种兜鍪：狻猊兜

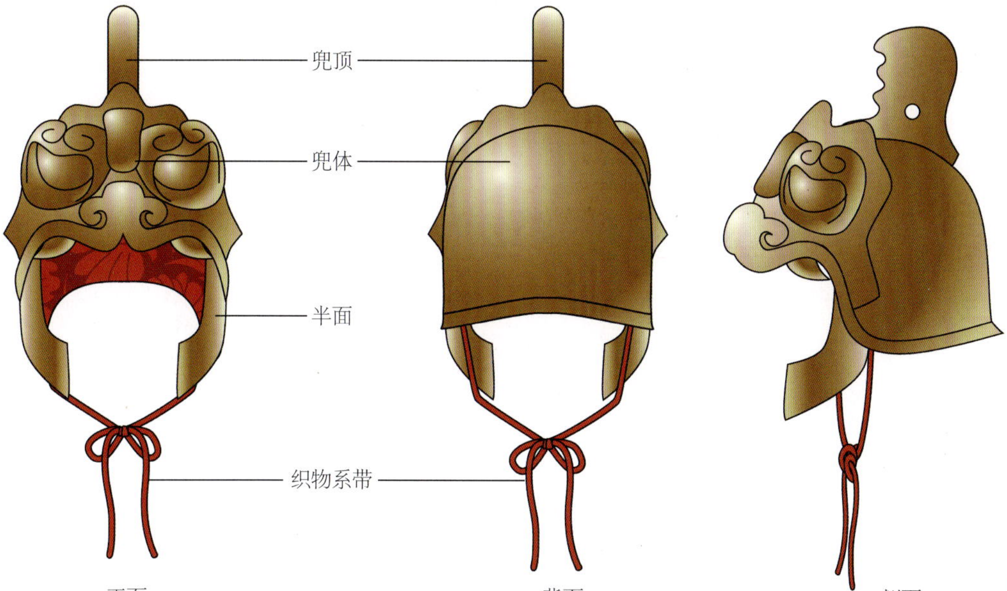

正面　　背面　　侧面

河南省洛阳出土的唐三彩俑

图中的狻（suān）猊（ní）兜是不是和中国著名的连环画《三国演义》中马超所戴的很相似呢？这个兜鍪是根据《中国美术全集》雕塑专辑中记载的河南省洛阳出土的唐三彩俑绘制。在一些中晚唐时期出土的天王俑上还有异兽、凤雀等造型，这些形制的兜鍪并没有实物出土过，但是日本战国时期却有真实的兽首型兜鍪出现，它是否来源自中国唐代，就很难说了，但这至少可以提高兽首型兜鍪在中国历史存在过的可信度。图中还有与帽衬连为一体的半面，半面是一种薄金属制成的护具，主要用于保护面颊。半面在日本的甲胄中也有实物保存，但它是单独的防具。

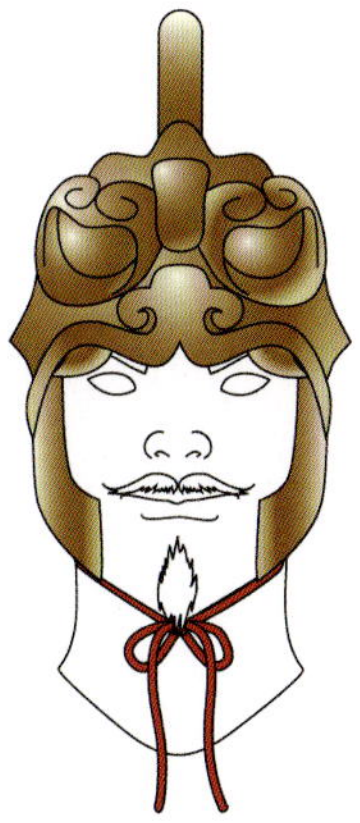

兜鍪穿戴后的形象

护项正面

护项背面

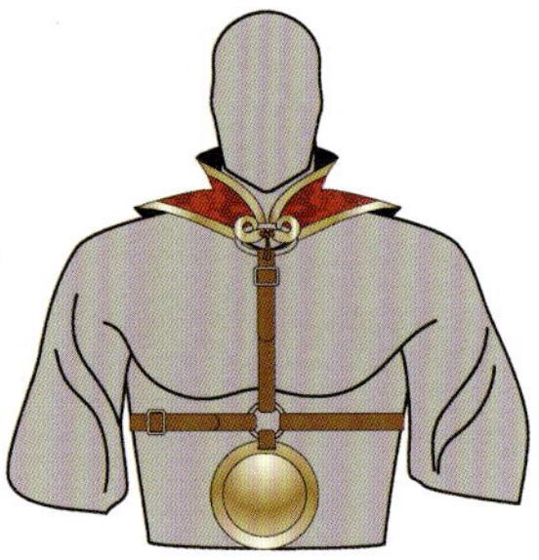
束甲绊与护项穿着后的正面

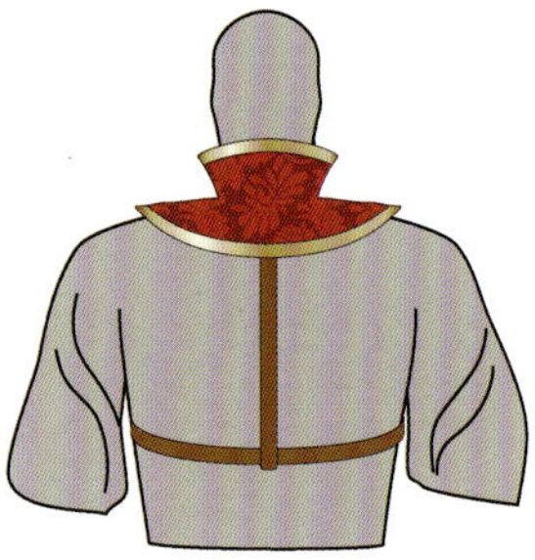
束甲绊与护项穿着后的背面

②⑤ 护项、束甲绊和护腹甲

护项与唐代二、三形制相同，护项较为宽大，使得肩部受力均匀。而束甲绊是根据四川省成都唐万佛寺遗址出土的石雕武士像绘制的。除了之前提到的丝帛制成的束甲绊以外，很多唐代雕像上还有用皮带制成的束甲绊。该束甲绊由三根皮带组成，前后两根挂在护项处垂下，横向一根由铁环与垂直两根固定。胸前束甲绊铁环向下的一条皮带挂着护腹甲片，最后将最外面的腰带压在护腹上面，日本教王护国寺藏唐木造毗沙门天王像也是这种设置（参见本章皮带参考图）。

束甲绊和护腹甲

四川省成都唐万佛寺遗址出土石雕武士像

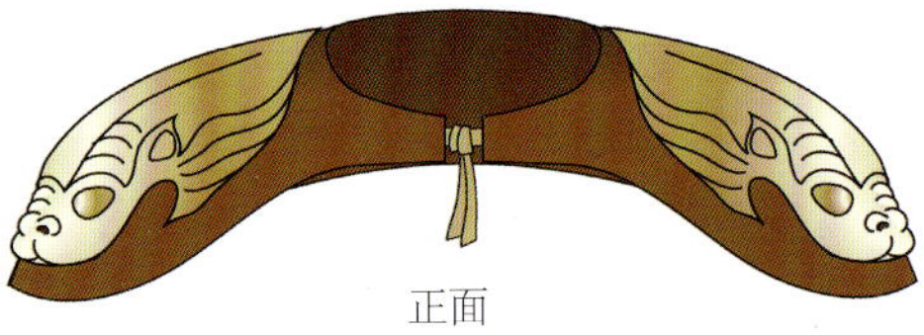
正面

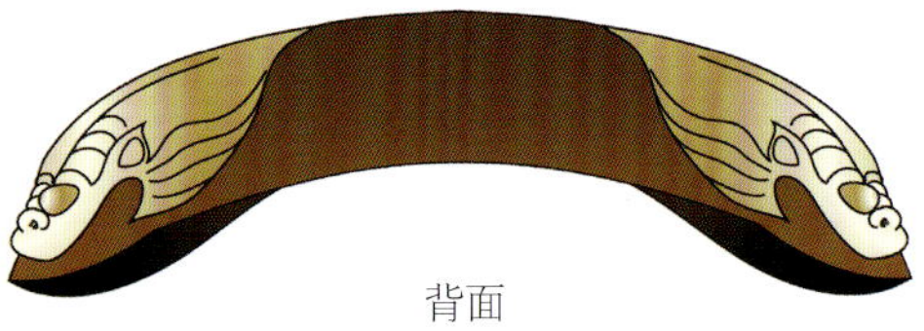
背面

③ 护肩

根据陕西省礼泉郑仁泰墓出土的贴金彩绘武士俑的护肩形制假想绘制的。从唐永徽时期以后，出现了以兽首型的护肩，披膊有些被护肩取代。该图正是这种兽首护肩，因为身甲的胸、背甲的保护，护肩在胸背部就不需要另外的金属防护层了，所以其主要以皮甲片与肩两端的金属兽首造型的护甲组成。

陕西省礼泉郑仁泰墓出土的贴金彩绘武士俑

⑥ 双带扣皮带

根据日本京都教王护国寺藏唐木造毗沙门天王像中的双带扣绘制。好久没有提到活舌带扣及皮带了，因为自从它问世以来都在使用它，但是图中所绘的是唐代时期专门为勒束铠甲而设计的双扣皮带，这种皮带由长短两条组成，其中短的一条两端有活舌的带扣，系束时短的在身前，长的在后身，长的一条两端在腹部两侧与短的一条系束。这种双口皮带与单扣在军中并存，直到宋代仍有使用。

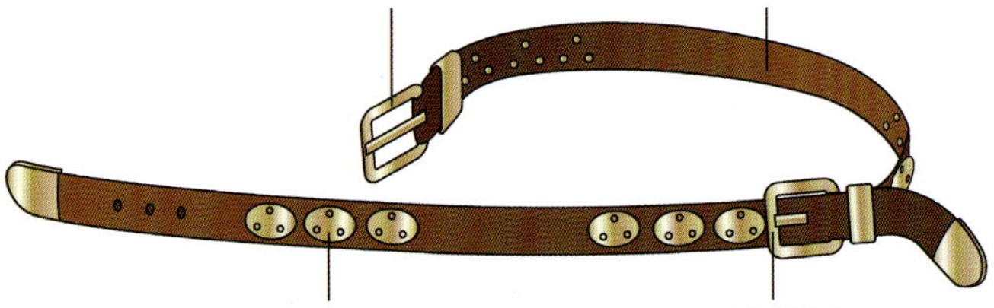

日本京都教王护国寺藏唐木造毗沙门天王像

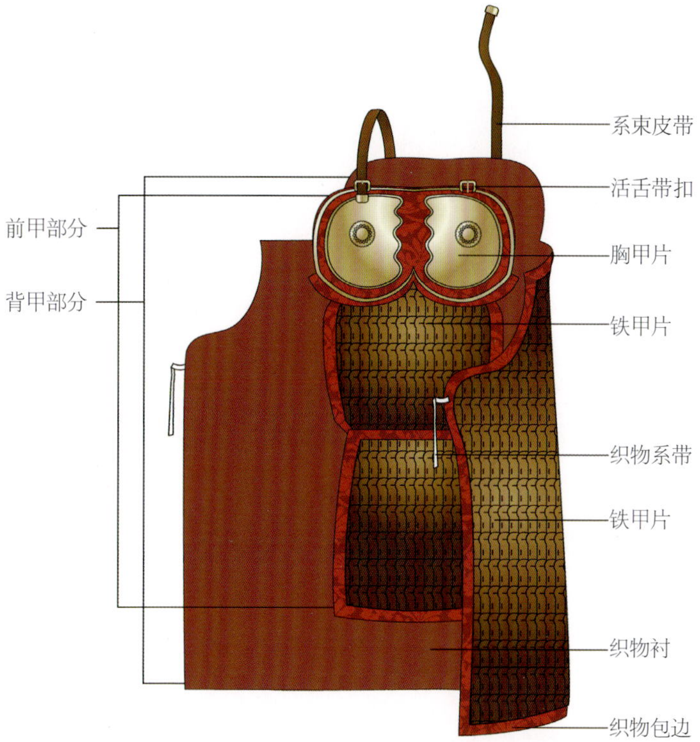

陕西省礼泉郑仁泰墓出土贴金彩绘武士俑

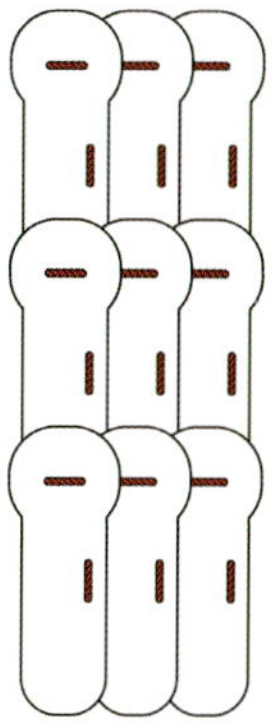

乌锤甲片

④ 明光甲

根据陕西省礼泉郑仁泰墓出土的贴金彩绘武士俑身甲形制假想绘制。虽然武士俑身着明光甲形制的绢甲，但由于受到了绢甲的启发，唐代后期金属质地的身甲开始变化为两件式或三件式，所以这里我们按照绢甲的形制假想唐代后期的明光甲。

该图中明光甲的一些结构与唐代三的绢甲有些相似，不过相比之下该甲整体都有更多的革新，甲裙与背甲形成一体，穿着时从两侧腋下围到前胸下方系束，背甲有两条皮带从肩部连接到前胸甲。该甲由乌锤甲片编缀，乌锤甲片就是一种长条形，上缘有个圆头的甲片。

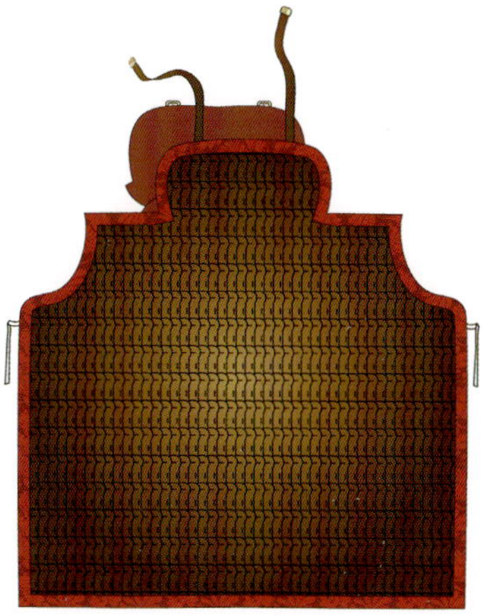

背甲背面展开

明光甲的穿着步骤

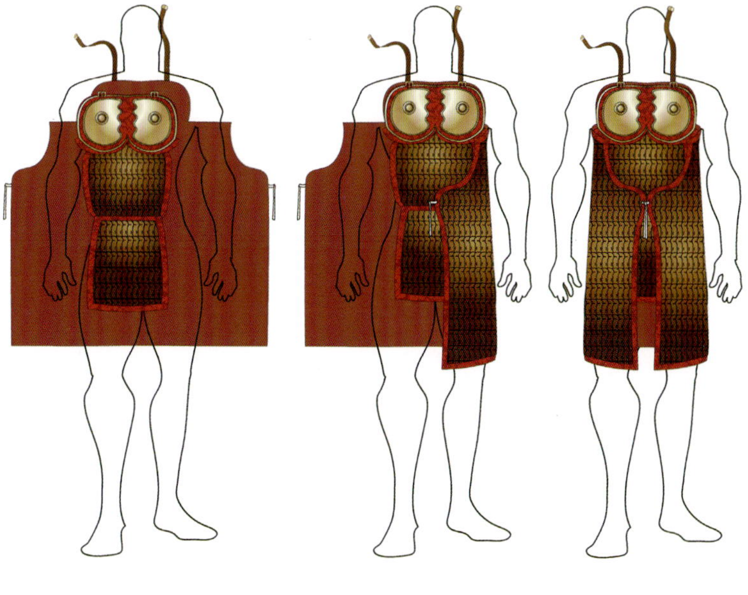

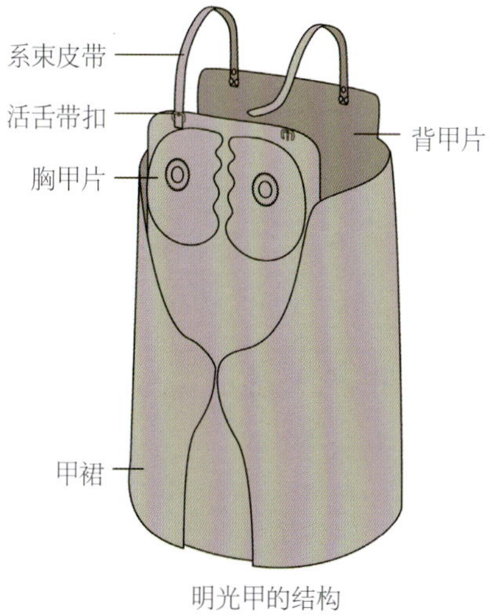

明光甲的结构

假想的甲胄穿着流程

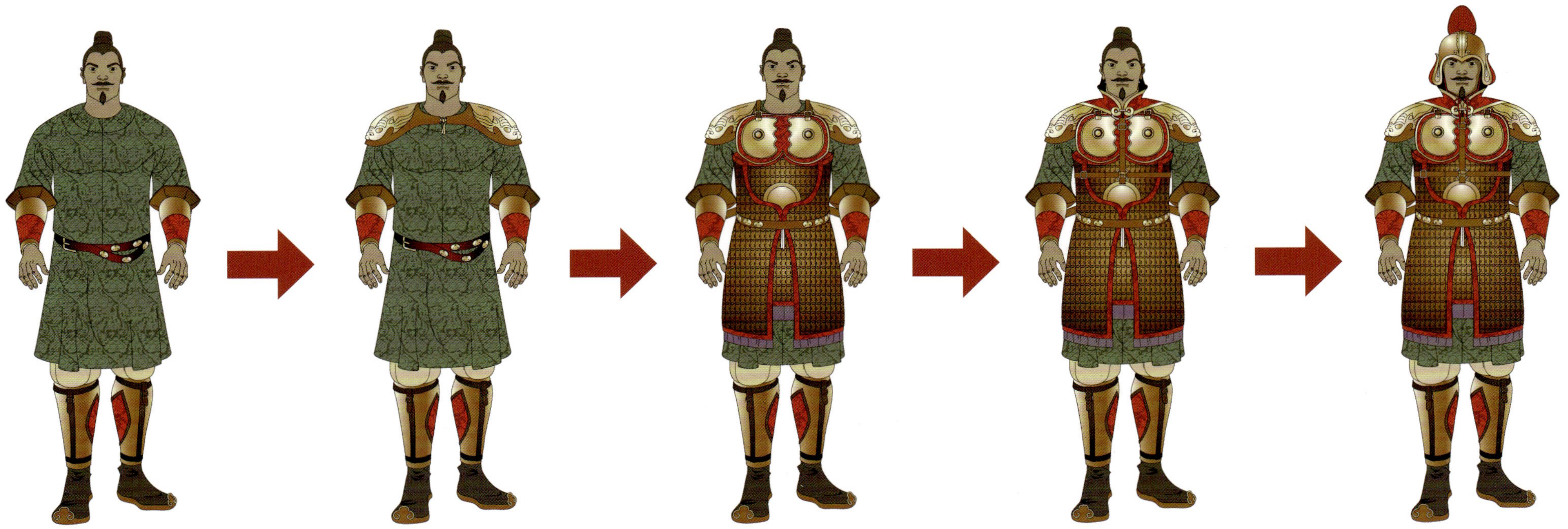

1 穿着甲胄前，先系束护臂再穿靴，然后在腿部穿着胫甲。

2 披挂披膊，在胸前系束。

3 穿着明光甲并在腰间系束皮带。

4 戴护项并系束束甲绊。

5 戴兜鍪。

唐代

五 晚唐凤翅兜鍪和山文甲

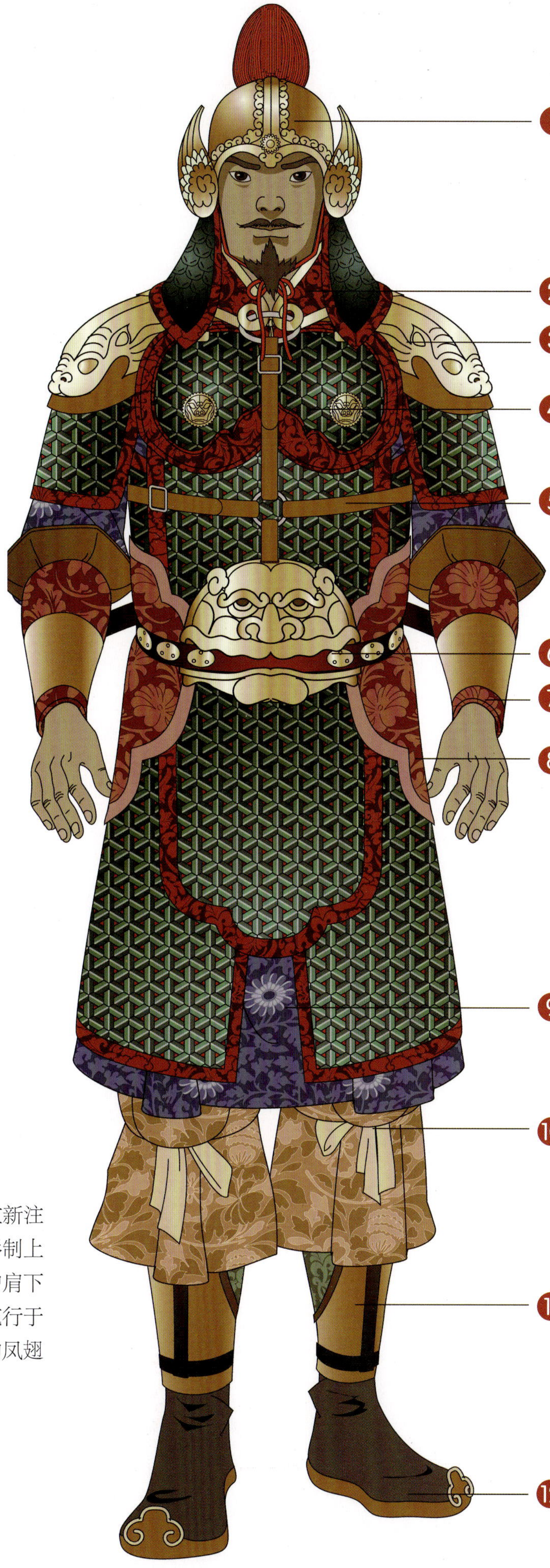

安史之乱以后，唐军开始重新注重甲胄的实用价值，在绢甲的形制上重新开始使用金属甲片编缀。护肩下也开始重新装配披膊。同时，流行于后世五代十国、宋代以至明代的凤翅兜开始登台亮相。

7 9 11 12
与唐代四相同。

10
与唐代一相同。

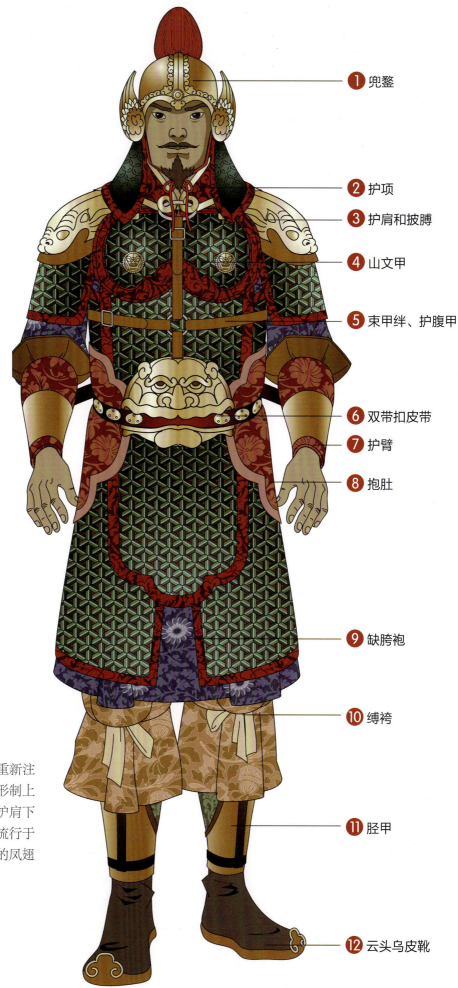

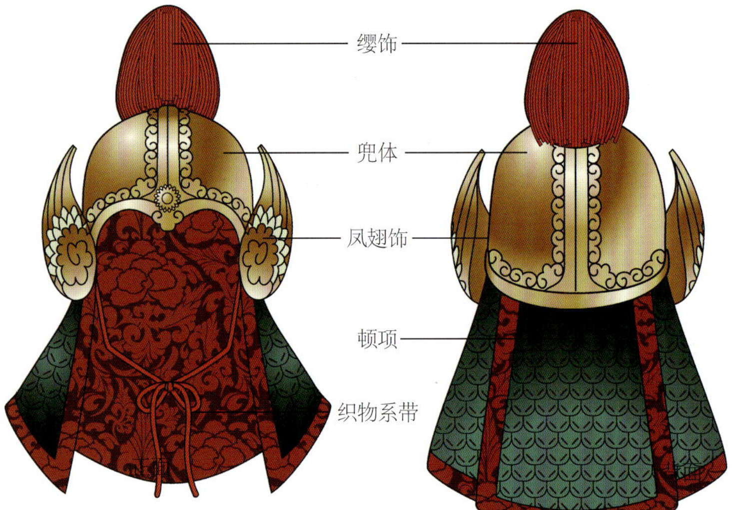

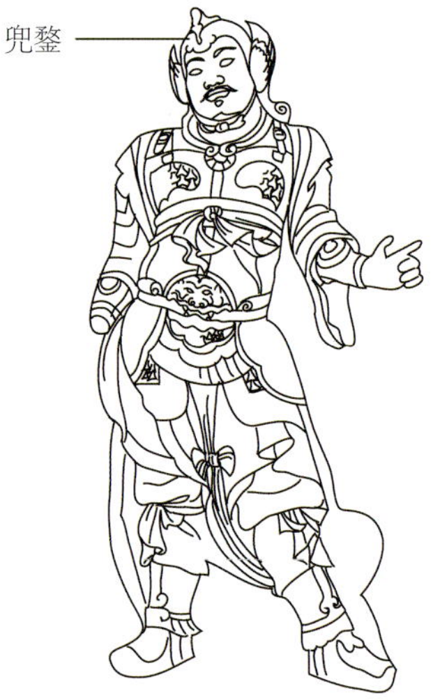

山西省五台山南禅寺大殿彩塑天王像

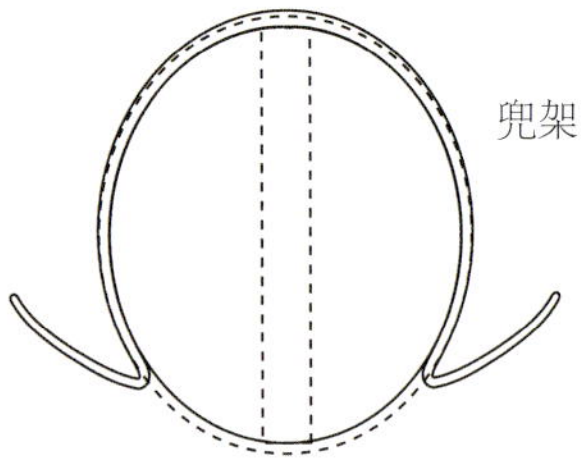

兜架的俯视图

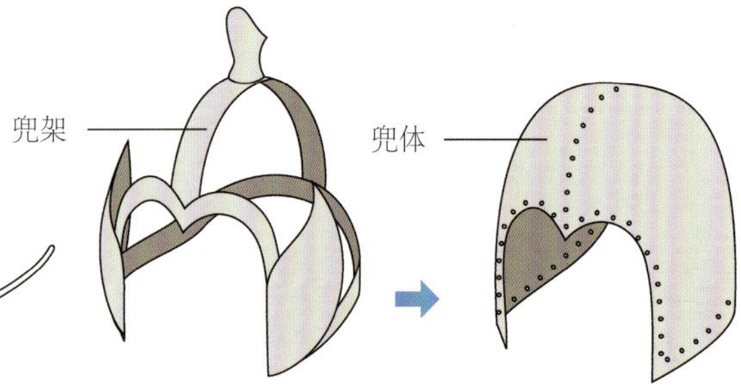

假设的兜鍪形制

①兜鍪

根据山西省五台山南禅寺大殿彩塑天王像绘制。南禅寺建于唐德宗李适建中三年，公元782年。晚唐时期兜鍪两耳出现了凤翅装饰，凤翅饰与兜鍪的脊架合为一体形成兜架。兜架有花纹装饰，兜体附在兜架以内。顿项分为三片，使用的是细鳞甲片，其编缀方法与魏晋一相同，只是甲片较之更小些。凤翅饰到后来依然流行于五代、宋以及西夏辽金等时期，成为中国古战盔的经典样式之一。

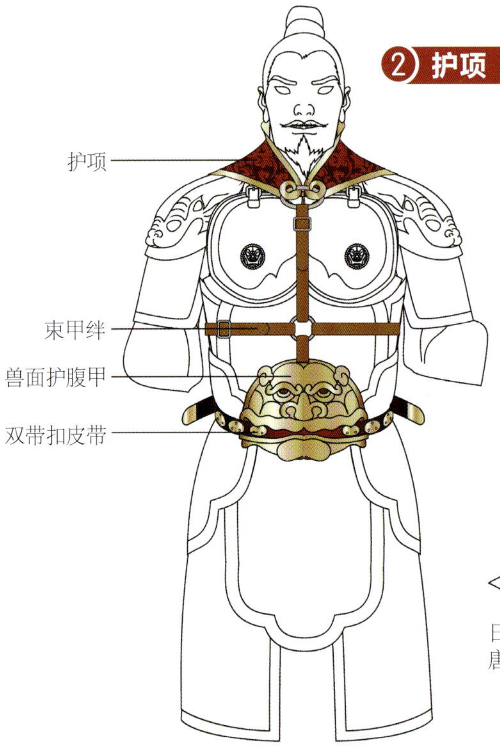

日本京都教王护国寺藏唐木造毗沙门天王像

②护项 ⑤束甲绊、护腹甲 ⑥双带扣皮带

图中的护项、束甲绊、双带扣皮带与唐代四相同，只是晚唐时期的胸腹部的圆护甲片演变成兽首虎吞等形象。穿着方式与唐代四中护项、束甲绊以及挂有护腹甲片的方式都相同，只是最外部的双带扣皮带是从兽面护腹片的口中穿过再系在身上的，这样会使得护腹片更加稳固。兽首虎吞样式的护腹甲片参考于现藏于日本京都教王护国寺藏唐木造毗沙门天王像的护腹甲片。

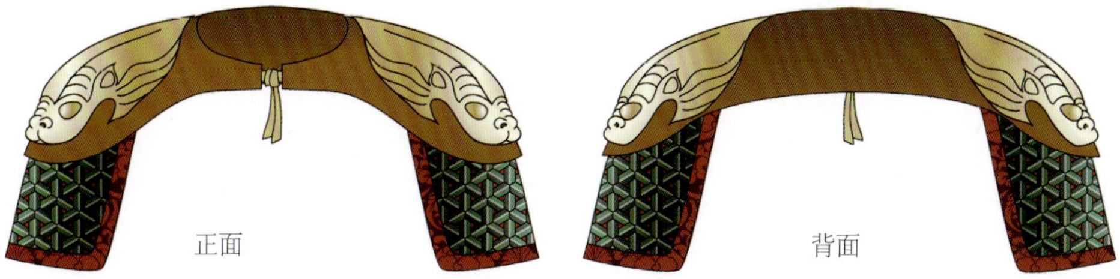

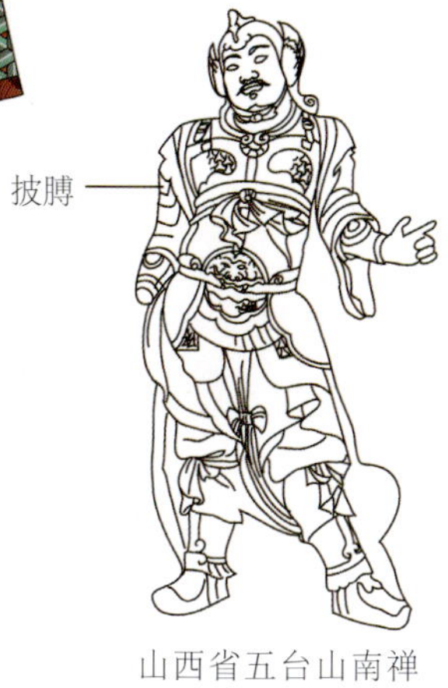

山西省五台山南禅寺大殿彩塑天王像

③ 护肩和披膊

根据山西省五台山南禅寺大殿彩塑天王像绘制，其形制与唐代四相同，只是披膊又重新出现，内附在护肩两侧，披膊较以前的朝代较短，披膊使用的是山文甲，用山文甲制作的披膊应该是固定编缀，不能上下活动，所以这可能是该披膊较短的原因，山文甲片的具体编缀方式参见身甲部分。

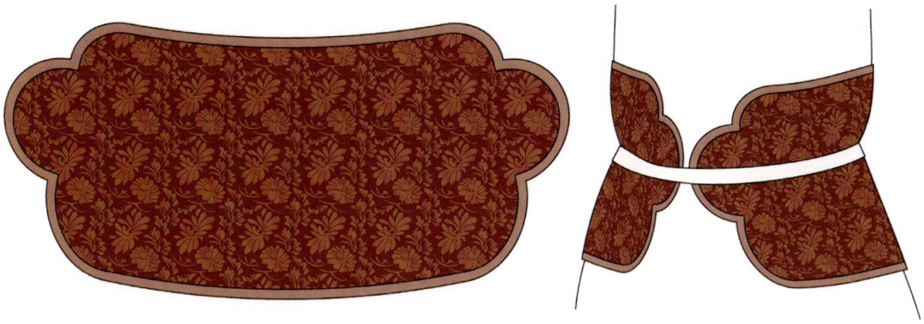

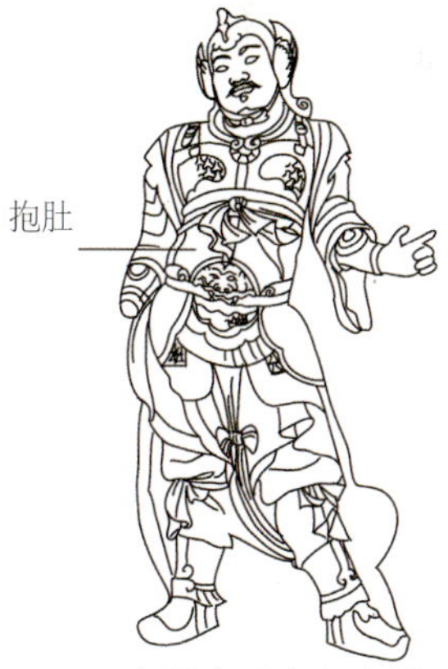

山西省五台山南禅寺大殿彩塑天王像

⑧ 抱肚

根据山西省五台山南禅寺大殿彩塑天王像绘制。晚唐时期开始出现一种后来称为“抱肚”的甲衣附件，抱肚多为织物制成，形状有很多种（如下图），其作用可能是防止手在身侧挥动时与甲片剐蹭。抱肚的出现一直延续到明代，都成为中国古代武士必备的装束。

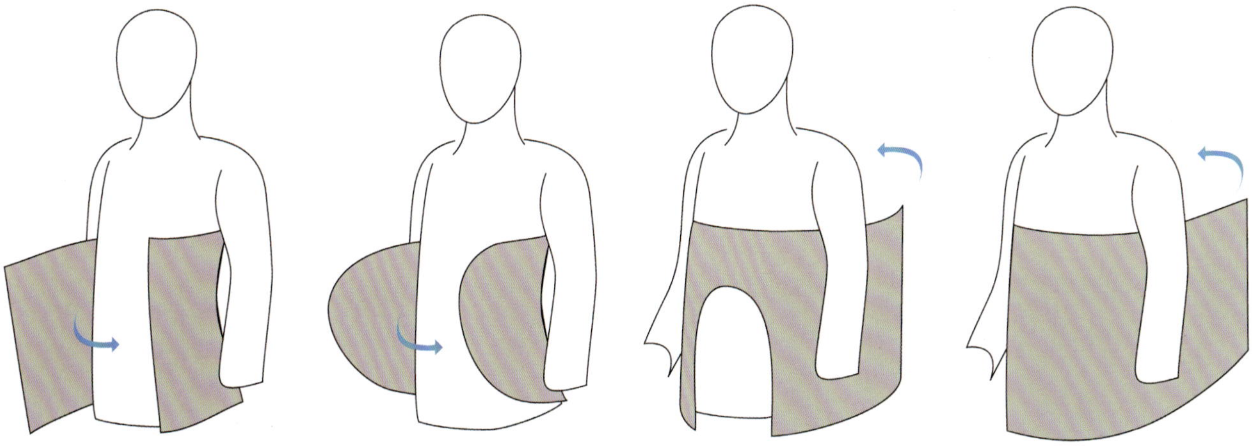

①方形，从后向前围裹

②圆角形，从后向前围裹

③缺口方形，从前向后围裹

④方形，从前向后围裹

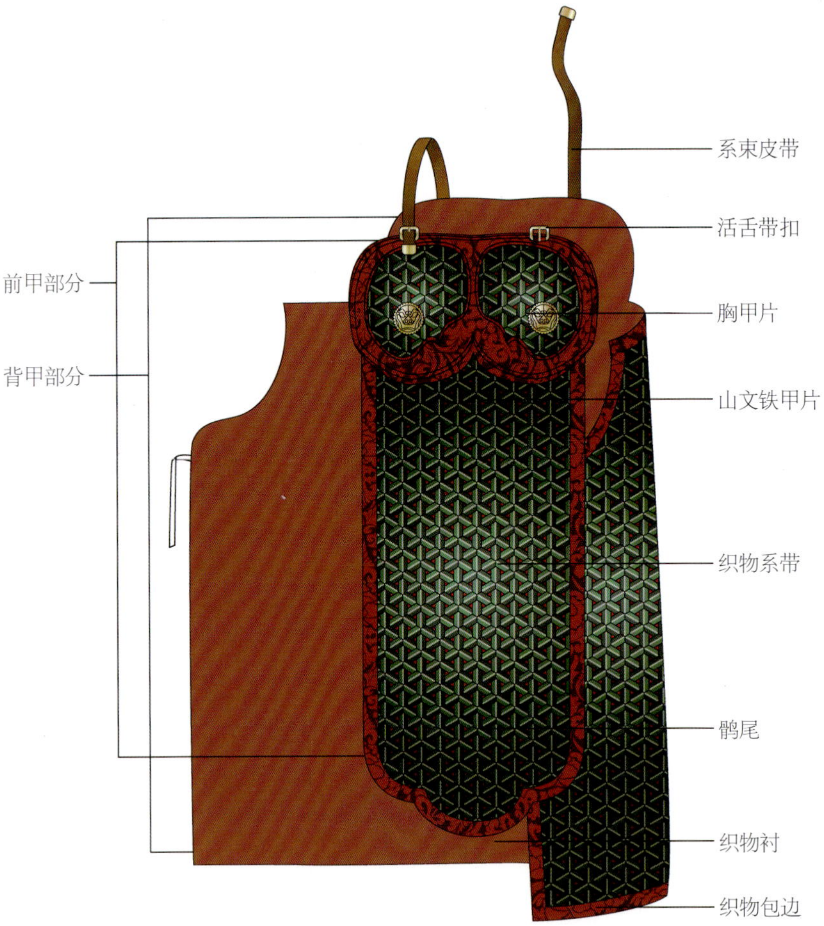

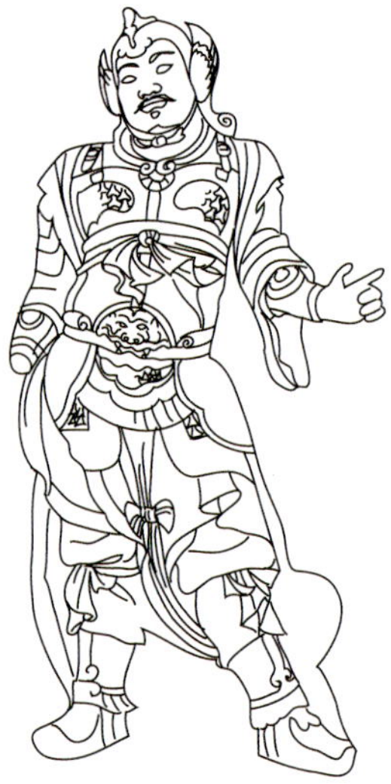
山西省五台山南禅寺
大殿彩塑天王像

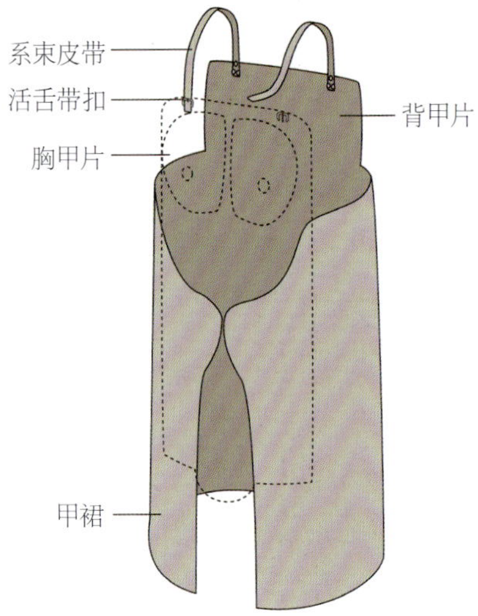

山文甲的结构

④ 山文甲

根据山西省五台山南禅寺大殿彩塑天王像绘制，其形制与唐代四相同，只是前甲不在后甲的包裹中，而是在后甲的包裹之外。晚唐时期大部分铠甲使用经过绢甲改良后的形制，胸前两块“明光板”已经被山文甲或细鳞等小甲片取代。该图中的甲衣使用的就是山文甲片，山文甲片早在南北朝时期就有实物出土，是一种结构较为复杂精细的甲片。至于它具体的编缀方法目前并没有确切的定论，但目前学术上有几种设想还是可以参考的，其中如《中国历代军戎服饰》中直接将甲片编缀在衬上的方式，还有一种设想是呈“山”字形的甲片，以相互穿插的方式编缀，另外一种设想就是呈“人”字形的甲片，也是相互穿插编缀而成。

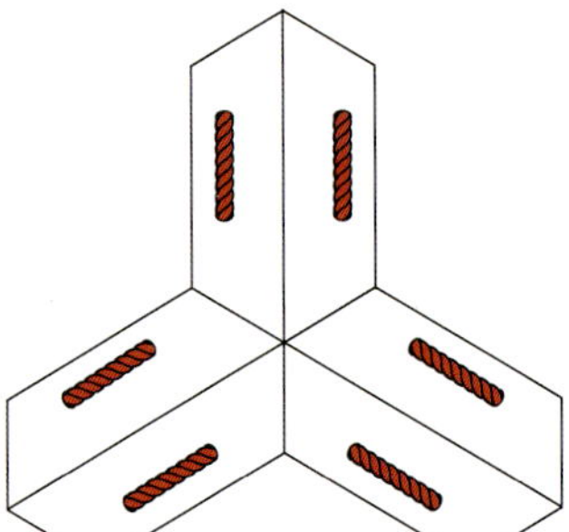
山文甲片直接编缀在衬上

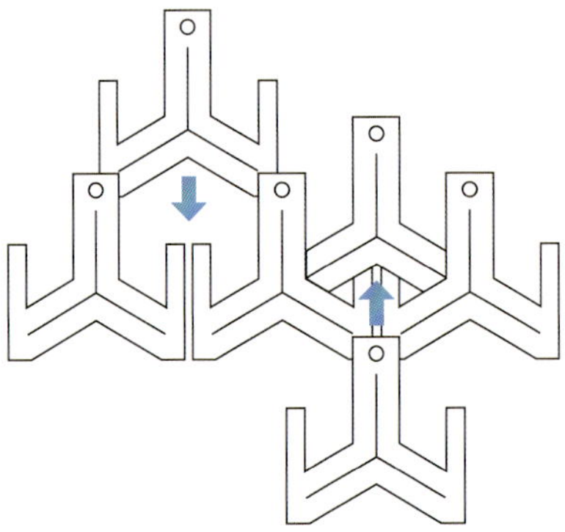
山文甲片编缀时的前后关系

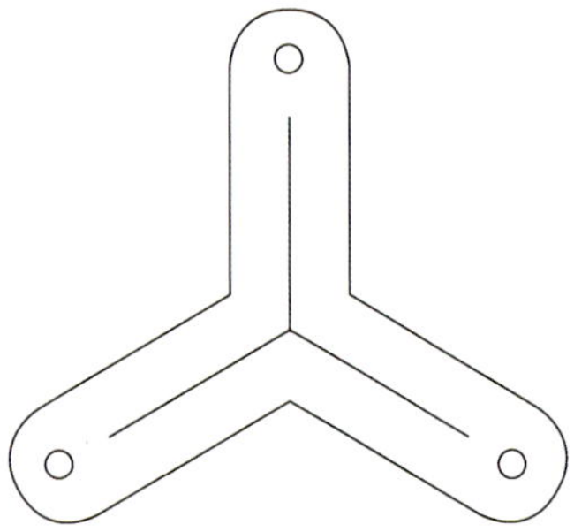
呈人字形的甲片

假想的甲胄穿着流程

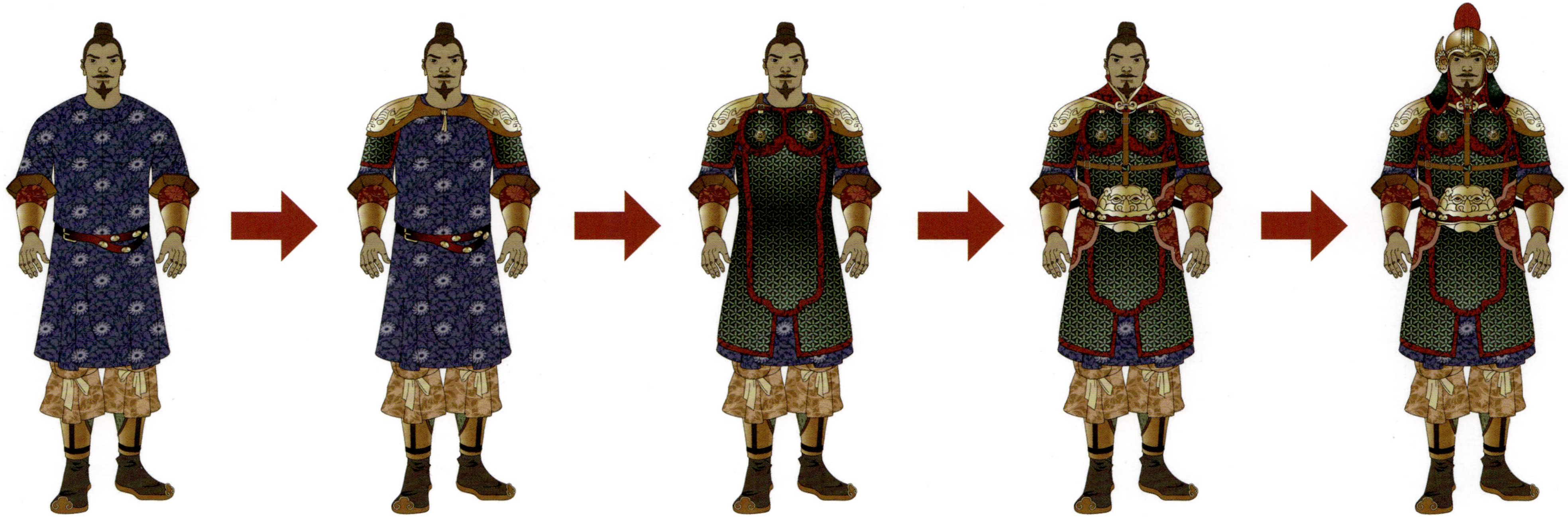

1. 穿着甲胄前，先系束护臂再穿靴，然后在腿部穿着胫甲。
2. 披挂披膊，在胸前系束。
3. 穿着明光甲并在腰间系束抱肚及皮带。
4. 穿着明光甲并在腰间系束抱肚及皮带。
5. 戴兜鍪。

唐代

六

兜鍪与步兵甲

之前唐代一至唐代五的甲胄大多是以唐代时期制作的宗教人物的塑像和绘画作品来作为设计依据的，古人在设计这些神像的时候难免有很多夸张和虚构的成分，但具体哪些细节是真实的，至今很难考证。

但这套甲胄则是根据唐代仅有的铁兜鍪实物和描绘历史场景的唐代雕塑和壁画来设计的。这其中主要有陕西省西安长乐公主墓壁画《武士出行图》中的甲胄武士形象和唐代敦煌壁画。

4 5 6 7 与唐代一相同。

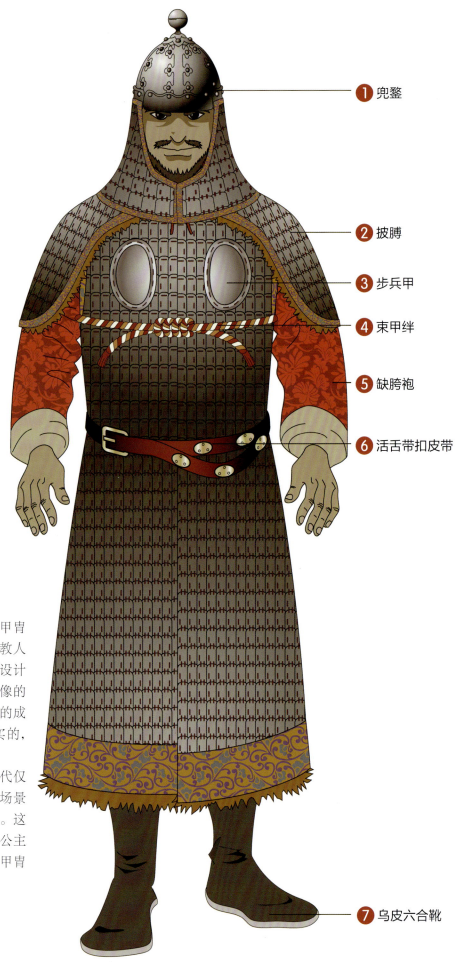

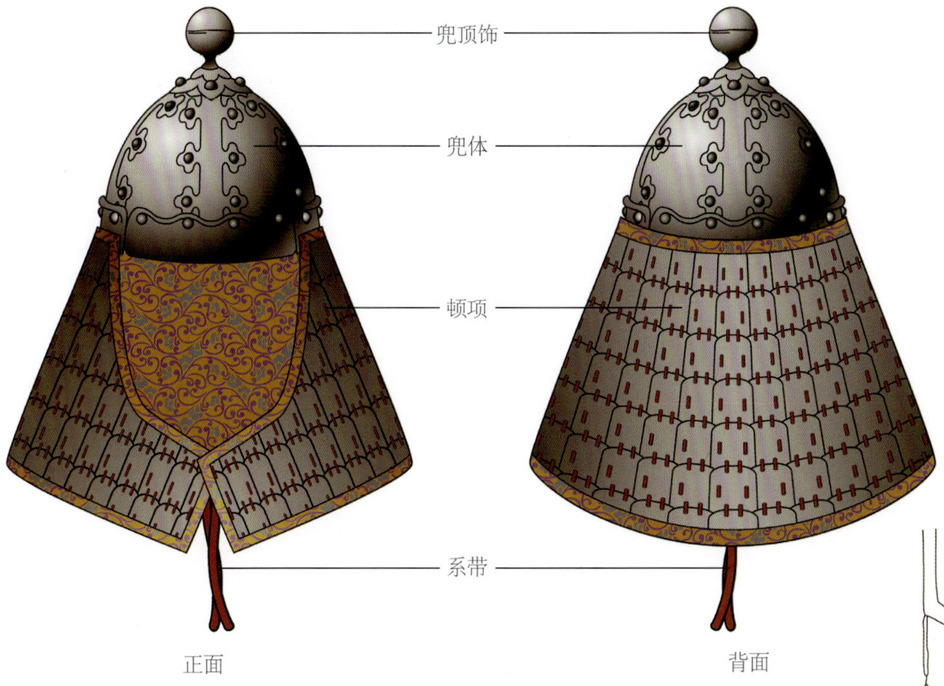

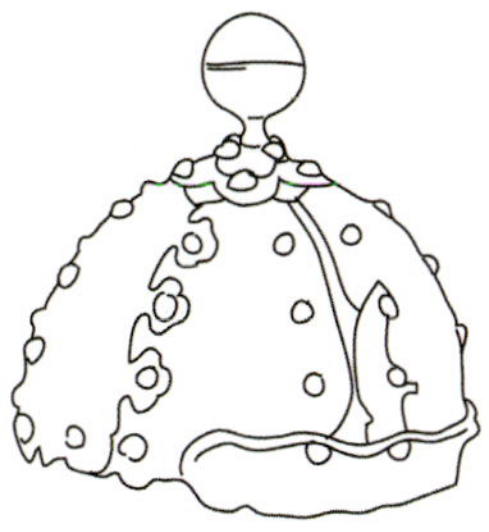

黑龙江省宁安县勃海国
遗址出土唐代铁兜实物

敦煌130窟唐代壁画中的武士

① 兜鍪

根据黑龙江省宁安县渤海国遗址出土唐代铁兜实物设计，该兜由12块铁片铆接在一起，兜顶饰有铁珠。该兜出土时残破不堪，兜下的顿项已经不知去向，图中的顿项形制是根据陕西省西安长乐公主墓壁画《武士出行图》中的甲胄武士形象和敦煌130窟唐代壁画中的武士所戴兜鍪下的顿项设计，该顿项将整个头部、颈部包裹起来，只露出面部，由于上述两处壁画是记录历史事件和场面的作品，所以很有可能是唐代真实兜鍪的样子。

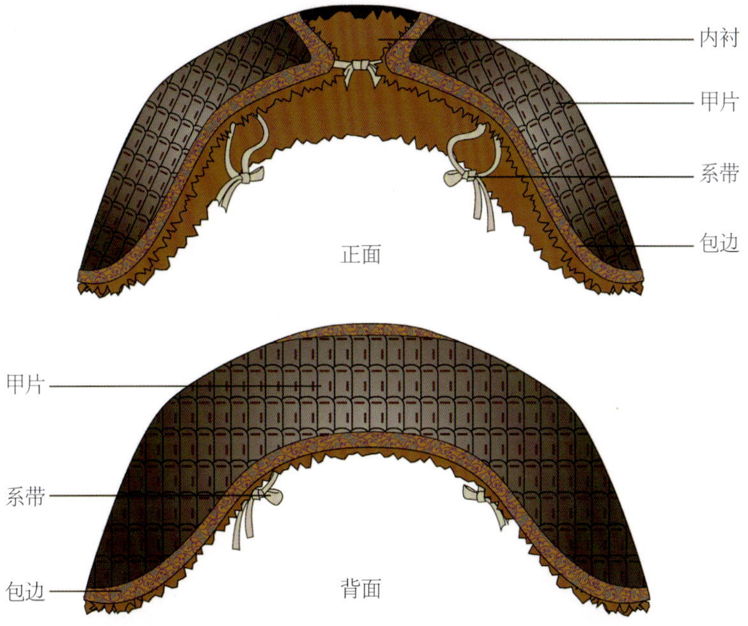

陕西省西安长乐公主墓壁画《武士出行图》中的甲胄武士形象

② 披膊

根据陕西省西安长乐公主墓壁画《武士出行图》中的甲胄武士形象绘制。从壁画中可以看出，画中武士的披膊与唐代一的设计是相同的。

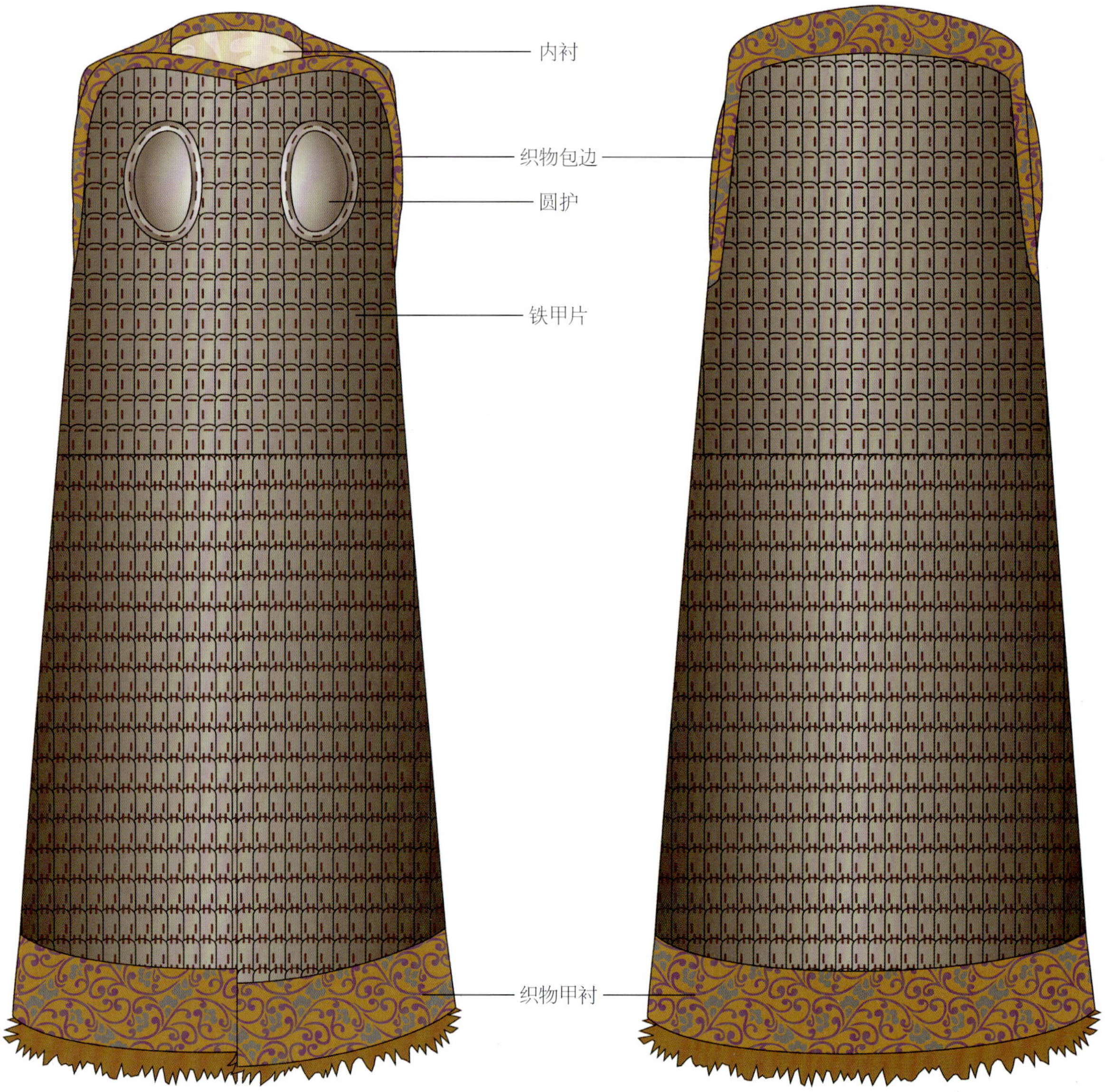

正面　　背面

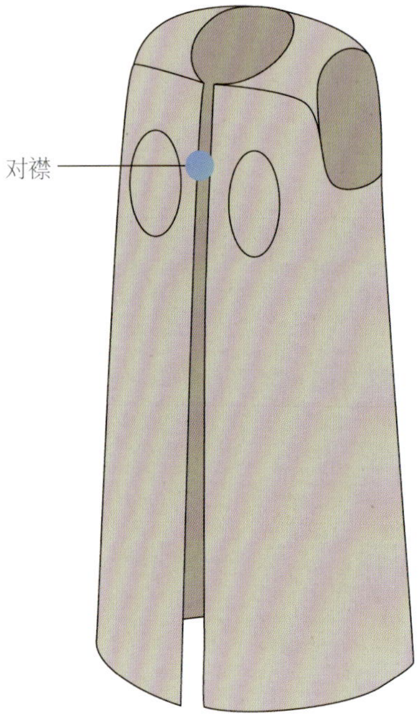

长乐宫壁画步兵甲的形制

陕西省西安长乐公主墓壁画《武士出行图》中的甲胄武士形象

③ 步兵甲

根据陕西省西安长乐公主墓壁画《武士出行图》中的甲胄武士形象设计，该甲与传统印象里的唐代铠甲有很大差别。从壁画可以看出来，最大的差别是该甲是前开襟，左襟压在右襟上，壁画中左右襟没有包边。该甲前后左右连接在一起，形成一件完整的甲衣，这一点更像是明代的罩甲，且与西藏的传世铁甲实物也十分相似，只有胸前明光甲才缀有的两片圆护与唐甲有所联系。也许这就是唐甲的真实样式。

假想的甲胄穿着流程

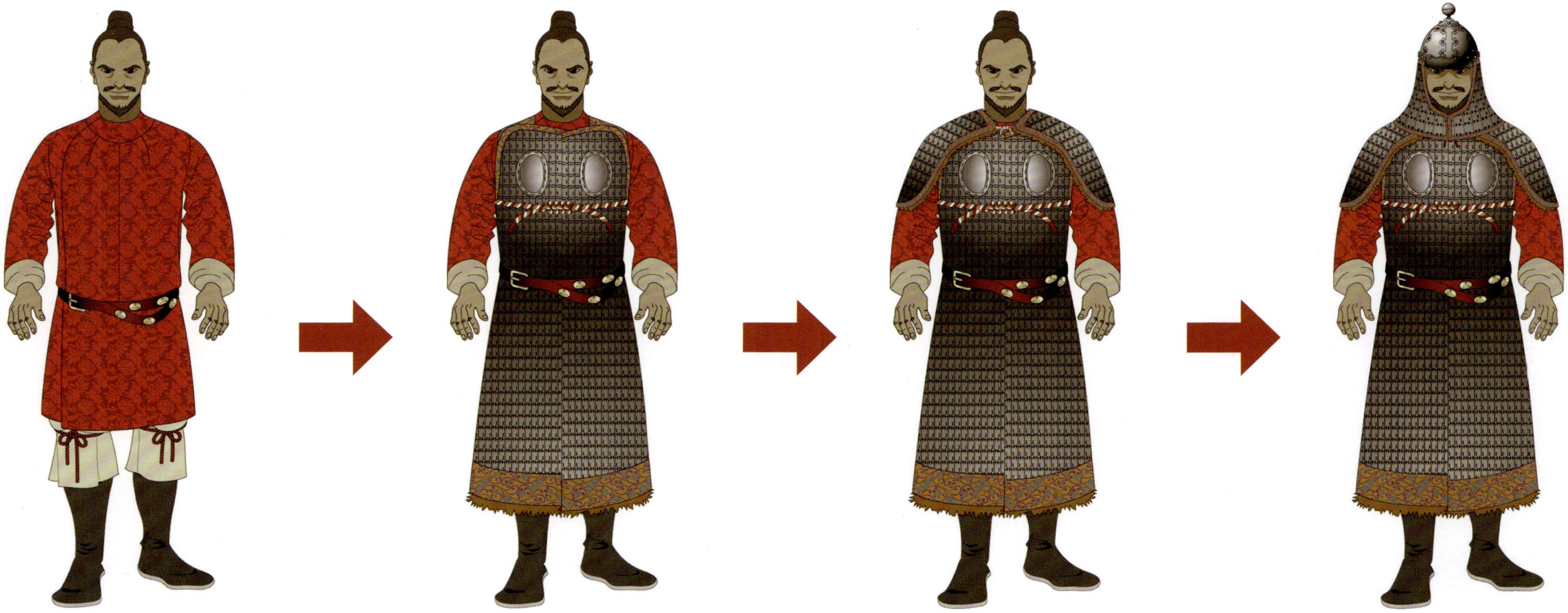

1 穿着甲胄前，先穿靴，然后在膝盖下系束缚袴。

2 穿着明光甲，系束束甲绊并在腰间系束皮带。

3 披挂披膊，在胸前系束。

4 戴兜鍪。

五代十国

五代十国：公元907年至公元960年。

唐末，朱全忠（朱温）借黄巢起义之机篡唐自立，改国号为梁，让光辉灿烂近三百年的大唐帝国寿终正寝。朱梁以后，继起的朝代分别是后唐、后晋、后汉、后周，与梁合称为五代。除五代外，当时中国南方境内还有许多其他的割据势力，即吴、楚、闽、吴越、前蜀、后蜀、南汉、南唐、荆南、北汉等十个王朝，统称为十国。史称五代十国，但实际分立各地的国却不止十个。至此中国再一次进入大分裂时期。

五代各王朝的开国之君大都是前朝的封疆大吏，是靠军事割据发展起来的，故这一时期的历史特点是战争频繁，政权屡有更迭。甲胄方面继续沿袭晚唐时期甲衣制式的改革，明光甲退出了历史舞台，以绢甲形制改革而成的两件套装开始形成新的形制。

五代十国 一 兜鍪和山文甲

唐代的护项和明光甲在五代时期已经不再使用，束甲绊也只保留了横向的系束方法，身甲在唐代四、五的基础上形成了更为实用的两件套装式。该兜鍪是一种新的形制，抱肚也有了新的变化。

4

隋唐时期的横竖束甲绊五代时期已经不再使用，取代的是只有一条丝帛带的横束甲绊。

5

根据四川省成都永陵（王建墓）十二武士石像之一绘制。五代同唐代一样服缺胯袍，图中属于宽袖缺胯袍，为了方便武士行动，将宽大的袖口向上缚束于上臂。

6 9

与五代一形制相同。

8

抱肚包裹的范围更大一些，上缘已经到了胸下的位置，除了增加束甲的固定作用之外，可能对保暖也起到了很好的作用。自唐代以来，军中的身份已经演变成以服装的纹理来作为徽识，所以抱肚上的图案也可能有五代时期识别官衔的作用，这种新的形制在宋、元、明时期也很常见。

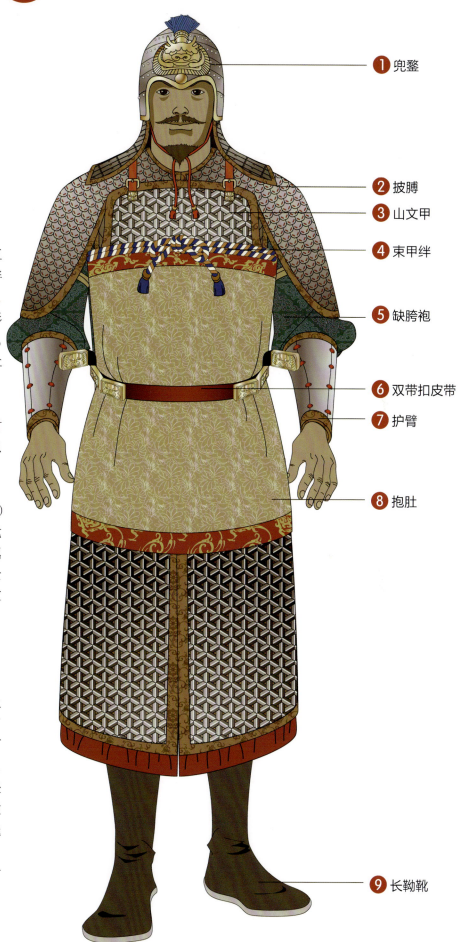

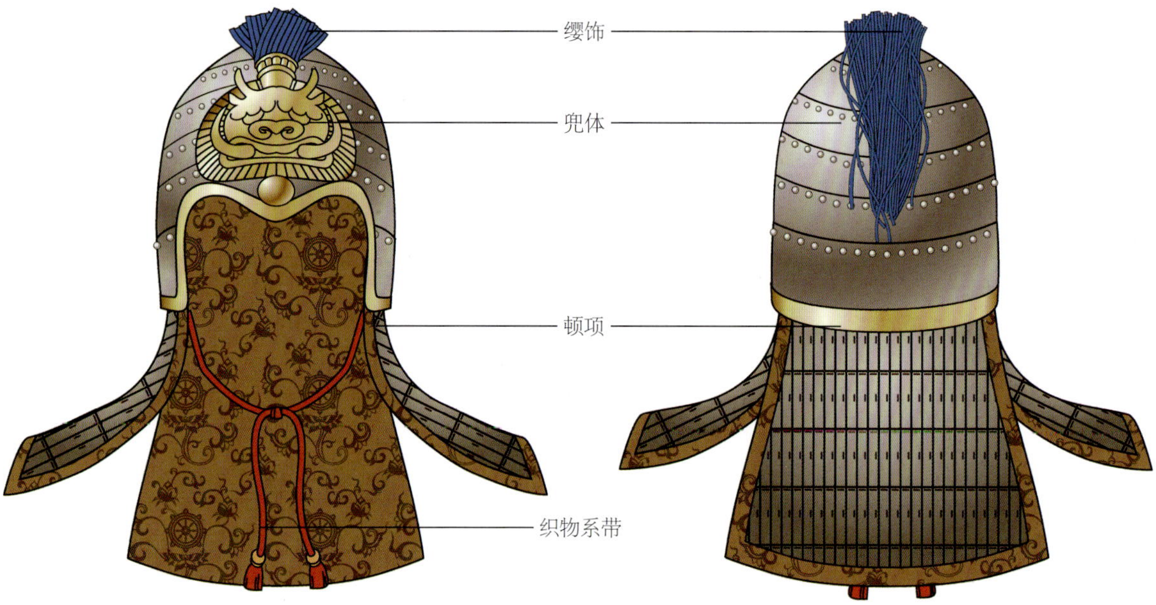

正面　　背面

四川省成都永陵（王建墓）十二武士石像之一

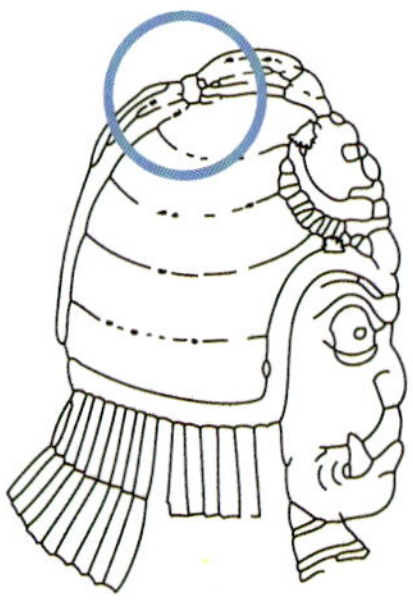

在兜顶处固定缨饰，以防止缨饰散乱

1 兜鍪

根据四川省成都永陵（王建墓）十二武士石像之一绘制。该兜鍪的兜体由5排环状甲片编缀。下缘披垂左右及后三块顿项，左右两片较窄，后一片较宽，披垂的顿项都由细长的甲片编缀，兜鍪额头部位有兽面型饰物，饰物顶部安插缨饰，缨饰一直延伸到兜的后面，为了防止缨饰散乱在顶部固定。

7 护臂

根据福建省闽王王审知夫妇墓出土武士俑假想绘制。该武士俑所戴护膊由数片铁制或者皮制的长条型甲片活动编缀而成，上下织物包边，留有一处开口，可以展开，穿带在手臂之后合拢以后在手臂缠绕之后系束。

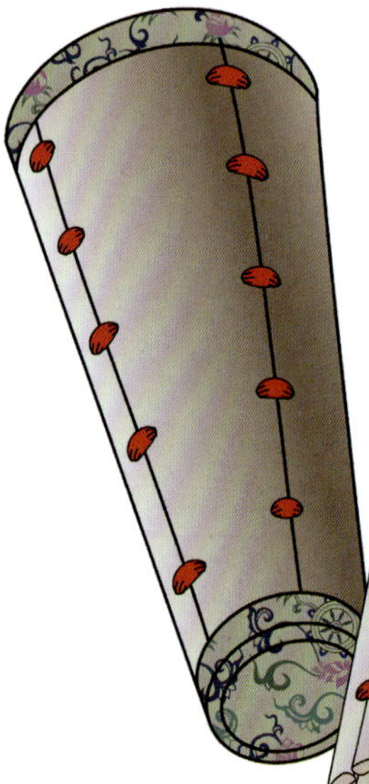

护臂包边后

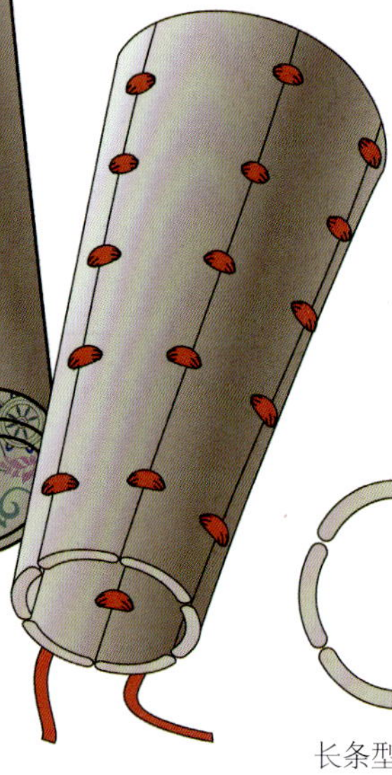

护臂未包边时

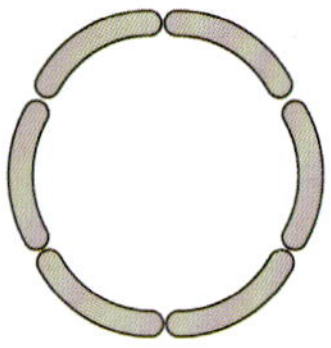

长条型甲片的切面

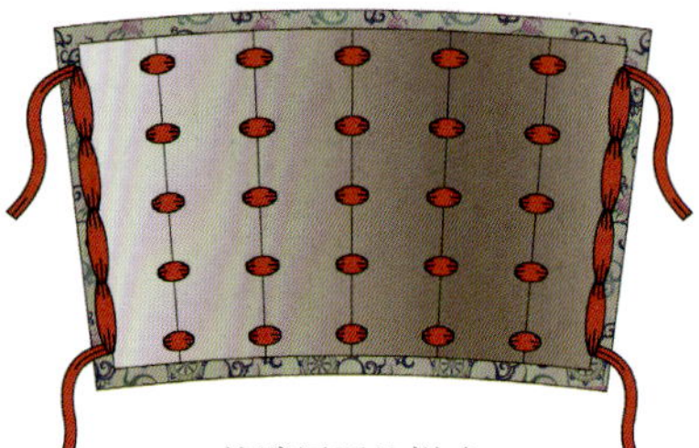

护臂展开的样式

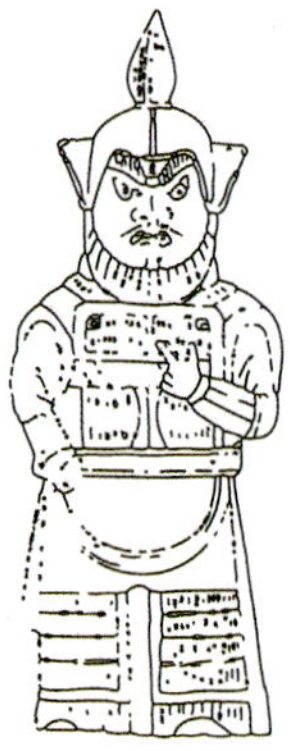

福建省闽王王审知夫妇墓出土武士俑

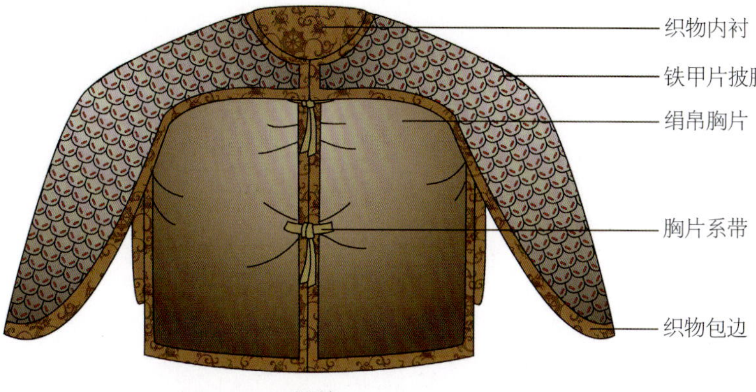

正面

江苏省南京市江宁区牛首山
南唐李昪墓守陵石雕武士像

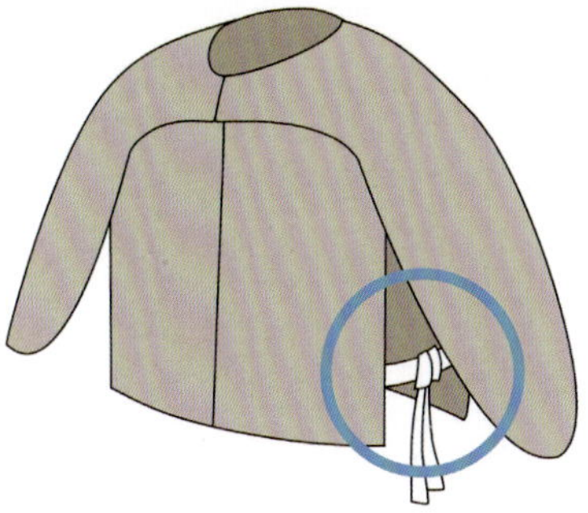

披膊腋下系束的假想

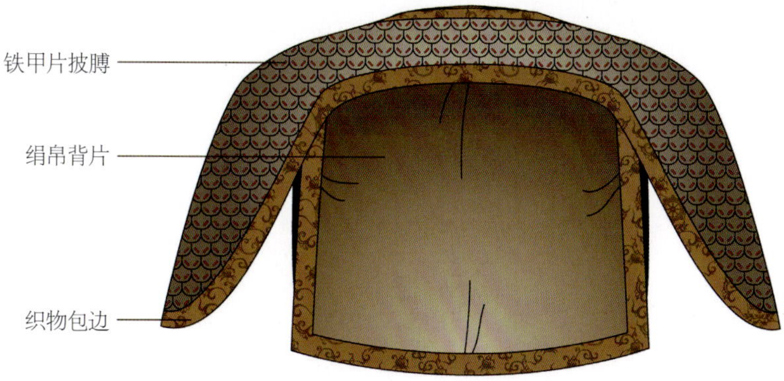

背面

② 披膊

根据江苏省南京市江宁区牛首山南唐李昪（biàn）墓守陵石雕武士像假想绘制。披膊的边缘呈圆角，其前胸和后背也有护甲，前胸分左右两片，在胸前系束，前胸与后背部分除了在肩部相连，应该在腋下也有一道系束加以固定。

该披膊将唐代的护肩和披膊合为一体，并且增加了胸背的护甲片，这样与身甲上的胸背部分形成双层防护的作用。有时披膊的前胸片采用铁甲片编缀，那么身甲上的前胸部分就用绢帛或皮革制成，如果身甲的胸背部分采用铁甲片编缀，披膊的胸背片就采用绢帛或皮革制成，有时身甲的胸背部分和披膊的胸背片都会采用铁甲片编缀，形成更加坚厚的双层防护。该图中的披膊就属于第二种类型。

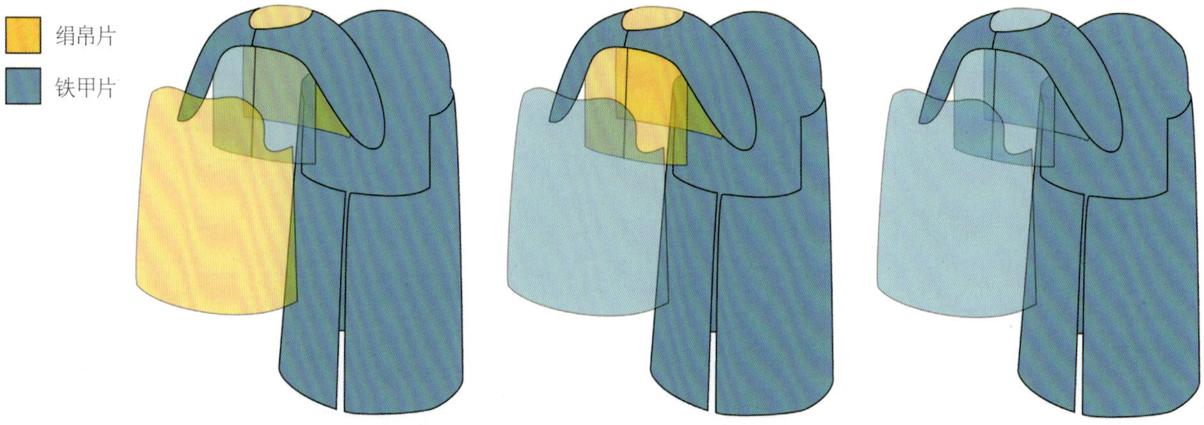

披膊的前胸片采用铁甲片编缀，那么身甲上的前胸部分就用绢帛或皮革制成

身甲的胸背部分采用铁甲片编缀，披膊的胸背片就采用绢帛或皮革制成

身甲的胸背部分和披膊的胸背片都会采用铁甲片编缀，形成更加坚厚的双层防护

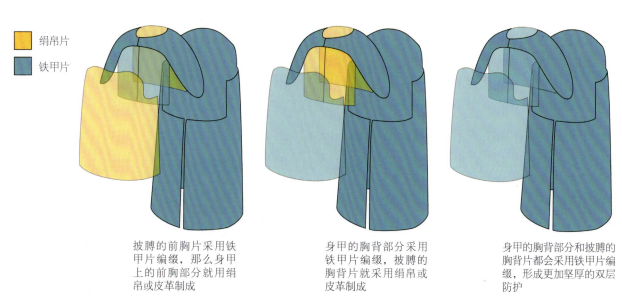

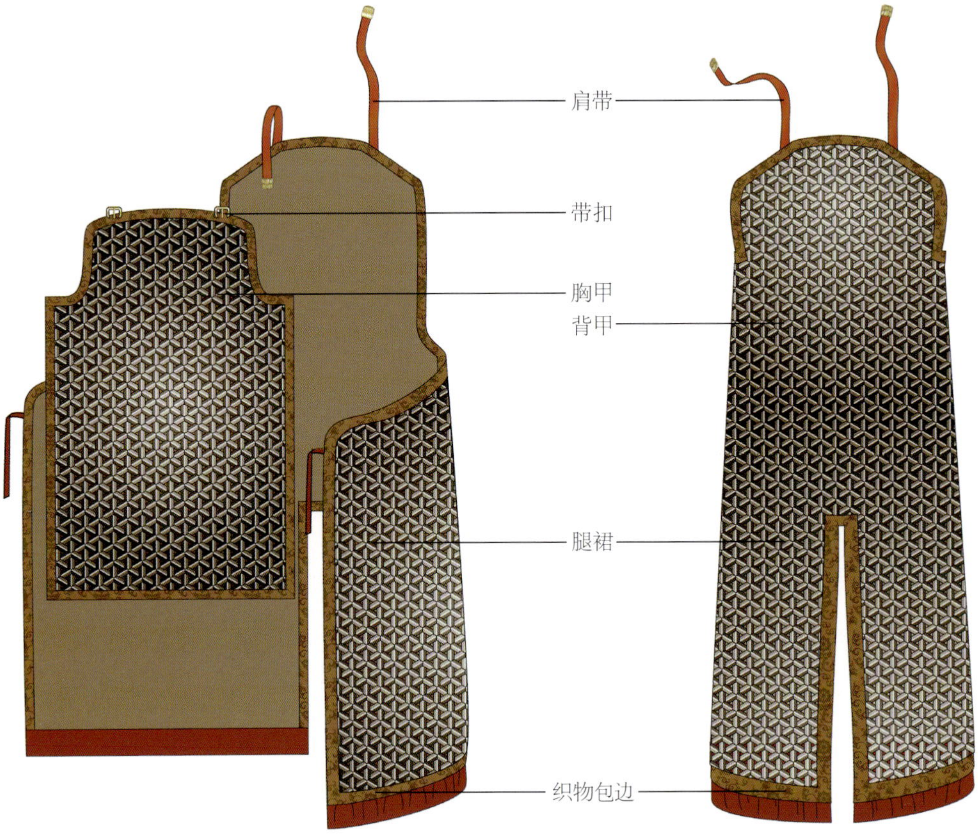

正面　　背面

四川省成都永陵（王建墓）宝盝盖银武士饰

③ 山文甲

根据四川省成都永陵（王建墓）十二武士石像之一的山文甲设计。从石像可以清楚地看出武士的背甲为山文甲，并且可以看出武士的前甲片叠压在背甲片之外，但由于石像是半身像，所以很难看出全身铠甲的形制。全身的铠甲可以在成都永陵（王建墓）宝盝盖银武士饰身上看出形制，从宝盝盖银武士饰可以看出其形制与唐代四、五基本相同，只是胸甲片很短，前后分为两片，穿时先着背甲部分，将下缘腿裙在身前腹下系束，再穿着胸甲，在肩头用皮带与背甲系束。

此甲的穿着步骤

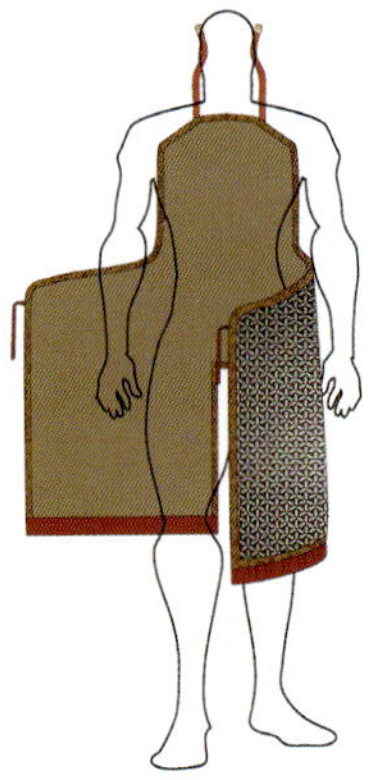
先着背甲，将下缘腿裙在身前系束

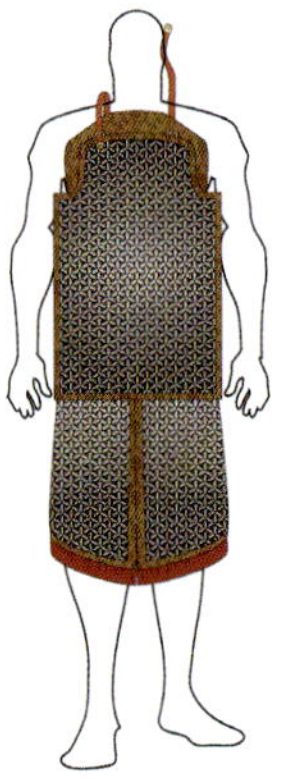
再穿着胸甲，在肩头用皮带与背甲系束

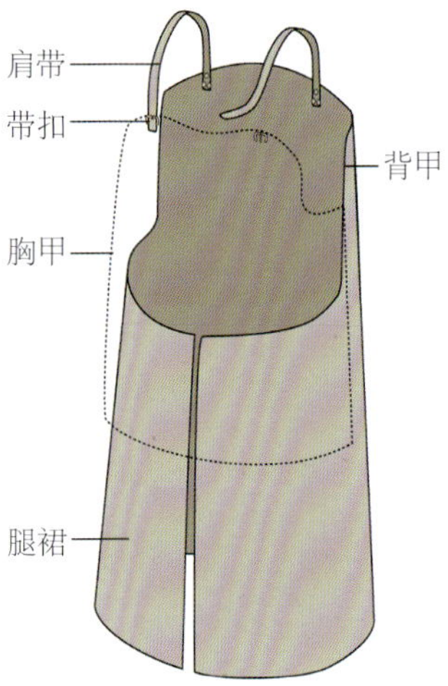

前后两甲的组合结构

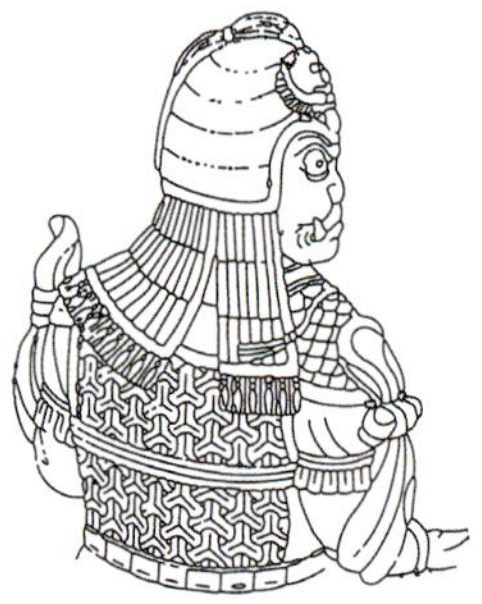
四川省成都永陵（王建墓）十二武士石像之一

假想的甲胄穿着流程

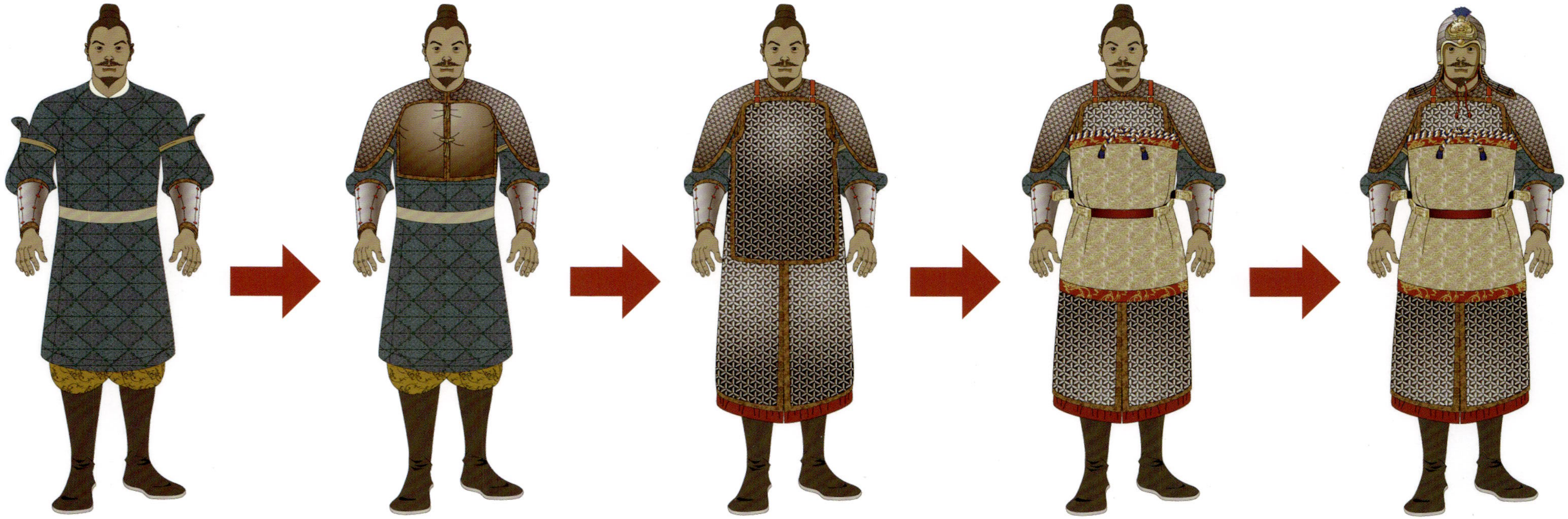

1. 穿着甲胄前，先系束护臂再穿靴。
2. 穿着披膊在胸前系束。
3. 穿着山文甲。
4. 在腰间系束抱肚并系束束甲绊及皮带。
5. 戴兜鍪。

五代十国

二 翻耳兜鍪和细鳞甲

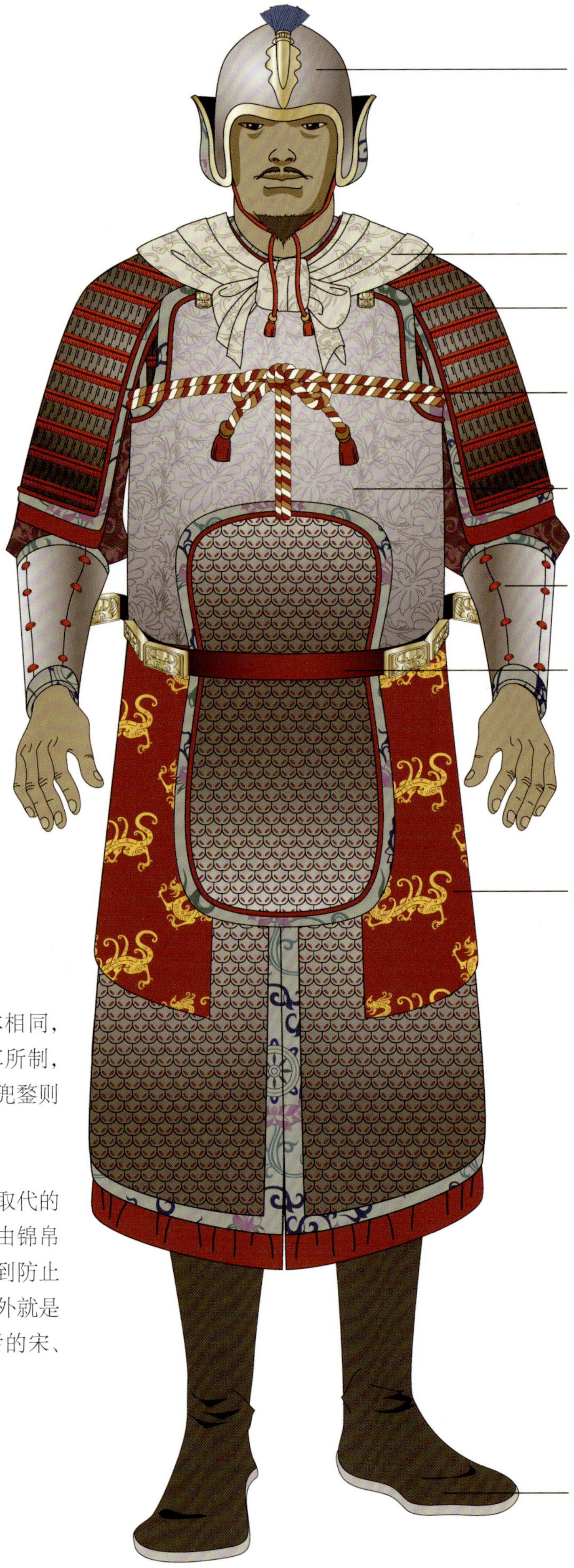

该图身甲与五代一大体相同，但胸甲部分是由绢帛或皮革所制，且腹部增加了护腹甲片，其兜鍪则继续沿袭唐代的翻耳状形制。

2

五代时期护项逐渐被取消，取代的是系在颈间的肩巾，肩巾多由锦帛制成，除防尘保暖外，还起到防止颈项与背甲摩擦的作用，另外就是起到装饰作用，肩巾在以后的宋、元、明时代更为流行。

6 7 9

与五代一形制相同。

8

与唐代五形制相同。

四川省成都永陵（王建墓）
十二武士石像之一

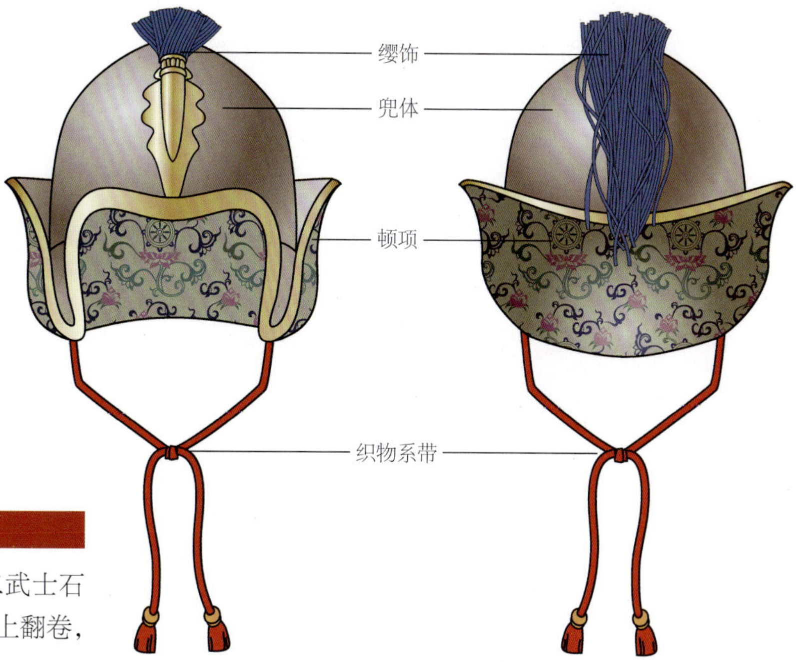

正面　　背面

① 兜鍪

根据四川省成都永陵（王建墓）十二武士石像之一绘制。该兜鍪左右及后部的顿项向上翻卷，依旧沿袭了唐代的兜鍪风格。

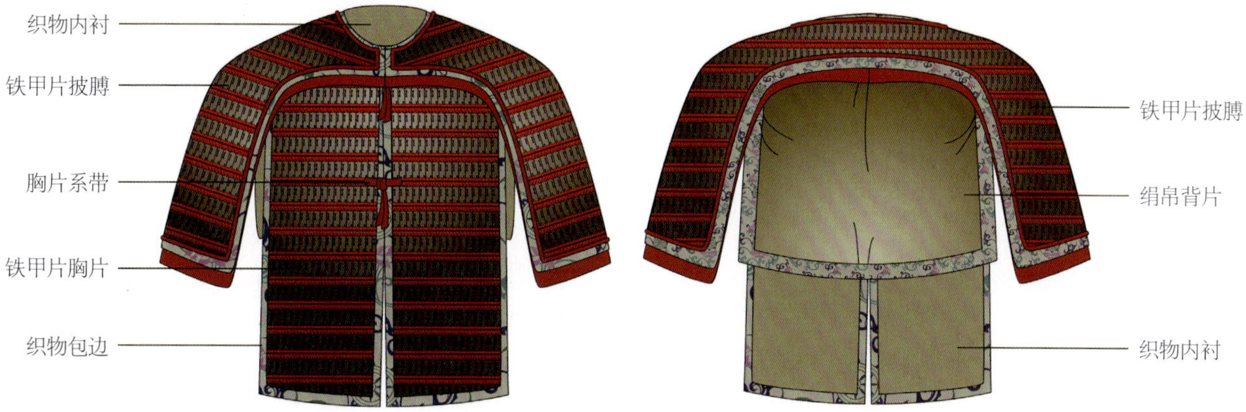

正面　　背面

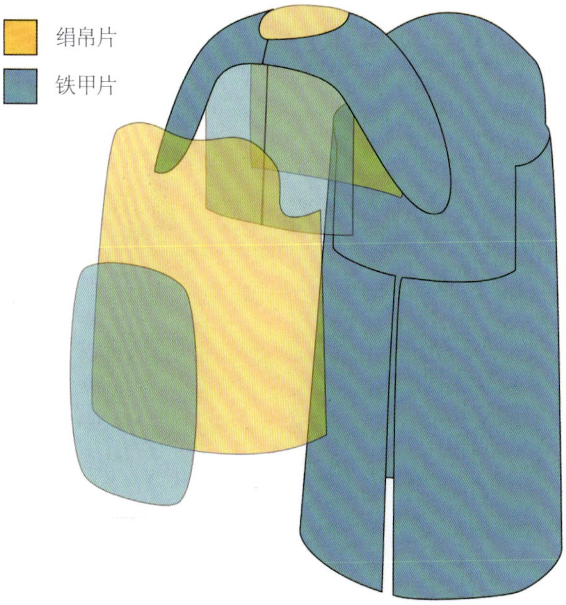

③ 披膊

该披膊与五代一相同，属于五代一中介绍的披膊的胸背采用铁甲片编缀，那么身甲上的胸背部分就用绢帛或皮革制成。但由于本套身甲的后背部分是由铁甲片编缀，而身甲的前胸是绢帛制成。所以该披膊的胸片是铁甲编缀，后背片则为绢帛制成，这样正好与身甲的相同部位相对应。

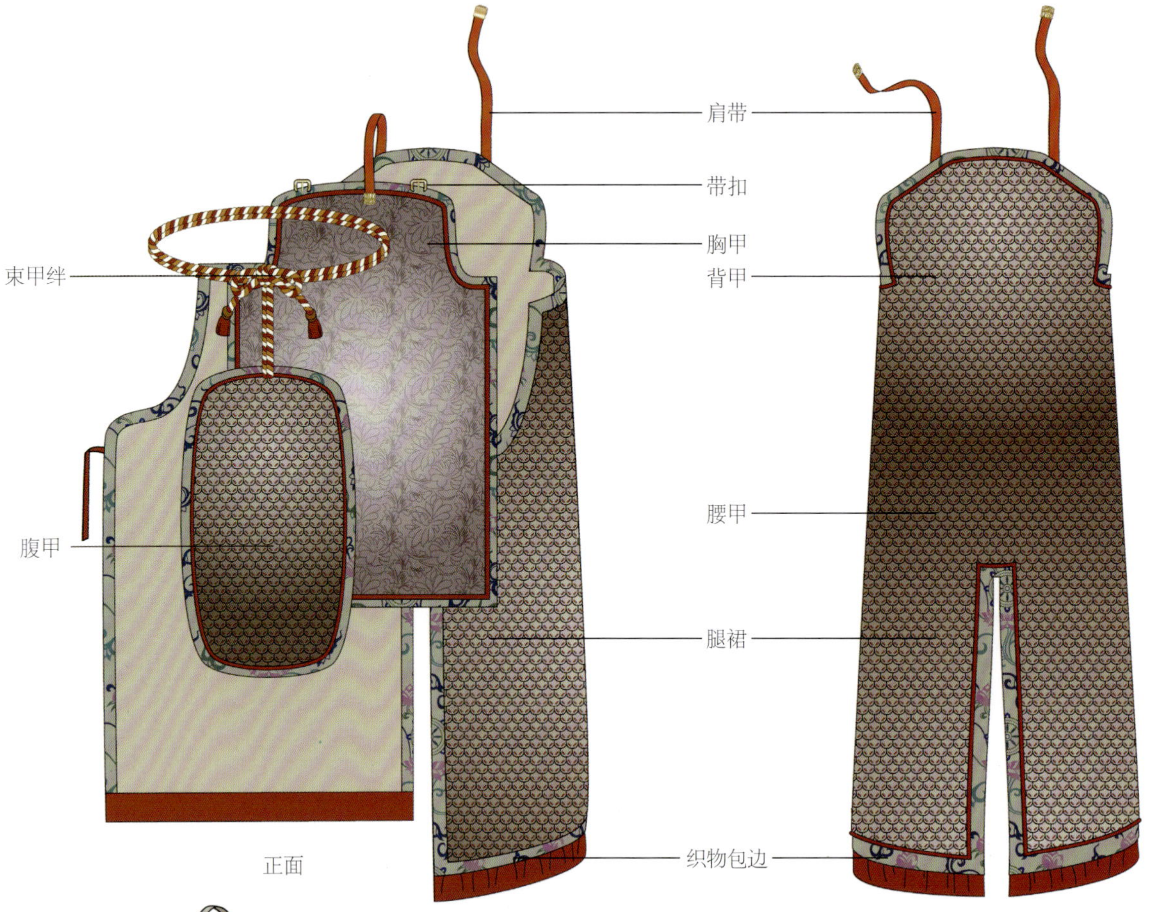

正面　　背面

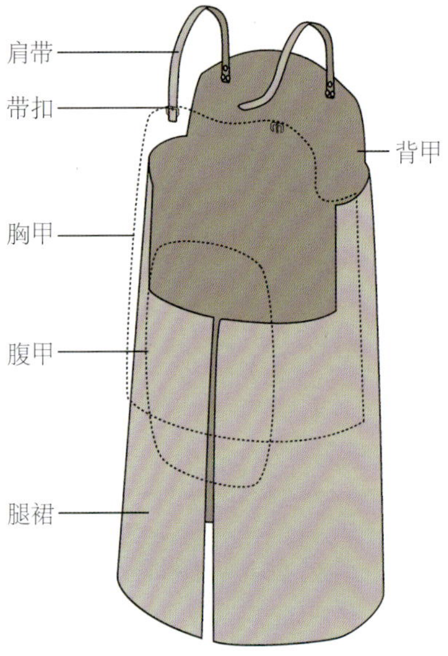

前后两甲的组合结构

④⑤束甲绊、细鳞甲

根据四川省成都永陵（王建墓）宝盝盖银武士饰假想而绘。与五代一形制相同，只是前胸甲由于披膊的缘故而使用绢帛或者皮革制成，另外腹部增加一块宝盝盖银武士饰形象中单独的圆形腹甲片，由束甲绊和腰带固定。

此甲的穿着步骤

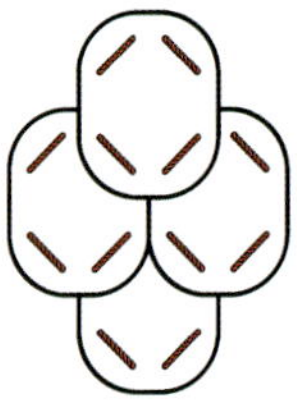

细鳞甲片的编缀

四川省成都永陵（王建墓）宝盝盖银武士饰

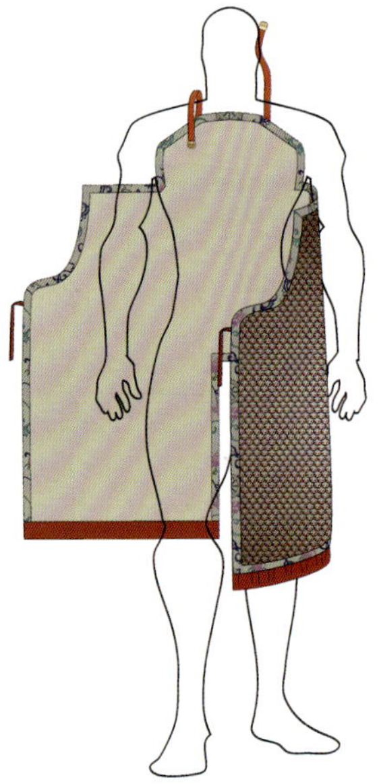

先着背甲，将下缘腿裙在身前系束

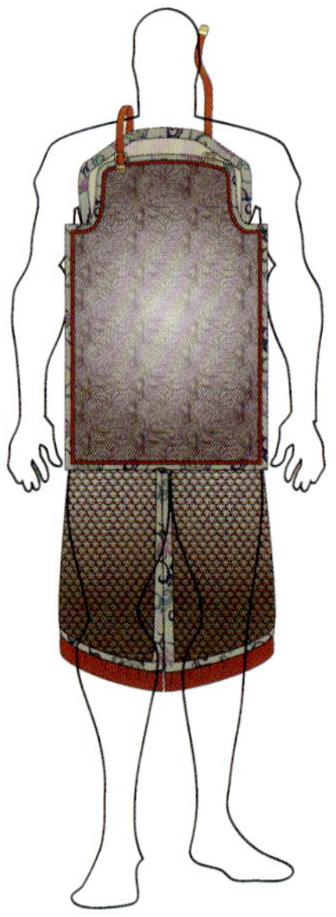

再穿着胸甲，在肩头用皮带与背甲系束

系束束甲绊固定胸甲，束甲绊下吊护腹甲，再系束皮带固定护腹甲

假想的甲胄穿着流程

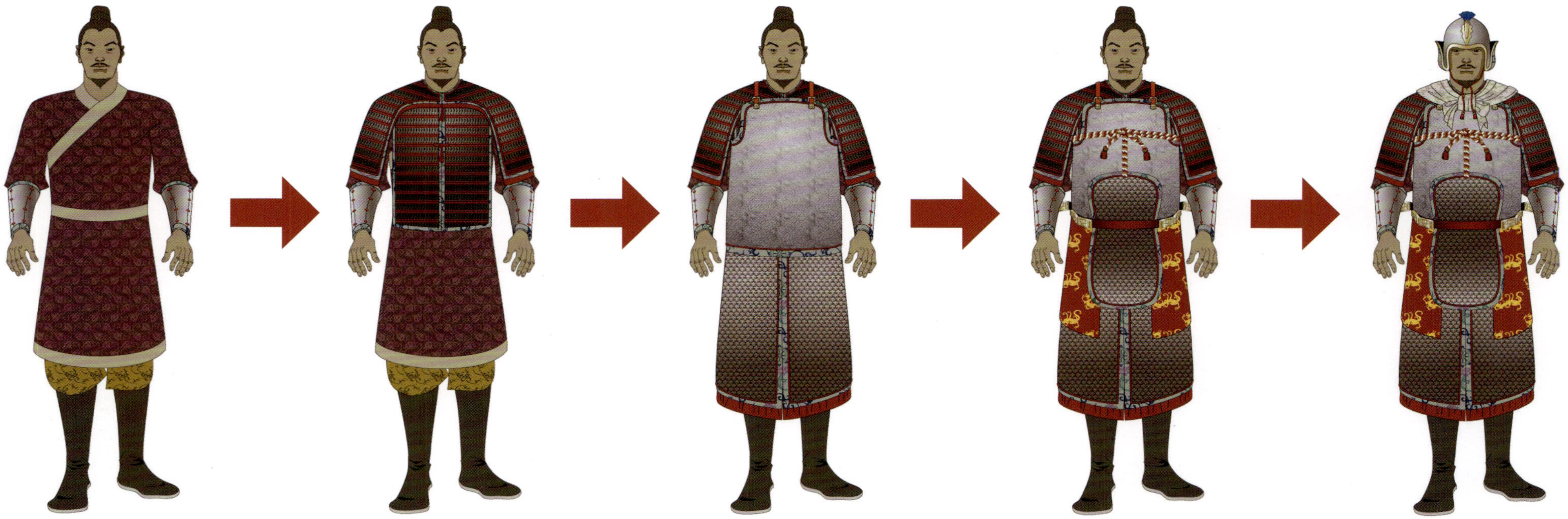

❶ 穿着甲胄前，先系束护臂再穿靴。

❷ 穿着披膊在胸前系束。

❸ 穿着细鳞甲。

❹ 系束束甲绊及护腹甲并在腰间系束抱肚及皮带。

❺ 最后在领间系束肩巾并戴兜鍪。

宋代

宋代：公元960年至公元1279年。

五代末期，即将统一中国的后周明君郭荣去世，后周大将赵匡胤借出兵之机发动陈桥兵变，于公元960年建立起大宋王朝，并最终于公元979年消灭北汉，统一了分裂的中国。

由于唐末军阀割据和自己篡权的事实教训，宋太祖赵匡胤杯酒释兵权，使中国走向重文抑武的时代。宋朝靖康之祸以后，高宗南渡称帝，建都临安，称为南宋。传至帝昺（bǐng）时，于祥兴二年（公元1279年）为元朝所灭。

宋代初期由于皇帝的亲自监督，武器装备制造技术有很大提高，工艺讲究，形制统一。宋代甲胄除了继续使用唐代、五代时期的甲胄形制外，还在五代甲胄形制的基础上进行了新的改革，形成了宋代特有的甲胄形制。对宋代时期甲胄研究最权威的资料当属北宋庆历四年（公元1044年）成书的《武经总要》，该书是记录中国古代军事、制度、战略战术、武器装备生产等重要的军事著作。不过宋代时期的甲胄几乎没有实物出土。

宋代

一 凤翅兜鍪和乌锤甲

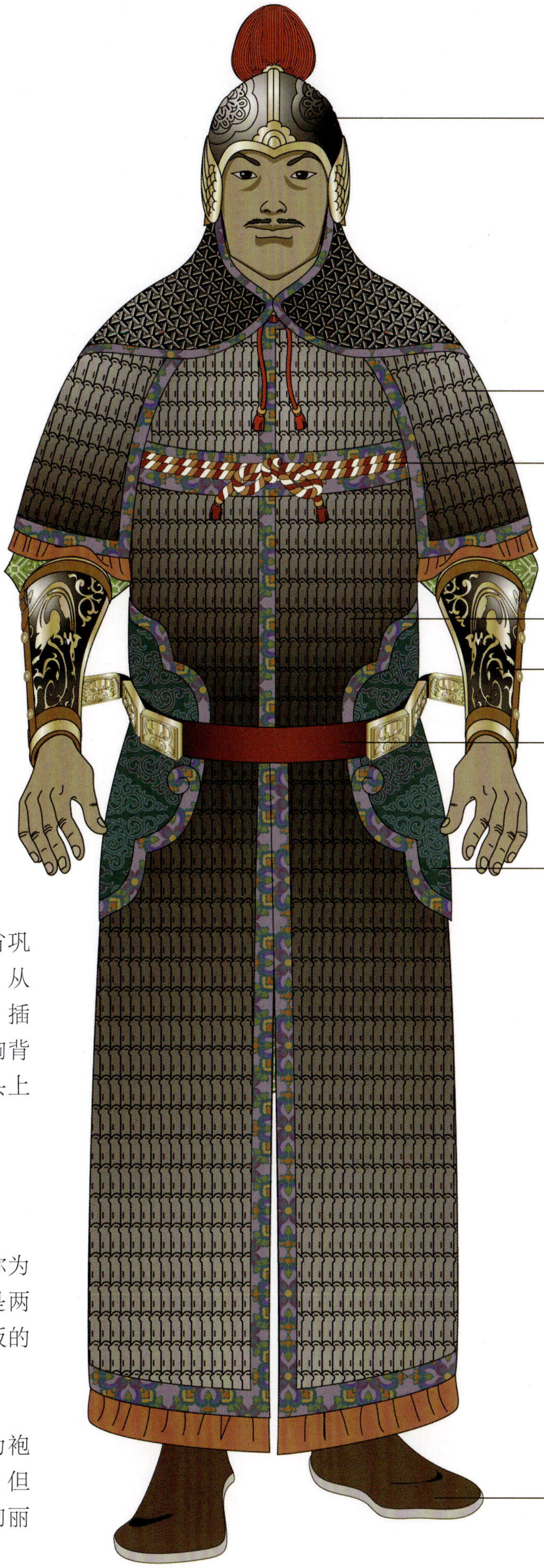

该套甲胄基本是根据河南省巩县回郭镇永裕陵将军石像设计。从石像上看，该甲与《武经总要》插图中的一领步人甲形制相同，胸背腹腿连成一体，再上覆披膊，头上戴兜鍪。

3 8

同五代一相同。

6

宋代的双尾双带扣腰带已经改称为笏（hù）头带，笏即板，笏就是两端带头镶嵌有玉石板或者象牙板的双带扣腰带。

7

始于唐代的抱肚，在宋代被称为袍肚，虽然形制与唐、五代相同，但工艺更加细致了，多选用图案绚丽的织锦制成。

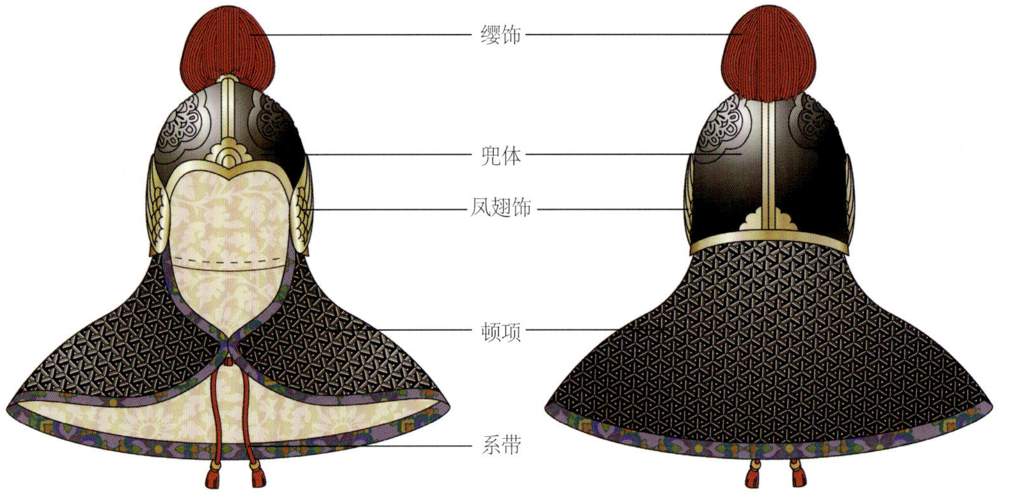

正面　　背面

河南省巩县回郭镇永裕陵将军石像

兜鍪 ①

根据河南省巩县回郭镇永裕陵将军石像所戴兜鍪设计。该兜与唐代五的兜鍪形制基本相似，两耳部与唐代五相同也有凤翅饰，前额和兜体也有装饰花纹显得更为精细，该兜最大特点是其宽大的顿项，其披垂下来可以覆盖多半个肩部，用系带在颌下系束，其不但可以起到护颊、护项的作用，还与披膊共同起到双重护肩的作用。

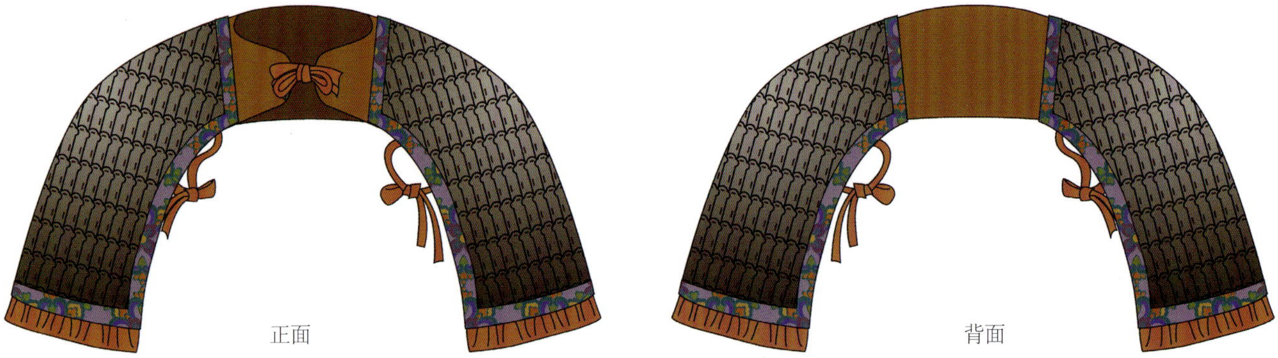

正面　　背面

披膊 ②

根据河南省巩县回郭镇永裕陵将军石像所戴兜鍪设计。从石像上看，披膊是在身甲之外的，应该不是五代那种有胸背的披膊，该披膊防护面积很大，前后可达胸背，长至肘部。披膊下缘有锦缎打褶做的装饰。

护臂 ⑤

根据河南省巩县孝义陵区永昭陵将军石像假想而绘。护臂应该是由漆皮皮甲制成，上有纵向一根、横向两根皮带形系束装置，纵向皮带直接固定于皮甲上，而两根横向皮带是活动的，戴时将上下皮带两端系束。

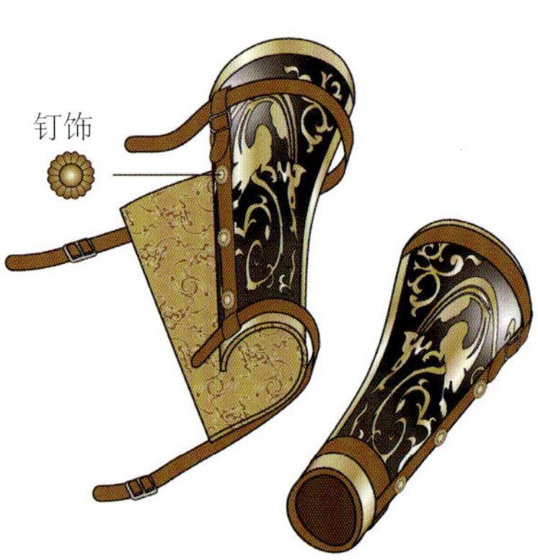

河南省巩县孝义陵区永昭陵将军石像

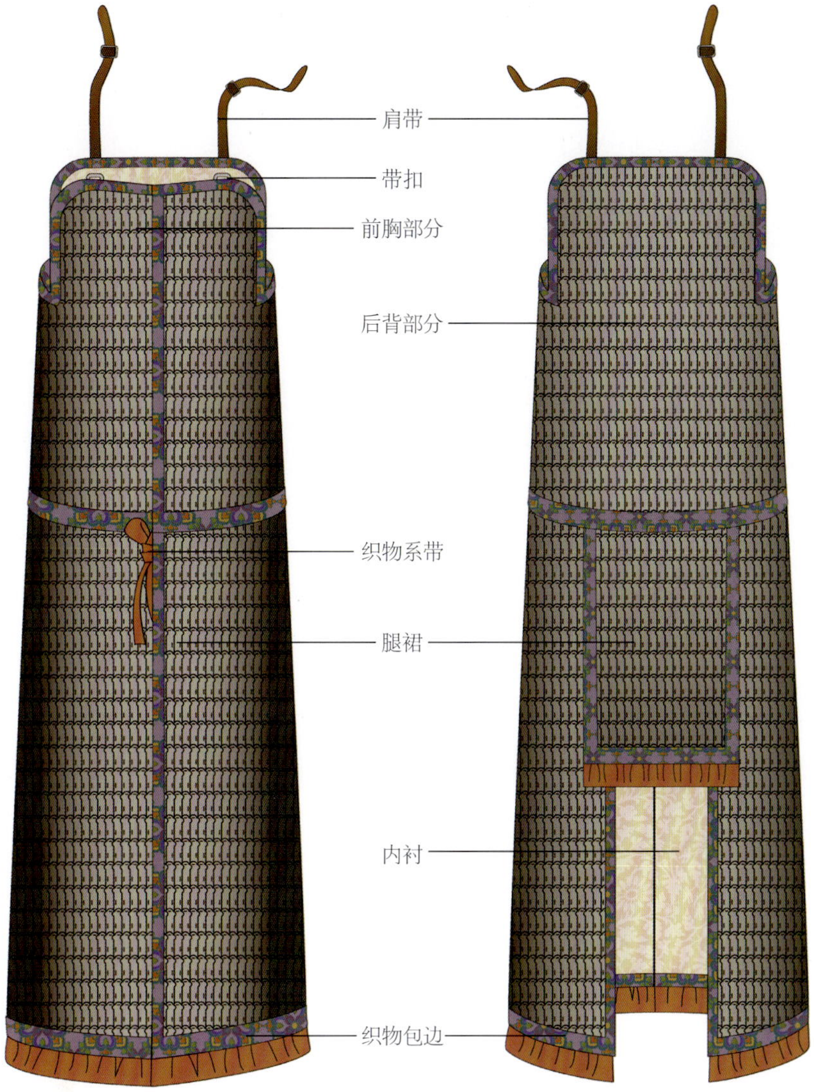

正面　　背面

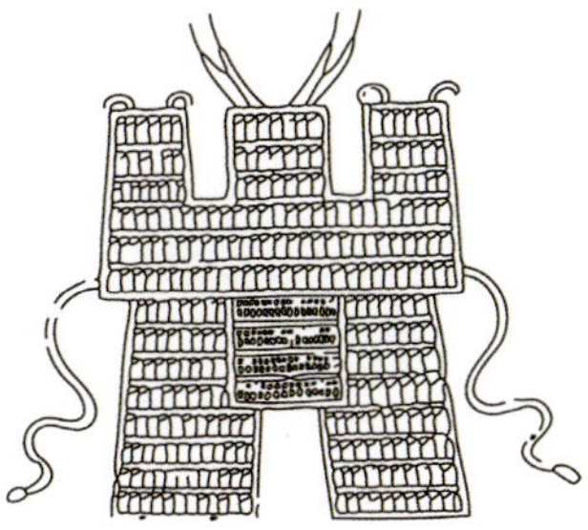

《武经总要》插图中的一领步人甲

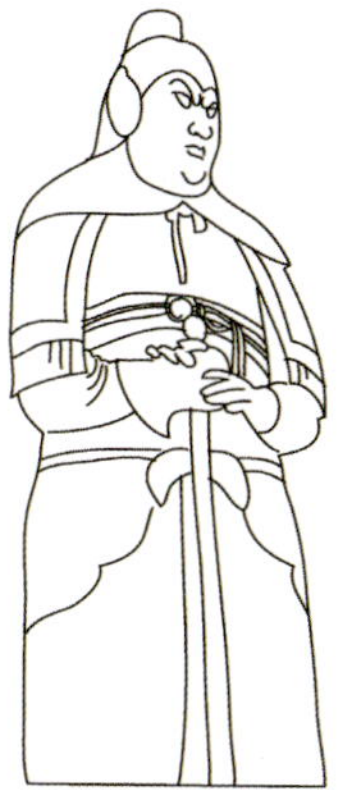

河南省巩县回郭镇永裕陵将军石像

石像身上所编缀的乌锤甲片

④ 乌锤甲

根据河南省巩县回郭镇永裕陵将军石像设计。该甲采用与唐代四类似的乌锤甲片编缀，其整体形制由五代的甲衣形制演变而来，该甲将腿裙与前胸后背连接为一体，腿裙下缘有锦缎打褶做的装饰。该甲胸前开襟，两襟叠压在一起于腹部系束，再在外面系束束甲绊加以固定，再由背部上缘的两条肩带通过肩上，在前肩与前胸部相连。这种形制与宋代军事著作《武经总要》插图中所描述的甲衣形制相吻合，后期的宋代甲衣在此形制上加上了很多装饰和部分改进，形成了宋代的独特风格。这种形制直到辽、金、西夏、明代仍有使用。

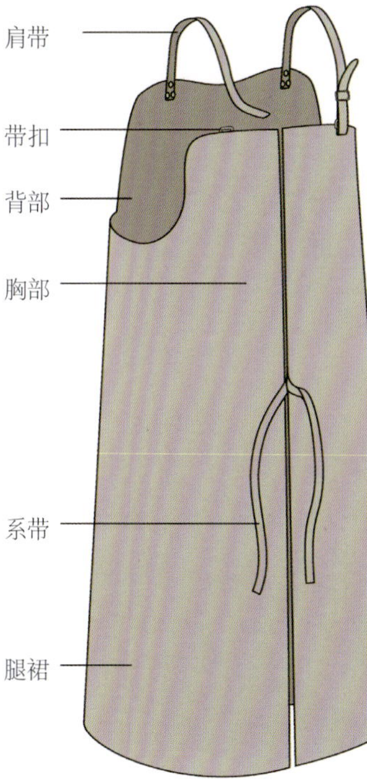

前后两甲的组合结构

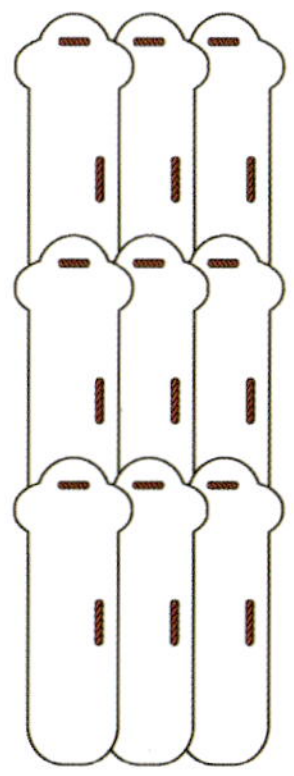

宋代的乌锤甲片

假想的甲胄穿着流程

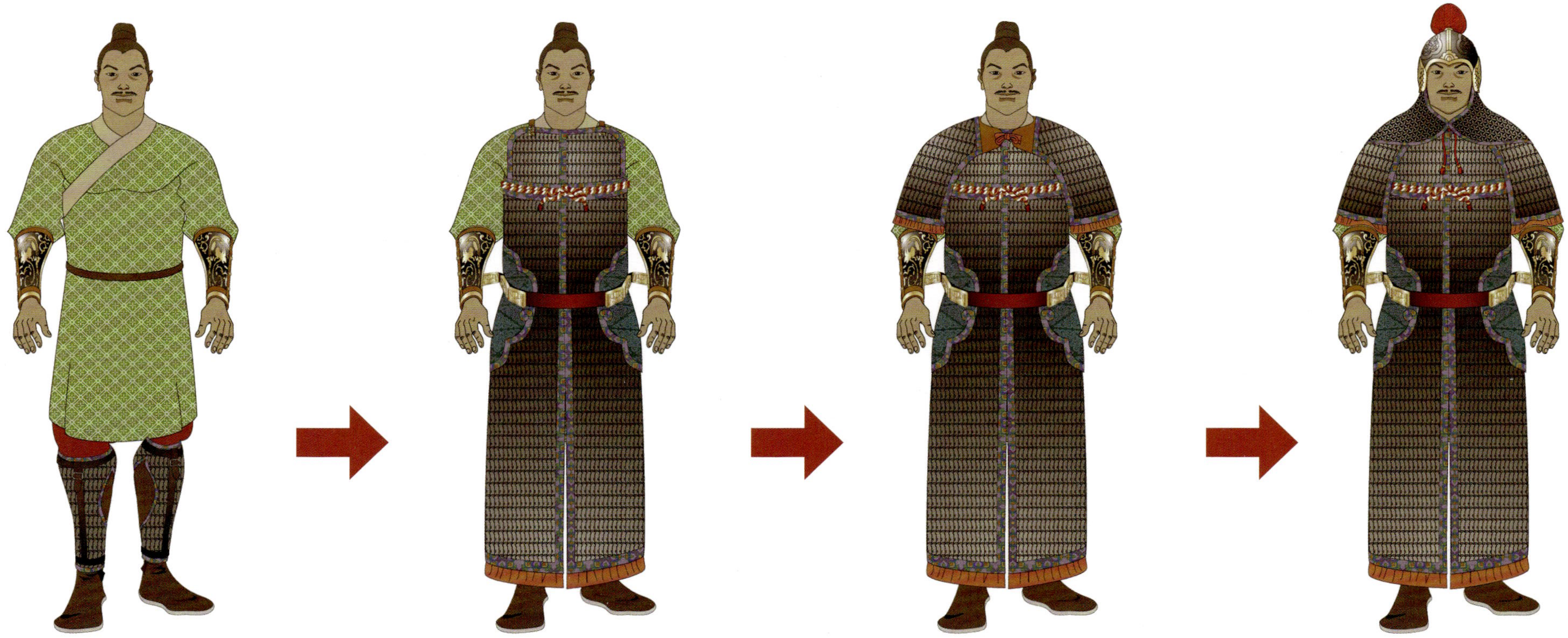

1. 穿着甲胄前先系束护臂再穿靴，然后穿着胫甲。
2. 穿着乌锤甲，系束束甲绊并在腰间系束袍肚及皮带。
3. 披挂披膊，在胸前系束。
4. 戴兜鍪。

宋代 二 凤翅兜鍪和朱漆山字甲

宋人绘《凌烟阁功臣图·薛仁贵像》

凤翅兜鍪与朱漆山字甲形制都是根据《武经总要》插图中的第一领将帅甲设计。

4 6 10

同宋代一形制相同。

8 9

同唐代形制相同。

5

根据宋人绘《凌烟阁功臣图·薛仁贵像》中薛仁贵所穿绣衫绘制。在宋代，铠甲外再穿罩上一件袍服称为衷甲制，这种袍服称为“绣衫”，这种绣衫很宽大，大口袖没有扣，穿时将衣襟下缘在胸前系束。绣衫后背有绣纹，绣纹多为猛兽以区分各路军队所用。

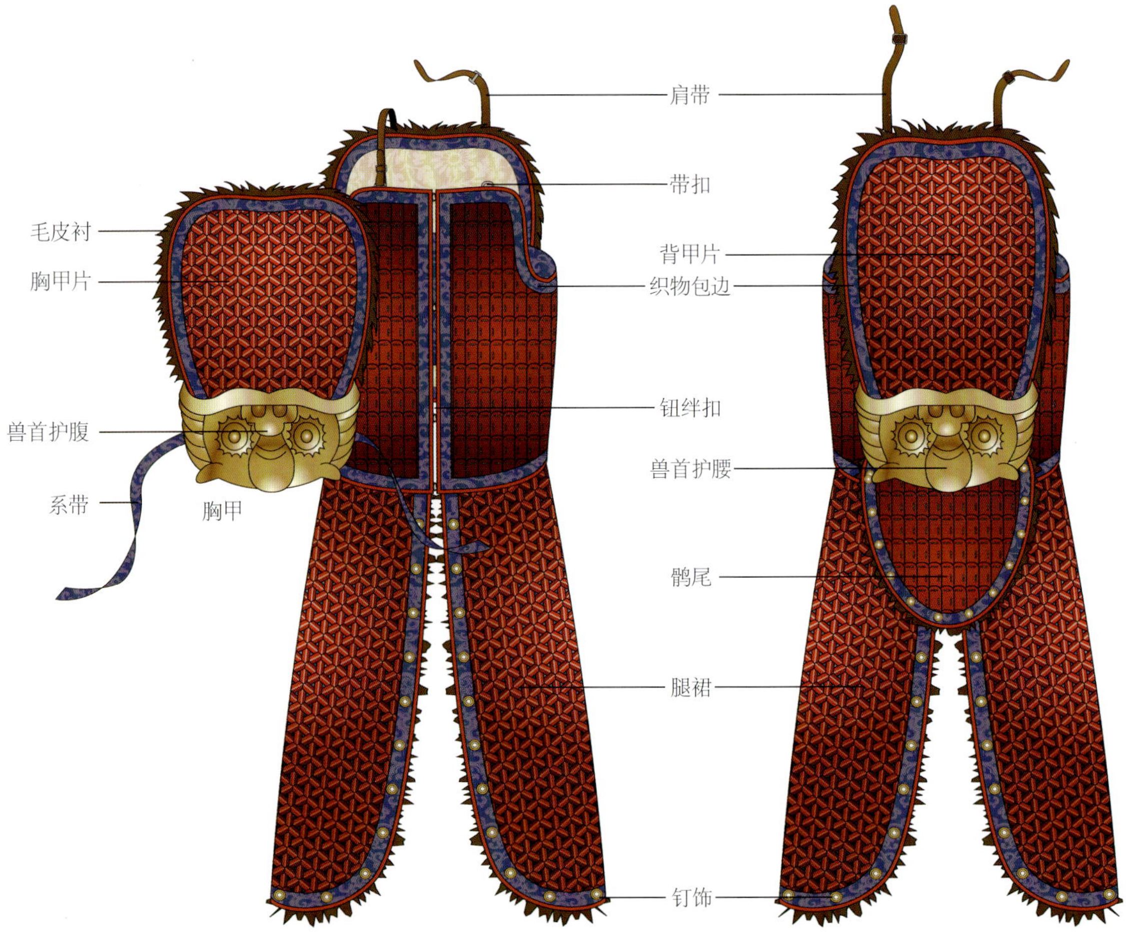

正面　　背面

山字甲 ③

根据《武经总要》插图中的第一领将帅甲设计的。该甲与宋代一形制相同，胸、背、腹、腿同样连成整体，胸甲同样分为左右两片，在胸前用四个钮绊扣系束。

从《武经总要》可以清楚地看到，除了身甲上的两片围拢过来形成的胸甲外，还有单独的一块带有兽首形护腹甲片的“胷甲”（胷同胸），身甲的背甲与这块单独的“胷甲”相同，也有一块兽首形护甲片，而且延伸下来一块尖角形的鹘尾，这一点只要把《武经总要》中身甲的插图倒过来就可以清楚地看到，两个兽首形护甲完全相同。这也说明《武经总要》中的“胷甲”很可能穿着时也是兽首倒过来覆在身甲之外的，这样就可以清楚地解释《武经总要》中这块“胷甲”的穿法了。

另外，从山西省运城关帝陵石刻的半身武士像也可以印证这种设计。该像的兽首形护腹如《武经总要》插图中一样，也是倒置的。单独胸甲的设计可能是为了弥补两片身甲围裹到前面的胸甲片留下的接缝，以起到更好地保护前胸的作用。

山西省运城关帝陵石刻的半身武士像

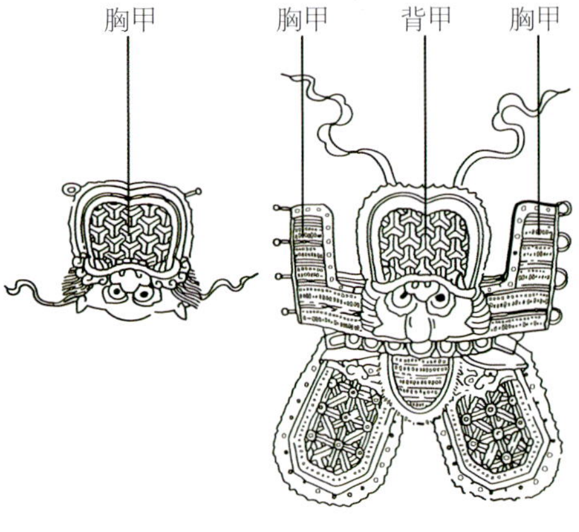

《武经总要》插图中的胸甲、身甲与身体的对应位置

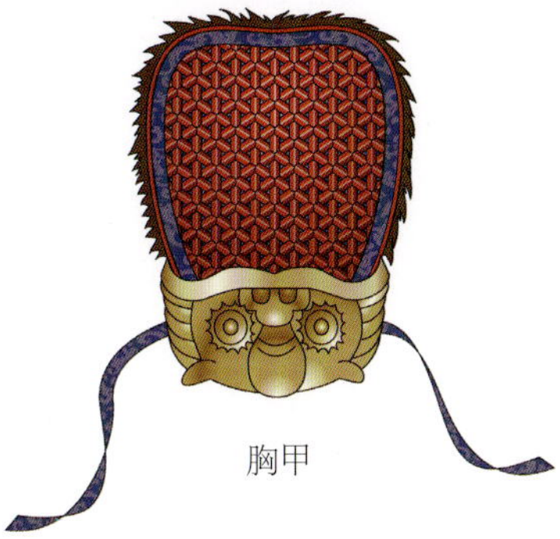

胸甲

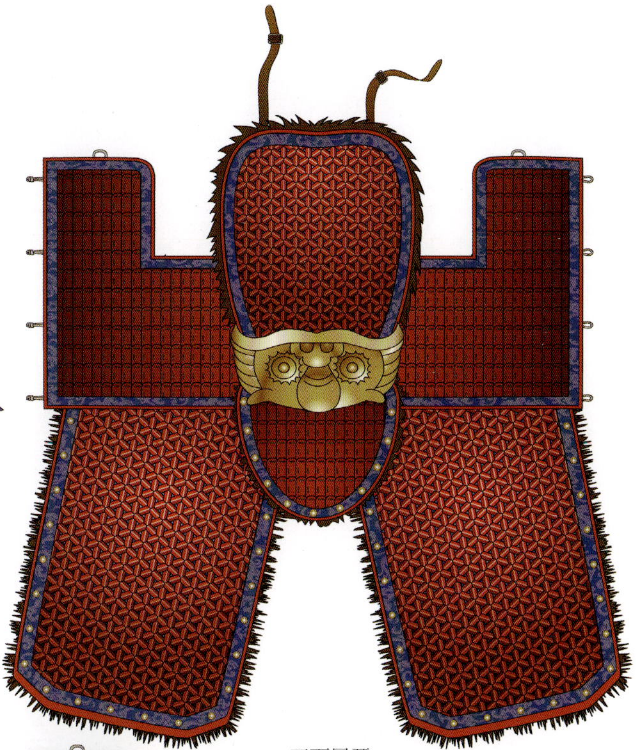

正面展开

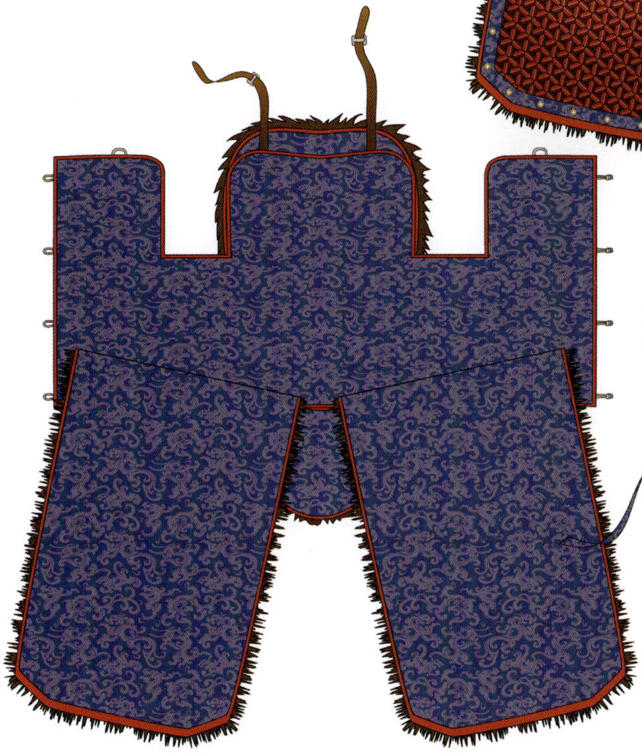

背面展开

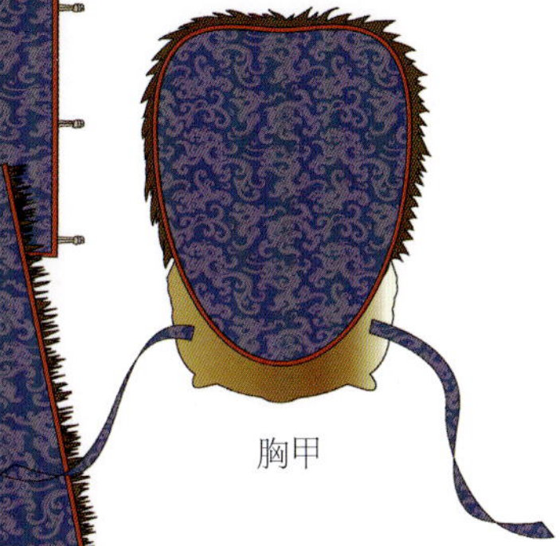

胸甲

《武经总要》插图中的胸甲

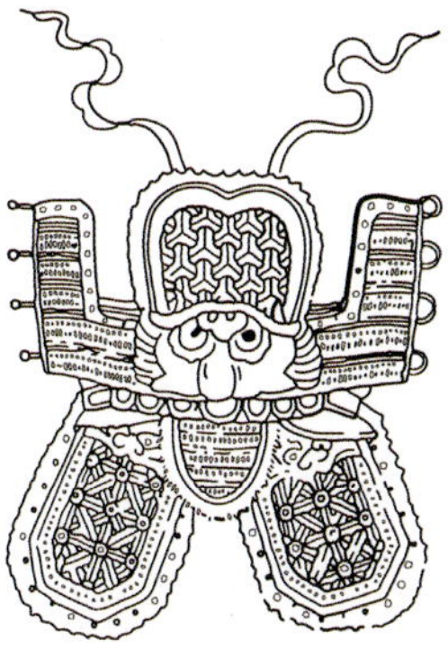

《武经总要》插图中的身甲

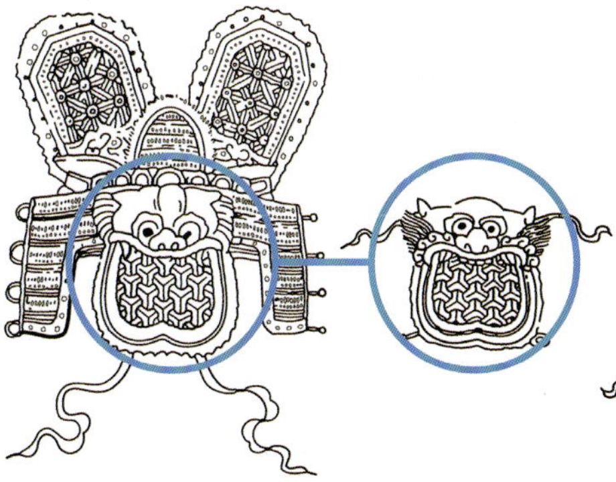

《武经总要》插图中的身甲和胸甲的兽首护甲相同

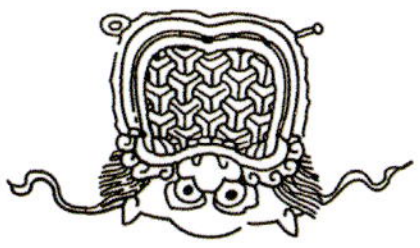

《武经总要》插图中的胸甲穿时很可能是兽首倒置的

兜鍪 ①

根据《武经总要》插图中的第一领将帅甲兜鍪设计。该兜最显著的特点就是两耳处的凤翅形饰物，相比宋代一要大很多。

《武经总要》插图中的第一领将帅甲兜鍪

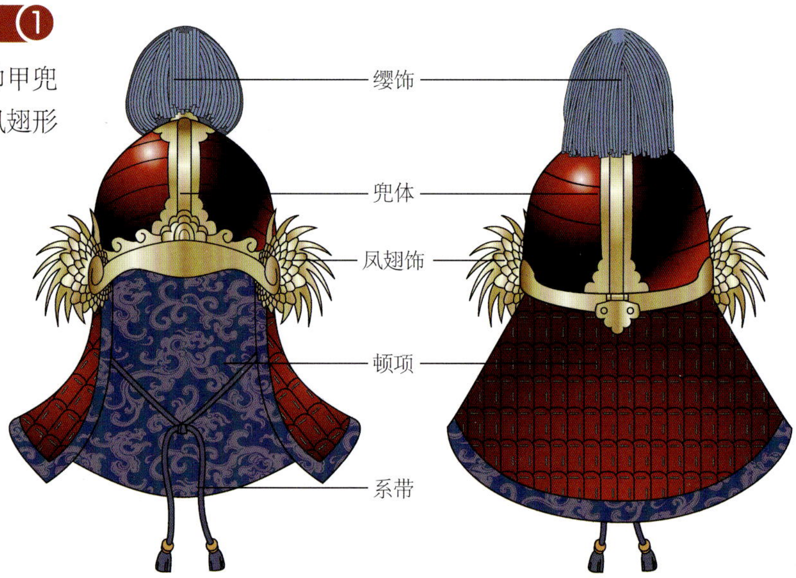

正面　背面

正面

背面

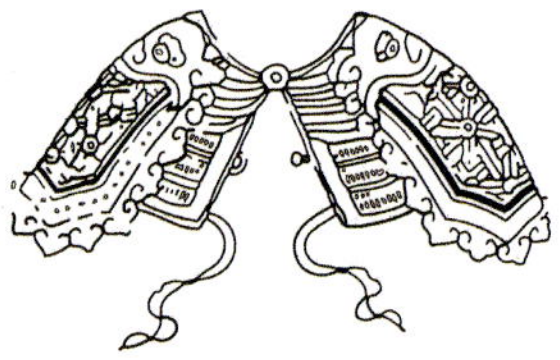

《武经总要》插图中的第一领将披膊

披膊 ②

根据《武经总要》插图中的第一领将帅甲设计。从《武经总要》中几领披膊的插图可以看出，其形制大多与五代相同，有两膊和胸背部分组成，但增加了唐代时期两肩处的兽首形护肩，该披膊与五代一形制相同，只是所采用的十字形甲片编缀。

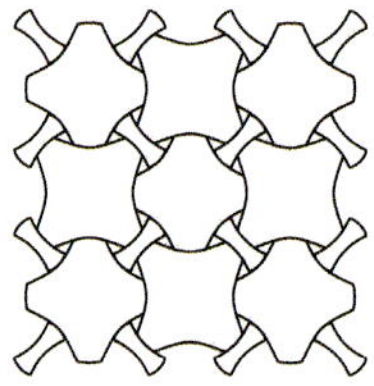

十字形甲片编缀方式

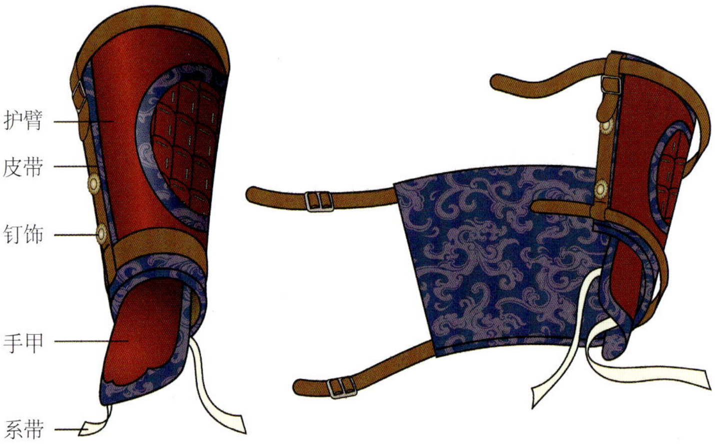

宋人绘《凌烟阁功臣图·薛仁贵像》

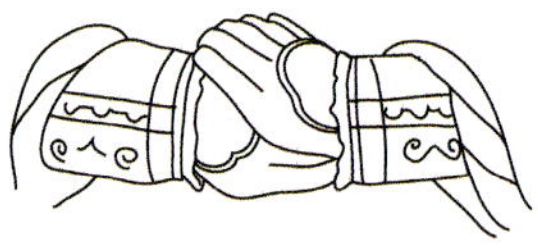

宁波东钱湖南宋石雕群中武士像所戴的手甲

护臂 ⑦

根据宋人绘《凌烟阁功臣图·薛仁贵像》中薛仁贵所穿戴护臂假想绘制。该护臂由小甲片编缀在织物或皮革的衬上，再由织物包边而成。从护臂中延伸出来的护甲片是用于保护手背部分的手甲，这种手甲的原型是根据宁波东钱湖南宋石雕群中武士像所戴的手甲而参考设计的。在各种资料中笔者发现手甲大多出现在南宋时期的雕像中，而在河南等地的北宋时期的雕像中却很少见，所以手甲有可能是南宋时期才开始使用的。

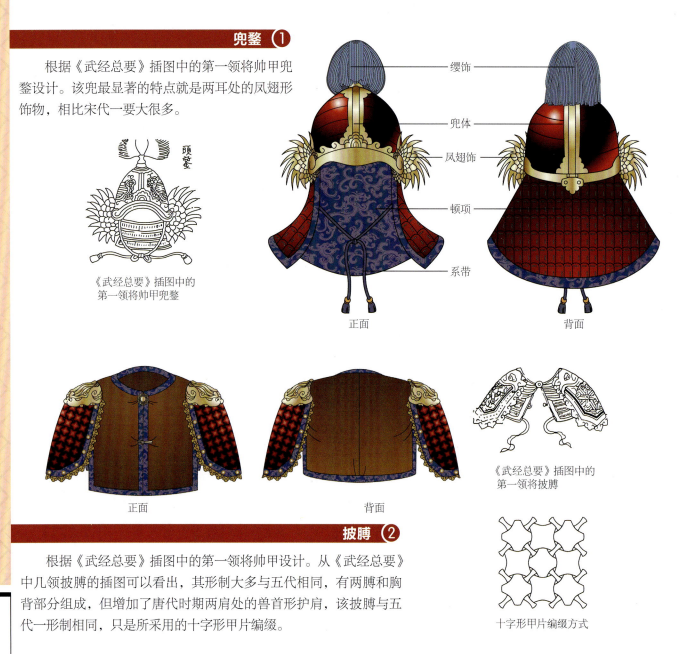

假想的甲胄穿着流程

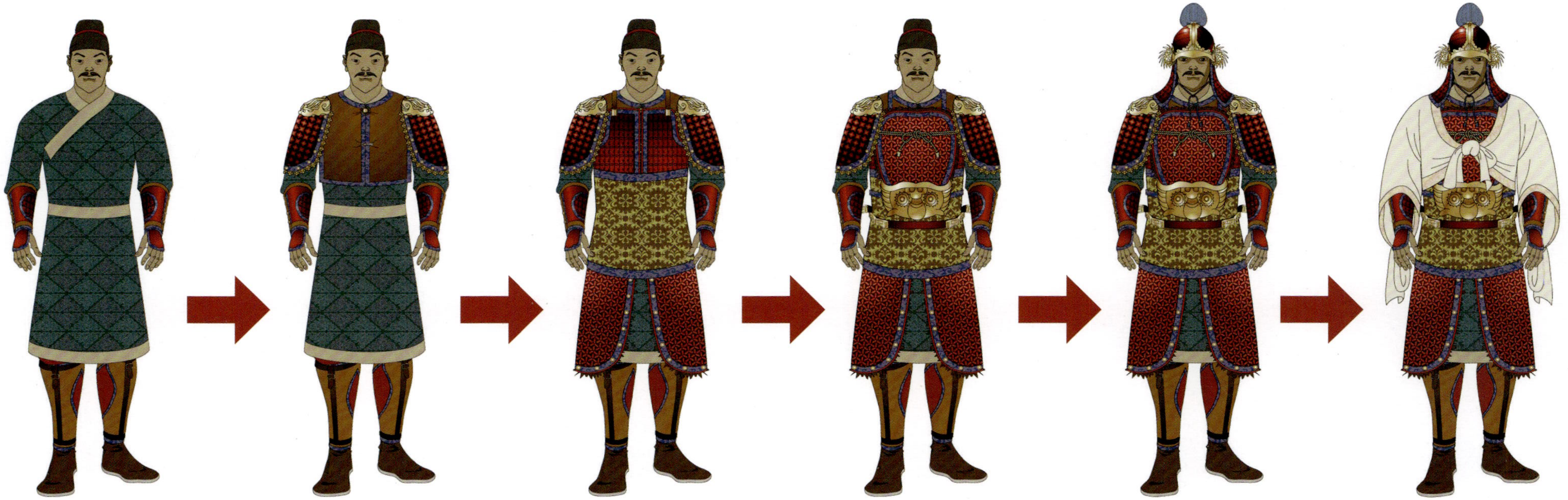

1 穿着甲胄前，先系束护臂再穿靴，然后在腿部穿着胫甲。

2 披挂披膊。

3 穿着甲衣，在腰间系束袍肚。

4 在甲衣前胸外覆以胸甲片并系束皮带和束甲绊。

5 戴兜鍪。

6 外套绣衫。

宋代 三

黑漆顺水山字甲

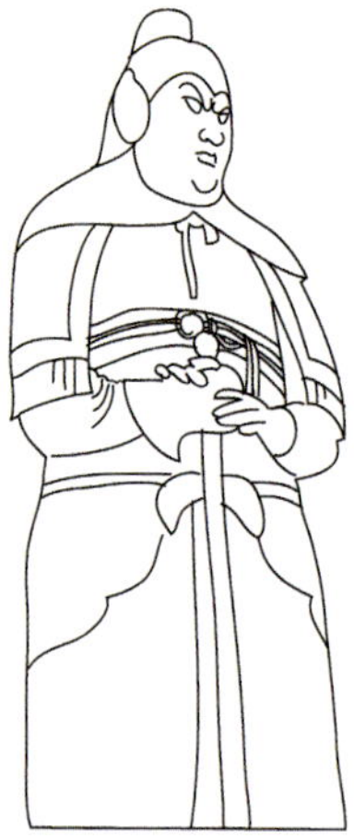

河南省巩县回郭镇永裕陵将军石像的束甲绊

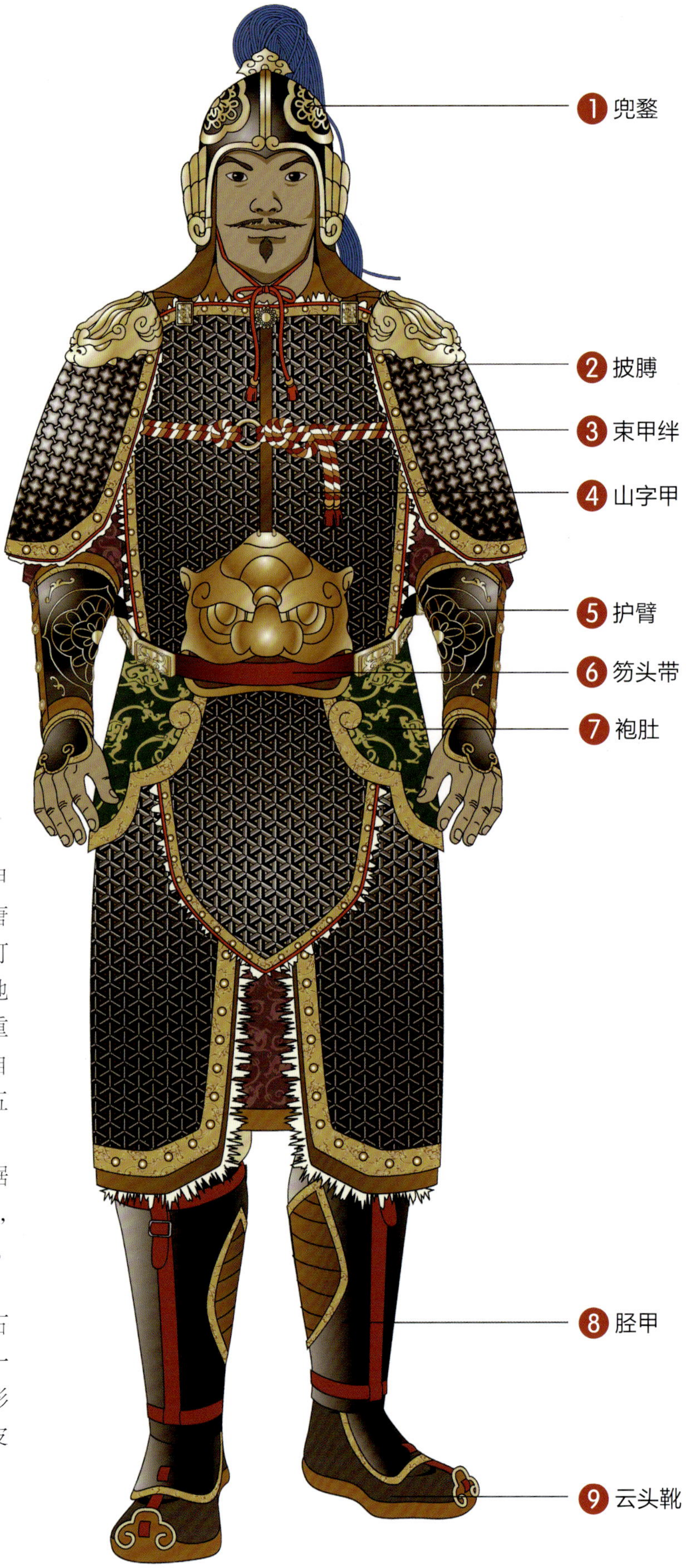

宋代依然使用唐代和五代的甲胄形制，据说宋祖赵匡胤消灭后唐后得到大量甲胄，全部销毁也不可能，送往北方也不现实，所以就地封存于南方。到了南宋时期，又重新启用。所以，宋代军中既有宋代自己形制的甲胄，也同时使用唐代和五代的甲胄形制。

黑漆顺水山字甲的名字是根据《宋史·兵志》记载的同名铠甲而来，其形制与唐代五的身甲形制基本相同。

3

根据河南省巩县回郭镇永裕陵将军石像所戴束甲绘制。该像的束甲绊由一端的铁环与另一端系束。宋代束甲形制亦如五代时期的横束方式，采用皮带、丝带或者是帛带。

6 7 9

与宋代一相同。

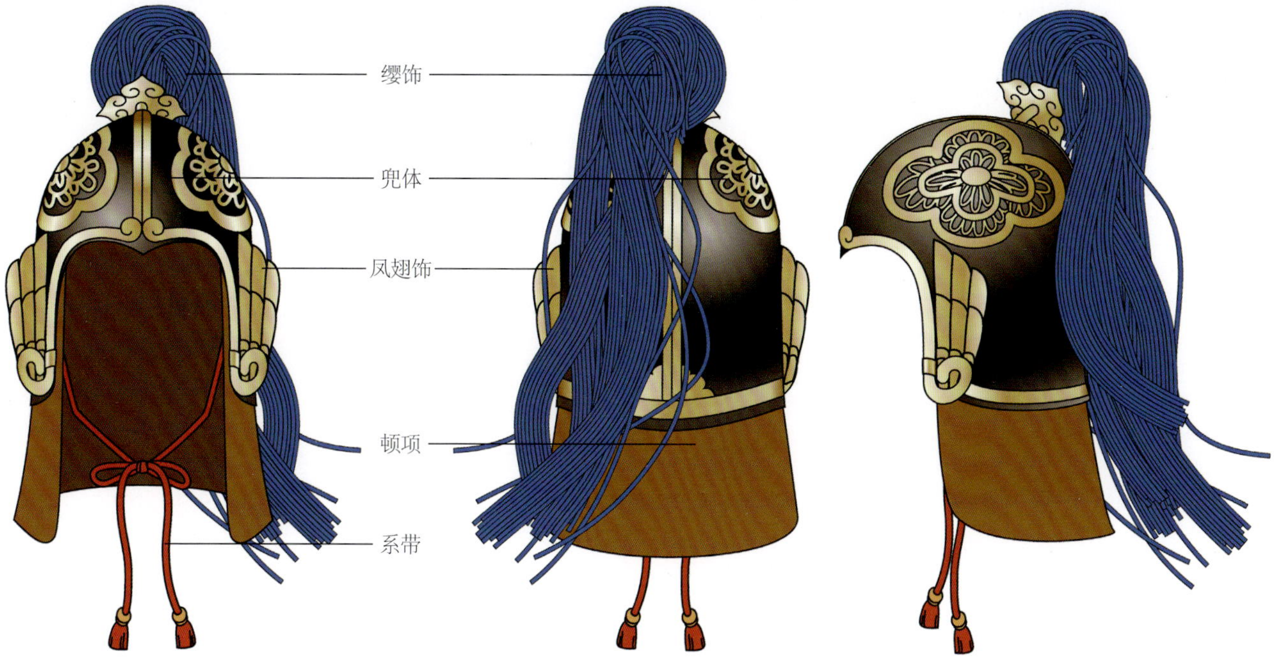

正面　　背面　　侧面

① 兜鍪

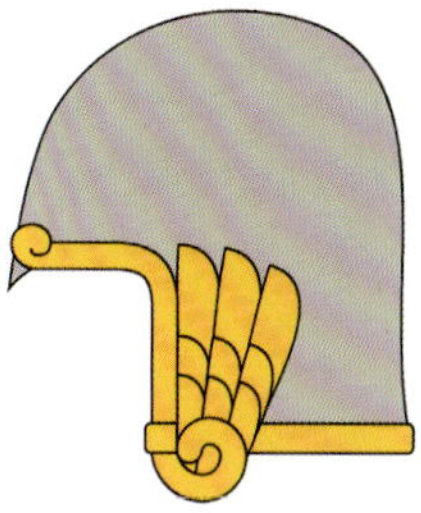

兜的镶边和凤翅饰的连接

宁波东钱湖南宋石雕群中的武士像

根据宁波东钱湖南宋石雕群中的武士石像所戴兜鍪设计。该兜与宋代一、二的兜鍪形制基本相同，但兜鍪上镶嵌了更为精美的金银铜花纹，从石像上可以看出前额下缘的镶边和两耳部的凤翅饰是一体的，与兜后下缘的镶边连为一体。顿项是用织锦或皮革制成，由于兜体较深，所以顿项相对就短小了许多。

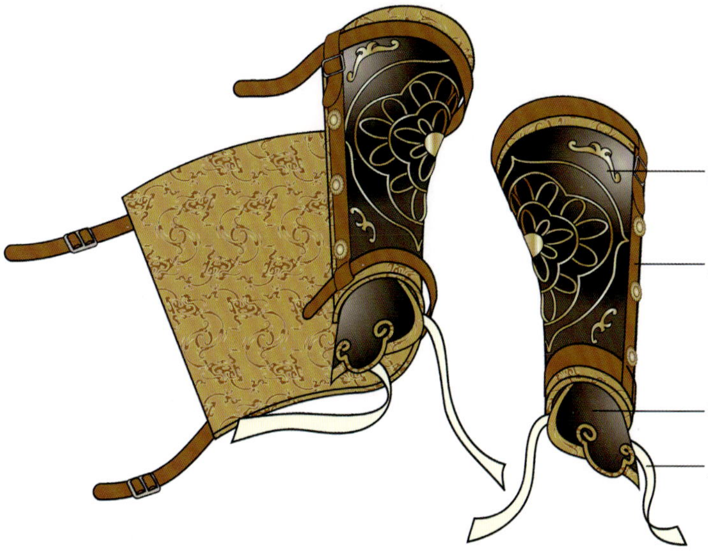

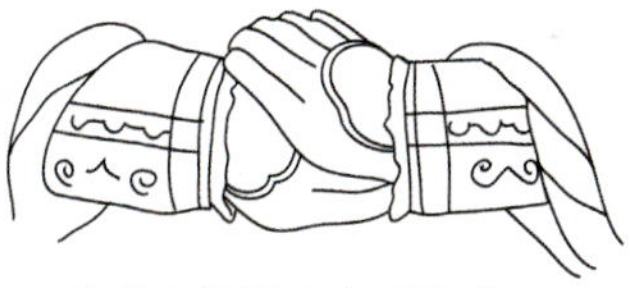

宁波东钱湖南宋石雕群中武士像所戴的手甲

⑤ 护臂

根据河南省巩县孝义陵区永昭陵将军石像假想绘制。其形制与宋代二相同，护臂应该是皮革制成，上镶嵌金铜花纹，下缘装有手背甲，手甲根据宁波东钱湖南宋石雕群中武士像所戴手甲设计。护臂的穿戴与宋代一、二相同，也是使用皮带系束。

河南省巩县孝义陵区永昭陵将军石像

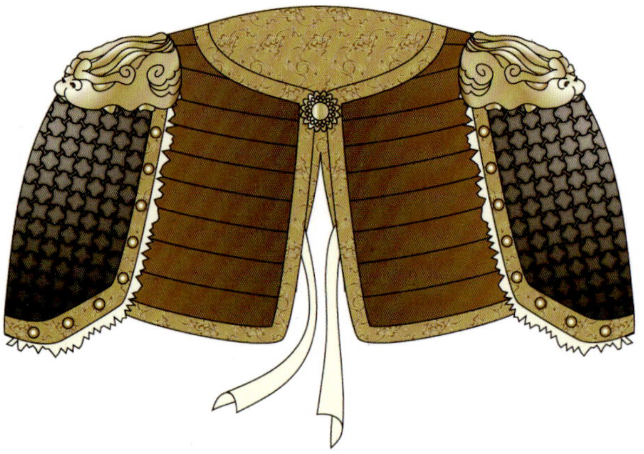

正面

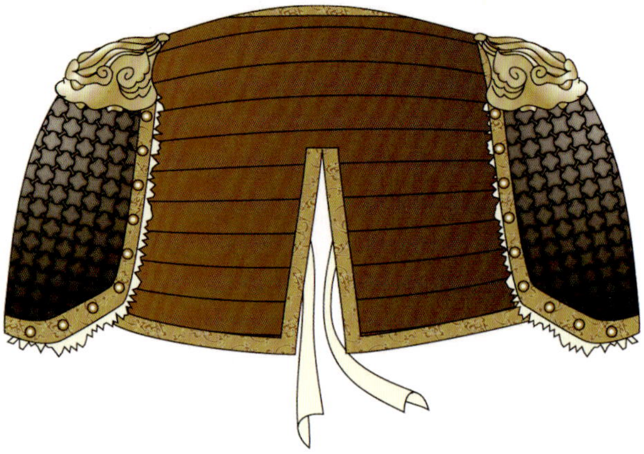

背面

披膊 ②

根据《武经总要》插图中的第一领将帅甲及宁波东钱湖南宋石雕群中的武士像设计。其形制与宋代二基本相同，甲片是根据宁波东钱湖南宋石雕群中的武士像中披膊所采用的十字形甲片设计的。石像中武士所穿戴披膊及甲衣有很多装饰，本图所绘均做了很多简化。

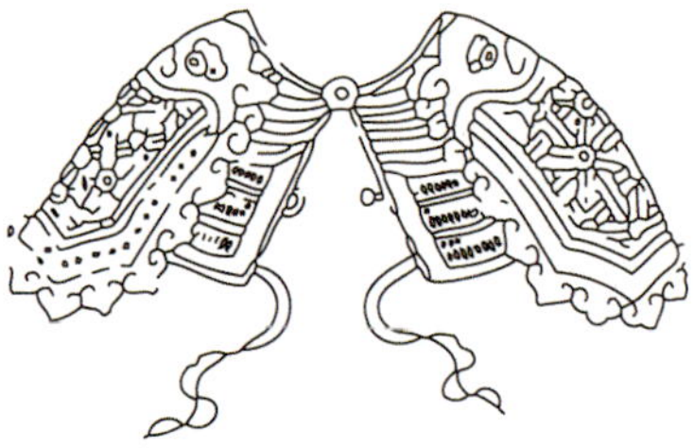

《武经总要》插图中的第一领将披膊

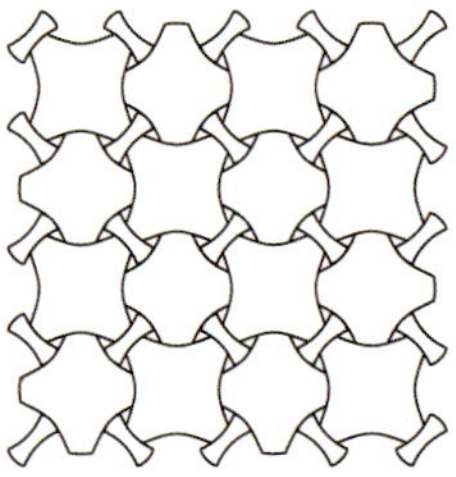

十字形甲片编缀方式

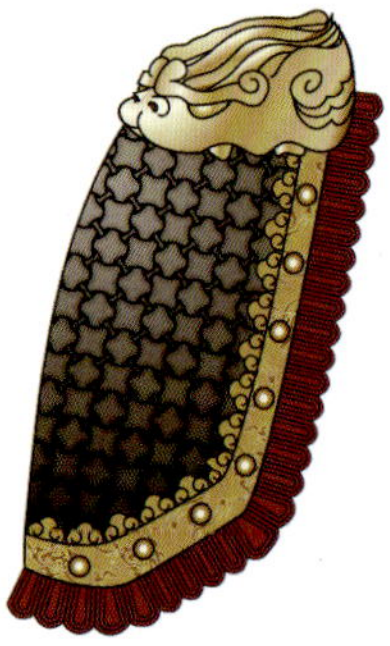

东钱湖武士像中的披膊

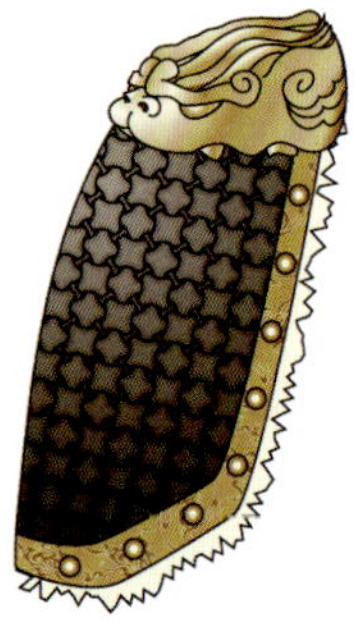

据东钱湖武士像中的披膊简化后的披膊

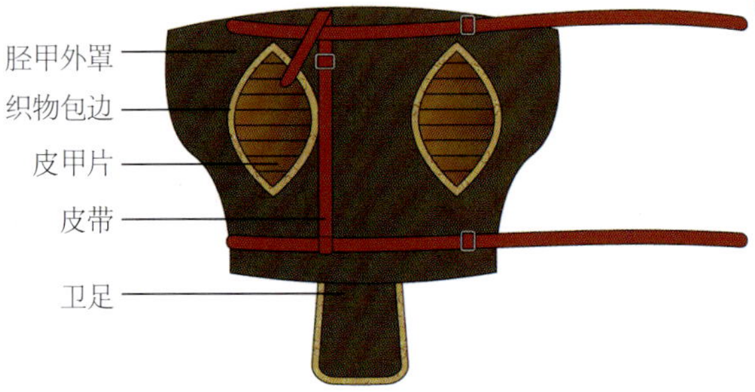

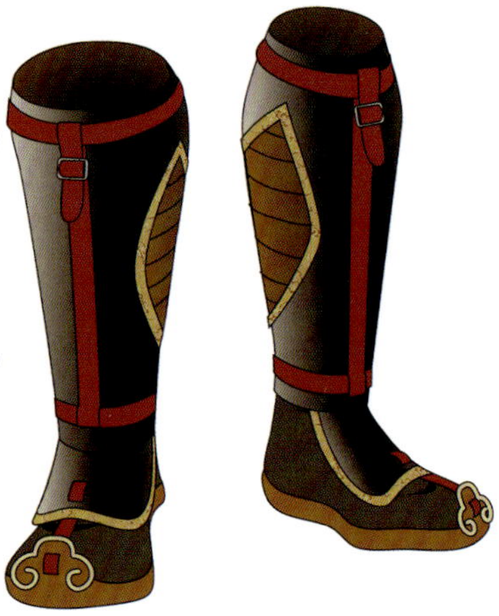

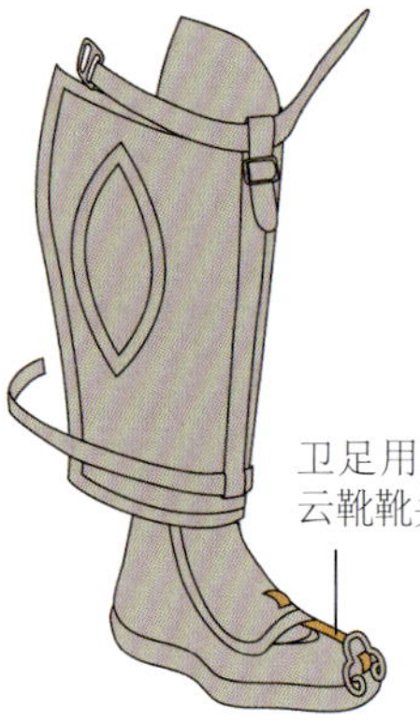

胫甲 ⑧

根据宁波东钱湖南宋石雕群中武士像所穿胫甲形制假想绘制。该胫甲形制与唐代相同，但该胫甲是皮甲片横向编缀，外罩黑色织物或者黑漆皮革。用皮带上下束绊后，纵向再系束一条皮带。如上海博物馆藏的北宋石刻天王像就是这种形制。另外胫甲下缘装有卫足，就是保护脚背的护甲片，卫足用皮带与云靴靴头相连。

上海博物馆藏，北宋石刻天王像

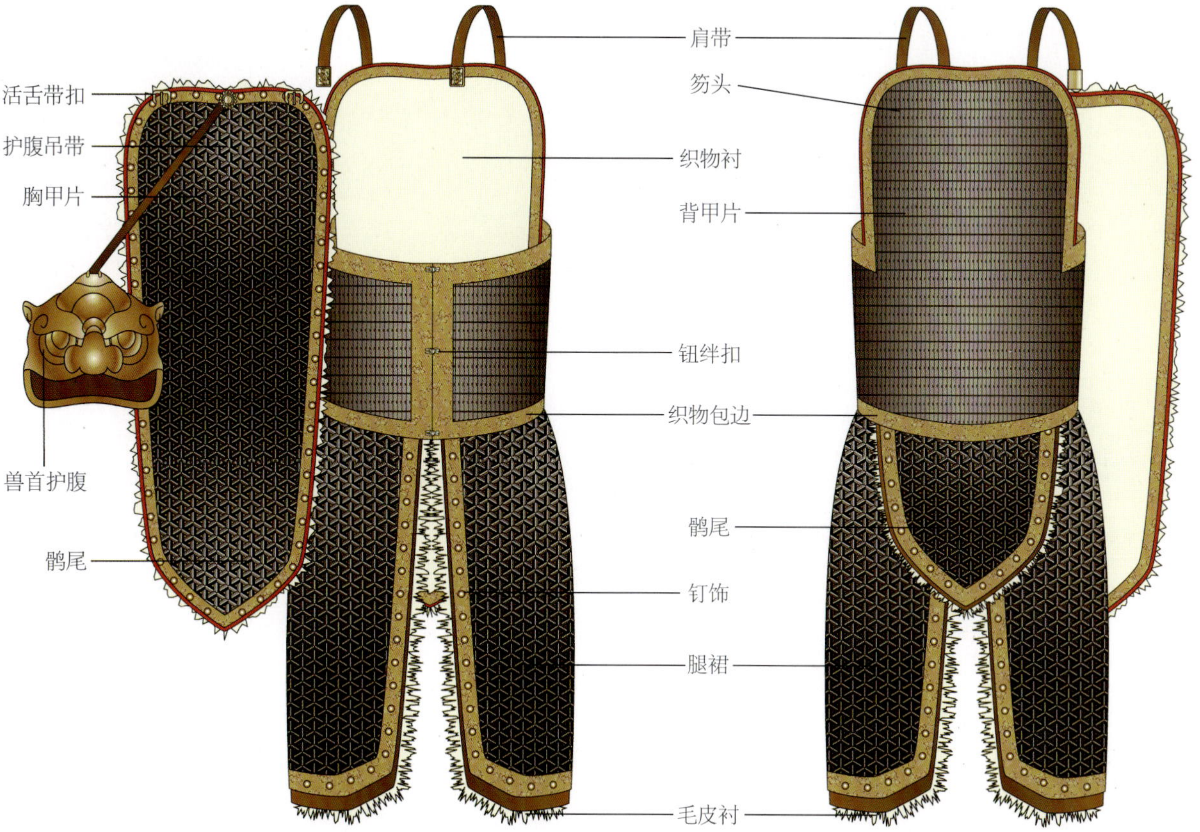

④ 山字甲

根据宁波东钱湖南宋石雕群中武士像设计。从东钱湖石像可以看出，该甲与唐代五、五代一、二形制相同，该甲背、腰、腿连为一体，胸甲为单独一片，由山字甲片编缀，由织锦做包边，再用铜钉钉铆，由毛皮及织物做内衬。穿时先穿背甲并在腹下系束，再穿胸甲，由肩带连接背甲。该甲胸甲领口处钉有吊带，用以连接兽首形护腹甲片，再由笏头皮带固定。

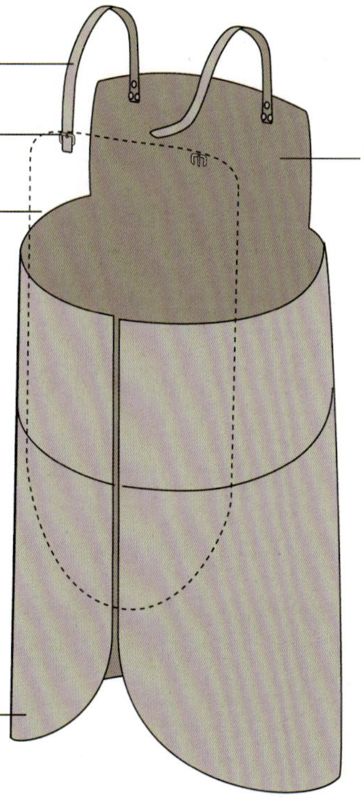

山文甲的结构

护腹甲的穿着和固定

宁波东钱湖南宋石雕群中的武士像

假想的甲胄穿着流程

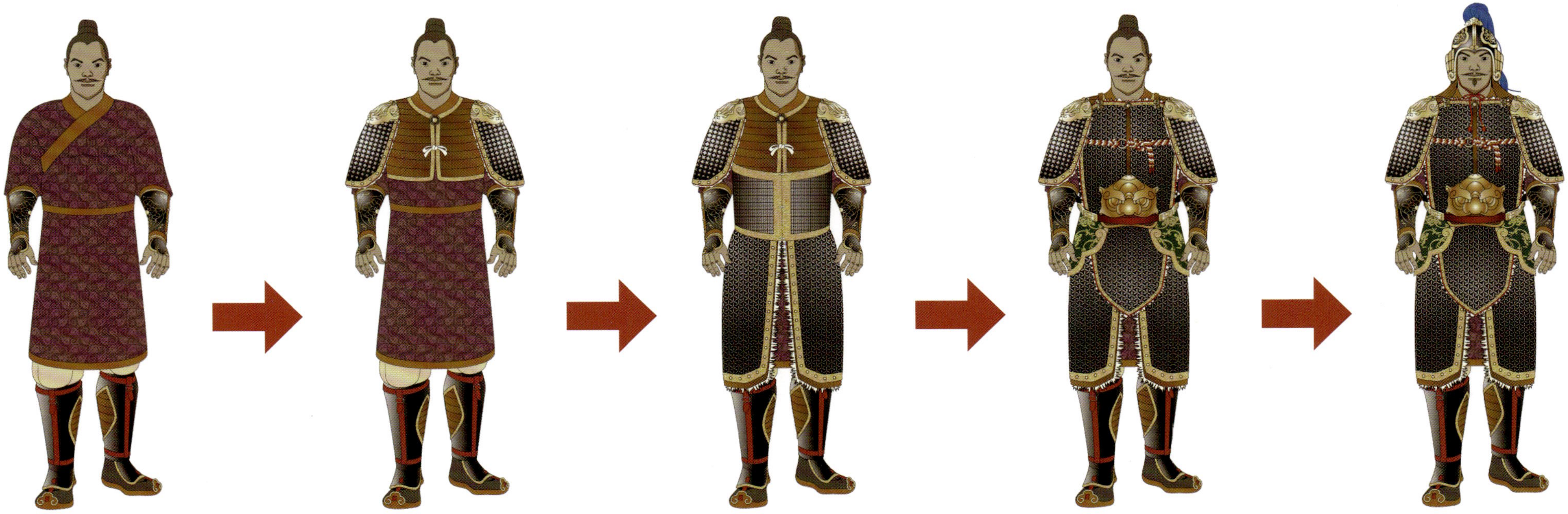

1 穿着甲胄前，先系束护臂再穿靴，然后穿着胫甲。

2 披挂披膊，在胸前系束。

3 穿着山字甲的背甲部分，在腹前系束。

4 穿着山字甲的前胸部分，覆加以护腹甲片，再系束束甲绊并在腰间系束袍肚及皮带。

5 戴兜鍪。

宋代

四 铜盔和金漆铁甲

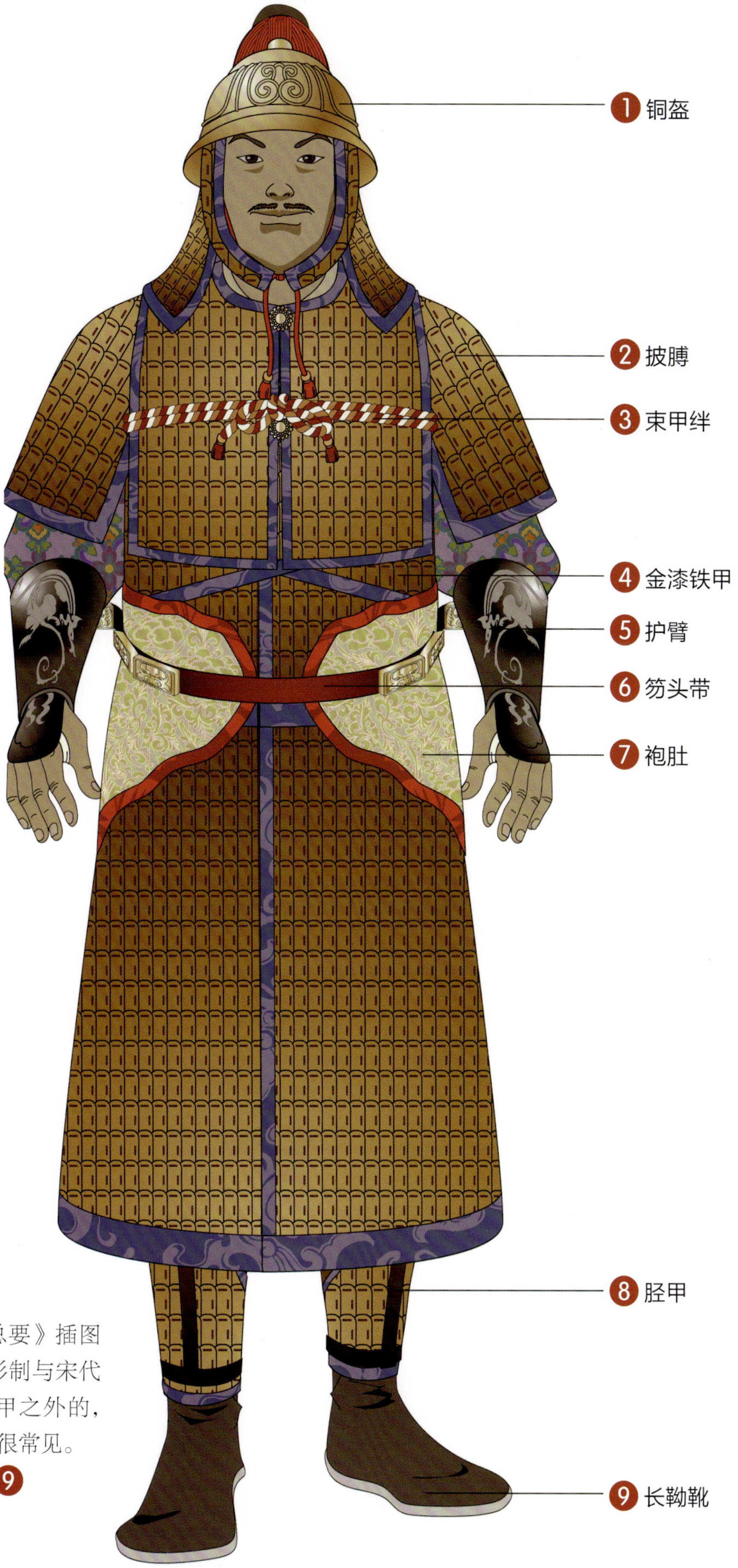

这套甲胄是根据《武经总要》插图中的一领步人甲设计。该甲形制与宋代一相同，只是披膊是穿在身甲之外的，此穿法在后来的元代军队中也很常见。

❸ ❺ ❻ ❼ ❽ ❾

同宋代一、二、三形制相同。

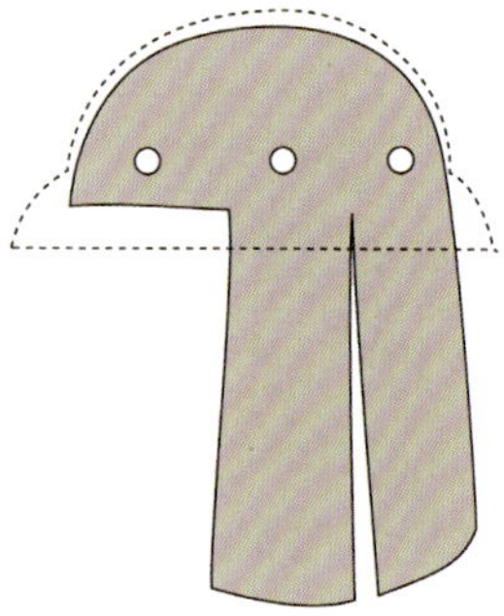

顿项钉铆在铜盔

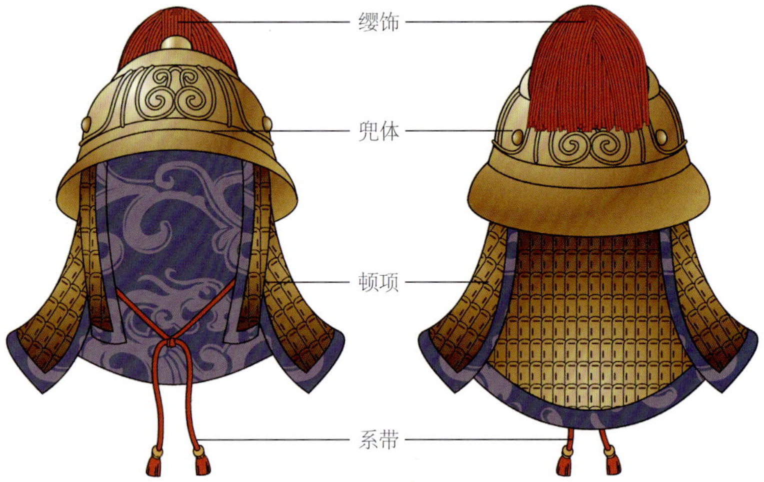

正面　背面

①铜盔

根据山东省郯（tán）城出土南宋铜盔实物绘制，铜盔檐口铸字说明该盔是南宋“宝祐四年”（公元1256年）时期铸造的。该盔形如凉帽，在宋代其他图像资料也有出现。此盔形制在元、明时期也有使用。而其顿项是根据《武经总要》中的头鍪顿项插图所设计，该顿项分为三大片和两小片。三大片保护头部后侧和两侧，而两小片用于系束颌下保护两侧面颊。

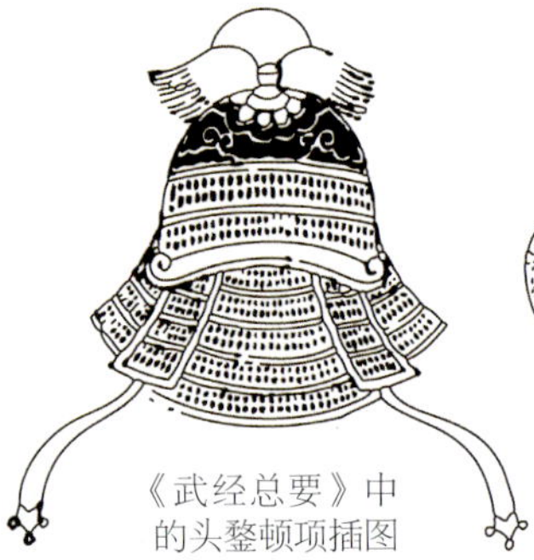

《武经总要》中的头鍪顿项插图

山东省郯城出土南宋铜盔实物

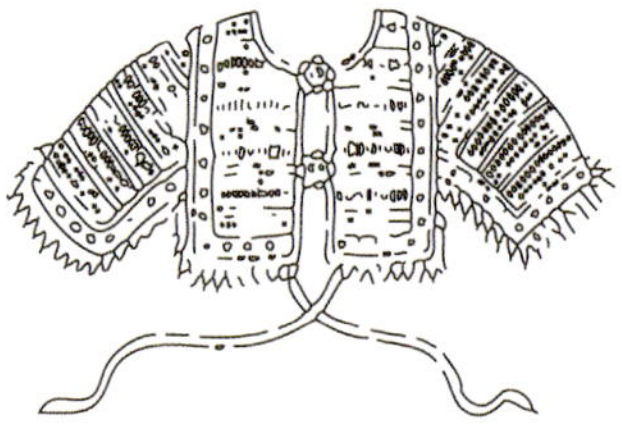

《武经总要》插图中的一领步人甲披膊

正面

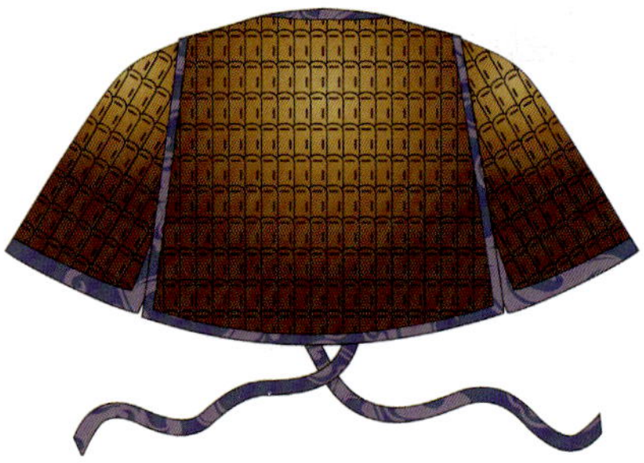

背面

②披膊

根据《武经总要》插图中的一领步人甲设计。其形制与宋代二、三相同，但该披膊没有宋代二、三肩处的兽首形金属护肩，并且前胸开襟处有精致饰物的金属扣，且胸背部分护甲较为宽大，穿时罩在身甲之外，披膊的两片胸片下缘有两条系带，在胸前交叉后在身后系束。

穿着后的正面

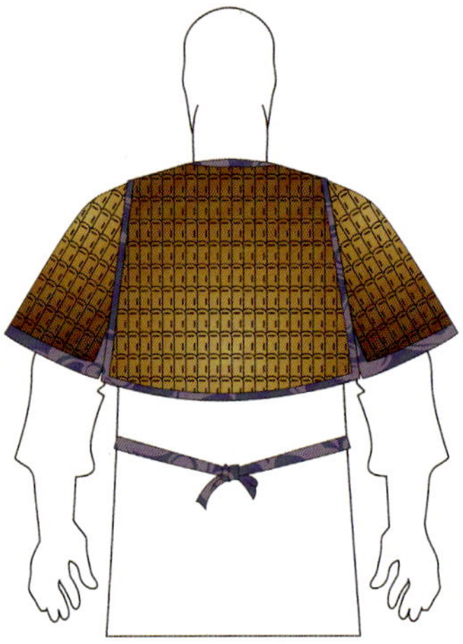

穿着后的背面

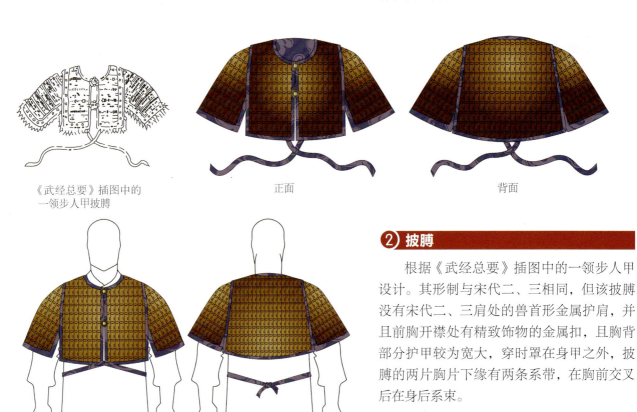

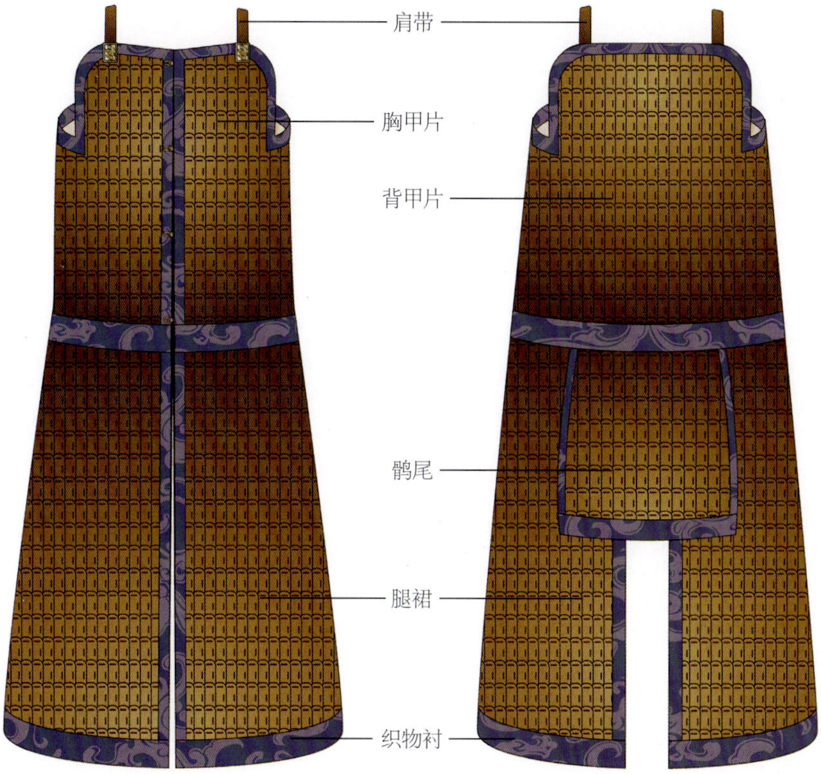

正面　　背面

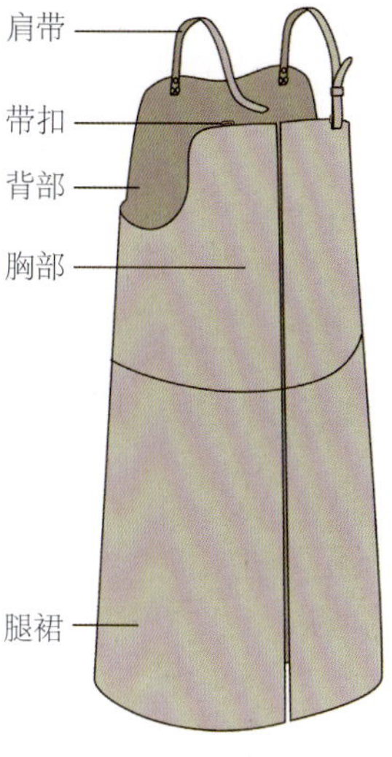

前后两甲的组合结构

④ 金漆铁甲

根据《武经总要》插图中的一领步人甲设计。该甲与宋代一形制相同，也是身前开襟，相比宋代之前几领铠甲要简化了许多，没有了兽首形的金属护腹等装置。

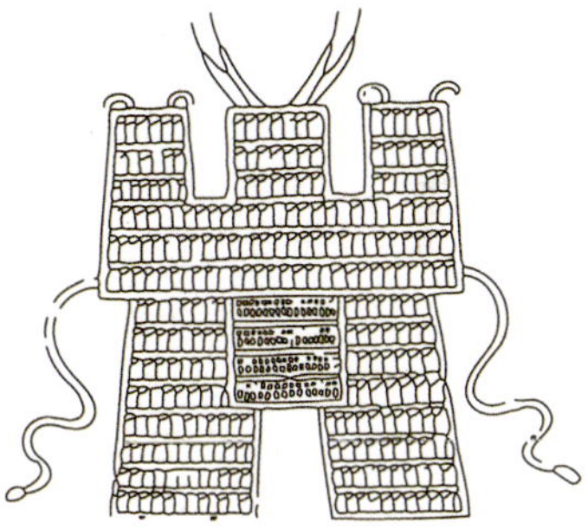

《武经总要》插图中的一领步人甲

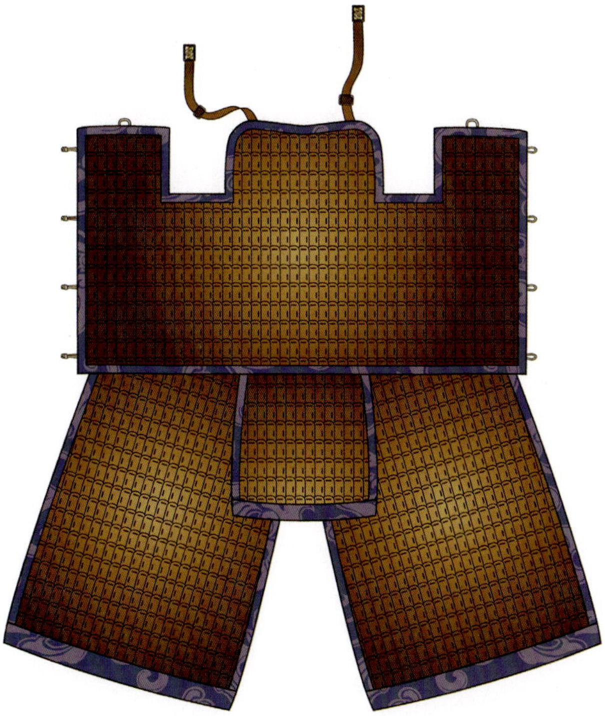

正面展开

背面展开

假想的甲胄穿着流程

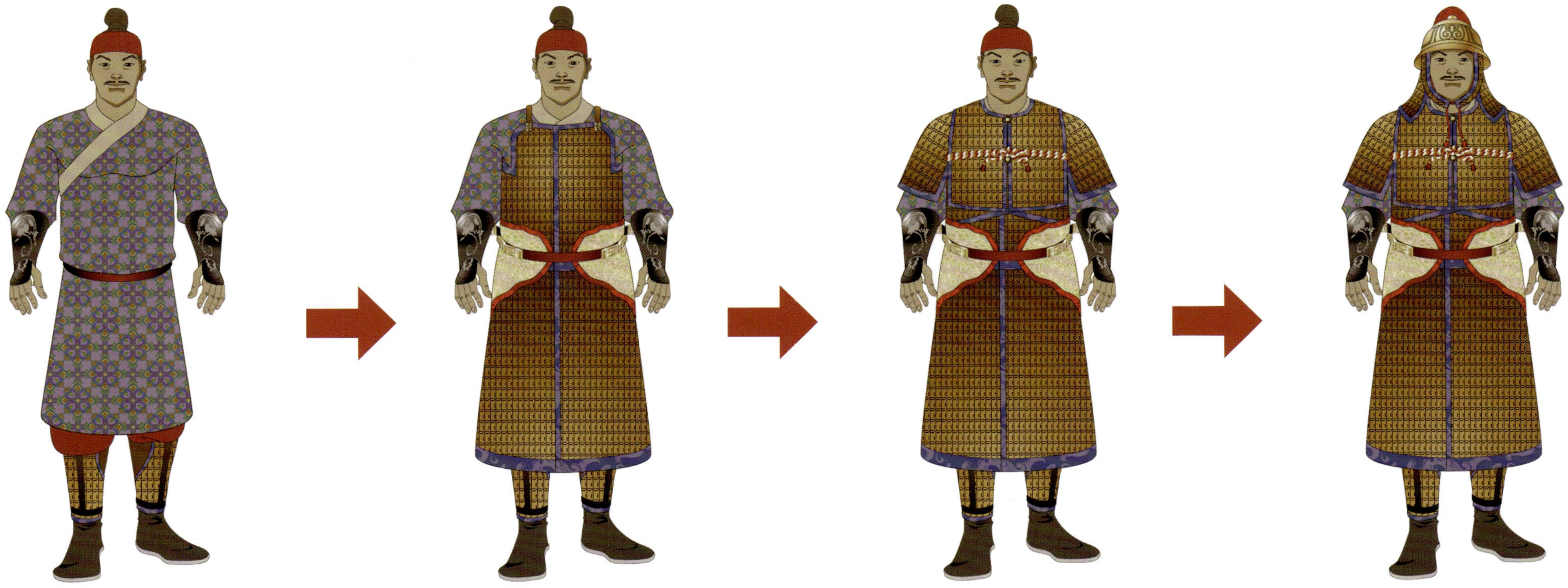

❶ 穿着甲胄前，先系束护臂再穿靴，然后穿着胫甲。

❷ 穿着甲衣并在腰间系束袍肚及皮带。

❸ 披挂披膊，在胸前系束束甲绊。

❹ 戴铜盔。

宋代

五 笠子与铁甲

根据《武经总要》插图中的一领步人甲设计。属于普通军士的装备。

3
由帛带制成的束甲绊。

5
由皮革制成，用帛带系束。

6
由帛带制成的腰带。

7
与宋代一、二、三、四相同。

8
由帛带制成，有方便士兵行动而缚束裤脚的用途。

9
由棉麻等织物制成的普通鞋子。

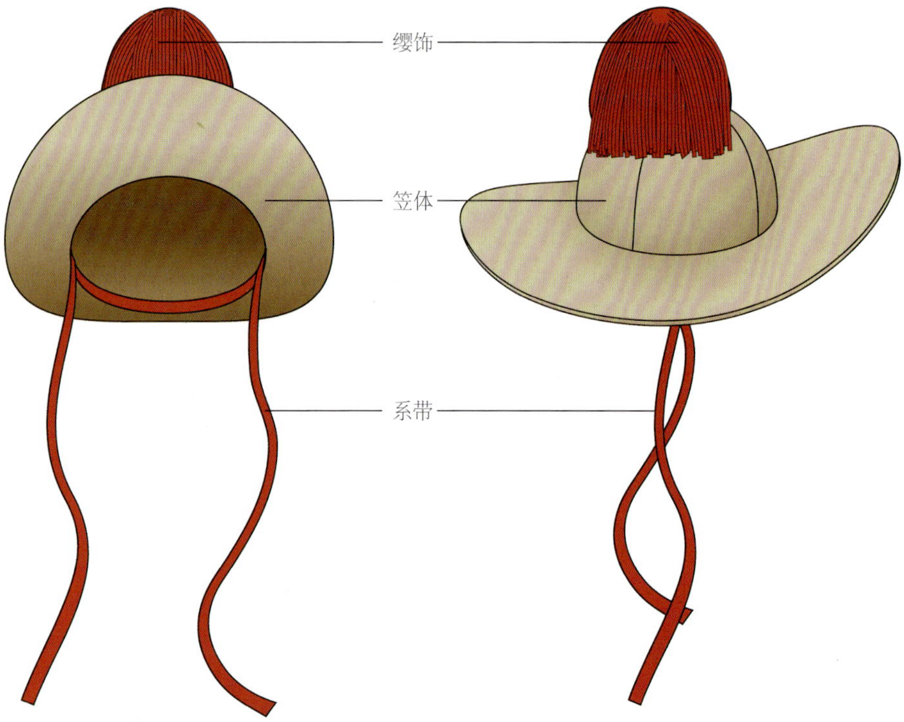

正面　　侧面

宋人绘《凌烟阁功臣图·薛仁贵像》

《武经总要》插图中笠形兜鍪

笠子 ①

根据宋人绘《凌烟阁功臣图·薛仁贵像》中薛仁贵所戴宋制笠子设计。笠子为毡或皮制，是宋代普通军士和士兵所戴的军帽，这种笠子在元、明、清代也很常见。

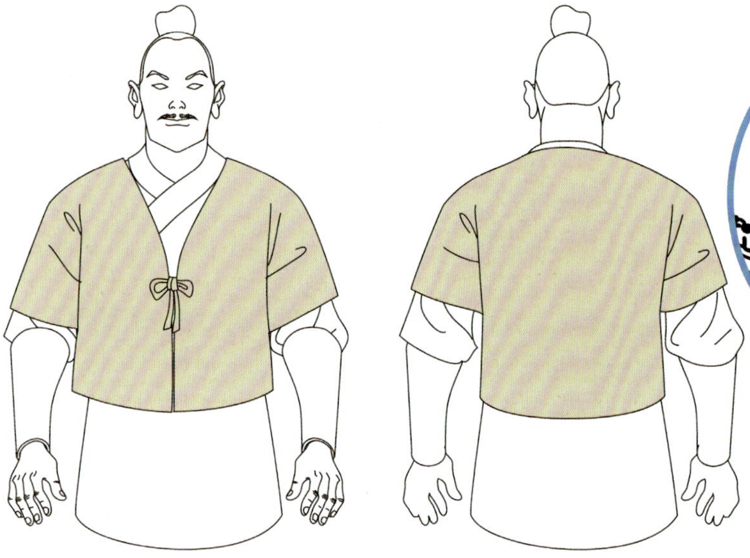

正面　　背面

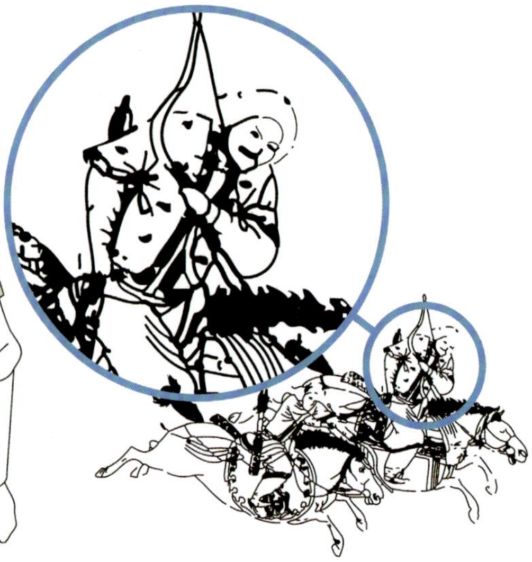

宋人绘《骑射图》中人物所穿貉袖

貉袖 ②

根据宋人绘《骑射图》中人物所穿貉（háo）袖设计。貉袖可以直接穿在衣服之外，也可以穿在铠甲以外。貉袖属于宋代的一种骑兵用的军服，是受游牧民族服饰影响而出现的一种短袄。其长不过腰，两袖到肘，因骑马时方便穿脱，所以主要供骑兵使用。唐代三中的“背子”在宋代也有使用，它与貉袖一样穿着不分等级。

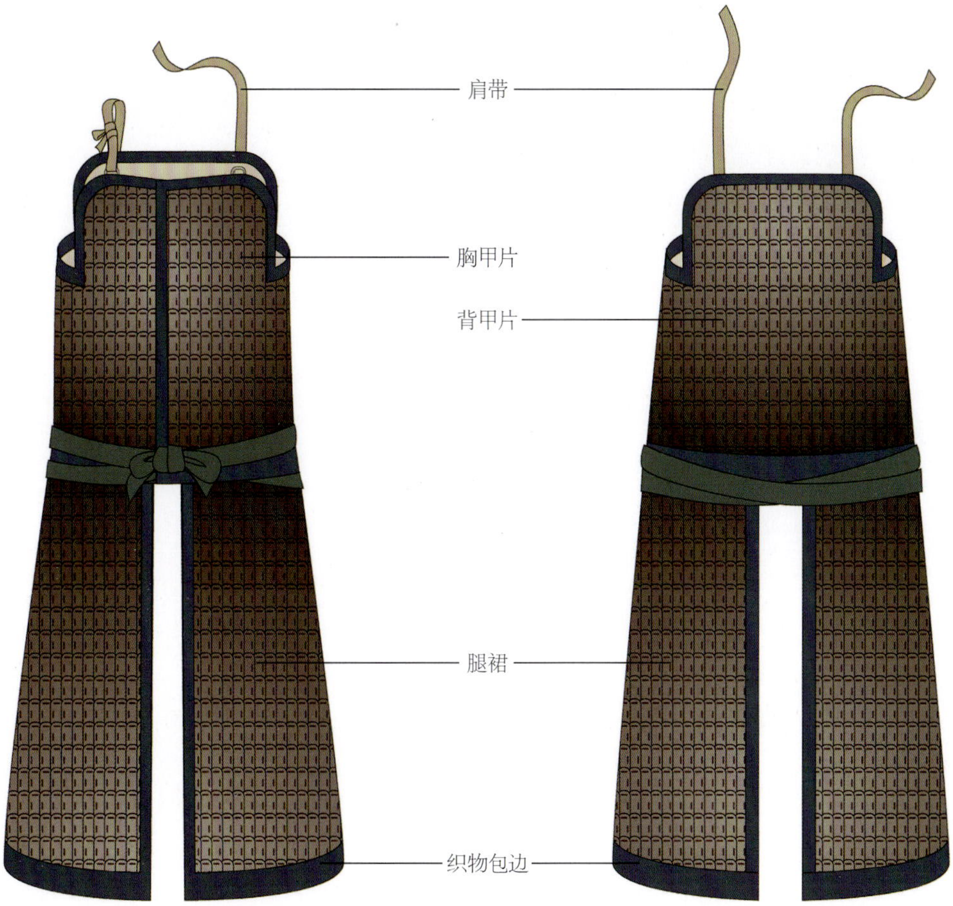

正面　　背面

4 铁甲

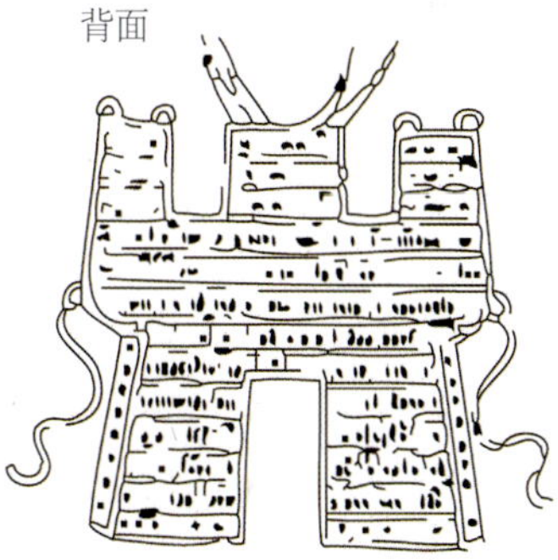
《武经总要》插图中的一领步人甲

根据《武经总要》插图中的一领步人甲设计。该甲与宋代一、四形制基本相同。但从插图中可以看出该甲的开襟处并不是采用宋代一、四的纽绊连接，而是腰部有两条长带围裹到身后交叉，再绕到腹前系束。另外，该甲的肩带采用的是帛带制成，没有宋代一、四中的鹘尾，所以该甲可能是属于普通军士所用的身甲。

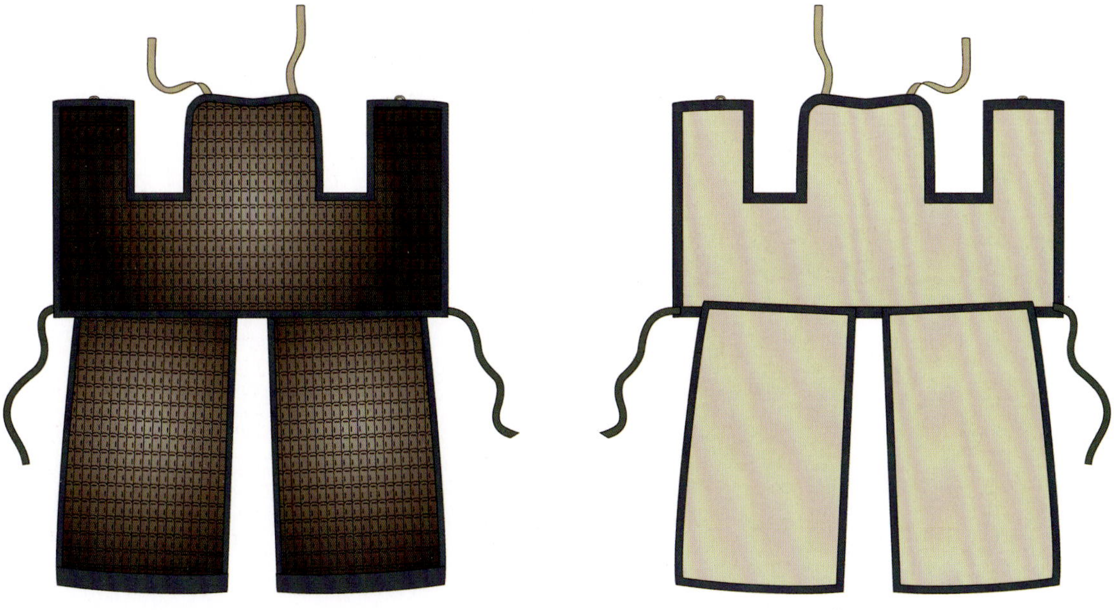
正面展开　　背面展开

假想的甲胄穿着流程

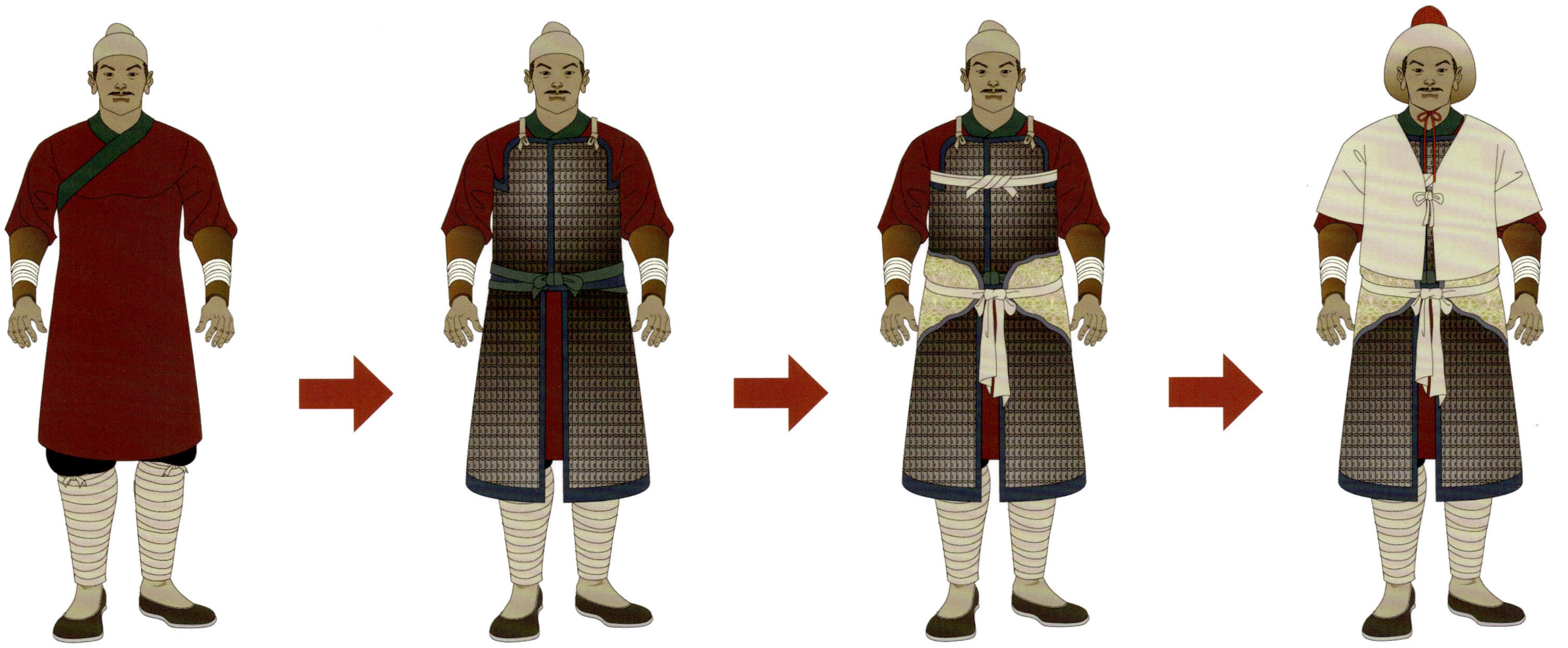

❶ 穿着甲胄前，先系束护臂再穿履，然后在腿部围裹行缠。

❷ 穿着甲衣。

❸ 在腰间围裹袍肚及系束帛带并系束束甲绊。

❹ 穿貉袖、戴笠子。

辽、金、西夏

辽：公元907年至公元1125年。

早在唐末中原之乱时期，东胡契丹的领袖耶律阿保机(后称辽太祖)于公元907年统一各部，进而称帝，于916年建国号契丹。又于五代战乱时期扩大领土改称“辽”。长期与北宋对峙，至辽天祚帝朝时(1101年)，由于统治不当，招致女真族反叛，最终被女真族所建立的金王朝代替，于1125年灭亡。实际上，当时的中国形成了宋、辽(金)、西夏三足鼎立的局面。

金：公元1115年至公元1234年。

本属辽国统治的女真族始于黑龙江一带，以渔猎为生。由于辽国长期鱼肉女真百姓，终于导致女真族反抗，女真族在完颜阿骨打的带领下，建立金帝国，后与宋连手灭了强大的辽帝国。公元1127年为靖康年，金军灭辽后即攻北宋王朝，攻破宋首都开封，虏宋徽宗、宋钦宗，导致宋室南迁。后至1234年，被南宋、蒙古联军所灭。

西夏：公元1032年至公元1227年。

青海东南部的党项族是羌族的后裔，隋唐时内附中原，其首领拓跋赤辞受唐王朝赐李姓。北宋时期先后臣服于宋、辽，后由李元昊1032年即位，于公元1038年正式称帝，国号大夏，史称西夏。至1227年被蒙古所灭。关于西夏的文献典籍大多毁于这场战火，所以关于西夏甲胄方面的资料也极为稀少。

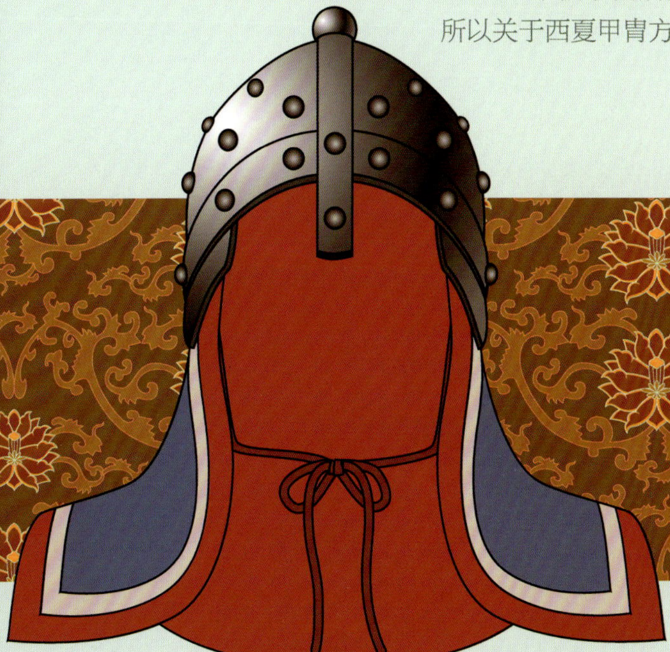

辽、金、西夏

一 辽国黑漆甲

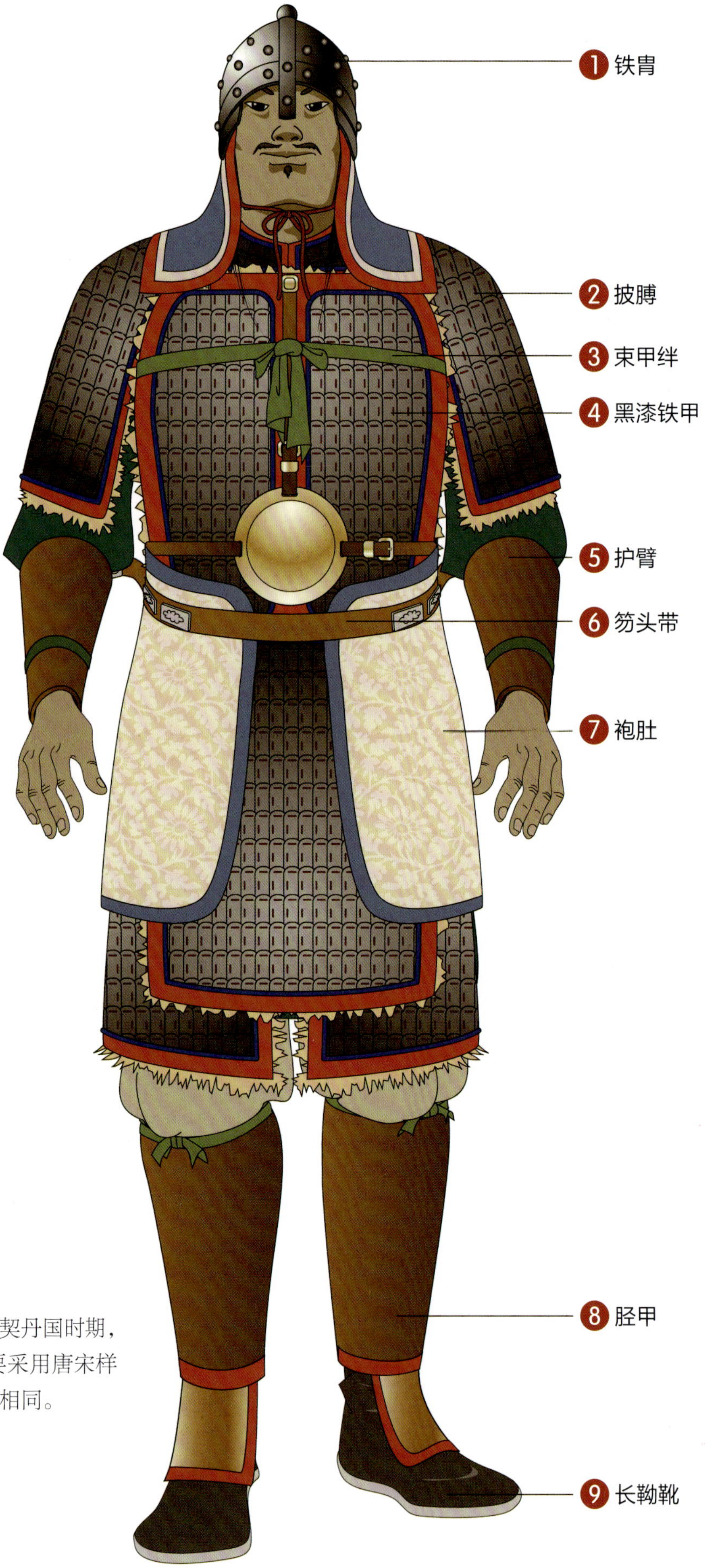

据《辽史》记载，早在契丹国时期，契丹人就已使用铁甲，主要采用唐宋样式。故该甲的形制与唐宋代相同。

3 6 7
与宋代形制相同。

5
与宋代五相同。

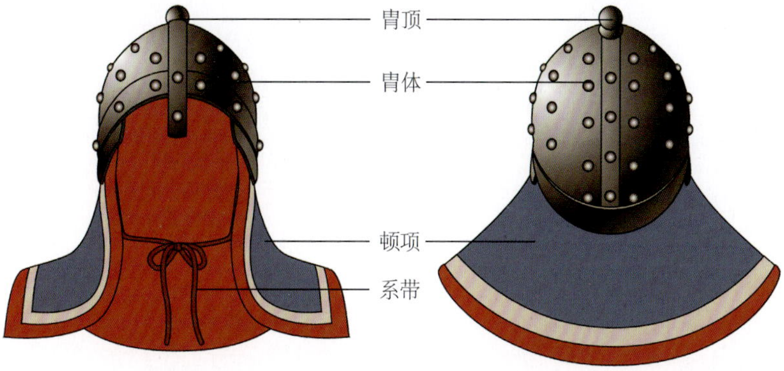

正面　　背面

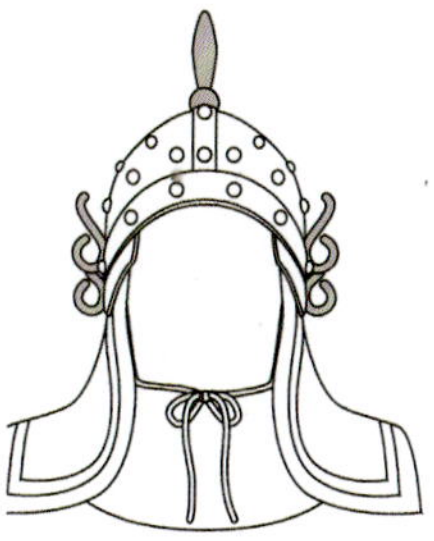

山西省大同观音堂的辽代天王像上的饰物部分

髡发是契丹人的古老习俗，就是将头顶的头发剃去只留四周的毛发

① 铁胄

根据内蒙古自治区赤峰市大营子辽代驸马墓出土实物绘制。由于该胄结构比较简单，所以有人猜测它只是胄的主体部分。在当时它应该还有其他装饰部件，这一点可以在山西省大同观音堂的辽代天王像上找到根据。该天王像所戴铁胄与内蒙古出土的实物极为相似，所以这种猜测是有根据的。辽军一般的军士多为髡（kūn）发且不戴头盔，只有高级的军官才戴铁胄。

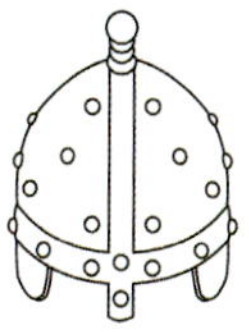

内蒙古自治区赤峰市大营子辽代驸马墓出土的铁胄

正面　　背面

② 披膊

根据内蒙古自治区巴彦尔灯辽代墓壁画人物所披披膊假想绘制。其形制根据宋代一形制假想。

内蒙古自治区巴彦尔灯辽代墓壁画

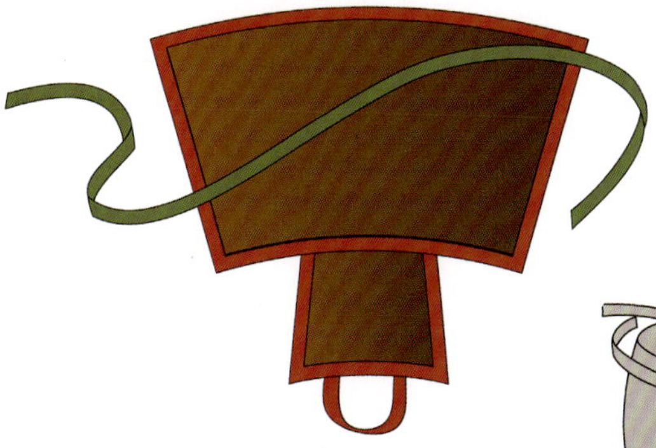

山西省大同观音堂的辽代天王像

⑧ 胫甲

根据山西省大同观音堂的辽代天王像假想设计。该胫甲最大的特点在于有保护脚面的护甲，这种形制与宋代三相同。

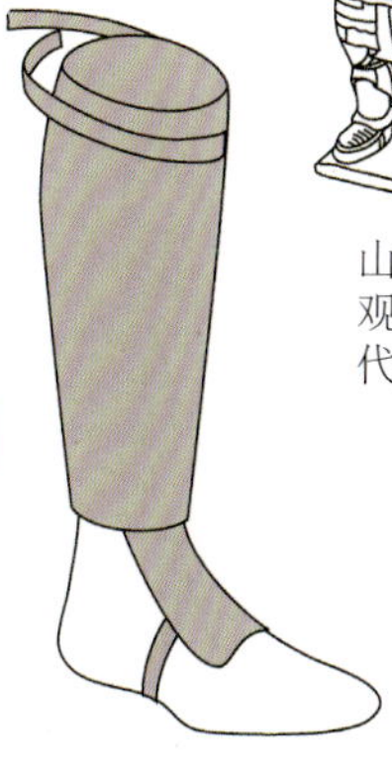

胫甲穿着方式

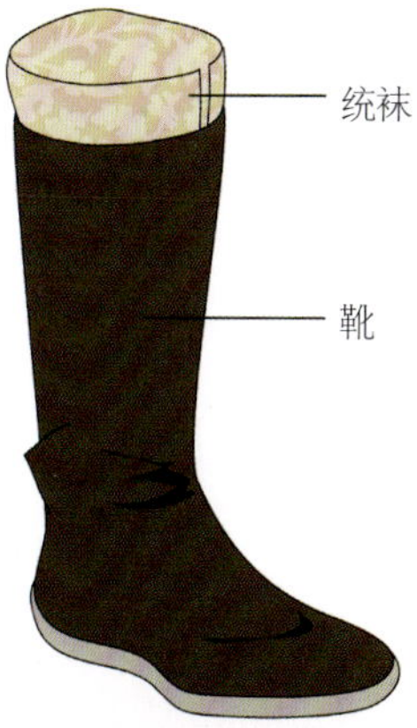

⑨ 长靿靴

靴子在历代都没有什么特殊的变化。这里要介绍的是统袜，统袜是契丹人穿靴时的一种袜子，但它的袜统要高出靴统一截，这种习俗在今天的草原牧民中仍然可以见到。

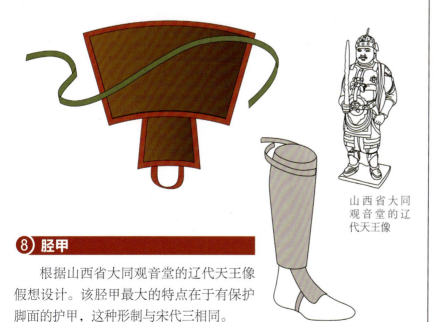

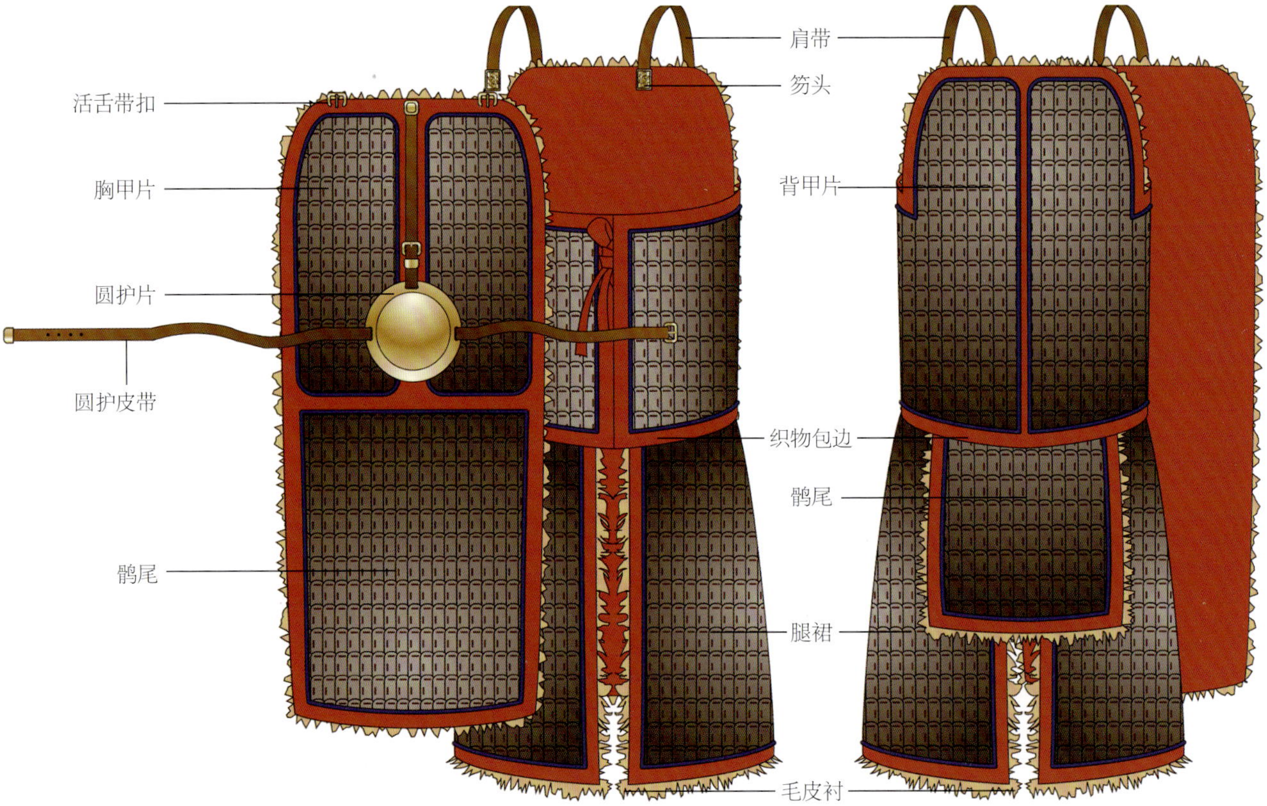

正面　　背面

黑漆铁甲 ④

根据山西省大同观音堂的辽代天王像设计。契丹本是东胡，公元907年耶律阿保机(后称辽太祖)于唐末趁中原之乱统一各部进而称帝，916年建国号契丹。辽太祖重视大唐文化，各个行业都多用汉人，所以其甲胄形制多是唐代形制，直到宋代结束五代之乱以后，也使用宋代甲胄形制，所以辽代的甲胄形制与唐宋形制基本相同。

该甲与唐代五、宋代三的铠甲形制相同。从辽代天王像上看护腹的圆形护甲片，好像是用皮带从胸前吊挂到腹部，然后用横向的皮带固定，这种形制在唐宋时期的雕像上也有出现过。

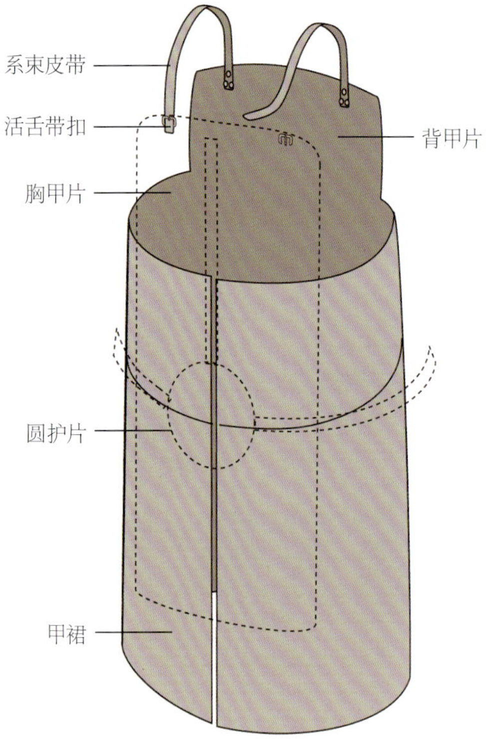

该黑漆甲的结构

山西省大同观音
堂的辽代天王像

假想的甲胄穿着流程

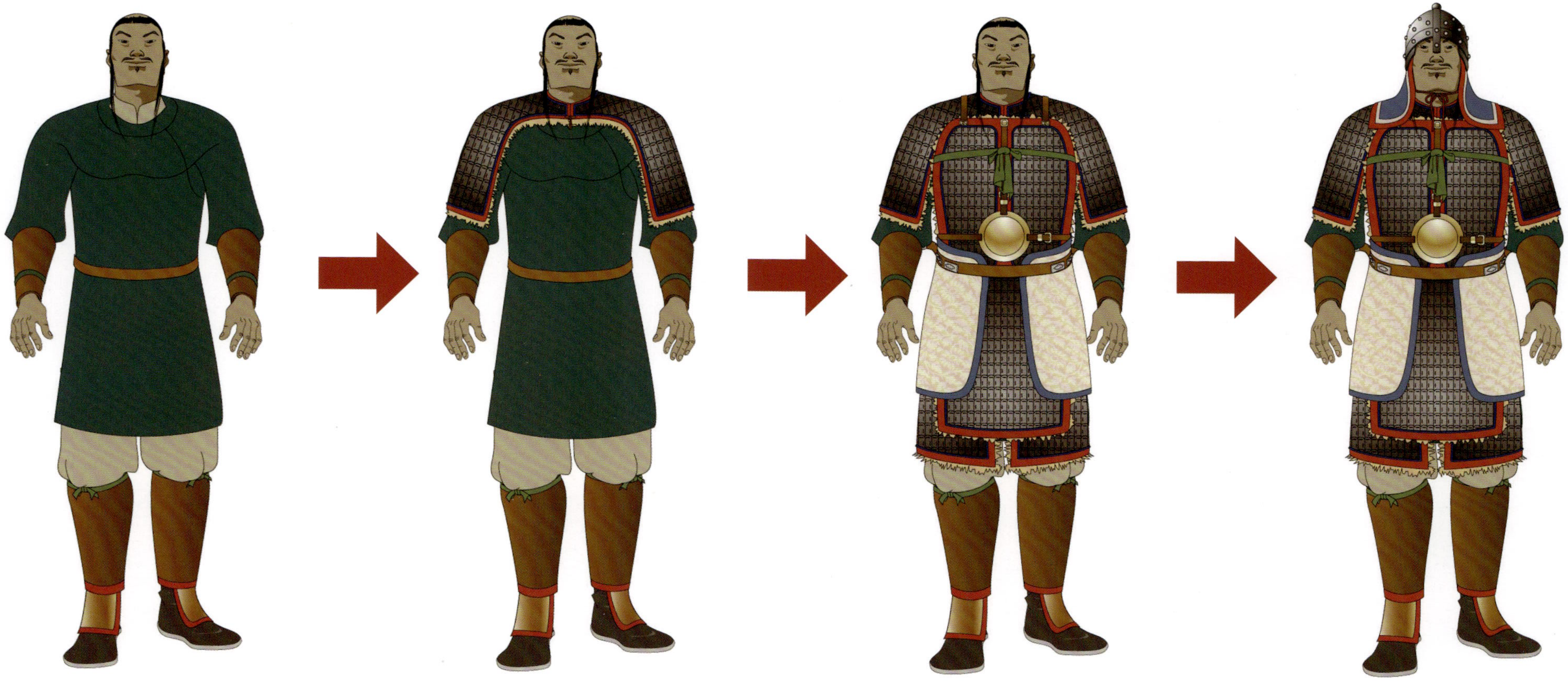

1 穿着甲胄前，先系束护臂再穿靴，然后在腿部穿着胫甲。

2 披挂披膊。

3 穿着甲衣，在腰间系束袍肚及皮带并系束甲绊。

4 戴胄。

辽、金、西夏

二 金国黄茸军铁甲

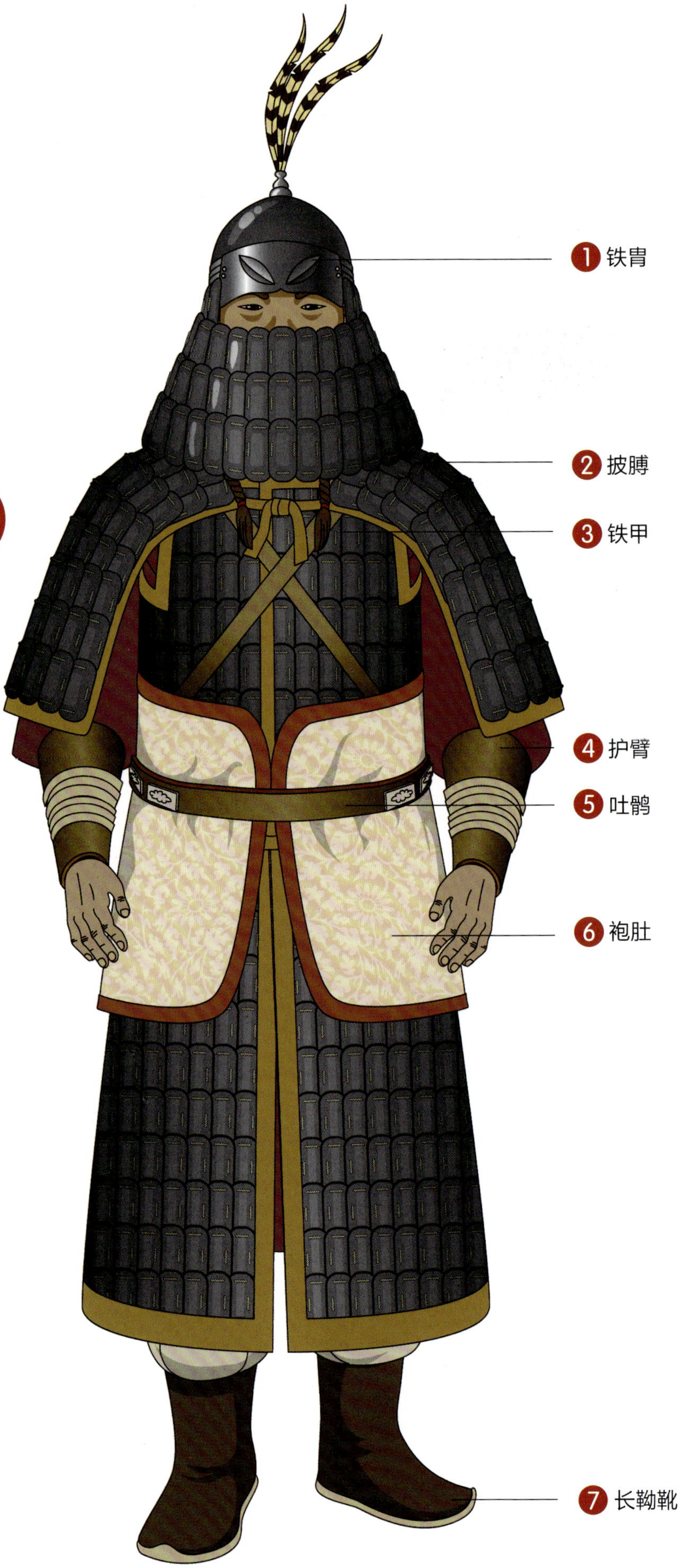

金国的军士与辽国一样也有髡发习俗

女真臣属辽国近两百年，早期只有兵器而无甲胄，后来从辽国叛军得来五百具铠甲，从此开始甲胄装备军队，其甲胄形制主要来自于北宋王朝。铠甲以金、银色为主，甲片由紫色、青色或者黄色丝带编缀的甲衣称为“紫茸”“青茸”和“黄茸”，装备这些颜色铠甲的军队即是“紫茸军”“青茸军”和“黄茸军”，是金国的主力部队。

4 6 7

与宋代形制相同。

5

金国称腰带“吐鹘”，其实与宋的笏头带形制相同。

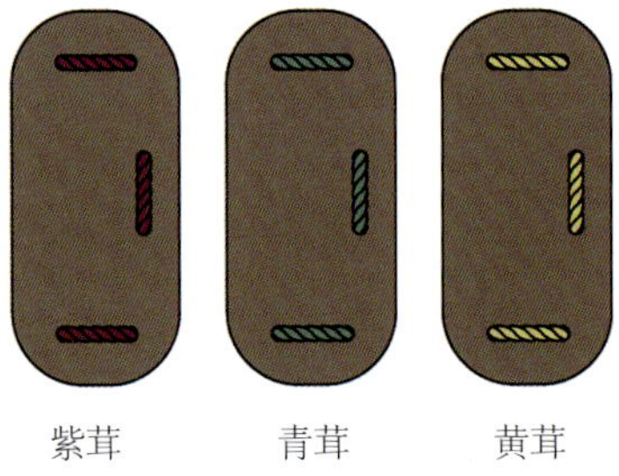

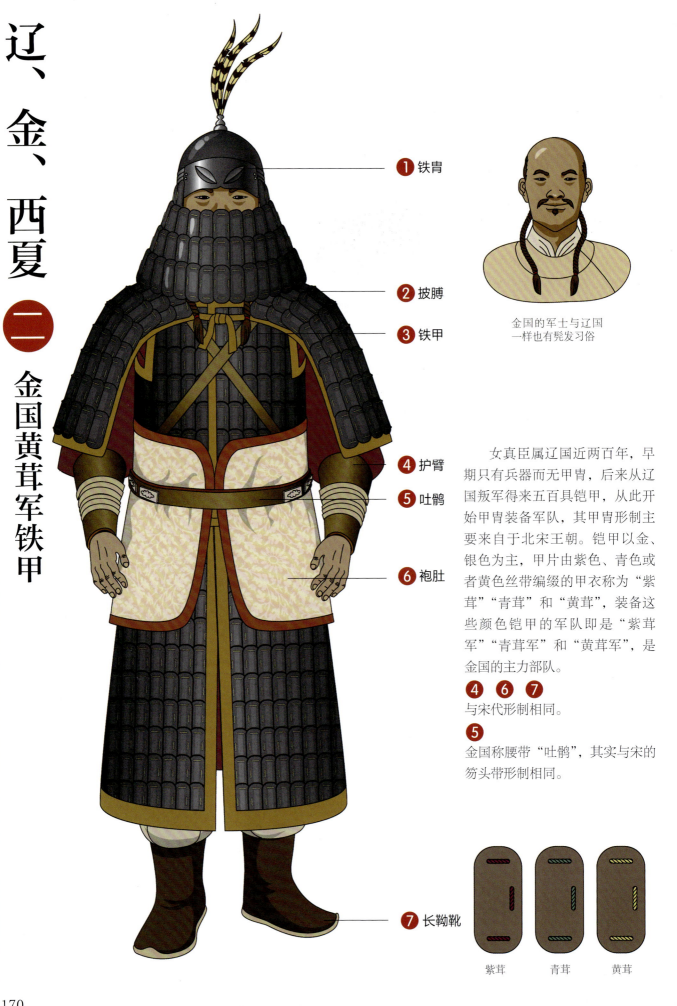

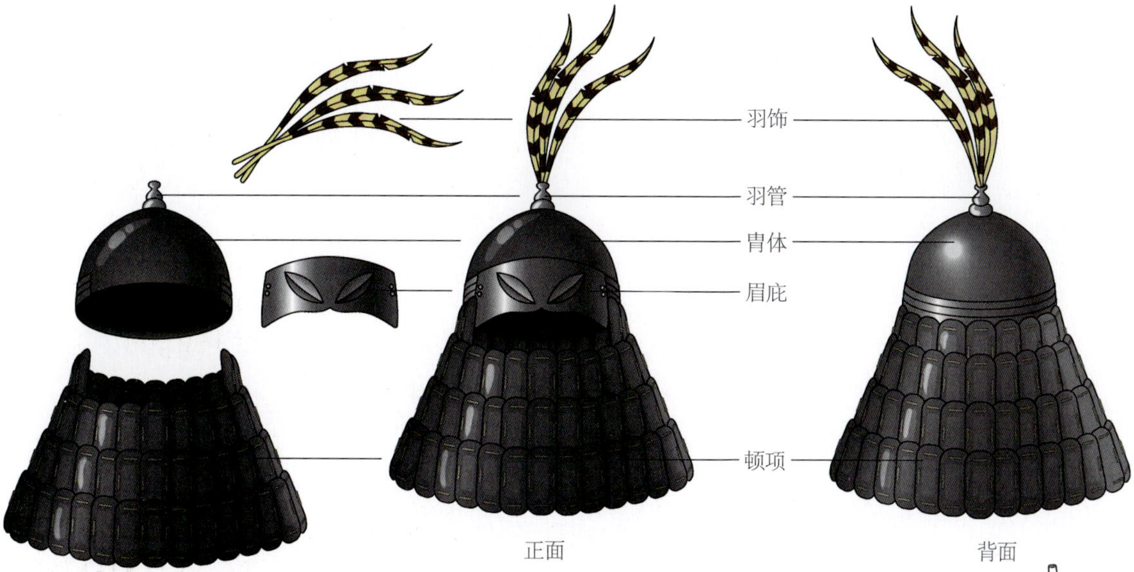

铁胄的组成部分

① 铁胄

该铁胄根据俄罗斯滨海边疆区乌苏里斯克（双城子）附近发现的金国铁胄和宋代萧照所绘的《中兴瑞应图卷》中的金国骑兵形象设计。胄体和眉庇即俄罗斯发现的金国铁胄形制，胄顶有羽管，用于安插羽毛。顿项是《中兴瑞应图卷》中所绘形制，据《三朝北盟会编》记载，"金人兜登极坚，止露面目"，而《中兴瑞应图卷》所绘金国骑兵正是“止露面目”，它们很可能就是同一种铁胄。

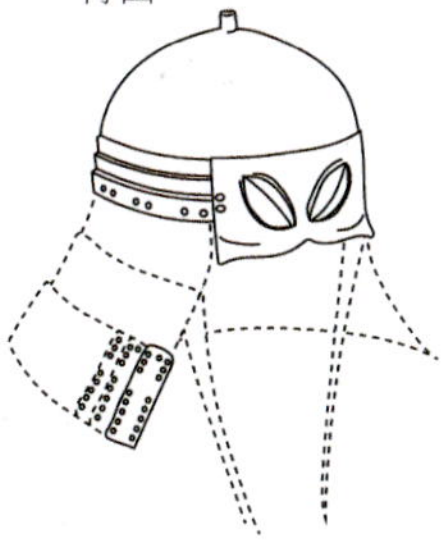
俄罗斯滨海边疆区乌苏里斯克（双城子）附近发现的金国铁盔

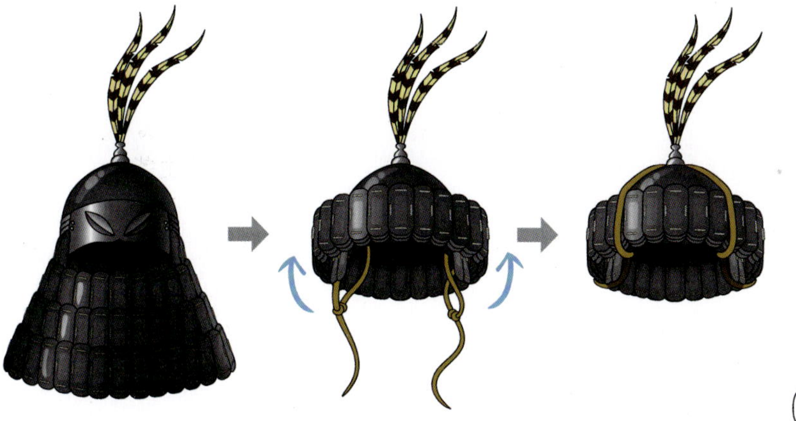
从《中兴瑞应图卷》所绘金国骑兵形象可以清楚看到顿项可以向上套叠，在胄顶用皮绳固定，这样可以让穿戴者通风透气。在作战时将顿项放下，只露出眼睛，防护十分严密。

《中兴瑞应图卷》所绘金国骑兵形象

② 披膊

根据宋代萧照所绘的《中兴瑞应图卷》中的金国骑兵形象设计。该披膊覆盖肩、上臂、肘部，长至小臂，披膊左右两块独立分开，穿戴时再相连。该披膊最具特点的是在穿戴时在胸前及后背交叉，在腰间固定。这种形制在宋、辽、金、元代的绘画中都可以见到。

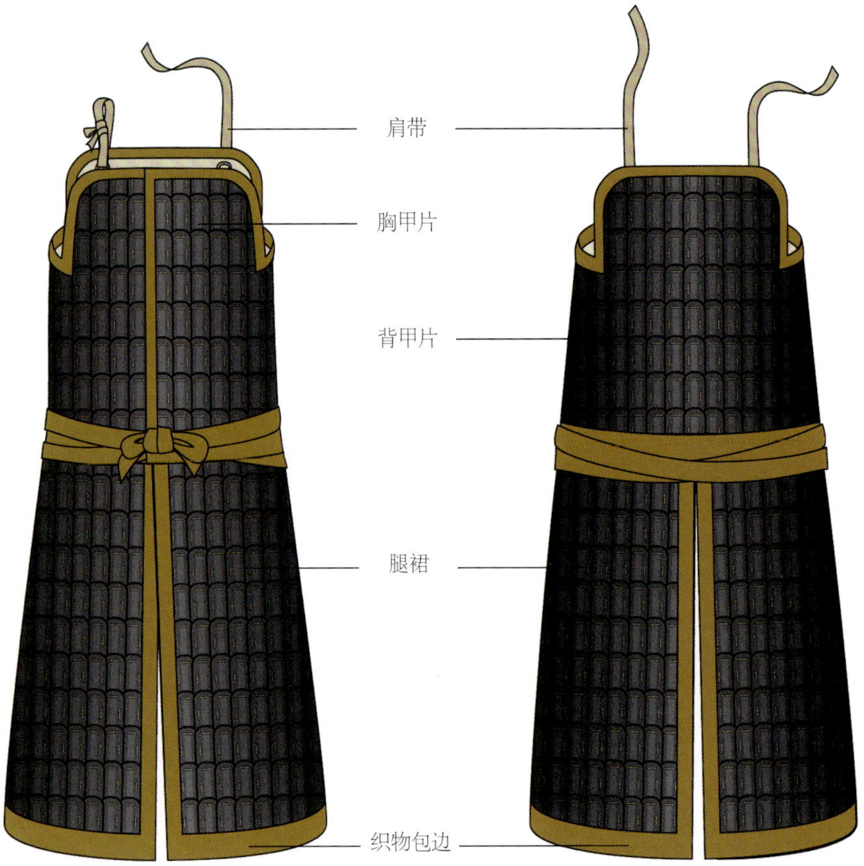

正面　　背面

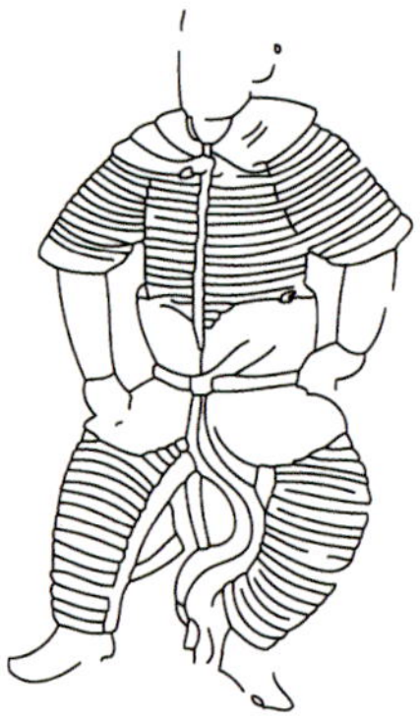

山西省长治石哲金代墓壁画武士像

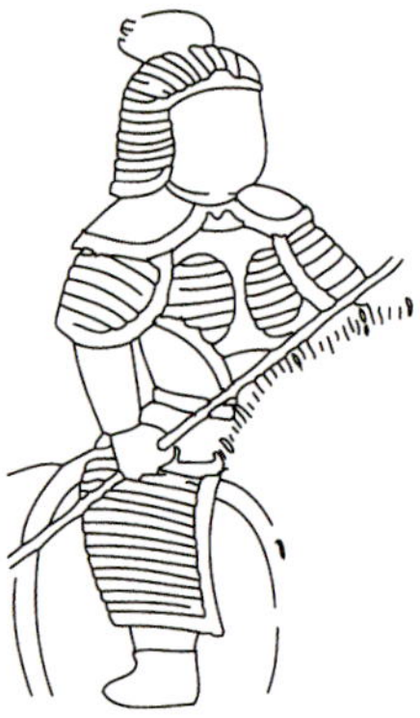

山西省长治石哲金代墓壁画武士像

铁甲 ③

从《中兴瑞应图卷》的金国骑兵形象和山西省长治石哲金代墓壁画武士像可以看出，金代的铁甲同宋代五的形制相同，也没有前后鹘尾，这与宋代《武经总要》插图中的步人甲形制相同，说明金国的铠甲应该同辽、宋的铠甲形制相同，故该甲形制与宋代五身甲相同。

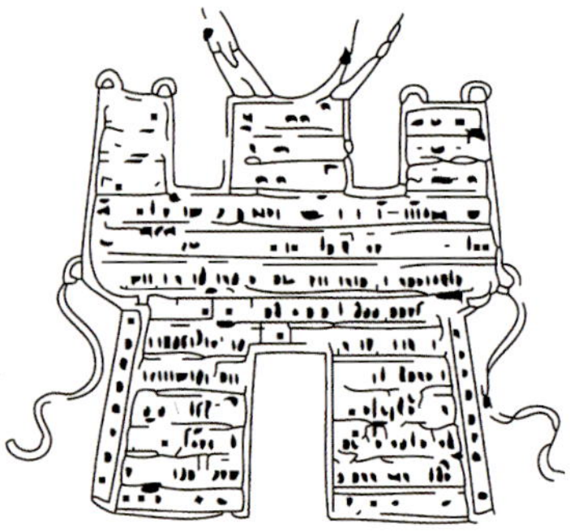

《武经总要》插图中的一领步人甲

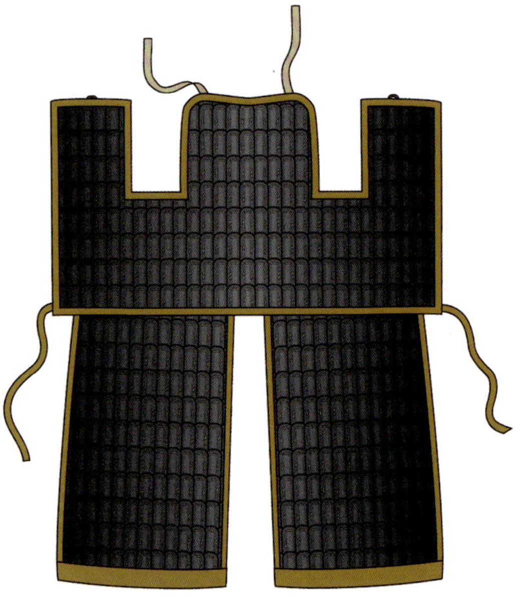

正面展开

背面展开

假想的甲胄穿着流程

1 穿着甲胄前，先系束护臂，再穿靴。

2 穿着甲衣。

3 披挂披膊。

4 在腰间系束袍肚，并系束皮带。

5 戴胄。

辽、金、西夏

三 西夏鎏金铜甲

敦煌莫高窟418窟，西夏供养人像。

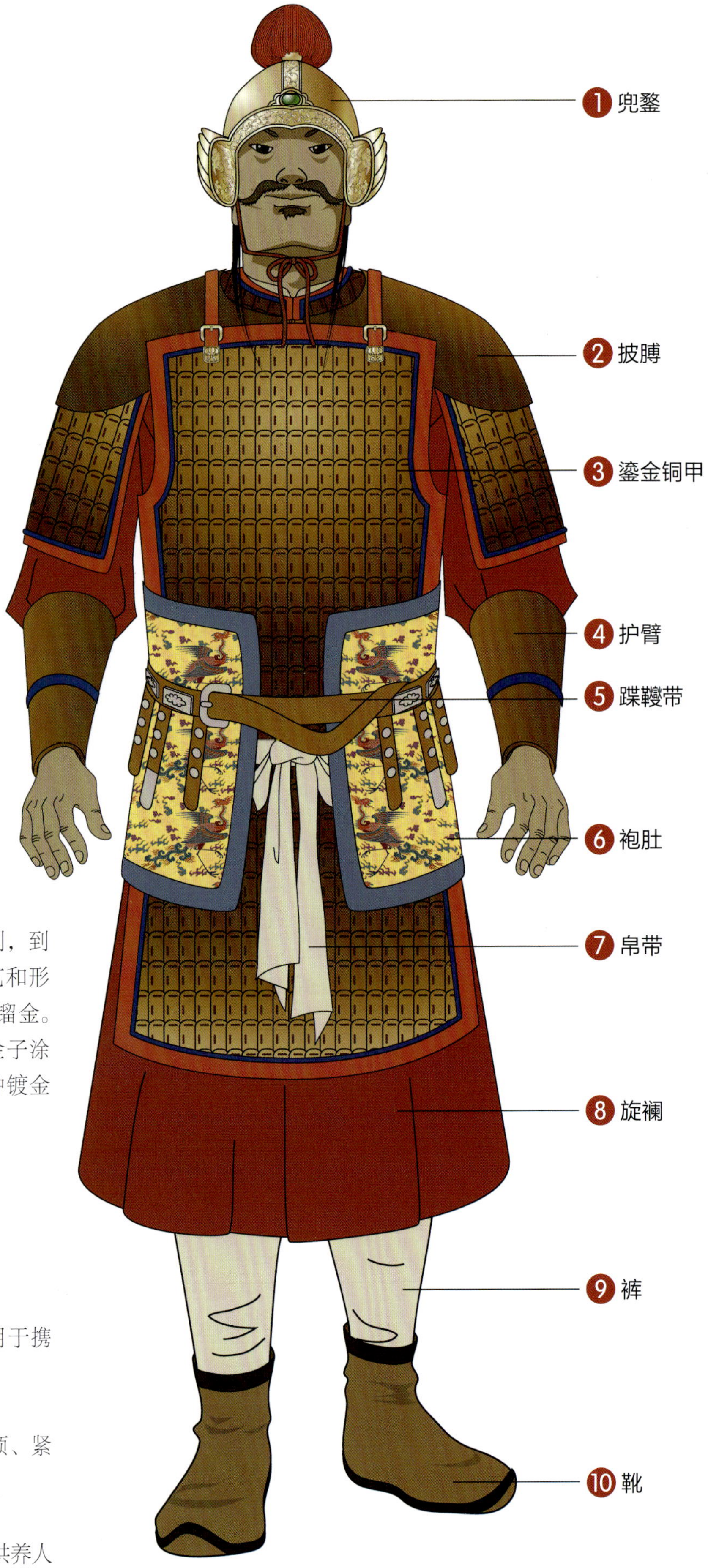

西夏甲胄形制多效仿唐制，到了宋代也依然如此，所以工艺和形制比较落后。这里的鎏金同镏金。镏金就是把溶解在水银里的金子涂刷在银胎或铜胎器物上的一种镀金方法。

4
与宋代五相同。

6
与宋代形制相同。

7
可能与汉代一相同，蹀躞带用于携带武器，帛带用于束紧甲衣。

8
旋襕（lán）是一种窄袖、圆领、紧身的党项族民族服饰。

9 10
根据敦煌莫高窟418窟，西夏供养人像绘制。

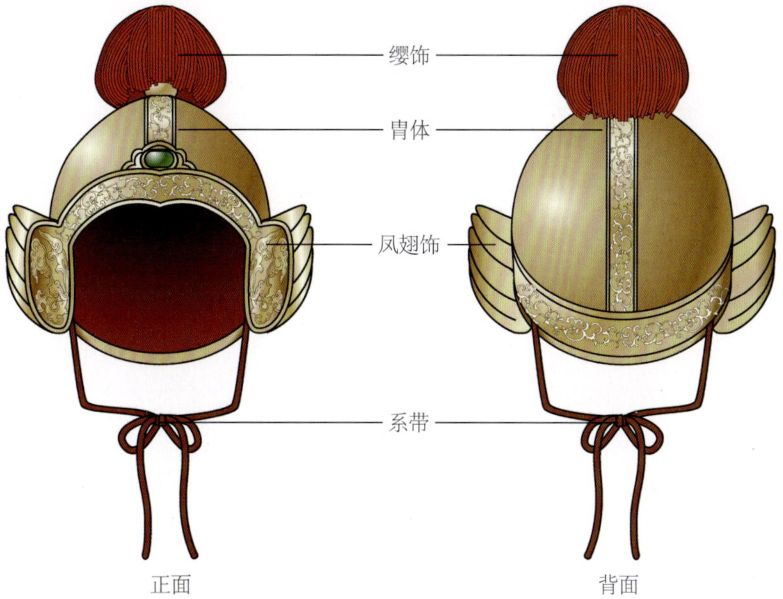

甘肃省武威市西郊西夏墓出土彩绘木板画

① 兜鍪

根据甘肃省武威市西郊西夏墓出土彩绘木板画设计。木板画中所绘兜鍪与唐宋时期兜鍪极为相似，但没有顿项，故图中设计其形制与宋代相同。另外西夏与辽、金一样有髡发习俗。

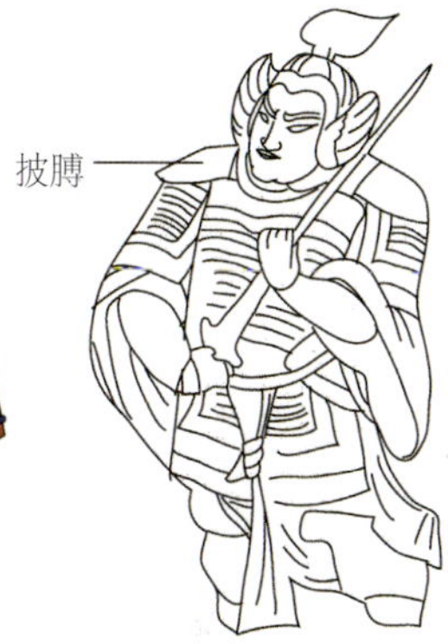

甘肃省武威市西郊西夏墓出土彩绘木板画

② 披膊

根据甘肃省武威市西郊西夏墓出土彩绘木板画设计。从木板画可以看出是与宋代一相同的护肩与披膊组合的形制，但应该是披膊与辽、金的形制相同，而后添加一件皮制护肩。

⑤ 蹀躞带

“蹀（dié）躞（xiè）带”，该带由数条小皮带从銙处垂下来，用于佩挂各种小物件，早在唐代时期就流行于羌胡等民族服饰中，初唐官服也有使用，上面悬挂佩刀、小刀、砺石、算袋、等七件物品，俗称“蹀躞七事”。开元以后，唐朝廷废除佩挂制，这种形制的腰带也就逐渐从中原消失了。但做为羌的后裔，党项族仍然保留使用。除了唐代和西夏，辽代也使用蹀躞带。蹀躞也是现代方言山东话“diexie”和东北话“dese”的由来，指轻浮、轻薄、不稳重等含义。

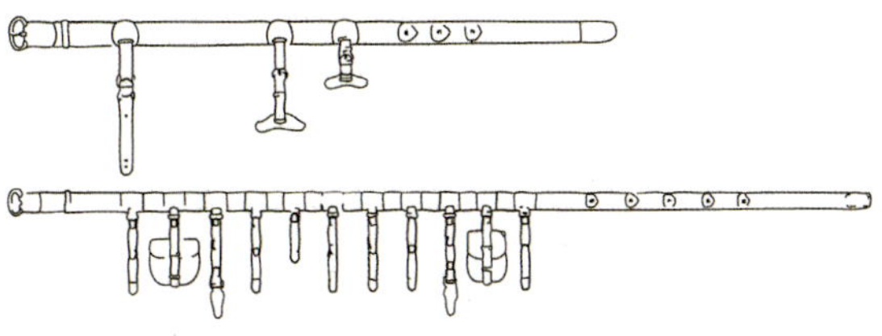

契丹服中的两种蹀躞带

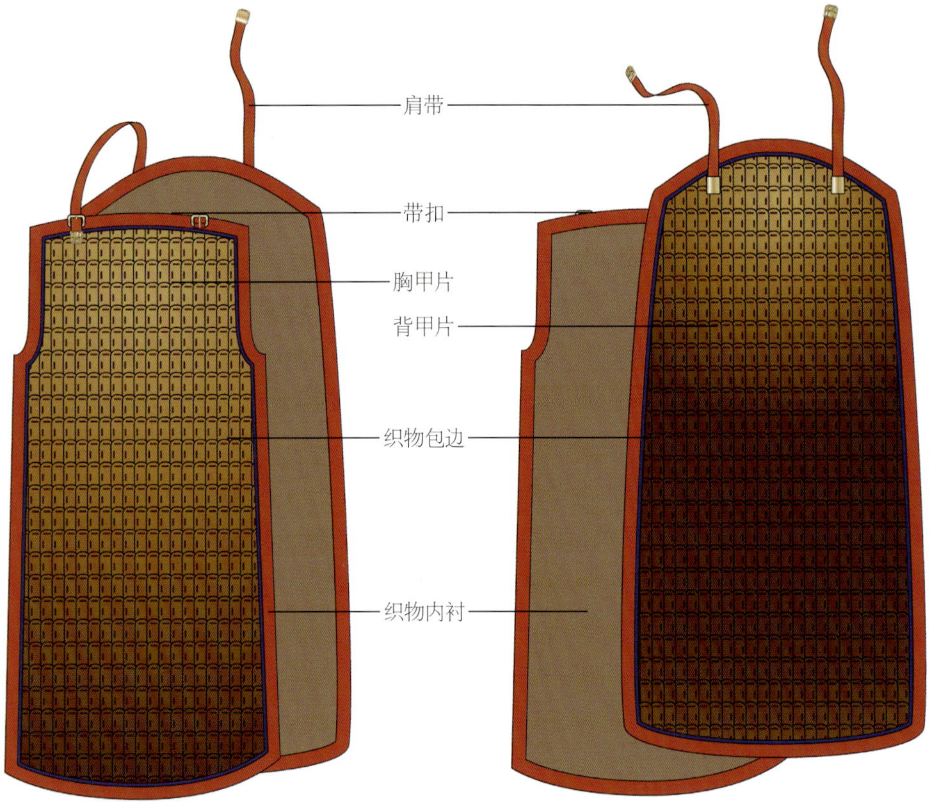

鎏金铜甲 ③

根据甘肃省武威市西郊西夏墓出土彩绘木板画设计。从原木板彩绘形制看很像是隋唐时期的两当甲，且没有腿裙。两侧腋下是否相连很难看出来，但两侧胯能清晰地看出开衩。所以该甲具体形制无法判断，这里我们做两种假想。一种是前后两片不相连的形制，另一种是与隋代二明光铠相同的形制，但不同的是左侧相连处有开衩。从该甲的形制看，西夏的铠甲制造水平比中原的辽（金）、宋相对落后一些。

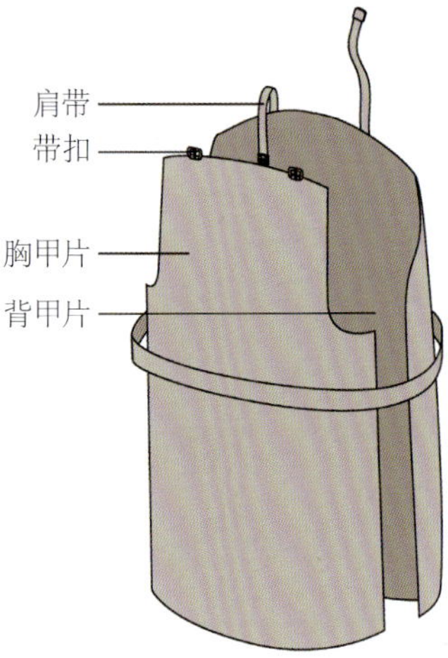

背甲西夏鎏金铜甲的组合结构片

甘肃省武威市西郊西夏墓出土彩绘木板画

另一种假想

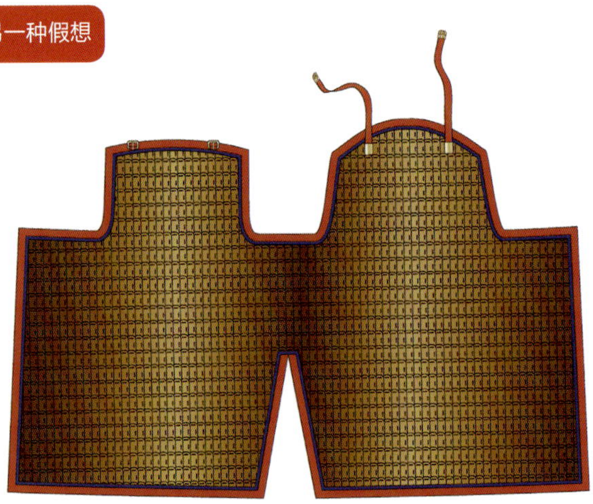
正面展开

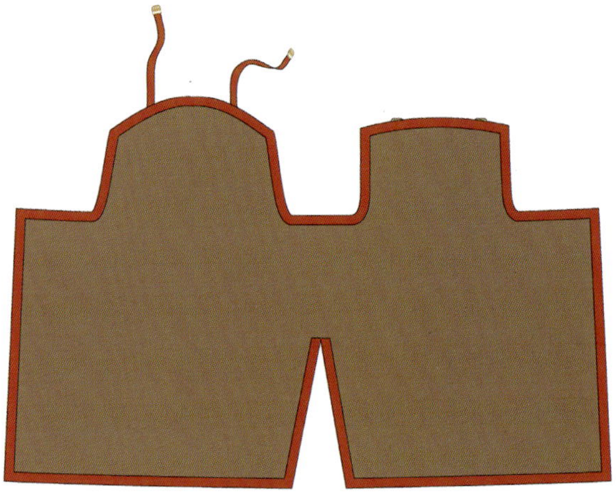
背面展开

假想的甲胄穿着流程

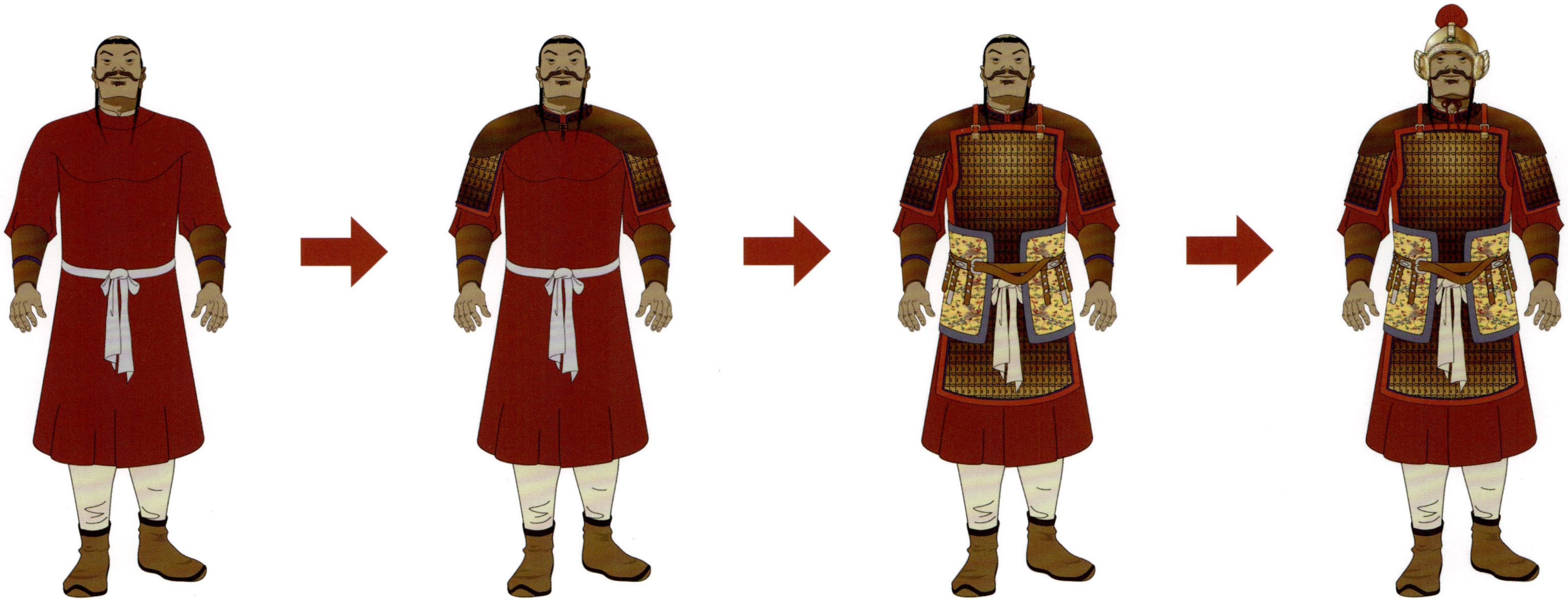

❶ 穿着甲胄前，先系束护臂再穿靴。

❷ 披挂披膊。

❸ 穿着甲衣，在腰间系束袍肚及皮带。

❹ 戴兜鍪。

元代

元代：公元1206年至公元1368年。

公元1206年，52岁的成吉思汗铁木真统一蒙古各部，建立蒙古帝国，他的帝国经过不断的征战，最终形成人类历史上最大的国家——“蒙古帝国”。至1271年，成吉思汗之孙蒙古大汗忽必烈改国号为“大元”，于1279年消灭南宋，集宋、金、西夏、大理，及蒙古草原于一体，并继续出征东欧、中亚和东南亚。

蒙古帝国的甲胄种类较多，这主要是从其众多的占领国而来，其中有回鹘、宋朝甚至波斯等各民族样式，后来由于火器的发展，使得传统的甲胄已经失去防护的作用。元帝国开始发展出只有局部防御功能且轻便防寒的布面甲，这种布面甲一直延续到明清两代。

元代

一 铁胄和细鳞甲

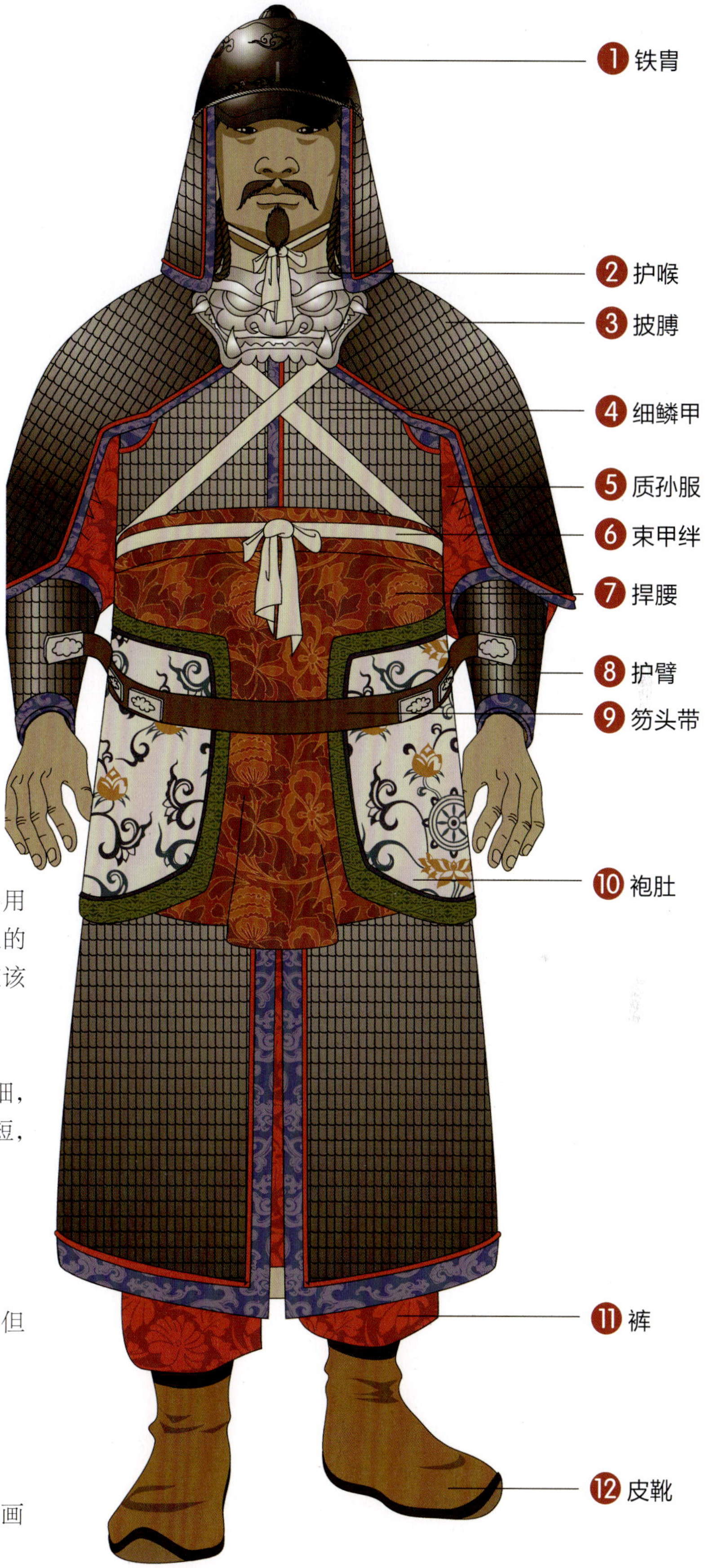

元代初期的蒙古军队的甲胄多用金国的形制，而金国又是以宋、辽的形制为主，所以当时诸国的甲胄应该大多是宋制。

5
蒙古族的民族服饰，质地有粗有细，领口有交领有方领，衣长有长有短，统称质孙服。

6
与宋代形制相同。

7 10
内层的袍肚，与辽金西夏二相同，但在元代称为“捍腰”。

9 11
与辽金西夏形制相同。

12
根据山西省太原市小井峪元代墓壁画绘制，是一种矮靿靴。

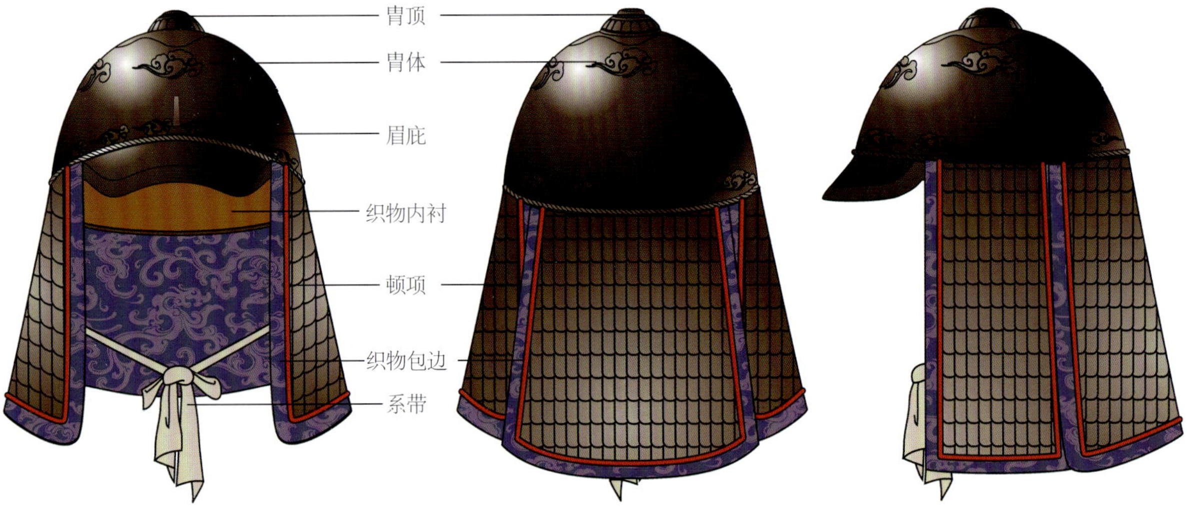

正面　　背面　　侧面

铁胄 ①

该胄根据日本博多（今福冈市）元寇史料馆的实物绘制，该胄高18厘米，左右呈半球形，额前有眉庇（bì），胄顶为五层凸体花纹。该胄的胄顶与日本兜的八幡座十分相似，座中为空，胄体周围有凸出的祥云花纹，胄体下缘也有小的祥云凸出花纹和绳缘形花纹。据《中国兵器史稿》描述，该胄涂红漆，这里表现为黑色。另外，从实物看该胄的额前有日本兜安插立物的角本。这一点在其他元代铁胄的资料上从未见过，可能是当时缴获该胄的日本人后改装上去的。

蒙古人也髡发，称作“剃婆焦”，如中原汉人小孩的三搭头，其中一种中间一搭长至眉间，称为“不狼儿”。

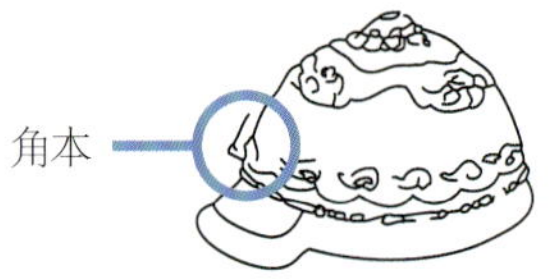

日本博多（今福冈市）元寇史料馆的元代铁胄

不狼儿

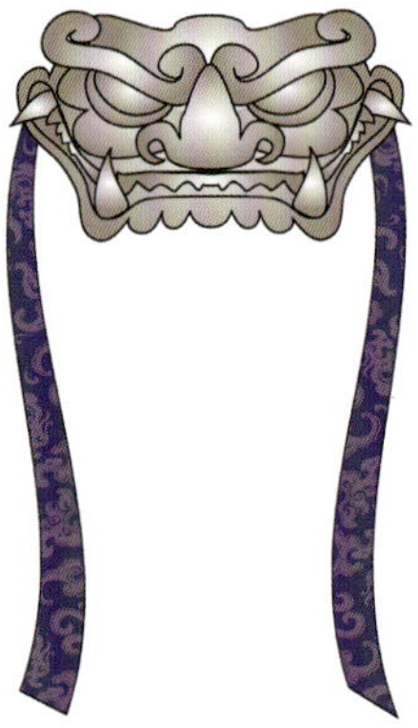

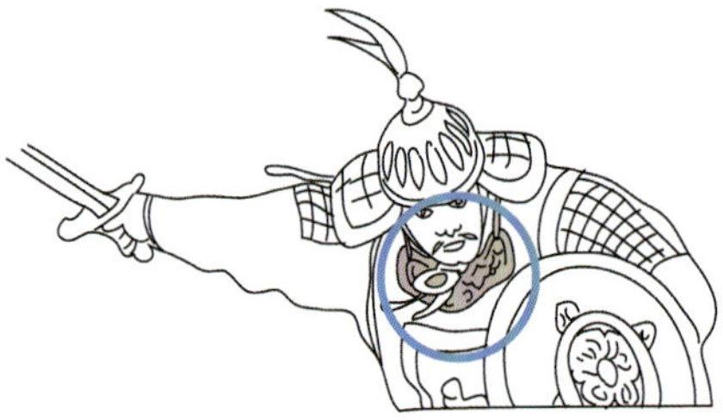

现代画家“谋贤”的《演武图》中蒙古武士所戴的护喉

山西省芮城永乐宫三清殿东壁的元代壁画《朝元图》中的三元将军

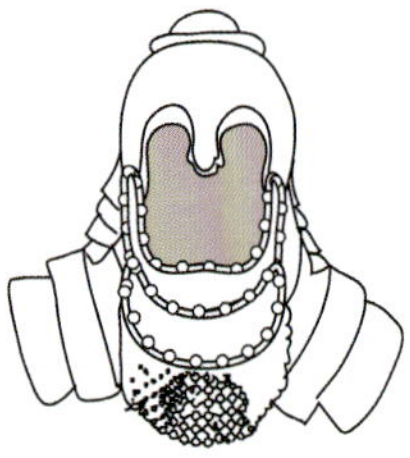

俄罗斯所藏的蒙古皮胄下挂垂的护喉甲片

护喉 ②

该护喉是根据现代画家“谋贤”的《演武图》中蒙古武士下颚所戴的护喉而设计。单独的护喉装置在中国历代甲胄中很少见。《演武图》中的护喉可能是其作者从山西省芮城永乐宫三清殿东壁的元代壁画《朝元图》中三元将军颚下所戴装置参考而来，但《朝元图》中三元将军颚下所戴的装置其实是胸甲的部分。不过作为艺术创作，《演武图》中护喉的假设是可以理解的。实物方面的资料有俄罗斯所藏的一套蒙古皮胄下挂垂的护喉甲片。

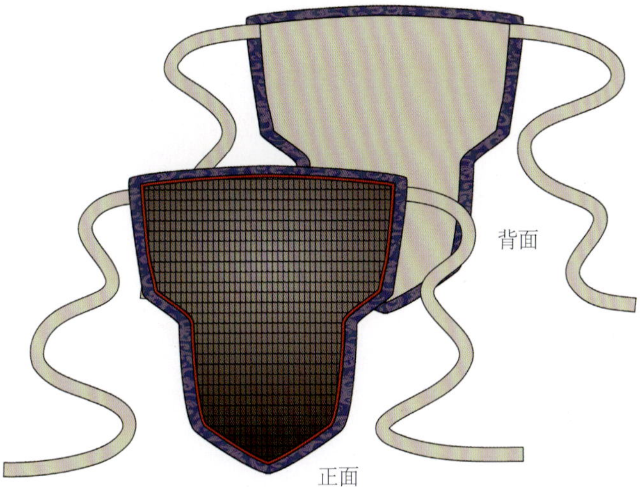

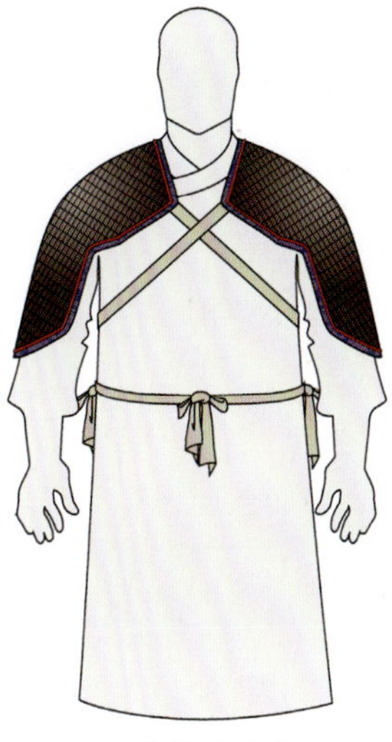

穿着后正面

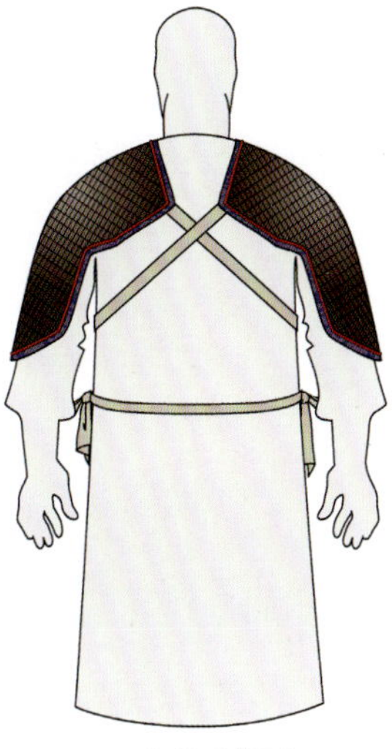

穿着后背面

山西省右玉县旧城宝宁寺水陆画《大将军黄幡豹尾白虎金神青羊乌鸦众》诸神之一——大将军所戴披膊

山西省右玉县旧城宝宁寺水陆画《往古文武官僚宰辅众》诸神中元人武将形象所戴披膊

③ 披膊

根据山西省右玉县旧城宝宁寺水陆画中元人武将形象所戴披膊绘制。披膊在领口处用两条帛带在胸前交叉，在腰部系束，这种设计在宋代就有使用，十分方便两臂活动。

⑧ 护臂

根据山西省右玉县旧城宝宁寺水陆画《大将军黄幡豹尾白虎金神青羊乌鸦众》中元人武将形象所戴护膊绘制。该护臂由小甲片编缀在织物或皮革的衬上，再由织物包边。穿时应该是在手臂内侧系束。

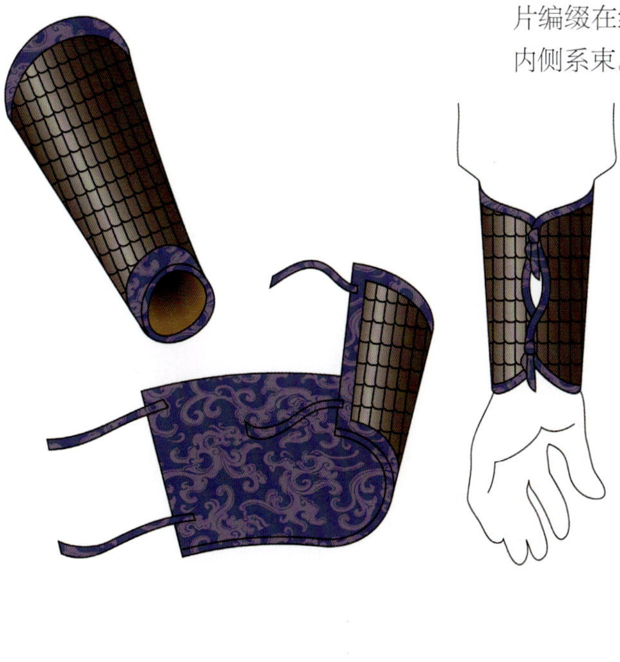

山西省右玉县旧城宝宁寺水陆画《大将军黄幡豹尾白虎金神青羊乌鸦众》诸神之一——大将军

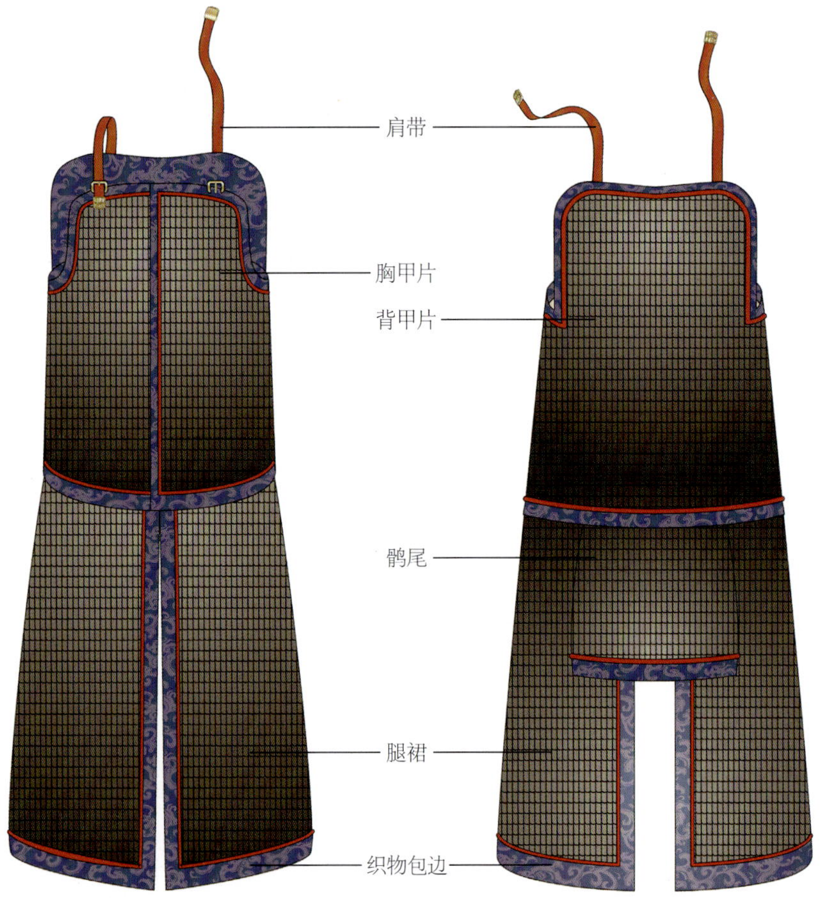

正面　　背面

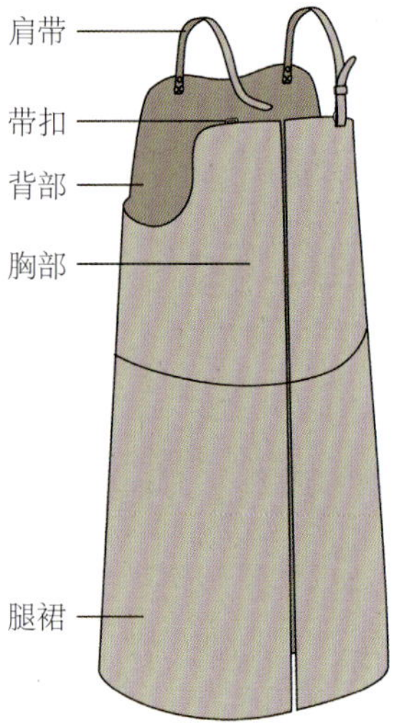

该甲的形制

细鳞甲 ④

根据山西省右玉县旧城宝宁寺水陆画中元人武将形象所绘。该甲与宋代四的金漆铁甲形制相同，胸、背、腿为一个整体，身前对开襟，属于元代早期从金、宋吸取过来的甲胄形制。由于甲片很细小，所以称为细鳞甲，这么小的甲片应该不是用丝绦编缀，而是用铜铁丝编缀而成。

山西省右玉县旧城宝宁寺水陆画《大将军黄幡豹尾白虎金神青羊乌鸦众》诸神之一——大将军

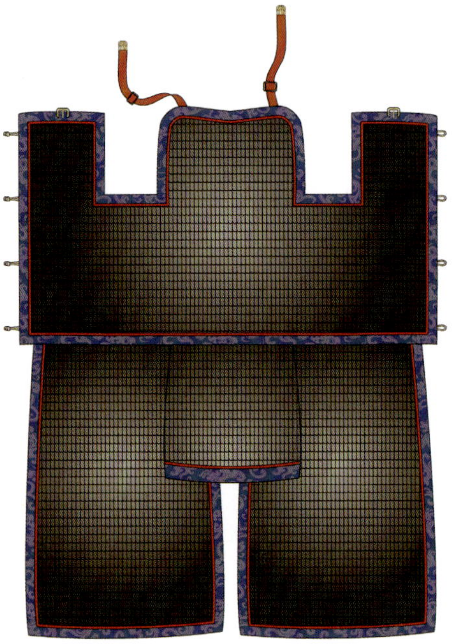

正面展开

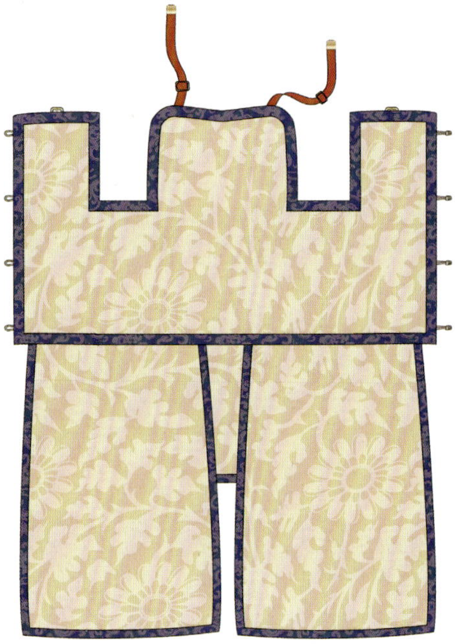

背面展开

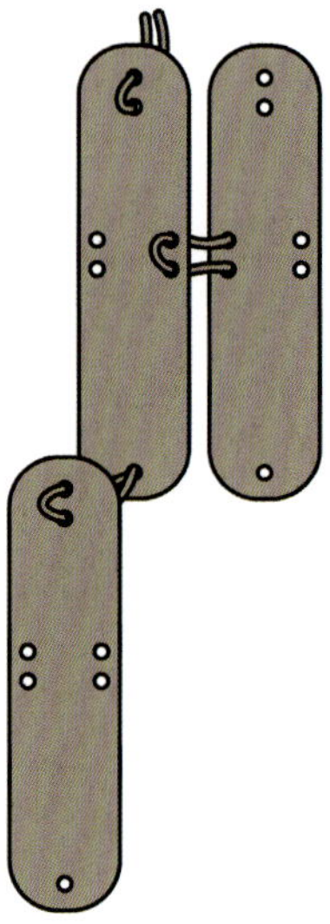

细鳞甲的编缀

假想的甲胄穿着流程

❶ 穿着甲胄前，先系束护臂再穿靴。

❷ 穿着甲衣。

❸ 披挂披膊并在身后系束，在腰间系束捍腰、袍肚及皮带并系束束甲绊。

❹ 系束护喉，最后戴胄。

元代 二 铁胄和铁网漆皮甲

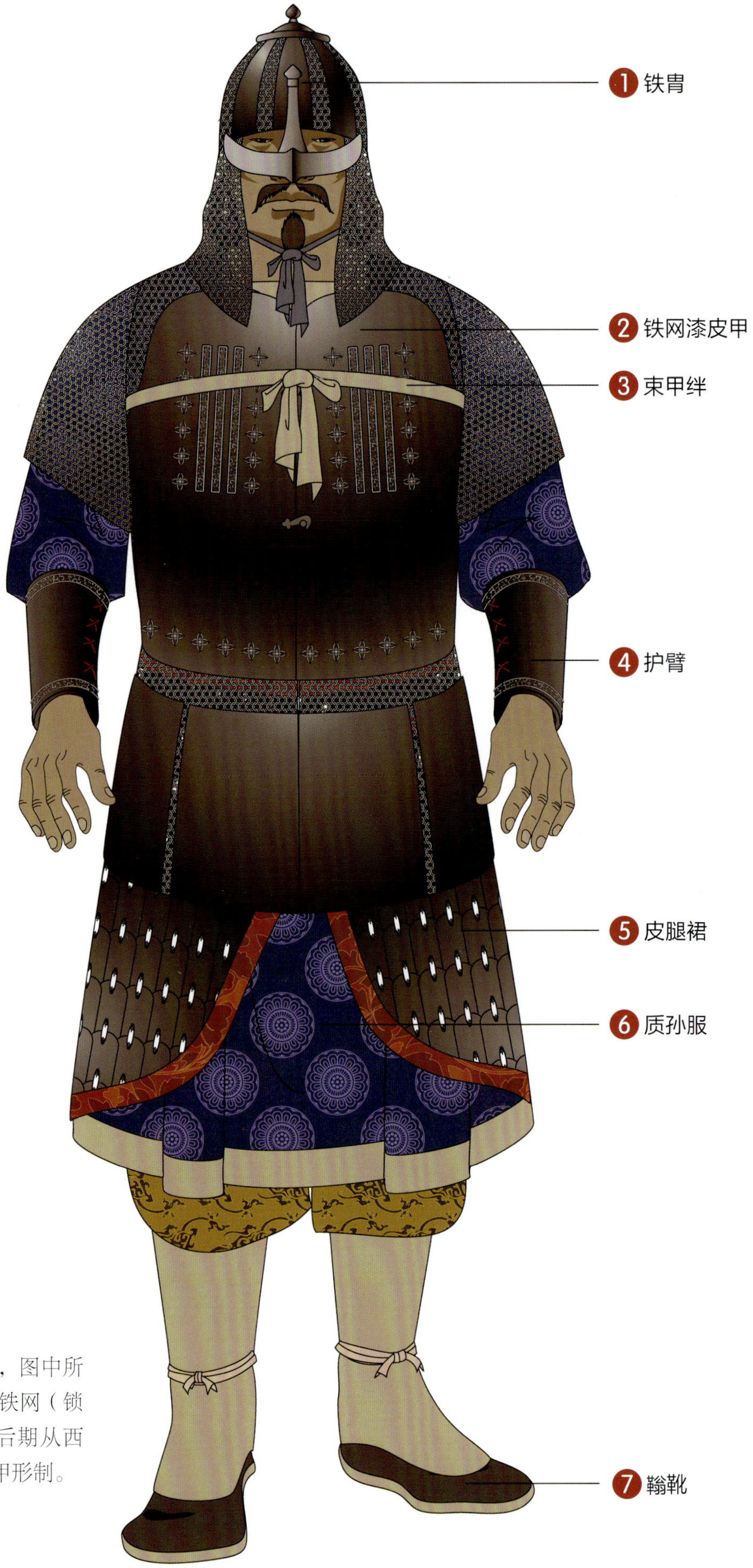

皮甲在元代也有使用，图中所绘的皮甲形制独特，内联铁网（锁子甲），应该属于元代中后期从西方学习引用的一种独特皮甲形制。

3 6 与元代一形制相同。

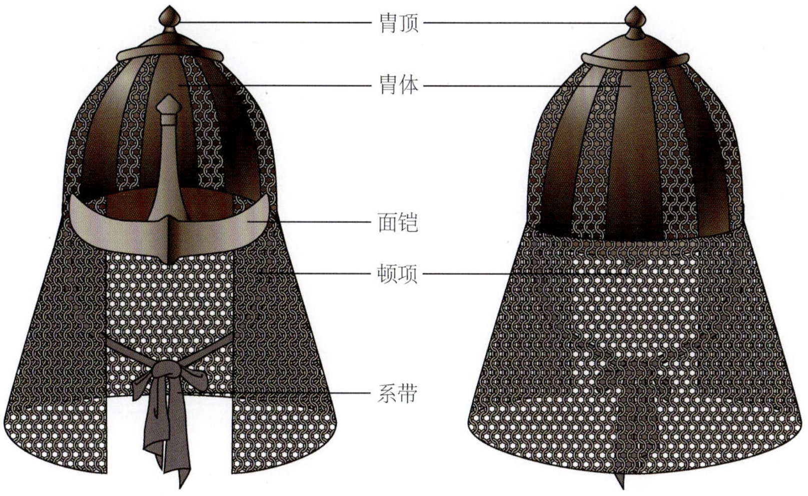

正面　　背面

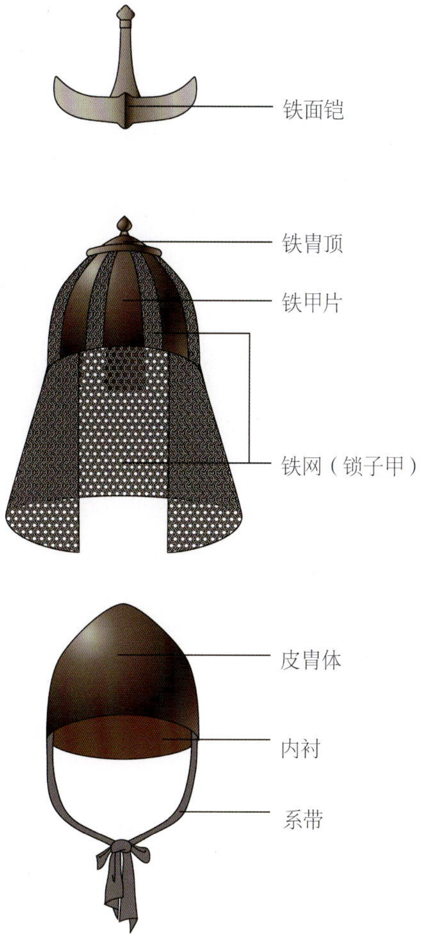

该铁胄的分解图

① 铁胄

该铁胄是根据周纬先生著《中国兵器史稿》中记录的一顶很有特点的铁胄而设计的。该胄实物藏于英国伦敦印度博物馆。从《中国兵器史稿》文中描述及插图可以看出，该胄体为皮制，胄顶为铁制形如小盘，顶端有一小尖顶。胄体四周嵌有若干弧形钢板与铁网互相联接，而铁网从面颊两侧和脑后下垂形成顿项。铁网就是早在魏晋时期记载的西方锁子甲。该胄没有眉庇，而在面部正中有一硕大船锚形面铠，固定在胄体上的钢片上，面铠防护面积很大，武士戴上以后只露出眼睛和嘴巴。这种铁胄应该属于蒙古远征军的装备。

另一种胄：笠盔

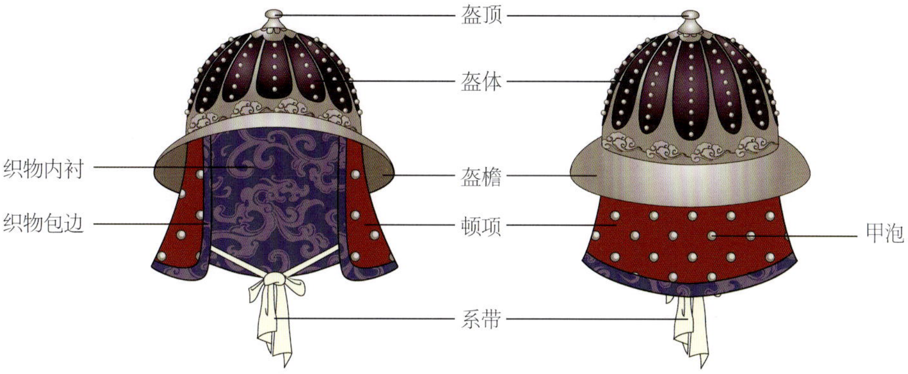

正面　　背面

内蒙古自治区锡林郭勒盟正蓝旗出土元代笠型盔

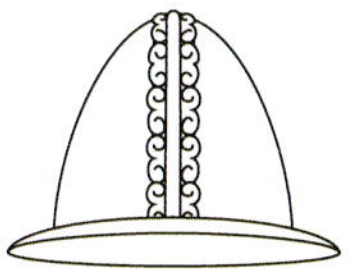

日本博多（今福冈市）元寇史料馆收藏的元代笠型盔

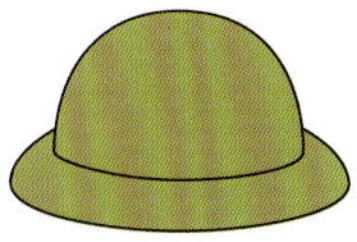

第二次世界大战中的英国陆军头盔

笠盔就是笠型盔，在盔体下缘四周有盔檐，与宋代四相似，很像第二次世界大战中英国陆军的头盔。该图中的笠盔是根据现代画家“谋贤”的《演武图》中蒙古武士所戴笠盔绘制。《演武图》中的笠盔应该是由多种资料集合设计的，其中盔的外形可能是根据内蒙古自治区锡林郭勒盟正蓝旗出土实物和日本博多（今福冈市）元寇史料馆的实物设计而来。

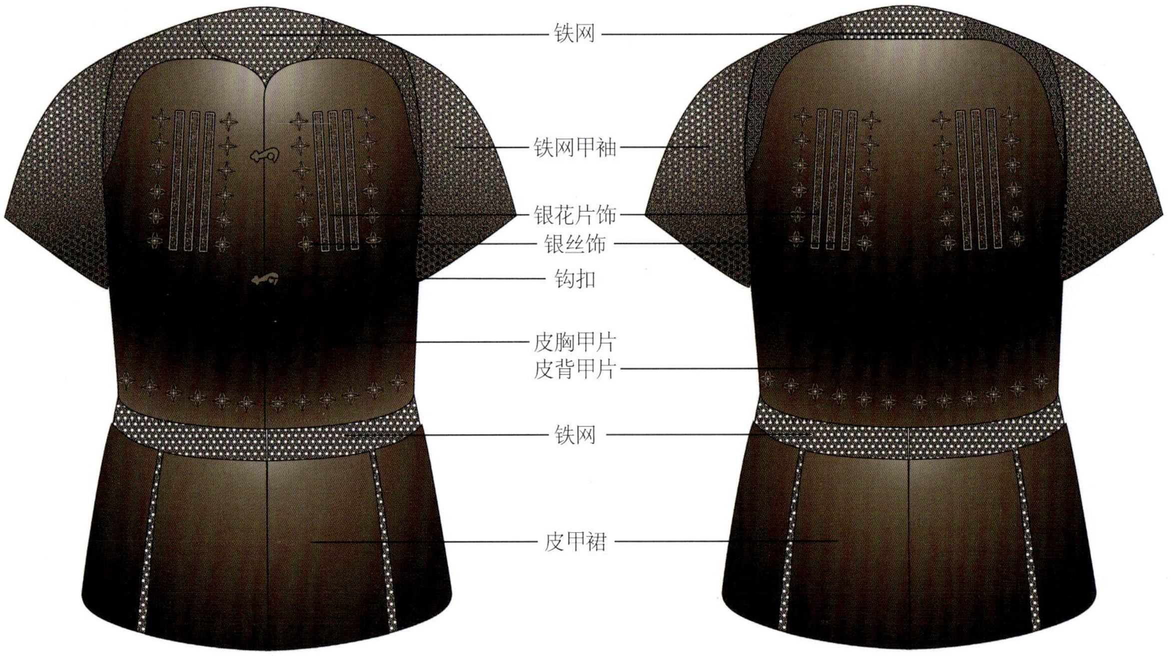

正面　　　　背面

铁网漆皮甲 ②

该皮甲是根据周纬先生著《中国兵器史稿》中的铁网皮甲设计的。书中记载该甲实物由法国研究东方兵器专家Charles Buttin所藏，由于该书出版较早，该甲现在藏于何地还不得而知。

从《中国兵器史稿》的文字描述和插图可以了解到，该皮甲高64厘米，重6公斤。该甲为前开襟，用两个钩扣系束，前胸为大块漆皮制成，以饰银钢铁网（即锁子甲）连贯，前胸表层镶嵌有银丝和银花片。

书中并未提及披膊或者甲袖、后背部分，所以该图的背甲为假设。而钢铁网则与该套甲的铁胄中的网甲相同，就是锁子甲。由于铁环的编缀方法不同，使得锁子甲的密度也不相同，所谓为“网甲”，应该是铁环密度稀疏，看上去形如网状的锁子甲。

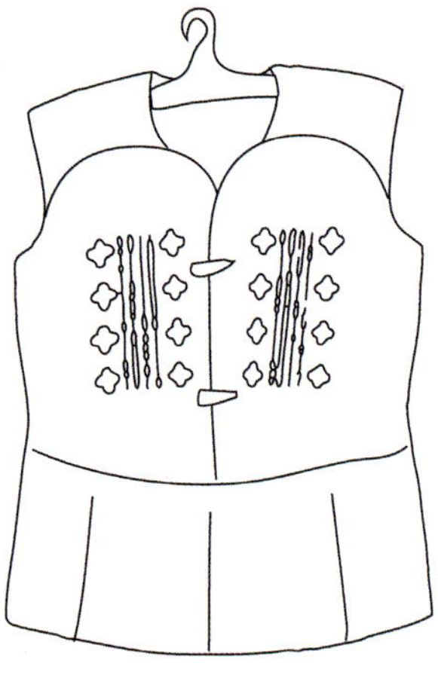

《中国兵器史稿》中的插图

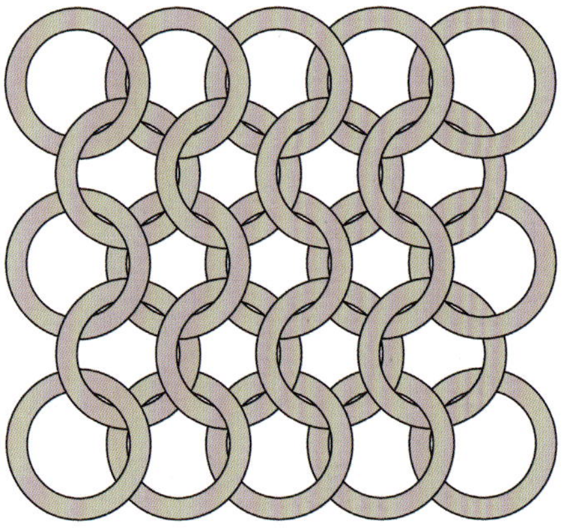

铁网甲的编缀

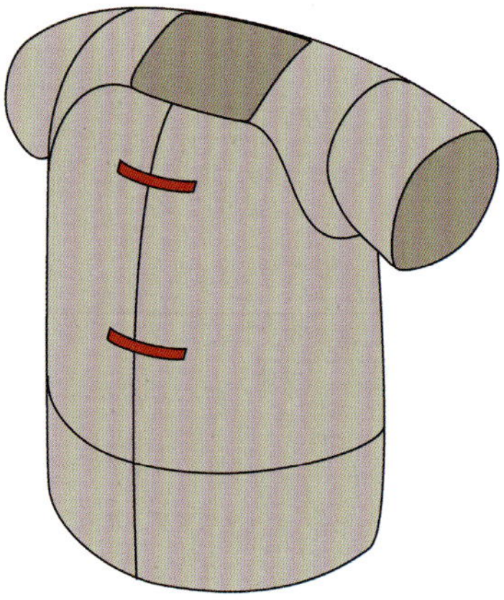

该甲的形制

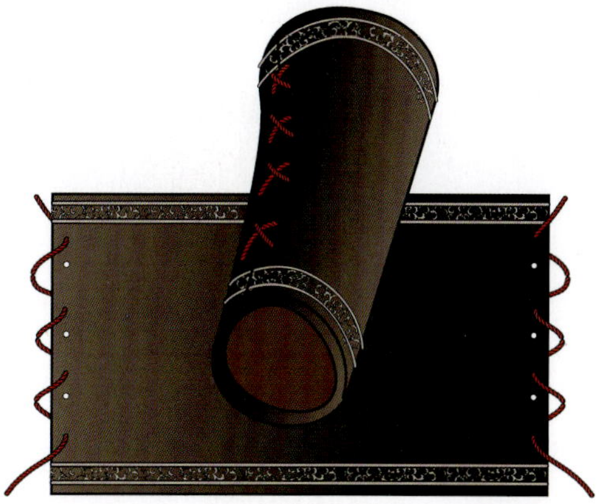

山西省沁水县出土元代骑兵俑

④ 护臂

护臂根据山西省沁水县出土元代骑兵俑所穿甲衣绘制。该骑兵俑的彩绘已经掉落，所以很难确定该俑所戴护臂的质地和结构，笔者在这里假想护臂是由整块皮甲围裹手臂，在手臂内侧用绳带编缀系束。

⑤ 腿裙

腿裙根据山西省沁水县出土元代骑兵俑所穿甲衣绘制。因骑兵俑的彩绘已经掉落，所以不知道该俑的腿裙是怎么样的质地。刘永华先生著《中国古代军戎服饰》中对该腿裙的复原图中将其绘为整片的皮甲（如左图），笔者认为作为骑兵腿裙应该不会是坚硬而整体的厚皮制成，也许当年骑兵俑腿裙部分有鳞片的绘画也有可能。所以笔者在这里假想腿裙是由皮甲片编缀而成的。而对于该腿裙的形制从骑兵俑上很难看出其内部形制，所以这里笔者做了一种假想（如下图）。

《中国古代军戎服饰》中腿裙的复原图中整片的皮甲构思

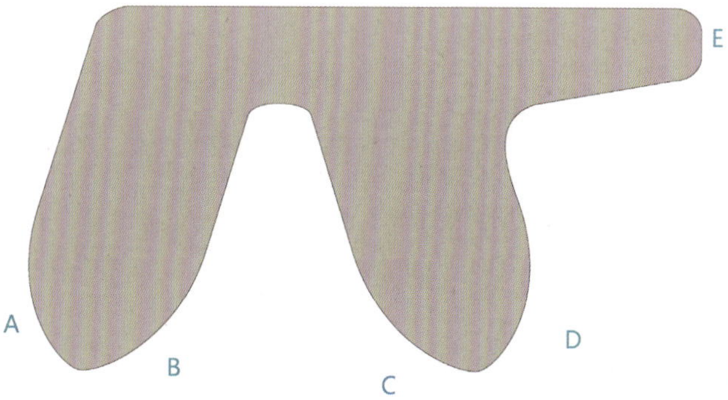

腿裙形制的假想

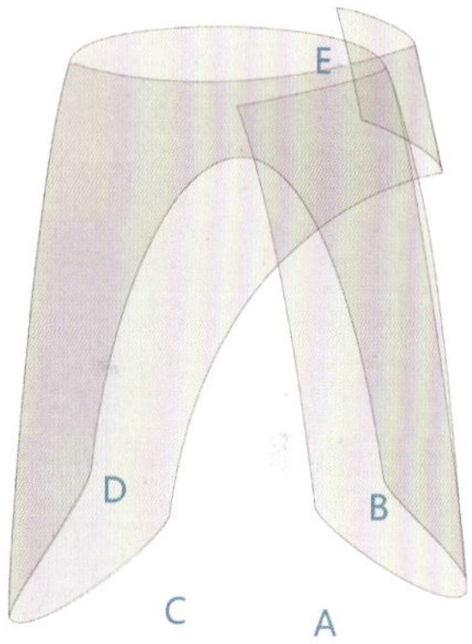

腿裙穿着的假想

⑦ 鞥靴

鞥靴根据陕西省宝鸡元代墓出土兵俑所穿绘制，应该是一种在靴靿处围裹一层棉布的装束，可能是主要起到保暖的作用。

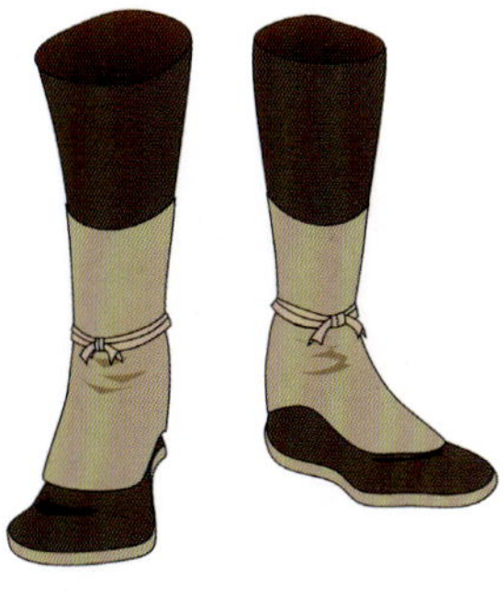

穿着以后的样式

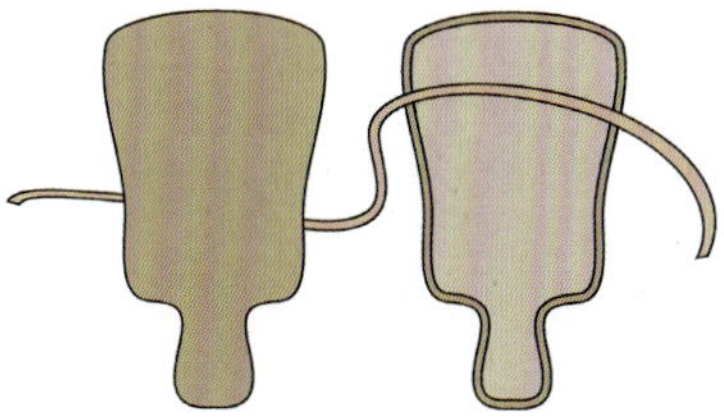

正面　　背面

陕西省宝鸡元代墓出土兵俑

假想的甲胄穿着流程

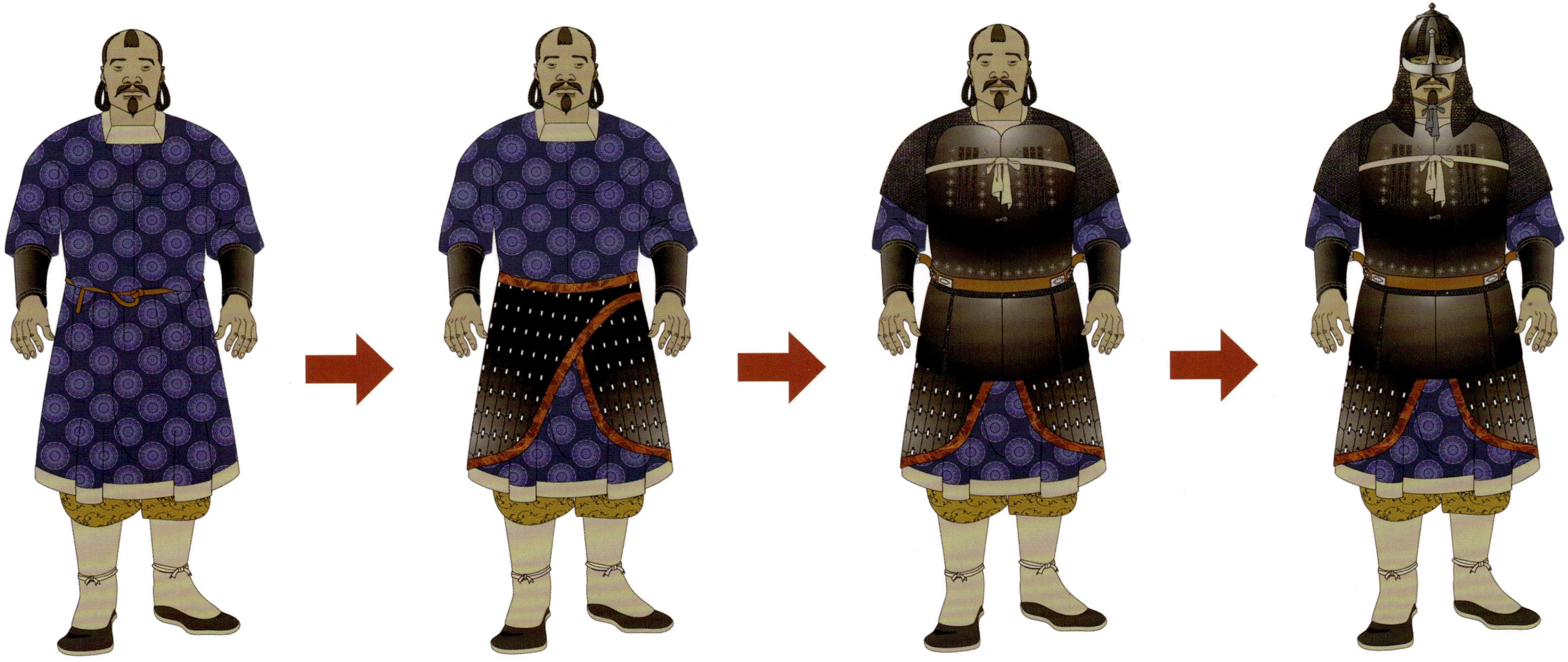

1 穿着甲胄前，先穿靴，戴护臂。

2 围裹腿裙在身后系束。

3 穿着皮甲并系束束甲绊。

4 戴笠盔。

元代 三 铁胄和布面甲

布面甲是中国甲胄史上最后一代铠甲，在元代中后期、明代和清代使用广泛。

❸ ❹

与元代一、二形制相同。

❻

根据山西省右玉县旧城宝宁寺水陆画《往古雇典婢奴弃离妻子孤魂众》中元人形象所穿绘制。

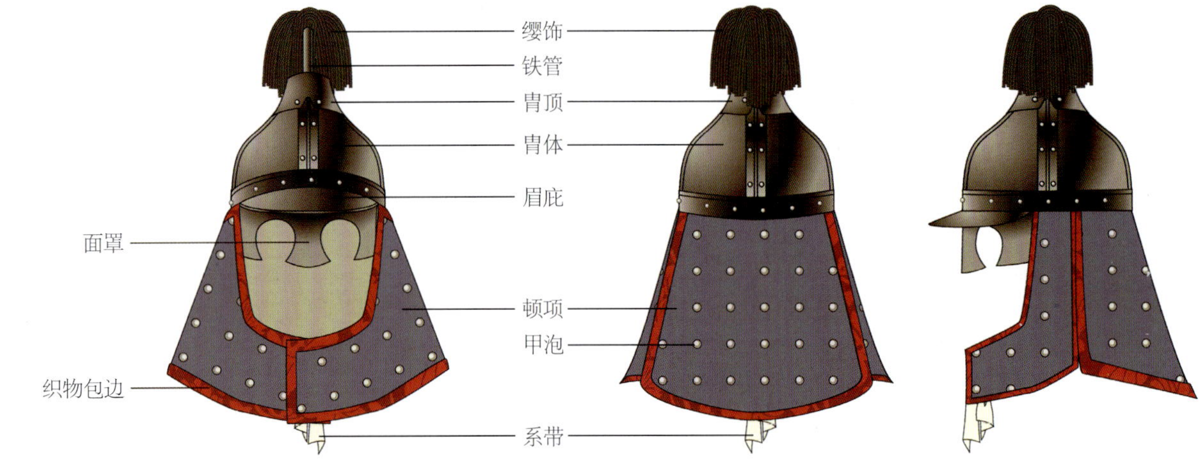

正面　背面　侧面

铁胄 ①

根据日本博多（今福冈市）元寇史料馆的实物设计。该胄的前檐装有眉庇，眉庇下额头部位有一个面罩，这种设计可能与元代二一样都是从西方的铁胄学习而来。其顿项分为三片，前端两片与护耳、护喉结合在一起，戴时在颔下系束只露面目，也可以在非战斗时将前端两片在脑后系束（如下图），这种系束的方法是蒙古皮、棉帽的传统系束方法。该铁胄及其顿项形制在明代和清代使用更为普遍。

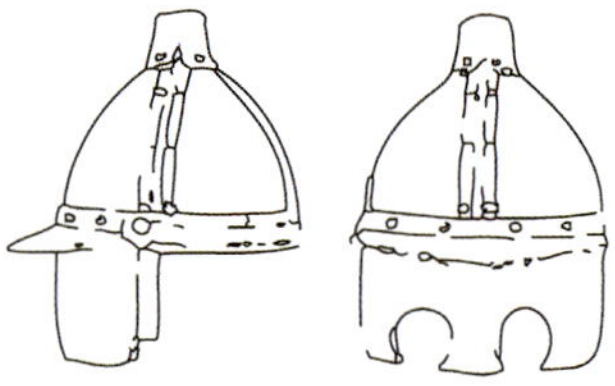

日本博多（今福冈市）元寇史料馆所藏的元代铁胄

蒙古皮帽的背面

顿项在脑后系束时正面

顿项在脑后系束时背面

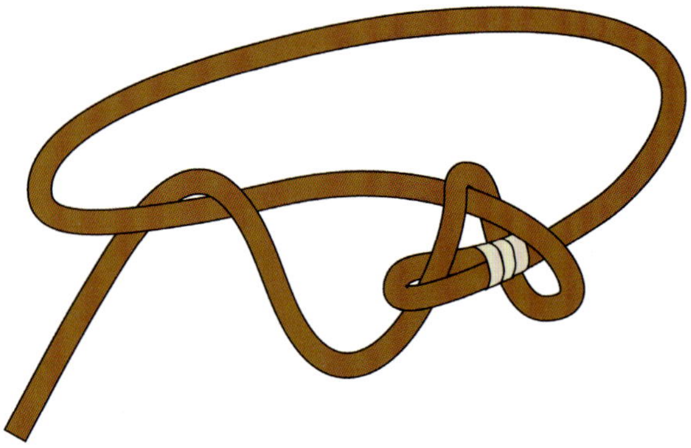

蒙古式腰带 ⑤

根据陕西省宝鸡市元代墓出土陶俑所系腰带绘制。蒙古式腰带是由皮条或布帛制成，在一端做环，另一端穿过圆环，在圆环后端打结，最后尾端掖入腰带。

陕西省宝鸡市元代墓出土陶俑。

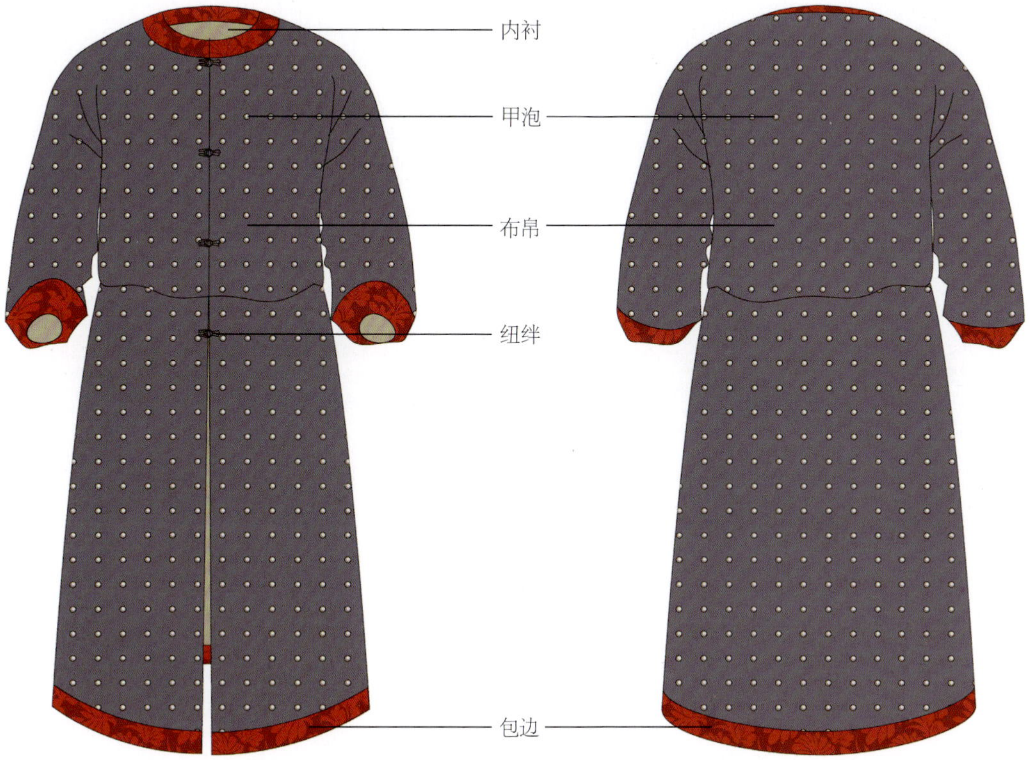

正面　　背面

② 布面甲

根据日本古画《蒙古袭来绘词》中蒙古武士所穿布面甲绘制。《蒙古袭来绘词》作者竹崎季长当年亲自参加了与元军的战斗，所以画中所绘很有史实依据。布面甲使用布帛作为甲衣的表里，外面钉有甲泡，要害部位内缀有铁甲片，棉布做衬，外形及上下衣于一体形成蒙古式对开襟长袍式的甲衣。

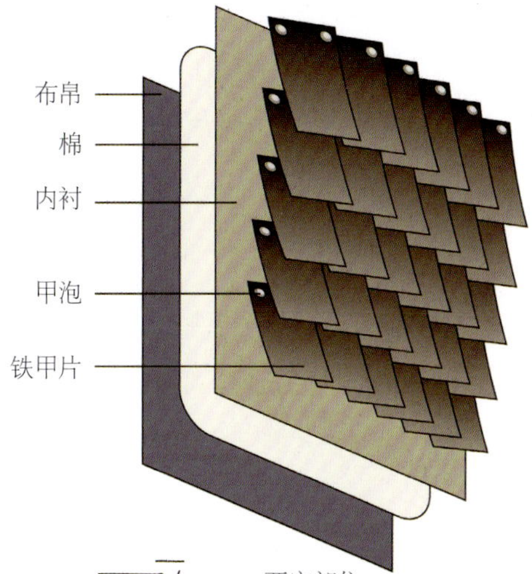

要害部位

日本古画《蒙古袭来绘词》中的蒙古武士

布面甲的内部结构

假想的甲胄穿着流程

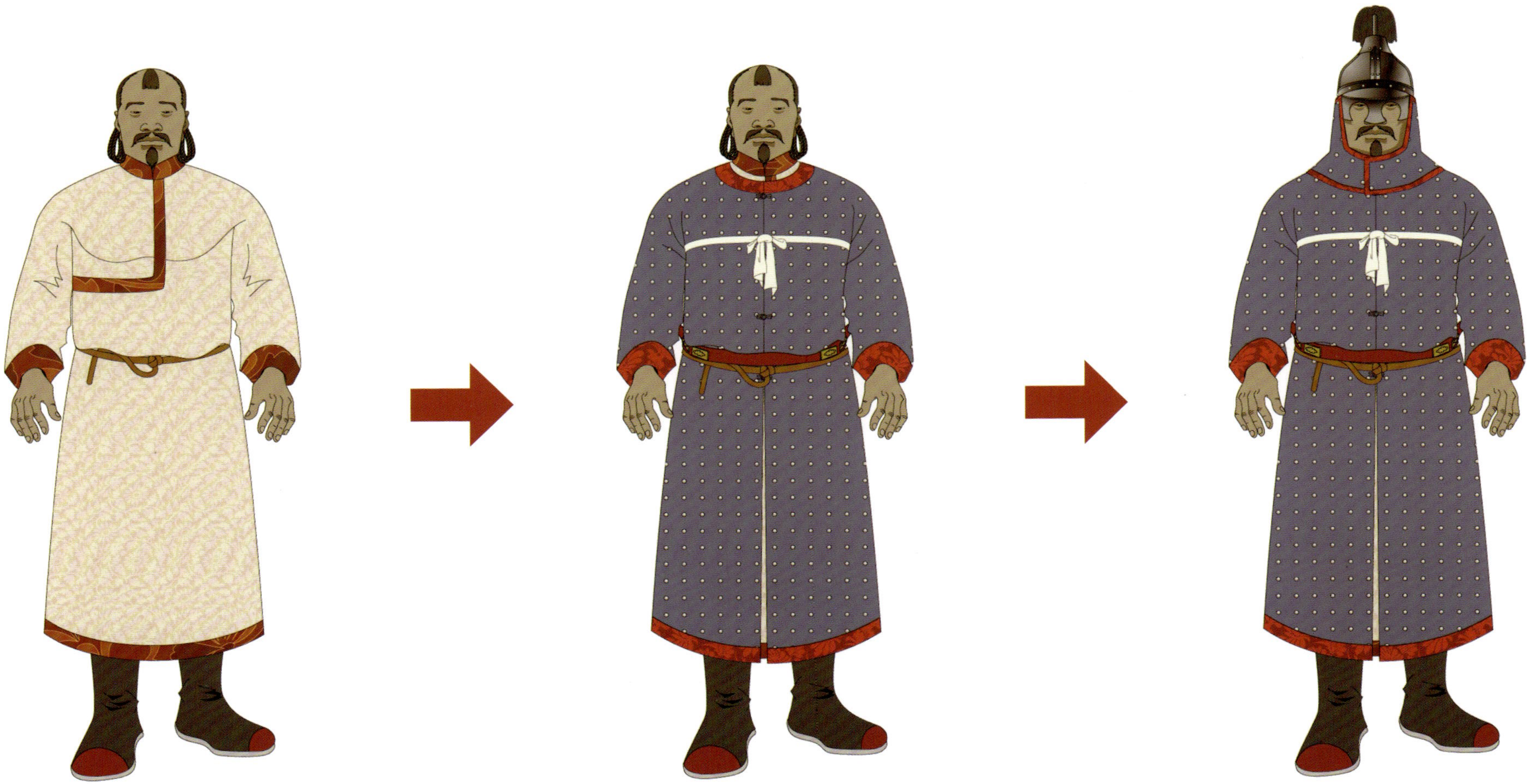

1 穿着甲胄前，先穿靴。

2 穿着甲衣并系束腰带、束甲绊以及皮带。

3 戴胄。

元代

四 铜盔和铜甲

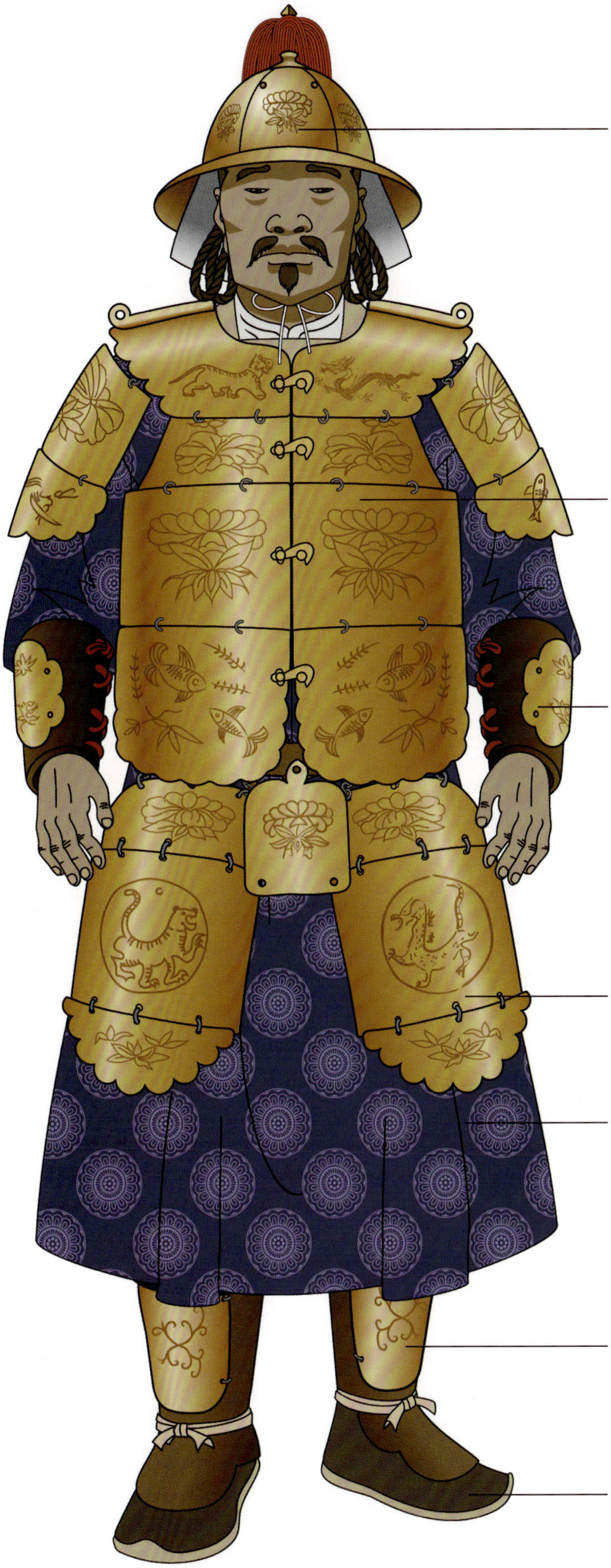

这套甲是根据内蒙古自治区翁牛特旗出土的元代錾（zàn）花铜铠甲设计，这是一套十分罕见的铜铠甲，与亚洲常见的小甲片编缀的形制不同，这套甲是由31块铜甲片组成，更接近欧洲的板甲形制。

5 7

与元代二相同。

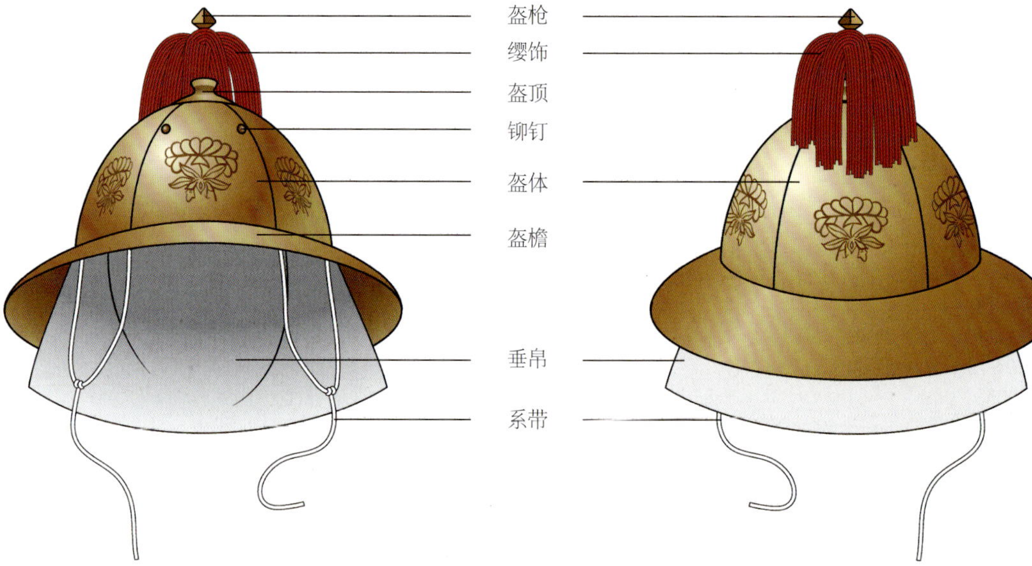

正面　　背面

铜盔 ①

根据内蒙古博物院所藏笠帽盔设计，原文物本是铁制，绘制时为了与铜制身甲匹配，故设计成铜制笠帽盔。笠帽盔由六瓣盔片组成，其外形与元朝时期蒙古族所戴的钹（bó）笠帽外形一致，钹笠帽也是由六瓣组成，因其外形很像钹（即俗称镲的乐器），所以得名钹笠帽。它是官民都可戴的一种夏季的凉帽。笠帽盔的形制一直延续到明代还有使用。19世纪的英法殖民者经常戴的木制凉帽与钹笠帽十分相似，可能由蒙古西征时带入西亚和东欧，最后传入西欧国家，现今的越南依旧流行由法国殖民者传入的那种木制凉帽。

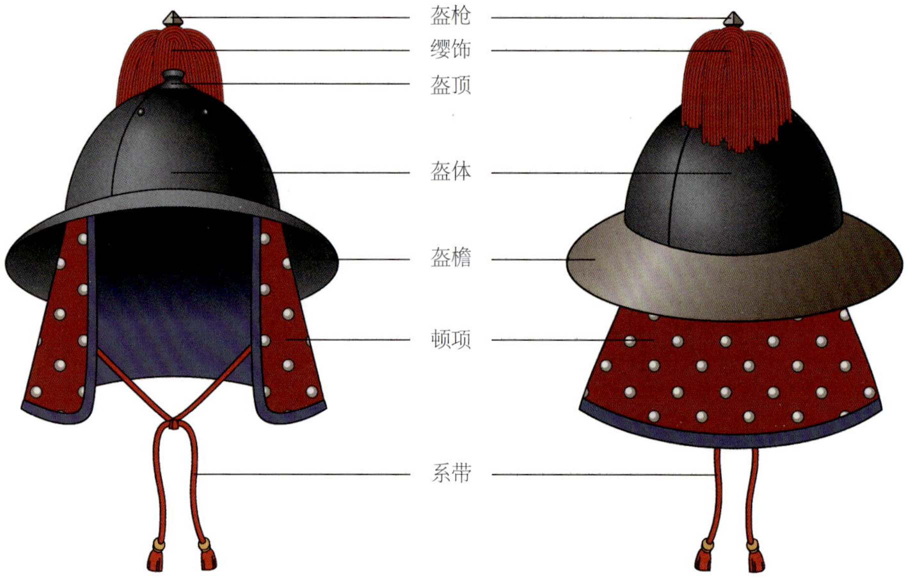

正面　　背面

根据内蒙古博物院收藏的笠帽盔复原设计的铁制笠帽盔

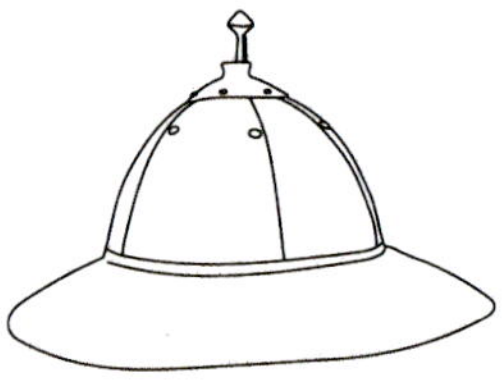

内蒙古博物院收藏的笠帽盔

元代官民皆可戴的钹笠帽

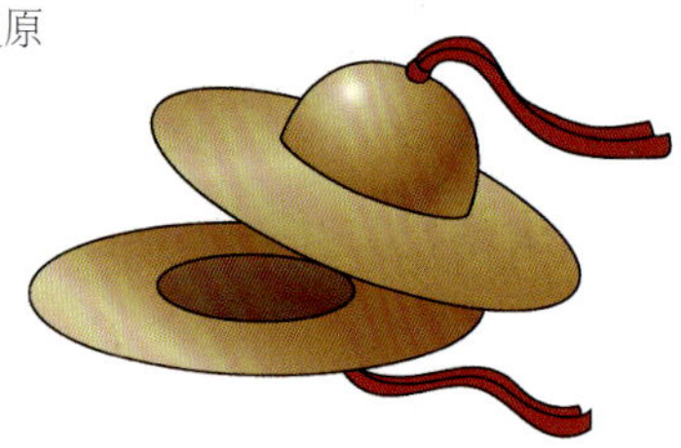

钹（俗称镲的乐器）

英法殖民者的木制凉帽

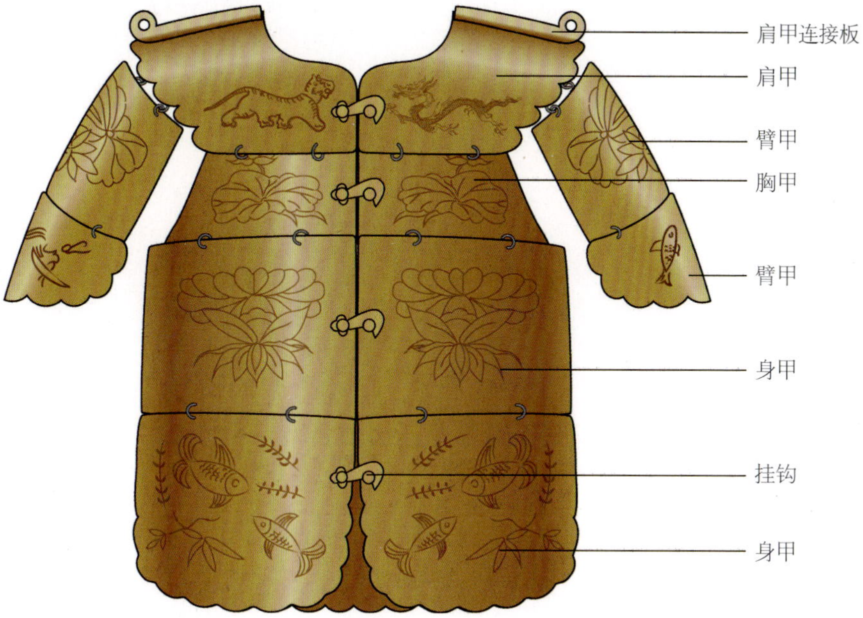

正面

根据《中国历代服饰集萃》中关于该甲上的纹理绘制

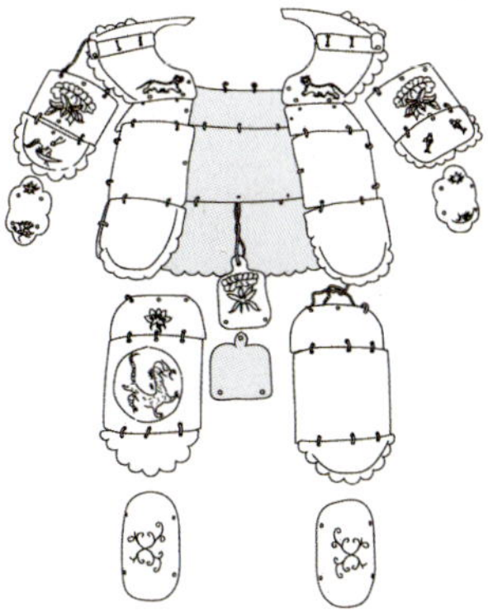

内蒙古自治区翁牛特旗出土的元代錾花铜铠甲

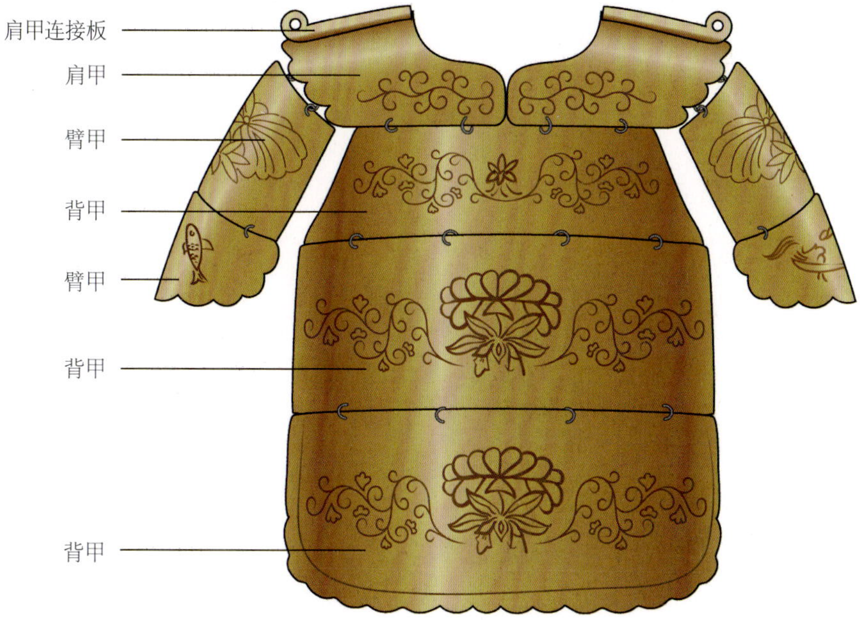

背面

② 铜甲

这套甲根据内蒙古自治区翁牛特旗出土的元代錾花铜铠甲设计，是一种十分罕见的形制，它一共由31块铜甲片组成，其中肩部左右各两块，左边一块錾有虎纹，右边一块錾有龙纹。肩甲由一条肩甲连接板连接。肩甲延伸到喉部，起到护喉的作用，两侧肩甲下挂臂甲甲片，左右各两片，錾有莲花、双鱼等花纹。前胸为对开襟，左右各三块甲片。原物没有看出对襟如何扣在一起，所以复原时引用元代二的连接方式，就是用挂钩扣在一起。身甲背部由三片甲片组成，与前胸的甲片用铁环相连。

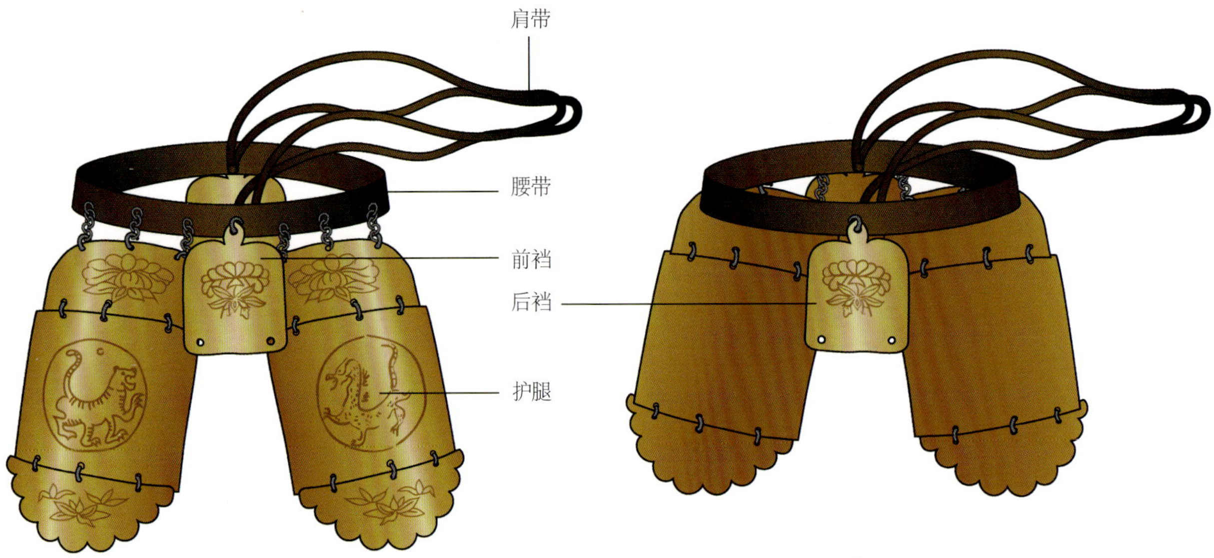

正面　　背面

护腿 ⑤

护腿左右各由三块甲片组成，左右最上段都是圆角甲片，上面錾有莲花纹样。左右中段是最大两块甲片，左侧甲片上錾有虎纹，右侧甲片錾有龙纹。左右最下段是两片呈D字型，边缘呈扇贝状波纹的甲片，上面錾有植物纹样。与元代后期一样，这套甲也有一片前裆和一片后裆，用于保护下腹和裆部。在其他文章中很多学者是将护腿和身甲连接在一起的。复原时将它们分开，这样才能使穿这套甲的人骑在马上时上半身旋转自如。如果连在一起，骑在马上的人上半身就无法转动了。前裆、后裆和护腿甲片都安装在一条皮腰带上，腰带上挂有肩带，以便肩部分担腰部的悬挂重量。

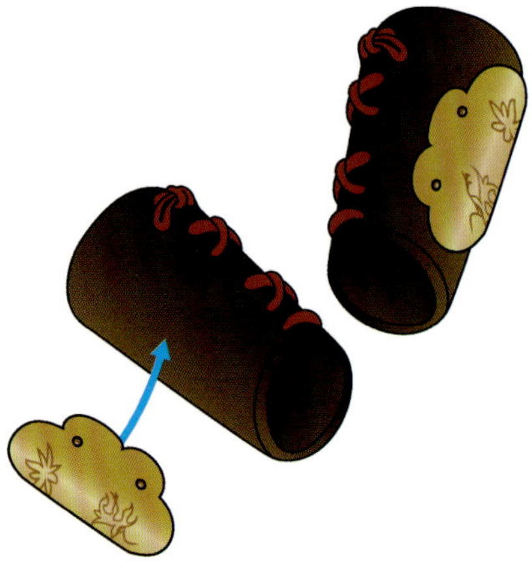

镶嵌在皮革上的铜甲片

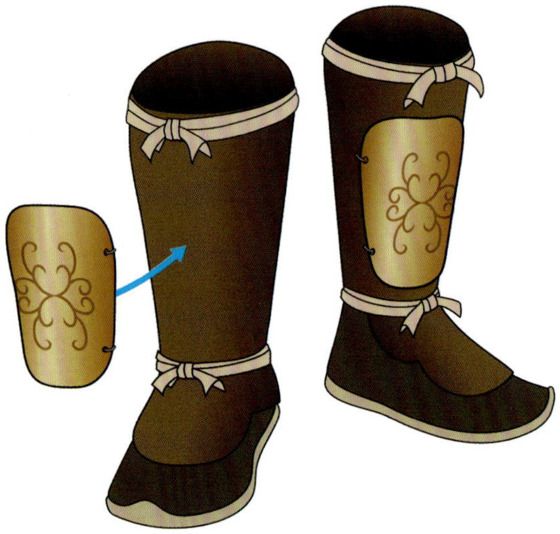

镶嵌在鞥靴上的铜甲片

护臂 ④

护胫 ⑦

俄罗斯学者L.A.博布罗夫和M.B.戈雷利克在文章《13到14世纪的来自内蒙古的铜质铠甲》中提到，护臂和护胫的甲片中发现织物和皮革的残留物，所以可以判断护臂和护胫的铜甲片应该是钉缀在皮革护具之上的。

假想的甲胄穿着流程

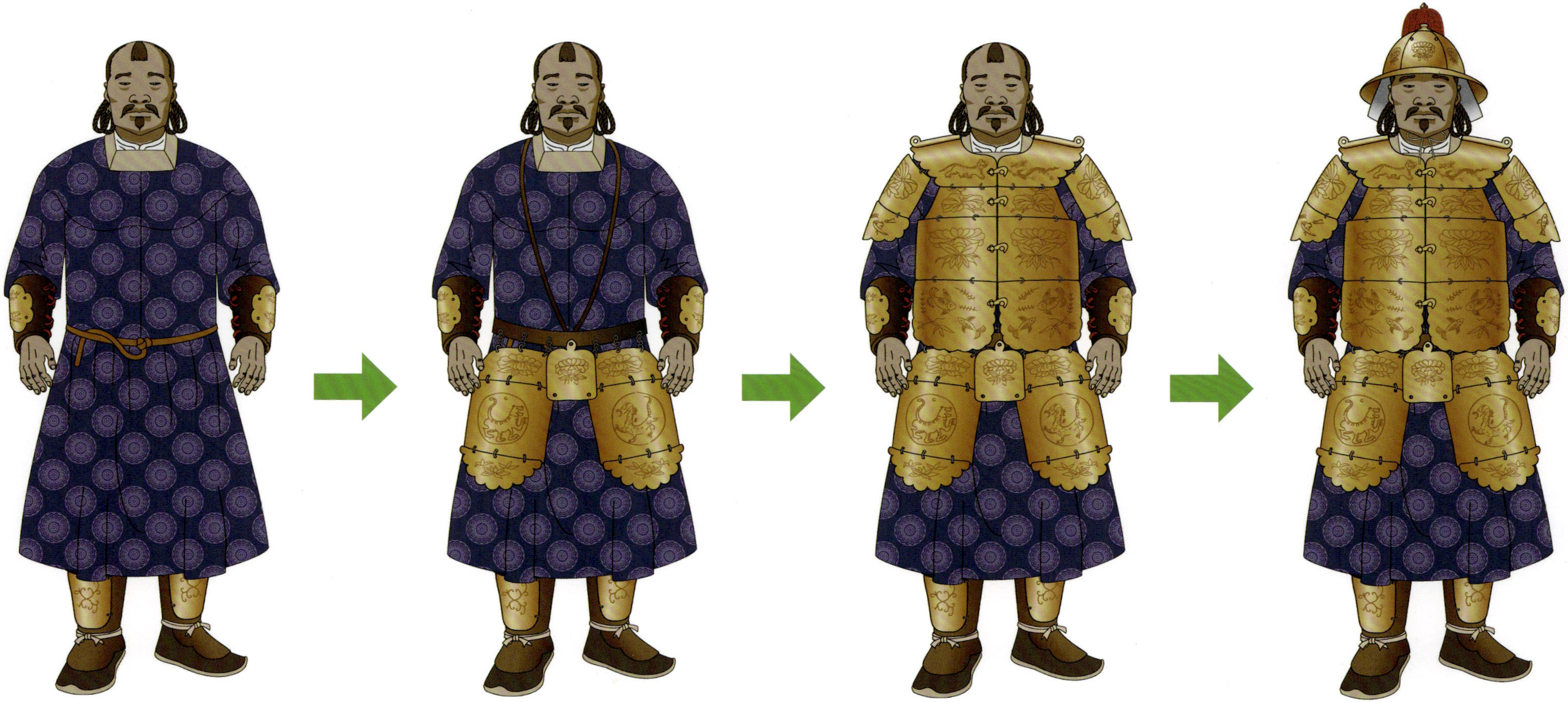

① 穿着甲胄前，先穿护臂和护胫。

② 穿好护腿。

③ 穿上铜甲。

④ 戴铜盔。

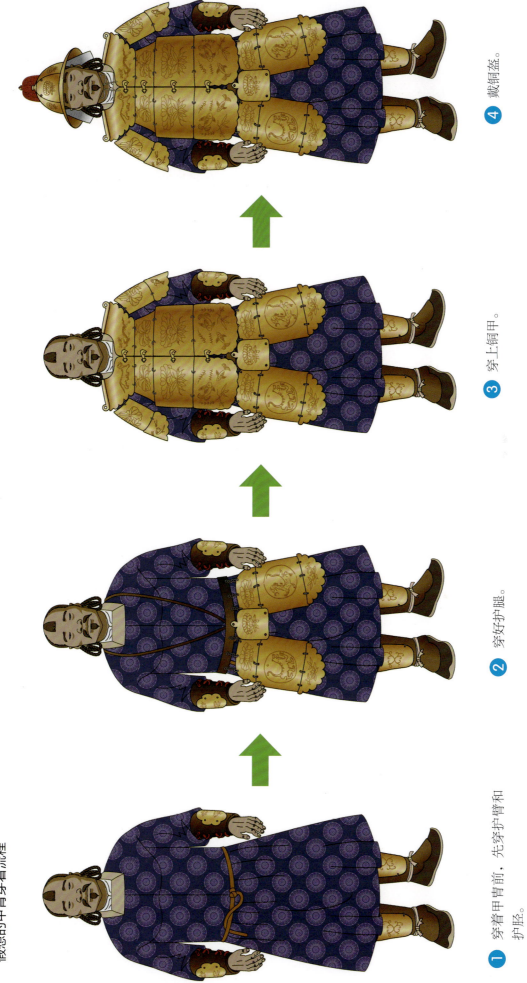

明代

明代：公元1368年至公元1644年。

公元1368年，强大的蒙古帝国元朝在一片农民起义中结束。取而代之的是占据江淮地区的红巾军中涌现出来的豪杰朱元璋，经过统一战争以后朱元璋最终统一中国，建立了中国历史上最后一个由汉人统治的封建王朝——“大明”。

连年的反元战争、统一战争和抗倭战争，使得明代军工业十分发达，从火器的大力发展到甲胄的形制改革，都有颇多的成就。明代的甲胄制式繁多，除了沿袭元代的制式，还恢复了宋代的制式，在中后期又有明代自己发明或革新的新制式，除这些之外，全国各地方还有当地特色的甲胄形制，如云贵高原的油浸藤甲，抵抗倭寇入侵的沿海地区的牛角片甲和至今还保留制造工艺的云南凉山彝族皮甲等。

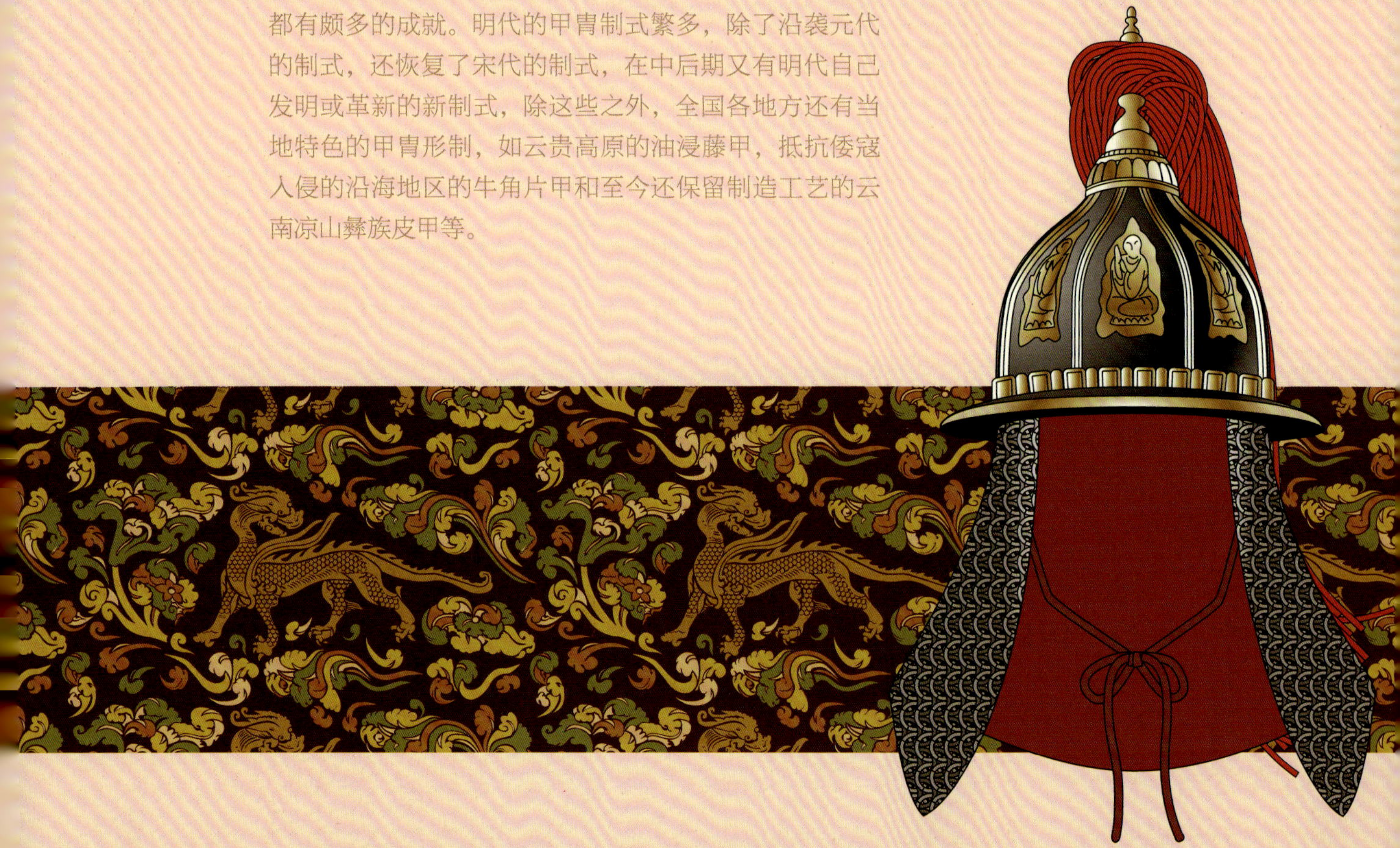

明代

一 金漆山文甲

⑩ 敞胸宽袍

⑪ 袒肩宽袍

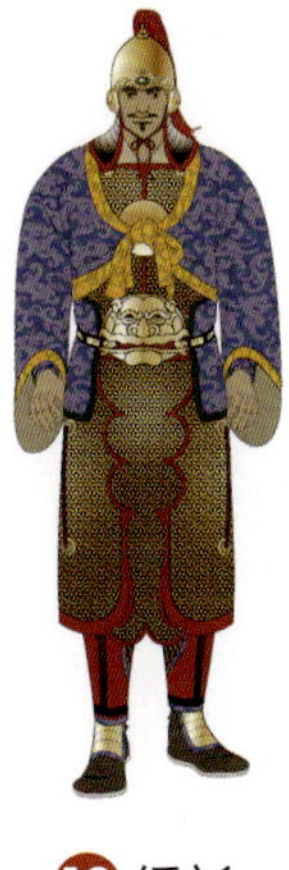

⑫ 绣衫

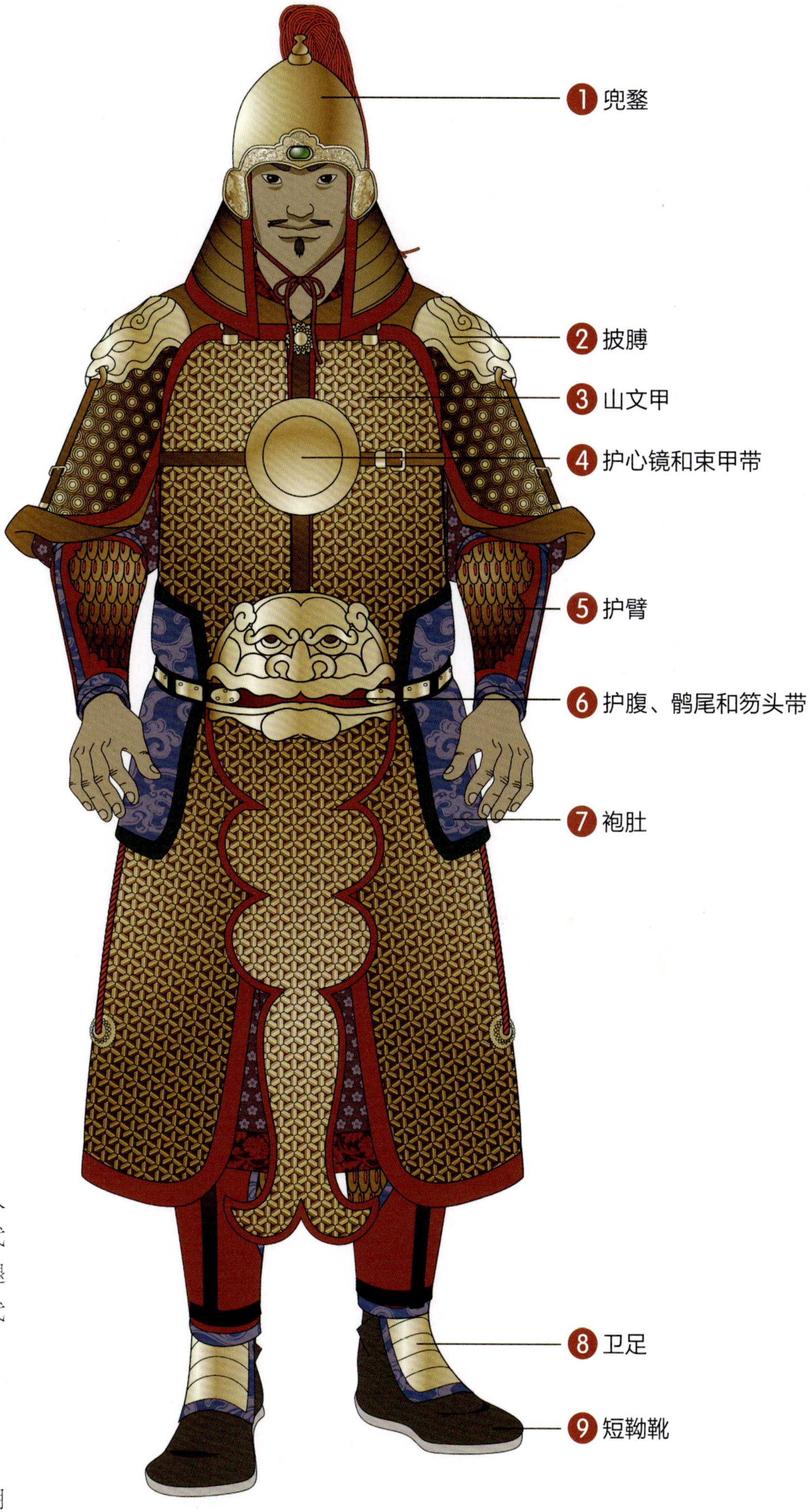

该套甲胄是明代为恢复汉人统治起到象征意义而采用的宋代甲胄形制，但其护心镜、披膊腿裙的吊挂、护腹和鹘尾都是明代特有的装置。

⑦
与宋代形制相同。

⑨
根据上海等地出土实物绘制。明代军人大多穿短靿靴，有皮制和缎制两种。

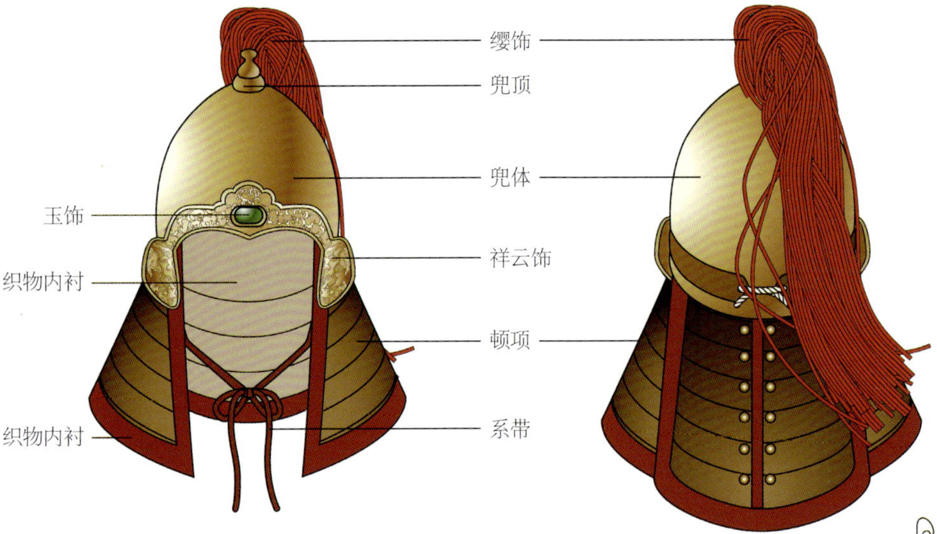

正面　　背面

兜鍪 ①

根据山西省浑源县清粟疏美墓武士石雕设计。该兜鍪与宋代的兜鍪形制大体相同，但明代兜鍪的两耳处大多不再使用宋代的凤翅形，而改为祥云之类的图案。这也是区分宋代兜鍪和明代兜鍪的主要之处。明代顿项也改为三片式，脑后一片较长，叠压在左右两片之上，顿项由横条皮甲片用甲泡钉缀而成（如右图）。

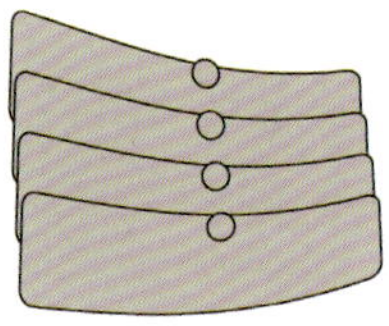

顿项的钉缀

山西省浑源县清粟疏美墓出土武士石雕

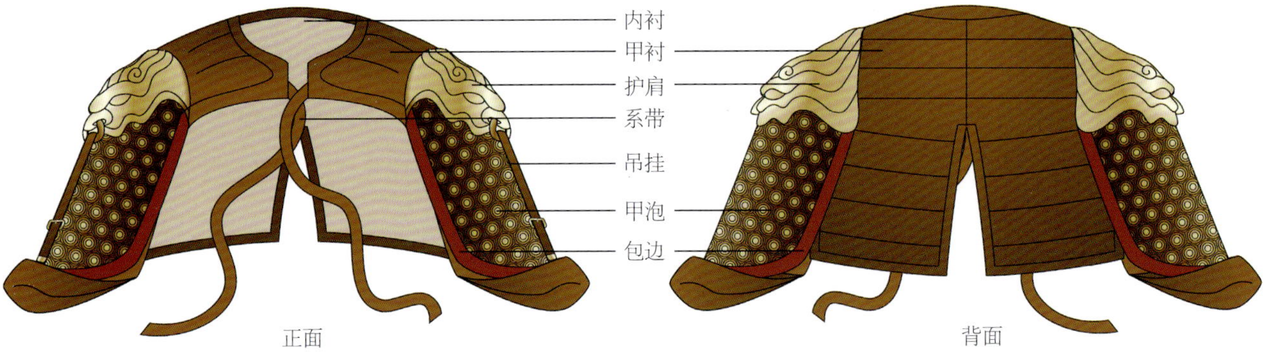

正面　　背面

披膊 ②

根据山西省浑源县清粟疏美墓武士石雕设计。甲片根据山西省太原市崇善寺明代彩塑天王像披膊设计。与宋代时期的披膊形制相同，都是将护肩和披膊合为一体，穿时将系带在胸前交叉于身后或者绕至胸前系束（如元代一）。区别在于，明代的披膊加装了吊挂，这可能是因为明代较长的披膊在平时是用吊挂拉起来的，而在战斗时是放下来的。另外，该披膊的甲片编缀不是使用传统的甲片重叠的方式，而是采用了明代特有的大甲泡钉缀方式。

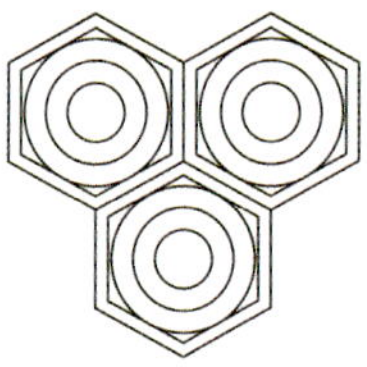

甲泡的排列与钉缀

山西省太原市崇善寺明代彩塑天王像

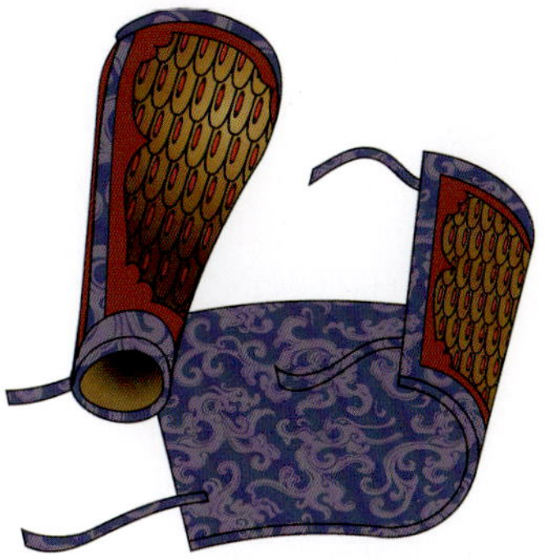

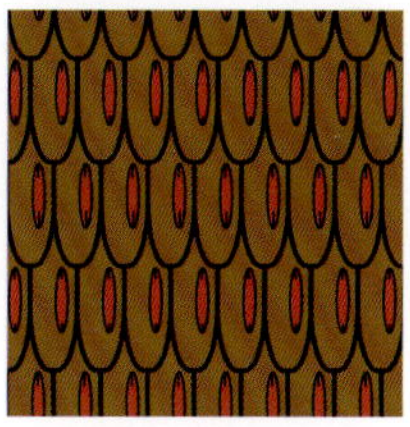

柳叶甲片

山西省浑源县清粟疏美墓武士石雕

⑤ 护臂

根据山西省浑源县清粟疏美墓武士石雕设计。该护臂的甲片可能就是相关记载里提到的柳叶甲片（如右图），也用于甲衣的编缀，其特点是甲片很细小，使得甲衣的柔韧性很好。

山西省太原市崇善寺明代彩塑天王像

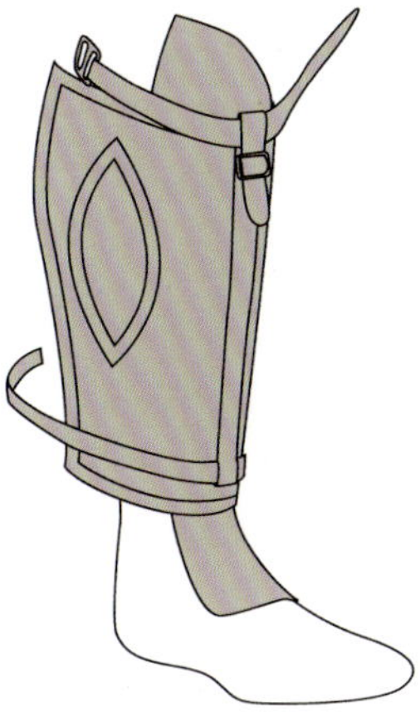

胫甲的组合结构

⑧ 卫足

根据山西省太原市崇善寺明代彩塑天王像所穿胫甲假想绘制。该胫甲结合了唐宋和蒙古胫甲形制特点，其中胫甲的主体部分已经采用唐宋形制，而下缘伸出覆盖脚背的部分则与元代相同。

明代时期武将依然使用宋代的衷甲制，即在铠甲外再罩一件袍服。

⑩ 敞胸宽袍

敞胸宽袍，根据湖北省武当山金顶殿真武大帝像绘制，是将两袖穿上以后敞开前胸的宽袍穿法。

⑪ 袒肩宽袍

袒肩宽袍，根据山西省太原市关帝庙中彩塑武士像绘制，是将左侧袖穿上，将右侧袖掖入腰后，袒露右肩的宽袍穿法。

⑫ 绣衫

绣衫，与宋代二形制相同。

敞胸宽袍

袒肩宽袍

绣衫

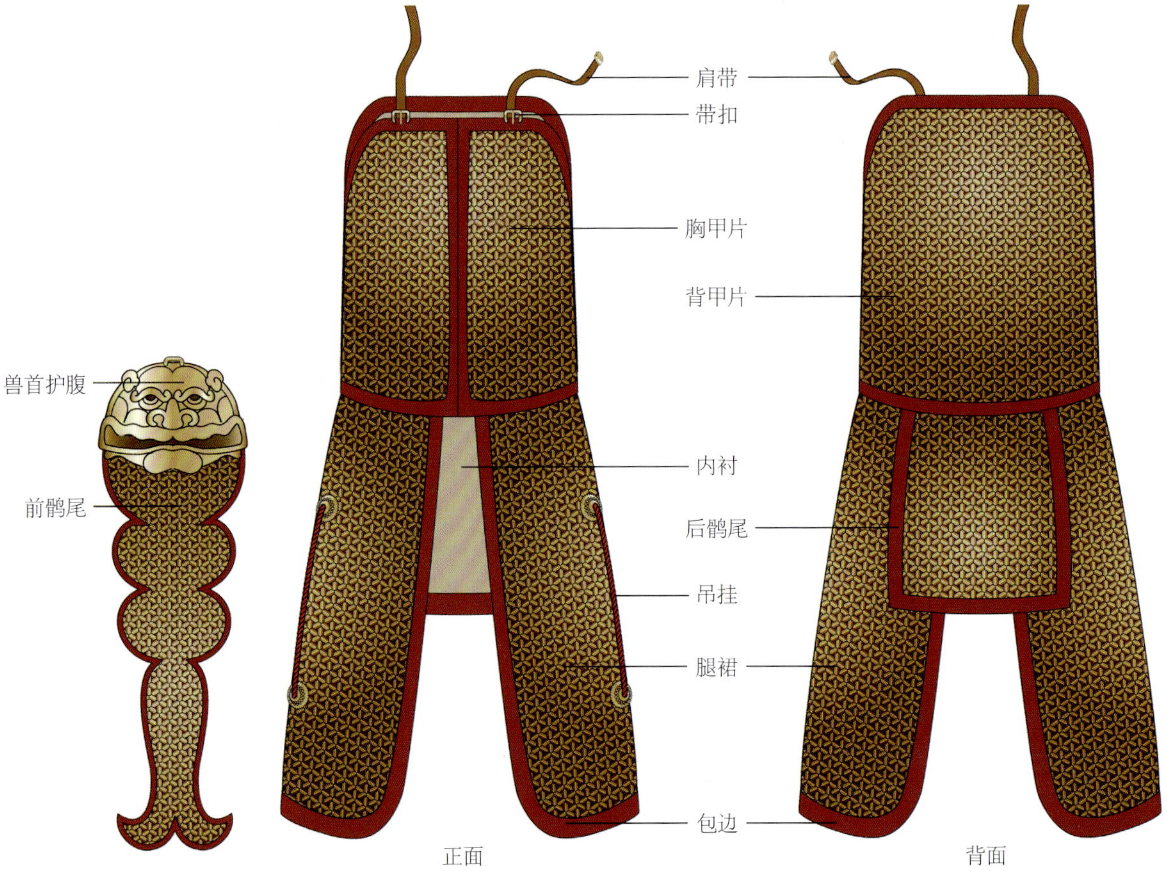

正面　　背面

山文甲 ③

根据山西省浑源县清粟疏美墓武士石雕设计。该甲与宋代的甲衣形制大体相同。整身甲都是由山文铁甲片编缀，区别在于腿裙部分加装了吊挂，这种装置的产生可能是因为长长的腿裙在上下马或者步行时很不方便，所以用吊挂将腿裙拉起，使之变短，而骑在马上以后，再将腿裙放下来使其变长，这种可长可短的发明也是明代所特有的。这种装置在山西省浑源县清粟疏美墓武士石雕和山西省太原市崇善寺明代彩塑天王像都有表现。

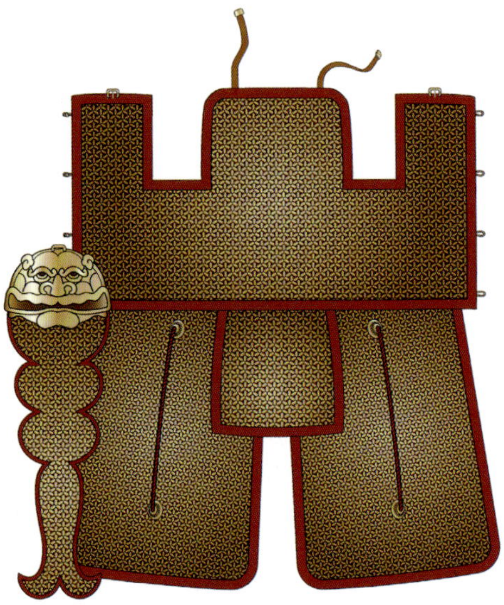

正面展开

背面展开

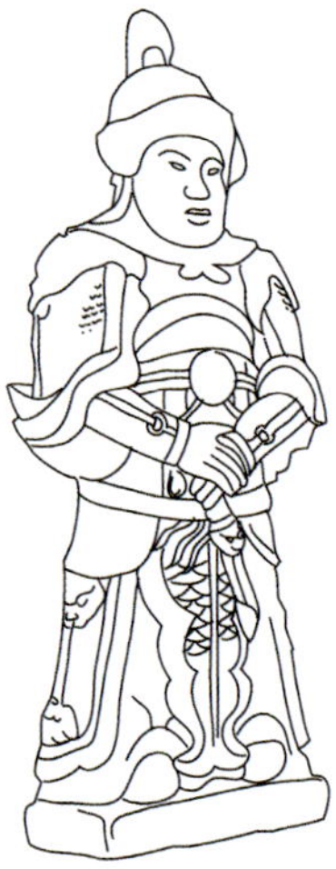

山西省浑源县清粟疏美墓出土的武士石雕

③ 山文甲

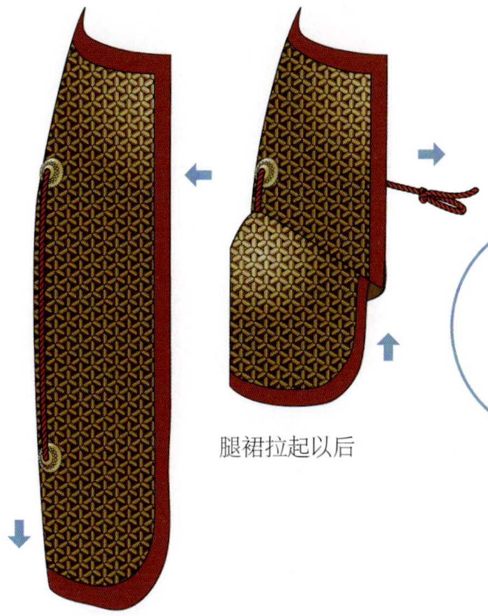

腿裙拉起以后

腿裙放下

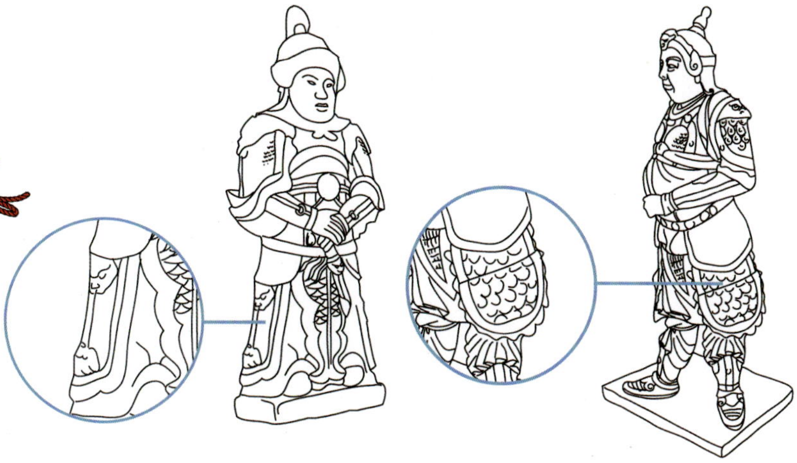

清粟疏美墓武士石雕的腿裙垂放下来的形象

崇善寺明代彩塑天王像上腿裙吊起来的形象

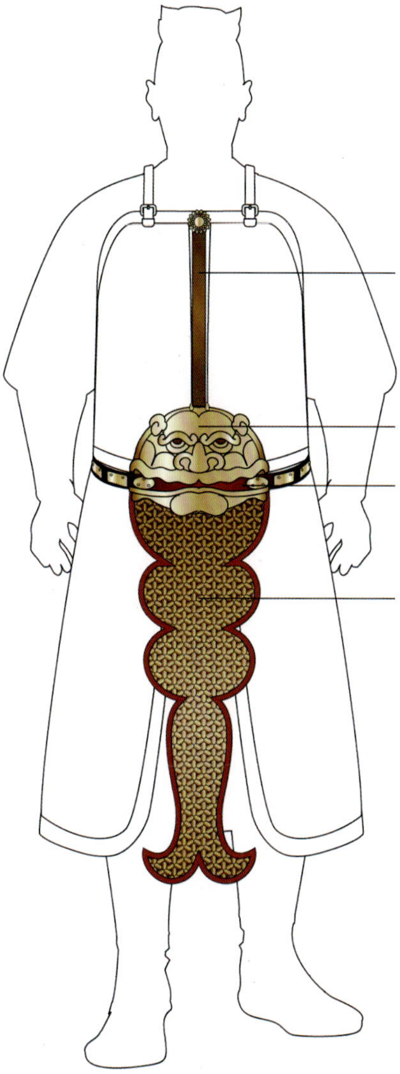

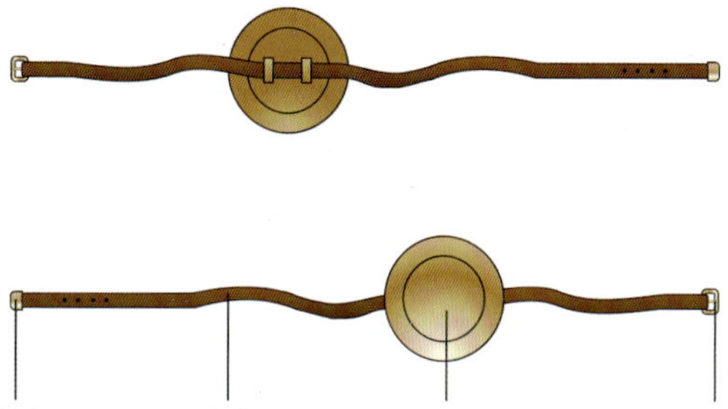

④ 护心镜和束甲带

护心镜是根据山西省浑源县清粟疏美墓武士石雕设计的。护心镜加装在胸前，而固定护心镜的皮带从护心镜背后穿过并由带扣在身后系束，这条皮带又正好起到了束甲绊的作用，这与辽代的护腹有几分相似之处。

⑥ 护腹、鹘尾和笏头带

笏头带与宋元时期的形制相同。而单独的兽首形护腹甲下面垂挂着长长的鹘尾，这种三角状的鹘尾是明代时期特有的。这一点从山西省浑源县清粟疏美墓武士石雕两腿之间长长的鹘尾上可以清楚地看出来。穿时护腹甲由胸甲的一条皮吊带垂挂，再由笏头皮带从护腹甲的兽口中穿过并加以固定，这样就形成纵横两道皮带固定。

假想的甲胄穿着流程

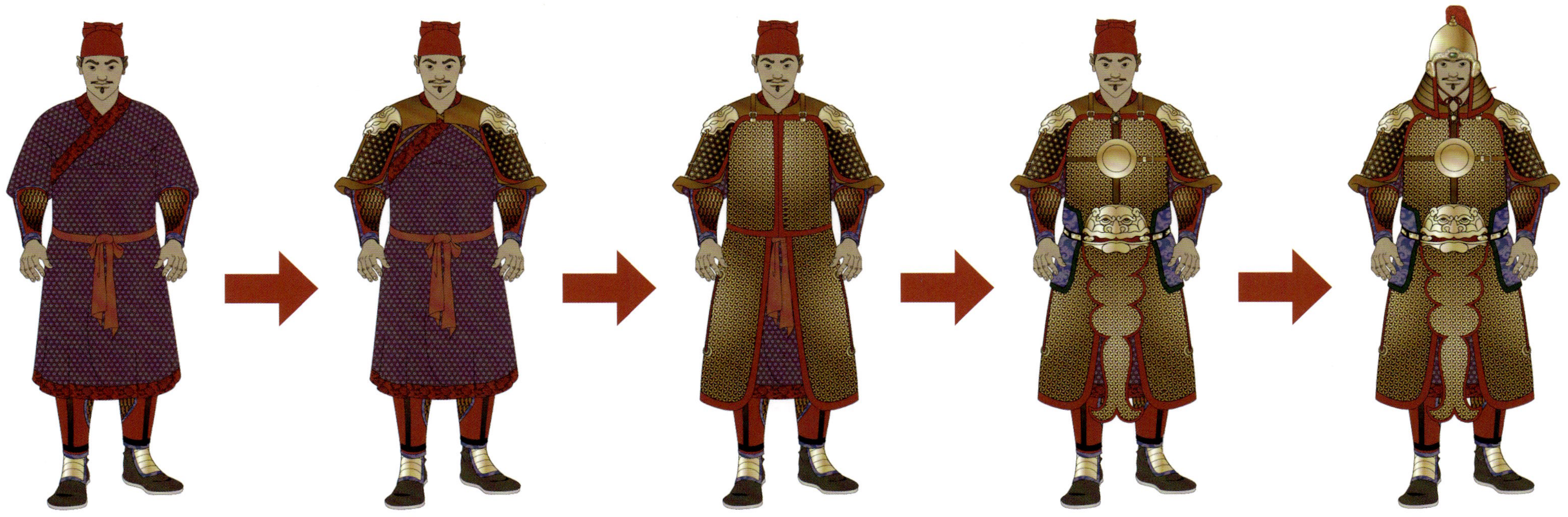

1 穿着甲胄前，先系束护臂再穿靴，然后在腿部穿着卫足。

2 披挂披膊，在身后系束。

3 穿着甲衣。

4 在腰间系束护腹甲、袍肚及皮带，在胸前系束护心镜。

5 戴兜鍪。

明代

二

齐腰甲

齐腰甲是一种对襟无袖的短甲，形制就像一件西装马甲，身份高贵的军官和普通士兵都有穿着，这种甲在明代绘画中经常可见，而且明代皇陵也有实物出土。

5
蟒袍是明代武官制服中的一品赐服，曳（yè）撒的意思就是元代质孙服样式的蟒袍。

6
与明代一相同。

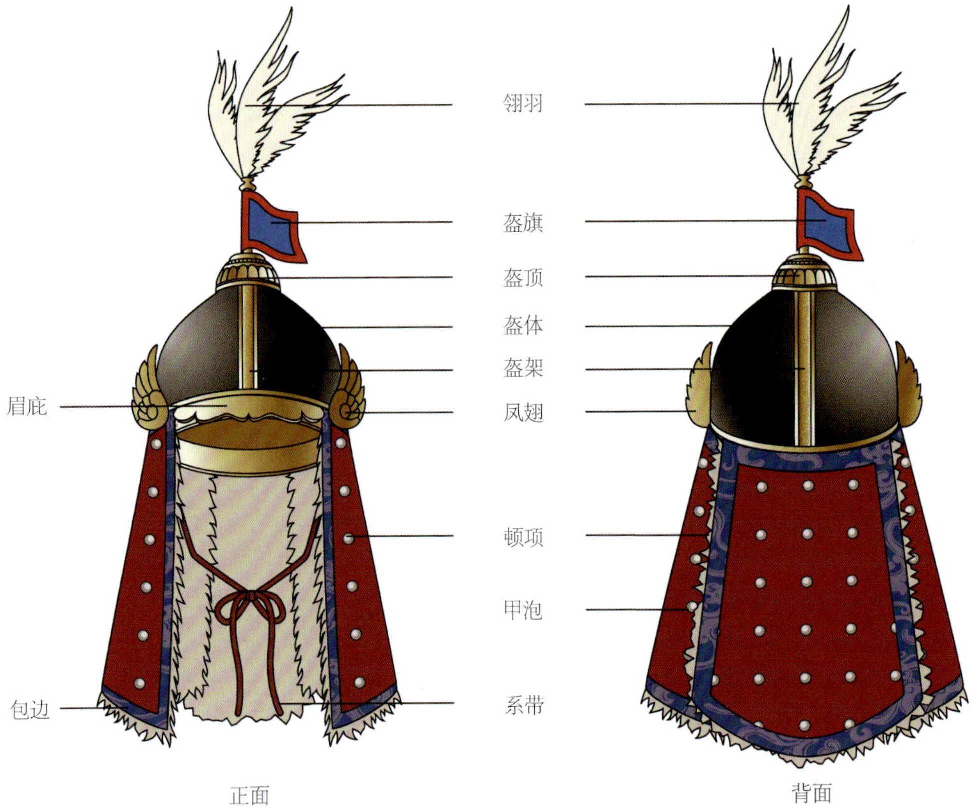

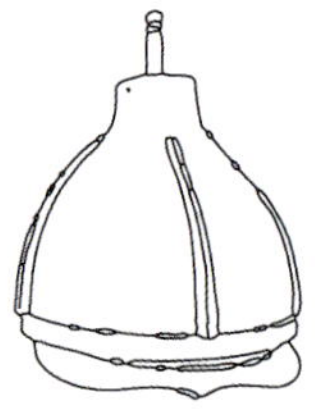
《中国兵器史稿》
的明代铁盔

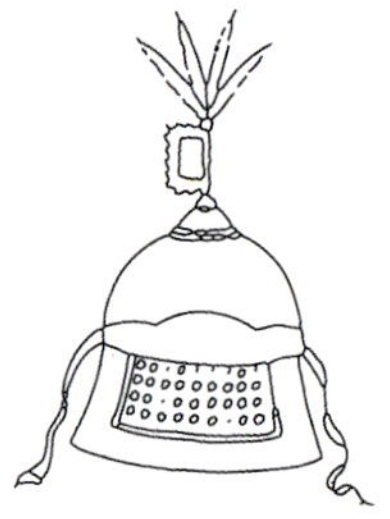
《武备志》
中的明代铁盔

明人绘《出警入跸图》
的铁盔两侧装饰有凤翅

铁盔 ①

根据《出警入跸图》《中国兵器史稿》和《武备志》中几顶明代铁盔结合假想绘制。该盔沿袭了元代三、四的形制，盔顶插有翎羽和小旗。关于翎羽，《明史·舆服志三》记载："都督江彬等承日红笠之上，缀以靛染天鹅翎，以为贵饰，贵者飘三英，次者二英。"这里说的是笠上插天鹅翎，而铁盔上的翎羽也应该同样是起到代表身份高低的作用。小旗的作用没有文字记载，但从众多绘画资料可以看出，笠或盔上插小旗多是分为不同颜色，相同颜色的武士站在一队，也许这正是战时表明部队所属的徽识。

另一种铁胄

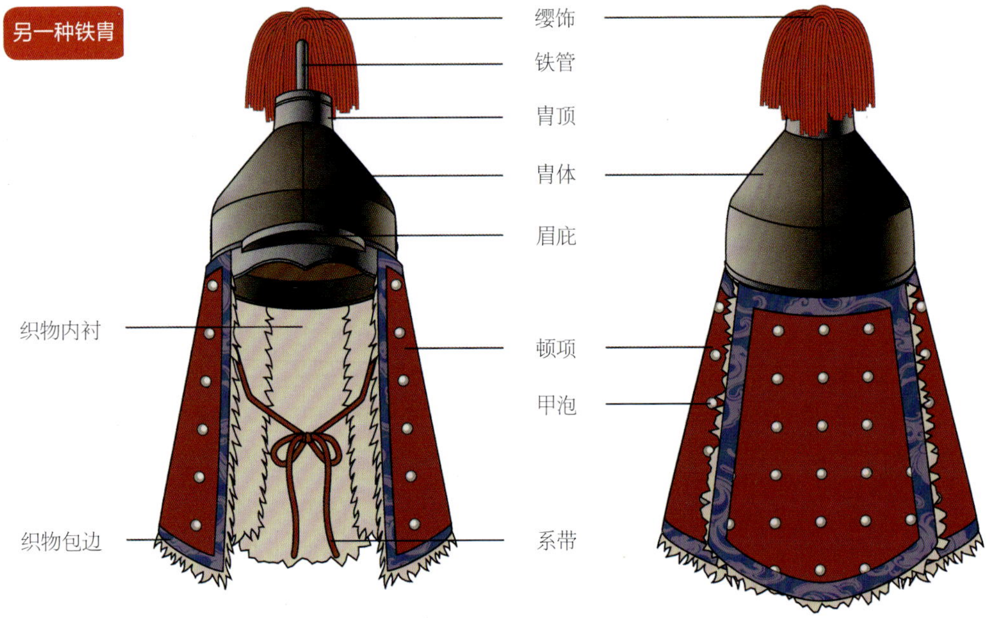

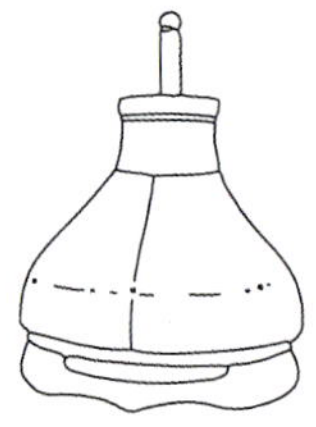
《中国兵器史稿》
的明代铁盔

这顶铁胄根据《中国兵器史稿》中的明代铁盔而设计绘制。该盔与元代四中的两顶铁胄形制相同，说明明代时期使用的铁盔有一部分依然采用元代的蒙古铁胄形制。但顿项并不是元代那种有护喉部分的形制，而是采用三片下垂的顿项，应该是明代特有的顿项形制。

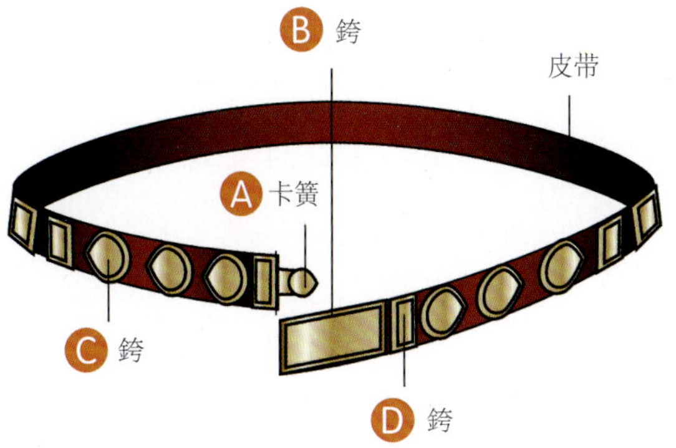

B 銙

C 銙

D 銙

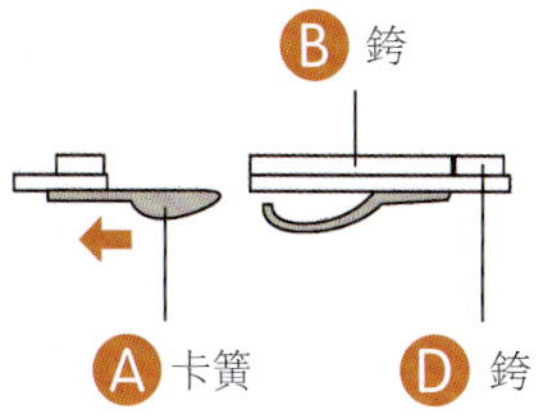

卡簧分开

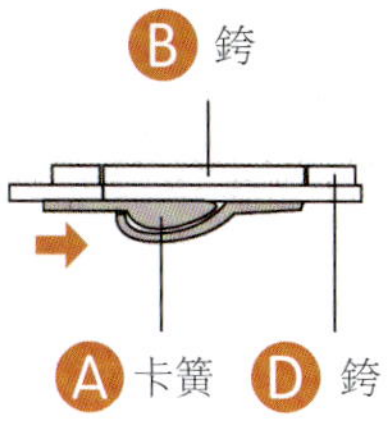

卡簧合拢

③ 卡簧腰带

卡簧腰带根据辽宁省鞍山市倪家台明代崔源族墓出土实物绘制。带銙B、C、D的“斗牛”图案是根据江苏省南京市太平门外板仓明代墓出土黄金銙实物绘制。束带的卡簧装置是明代时期发明的，使用卡簧应该就没有了带尾，使整条腰带外观上看起来很整洁，卡簧的使用参见右图。

④ 腿裙

根据中国国家博物馆收藏的《丰山恩荣次第图册》中武将所穿绘制。从图上可以看出两片腿裙是与腰部横向部分连成一个整体的。穿时应该是有肩带和腰部系束的。腿裙是配以短甲而穿用的，由小鱼鳞甲片编缀，是将校军官所穿。腿裙也有不用甲片而用皮革或织物制成，用于骑马时腿部御寒。

中国国家博物馆收藏的《丰山恩荣次第图册》中武将所穿的腿裙

假想穿着方式正面

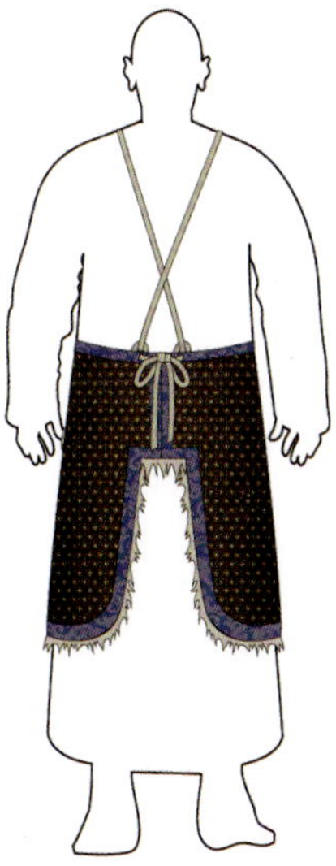

假想穿着方式背面

明代

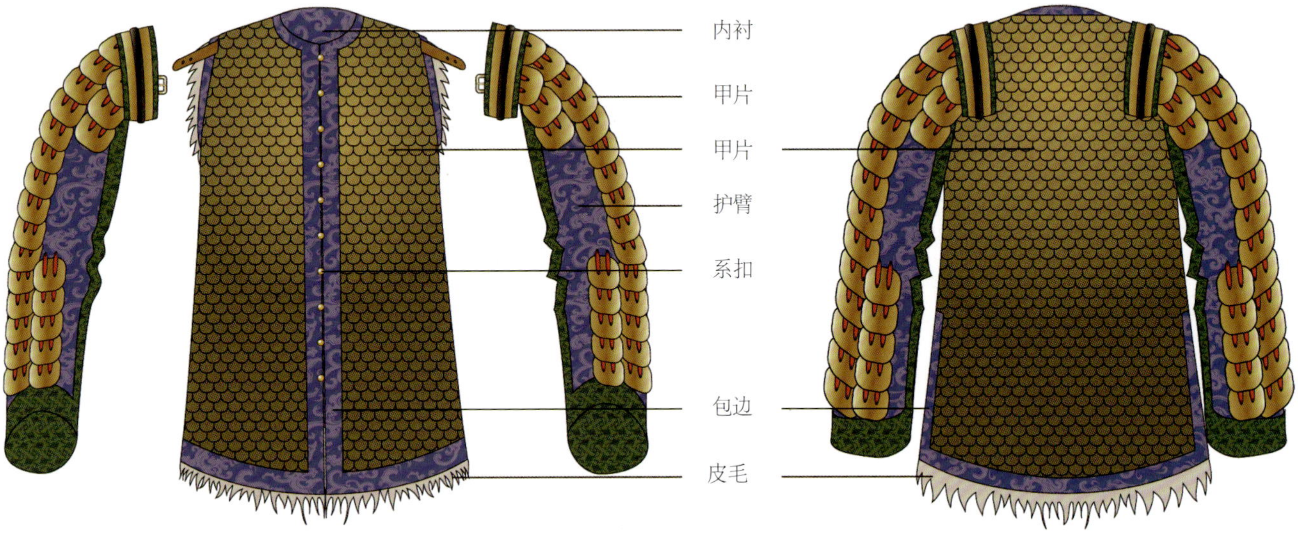

正面　　　　背面

齐腰甲 ②

这件齐腰甲是根据中国国家博物馆收藏的明人绘《丰山恩荣次第图册》中武将所穿齐腰甲绘制。《大明会典》中记录过："青纻丝镀金平顶丁钉齐腰甲、青纻丝黄铜平顶丁钉齐腰甲、青纻丝镀金丁钉齐腰甲、红绒绦穿齐腰甲、青绵布火漆丁钉齐腰甲" 等种类繁多的齐腰甲。明定陵也曾出土过齐腰铁甲实物。齐腰甲形制很像现代的坎肩，前开襟、无领，两侧下缘有小开衩，由小鱼鳞甲片编缀。齐腰甲的护臂来自明代《出警入跸图》中身穿戎装的明世宗，罩甲两侧用皮带另外安装有编缀铁甲片的袖子，形成长长的护臂，护臂在小臂内侧用纽扣系束。这种装置很像日本铠甲中的"笼手"，这种可拆卸的护臂在清代也有使用。齐腰甲不论军官士兵都可以穿，而配有腿裙的齐腰甲为军官所穿。

中国国家博物馆收藏的《丰山恩荣次第图册》

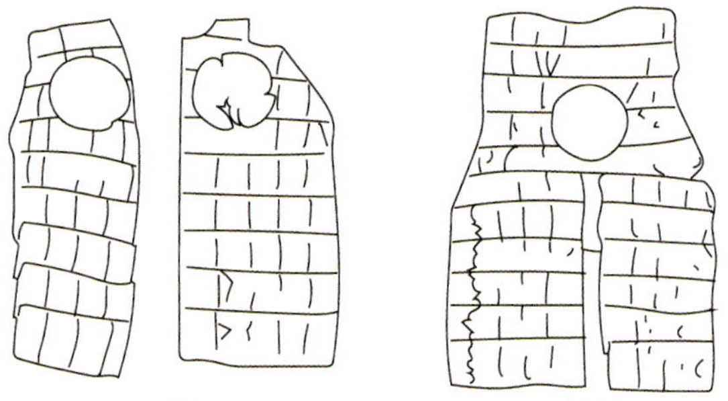

正面　　　　背面

明定陵出土的齐腰铁甲

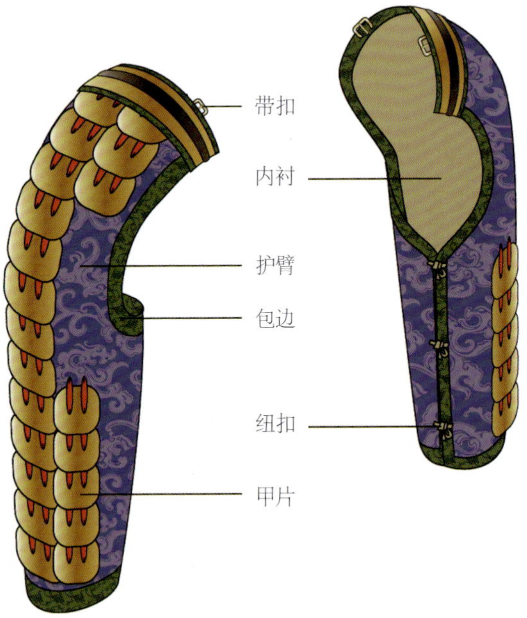

护臂的形制

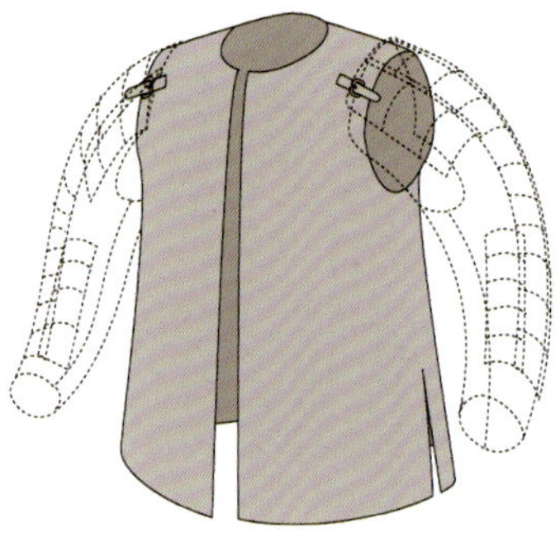

齐腰甲的形制

明代《出警入跸图》中明世宗戎装上的护臂

假想的甲胄穿着流程

1 穿着甲胄前，先穿蟒袍再穿靴。

2 围裹腿裙并在身后系束。

3 穿着甲衣并系束腰带。

4 戴盔。

明代 三 锁子甲

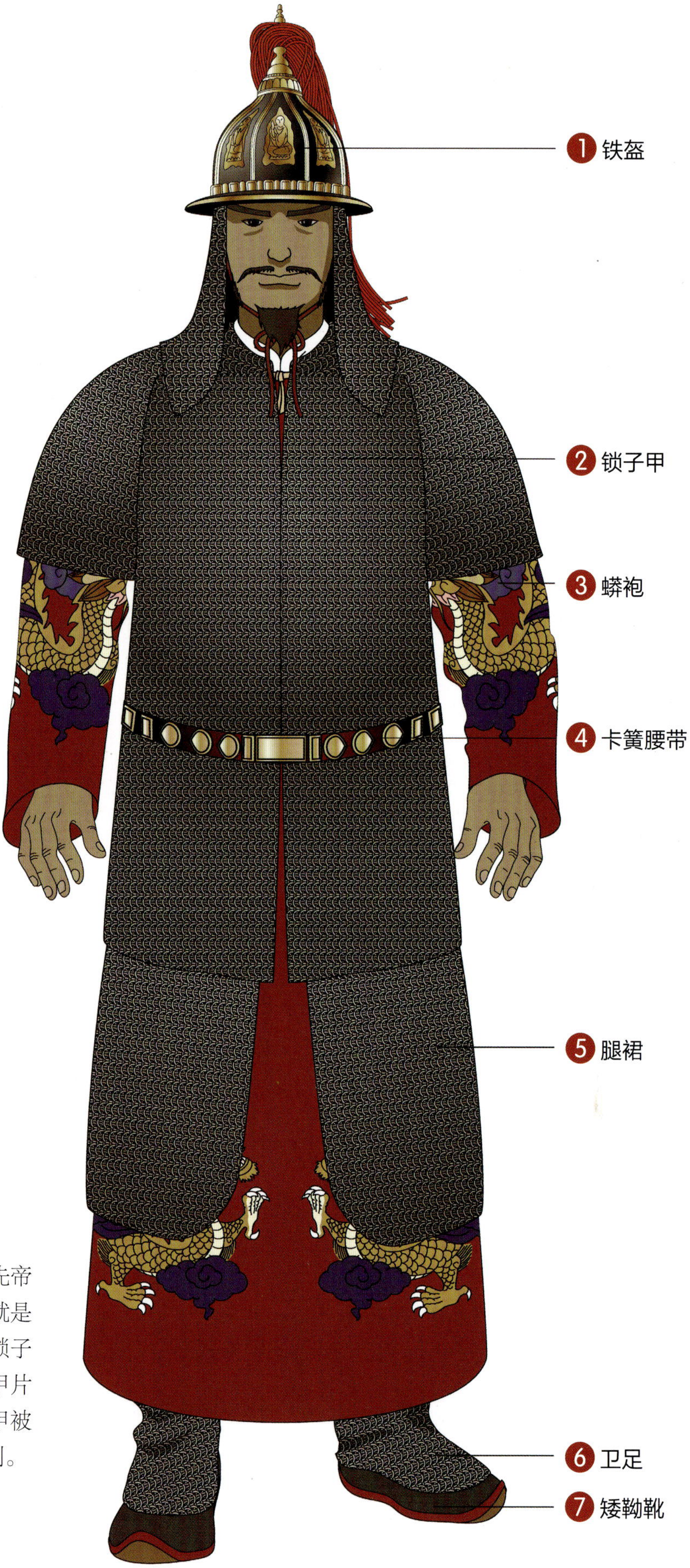

早在魏晋时期魏国曹植就在《先帝赐臣铠表》中提到过环锁铠，可能就是流行于元明清时期的锁子甲。由于锁子甲的环形铁编缀密度大，且相对大甲片而重量轻，柔韧性好等特点，锁子甲被认为是冷兵器时期最优秀的铠甲形制。

3 4 7
与明代二相同。

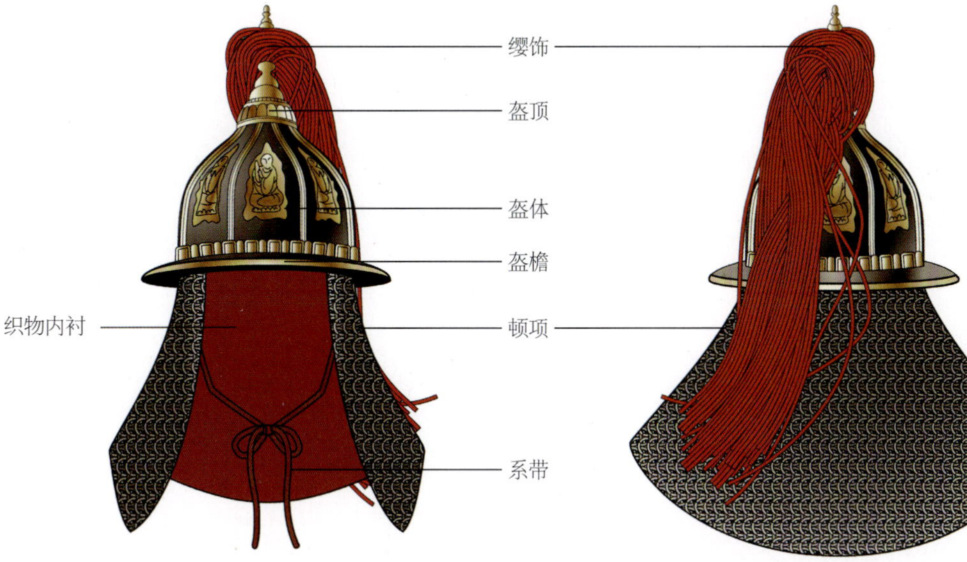

正面　　　　背面

①铁盔

根据北京十三陵定陵博物馆藏实物绘制。该盔是定陵明神宗朱翊钧（1563-1620年）的陪葬物，铁盔为六弧铁盔。上饰金制的宣武神和六甲神等神像，含有出师胜利的吉祥之意，应该是明神宗朱翊钧检阅军队、率军出征时所戴。其形制沿袭了元代笠型铁盔的样式，顿项采用锁子甲编缀，内有锦帛做衬。

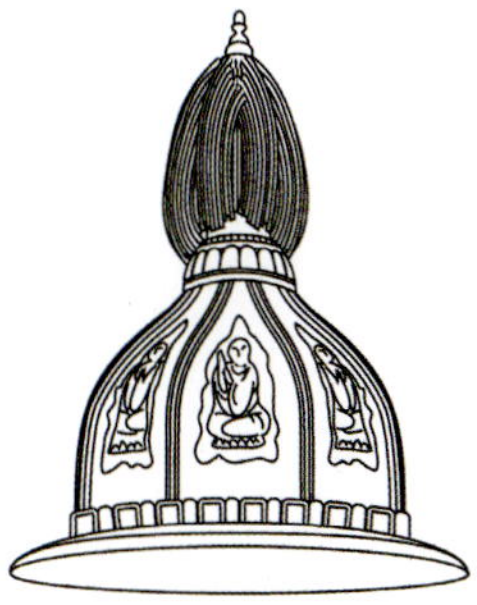

北京十三陵定陵博物馆藏明代铁盔

另一种铁胄

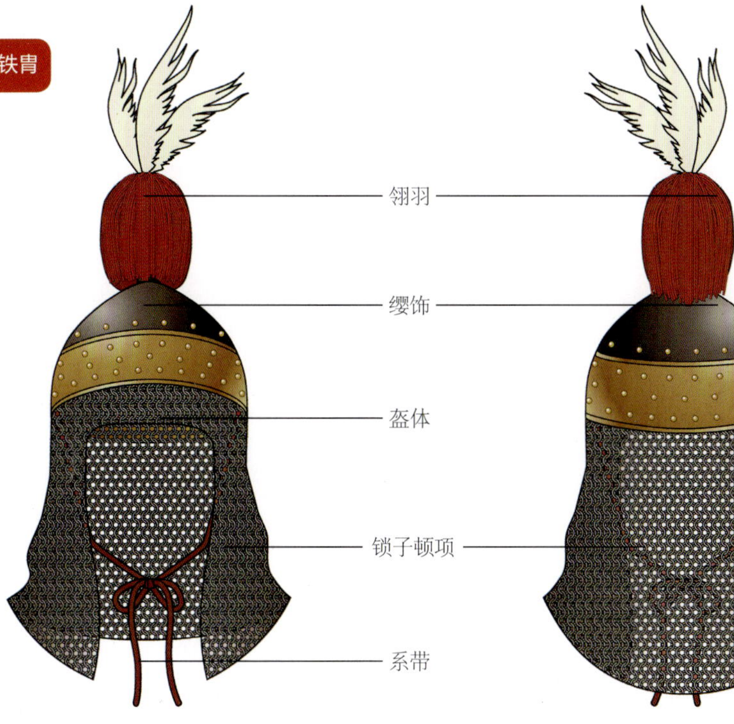

正面　　　　背面

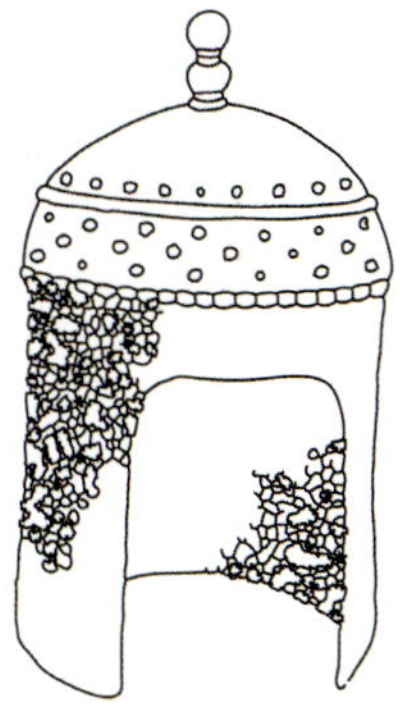

《中国兵器史稿》中记载的明代御林军用铁锁子盔实物

根据周纬先生著《中国兵器史稿》中记载的明代御林军用铁锁子盔实物绘制的。从该盔的外形看，与伊斯兰盔的形制相同，估计和元代二中提到的铁网铁胄一样，都是从西方引进的形制。该盔盔体呈小帽状，没有眉庇，显得非常简朴，而下缘垂挂下来的锁子甲细密复叠，制作十分精巧。该盔的缨饰和翎羽则是参考明代古画《出警入跸图》中的武将的头饰，这一点可以参考明代二中的介绍。

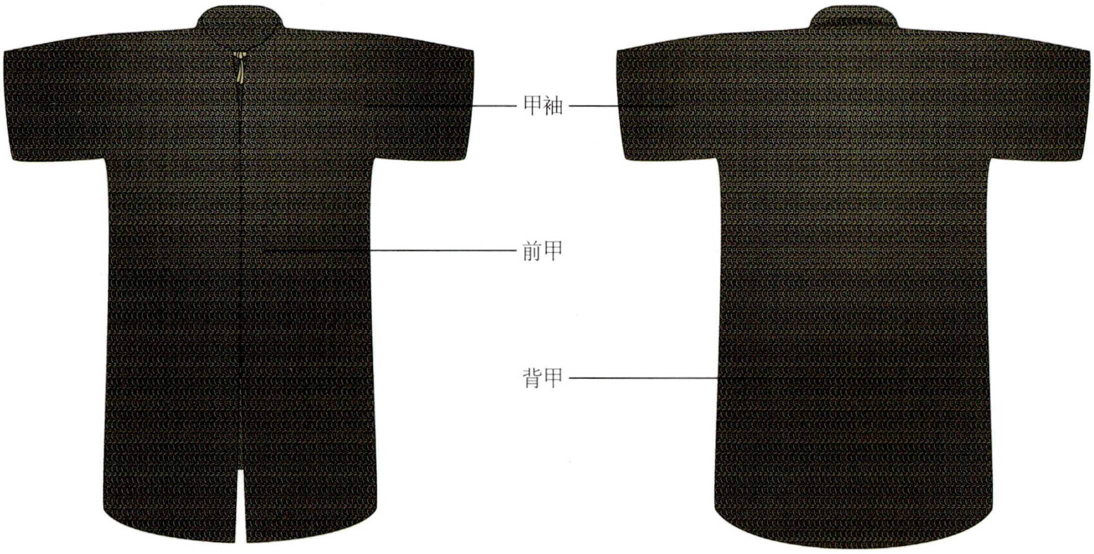

正面　　背面

锁子甲 2

根据敦煌市博物馆藏明代短袖锁子甲设计。明清两代锁子甲流传下来的实物很多，有些是前开襟，有些是套头穿，如北京中国人民革命军事博物馆所藏明代锁子甲就是套头穿着。锁子甲从魏晋时期就有记载，在唐宋时期称为环锁甲，当时属于制造技术很高也极为稀少的珍贵铠甲；而到了元代才开始普遍使用（参见元代二），元代称为铁网甲，一直持续使用到明清时期。锁子甲是由大量的小铁环相互套链编缀而成的铠甲，相比元代的锁子甲，明代的小铁环缩小到直径1厘米左右，不再配有内衬，穿时直接套在袍服之外。锁子甲穿着时可随身体活动变化结构形状，且同样体积的铠甲锁子甲要比传统甲片制成的铠甲轻便很多。

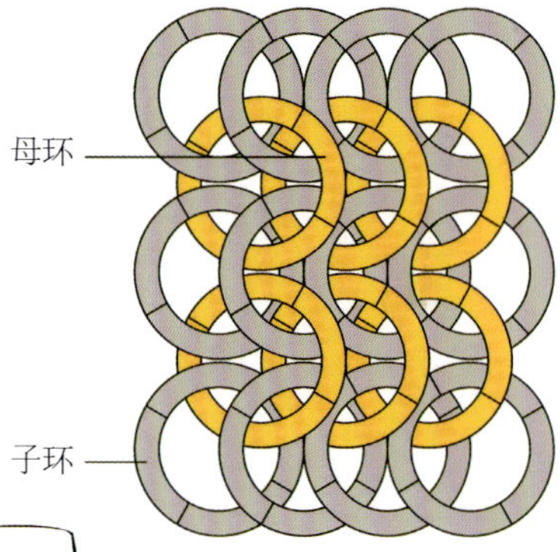

锁子甲的编缀

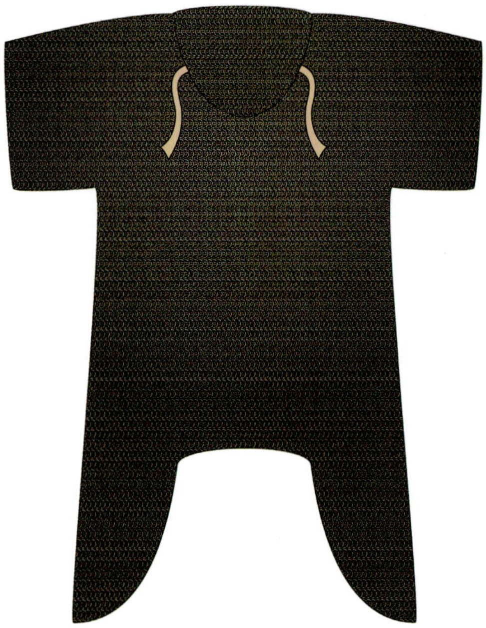

中国人民革命军事博物馆所藏明代锁子甲

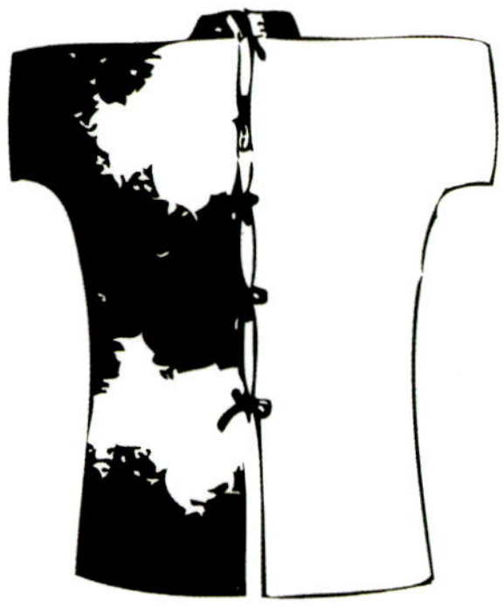

敦煌市博物馆藏明代短袖锁子甲

正面

山西省博物馆藏明代御林军长袖有腿裙锁子甲

5 腿裙

根据山西省博物馆藏明代御林军长袖有腿裙锁子甲设计。锁子甲制成的腿裙有的与身甲是一体的，而有的腿裙则是单独的。单独的腿裙与前几朝的形制相近，也是两片腿裙由系带相连，两片腿裙没有衬里，穿时在身后或者绕到身前系束。

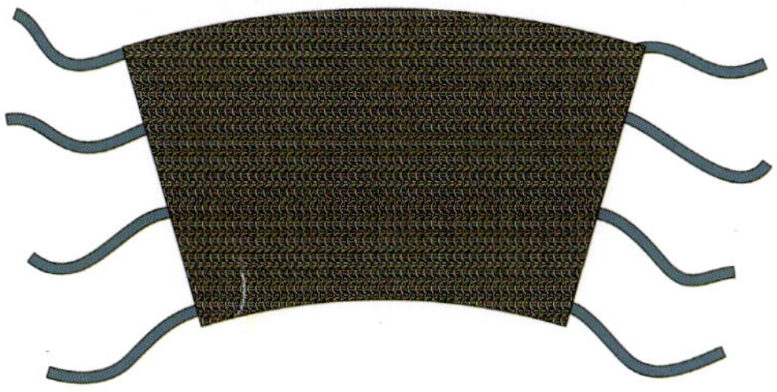
假想1的卫足

假想1的卫足穿着示例

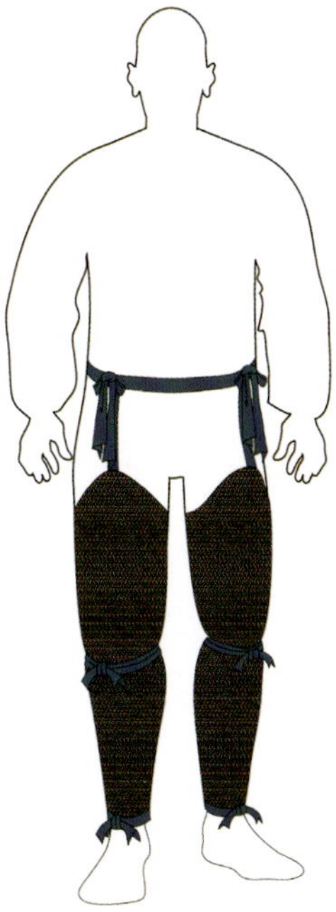
假想2的卫足穿着正面

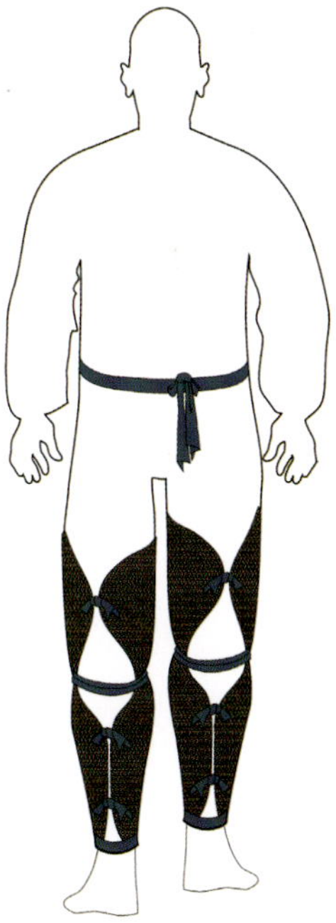
假想2的卫足穿着背面

6 卫足

根据《中国古代军戎服饰》中明代锁子甲复原图绘制。该卫足采用锁子甲制成，围裹于胫部之上，其下缘部分覆盖脚面。这种卫足的形制如何却不得而知，本书做出两种假想。第一种是像足球袜长短只覆盖小腿的卫足，穿时覆盖脚面及小腿部位，在腿后系束。另一种可能是覆盖大腿、小腿、脚面部位的卫足，这种卫足在山西省右玉县旧城宝宁寺明代水陆画中士兵身上有类似装置（详细说明参见明代五）。

假想的甲胄穿着流程

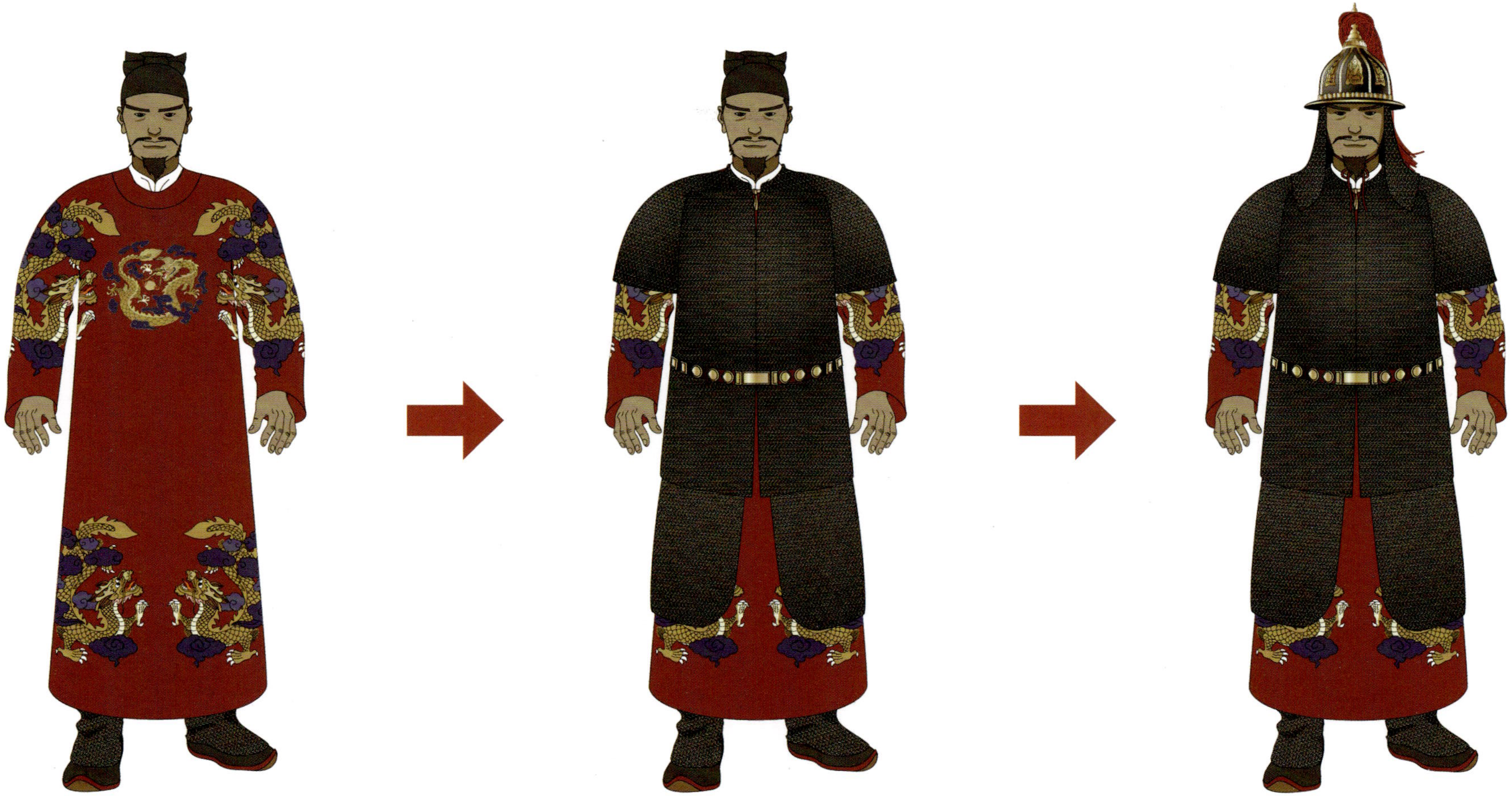

1 穿着甲胄前先穿靴再穿卫足。

2 穿着甲衣并系束腰带。

3 戴盔。

明代

四 布面甲

由于火器的盛行，元代末期开始使用棉布做表里内衬铁甲片的布面甲，明代也采用这种甲衣，只是形制由蒙古式的侧襟改成对襟，且增加了腿裙的装置。

3 5

与明代二、三相同。

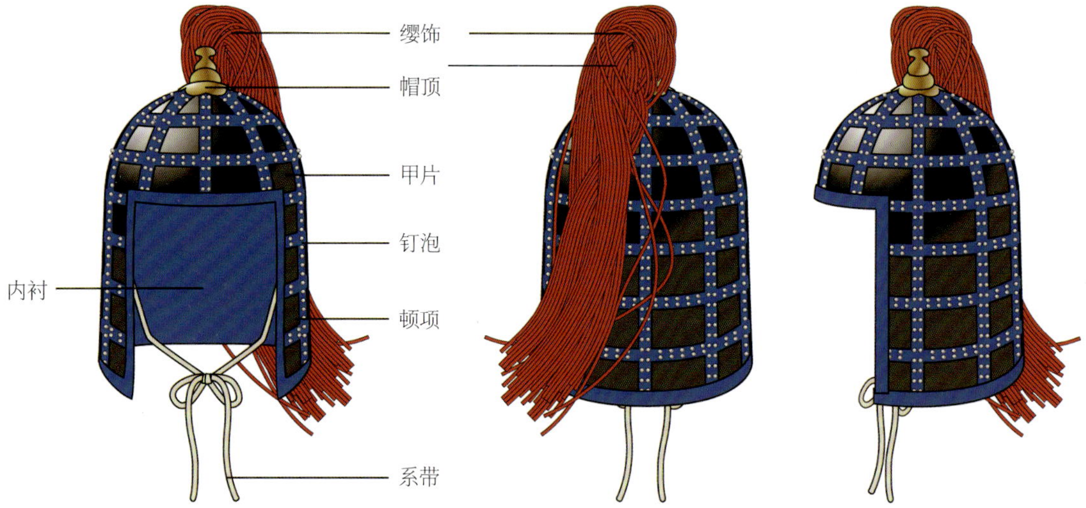

正面　　背面　　侧面

铁帽 ①

根据山西省博物馆藏明思宗朱由检在位的崇祯时期(1628-1644)，山西总兵周遇吉所属宁武路静乐营二队鸟铳（chòng）手守长赵勇所戴实物绘制。该铁帽是在织物或皮革制成的帽体上钉缀铁甲片而成。

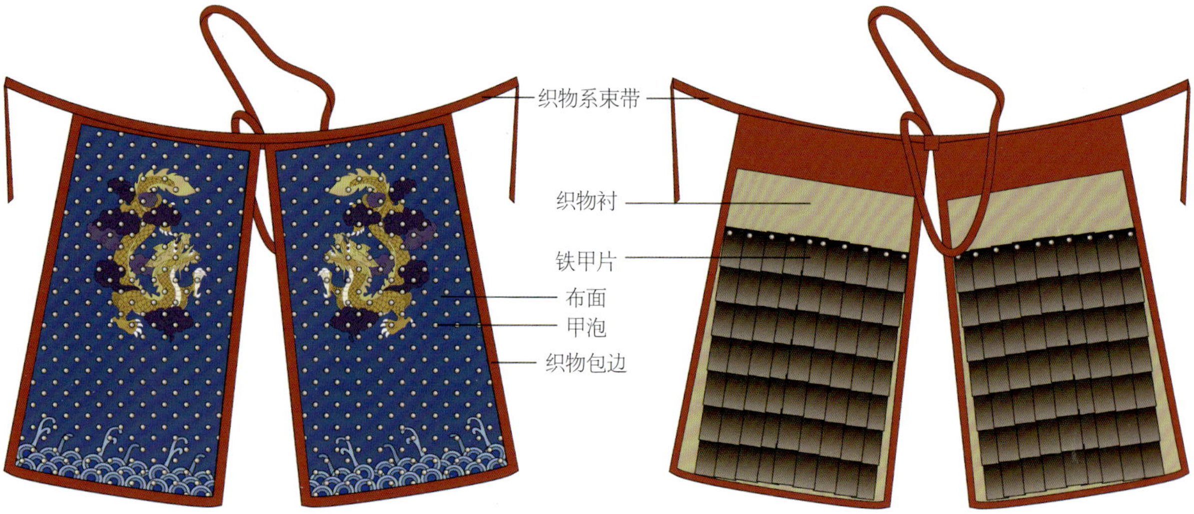

腿裙展开正面　　腿裙穿着背面

腿裙 ④

根据山西省博物馆藏明思宗朱由检在位的崇祯时期(1628-1644)，山西总兵周遇吉所属宁武路静乐营二队鸟铳手守长赵勇所穿实物绘制。本属于布面甲衣的一部分，但是由于腿裙与甲衣分开穿着，所以这里将它们分开描述，其制作工艺与甲衣相同。

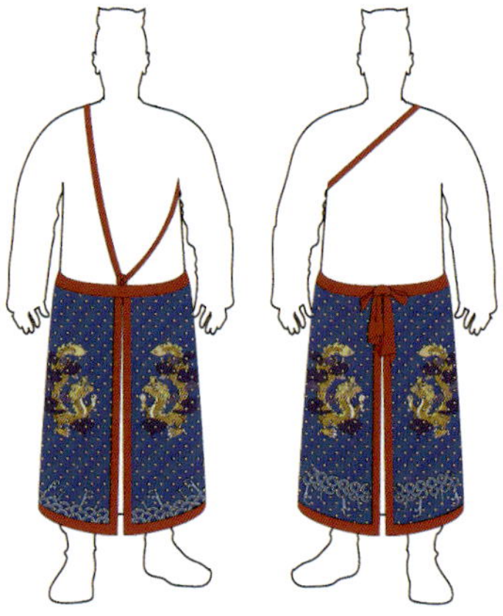

腿裙穿着正面　　腿裙展开背面

正面　　　　背面

②布面甲

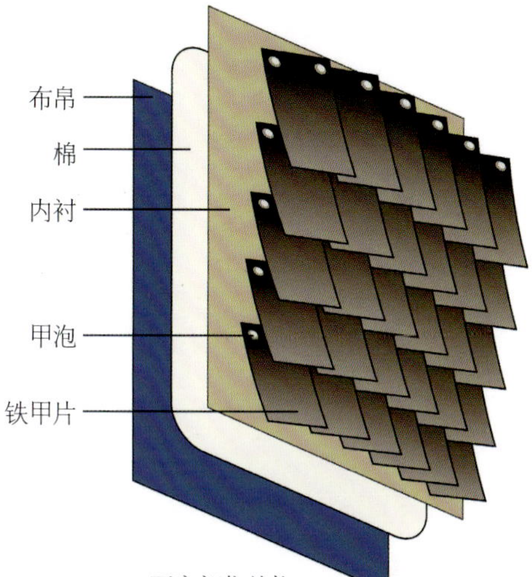

要害部位结构

根据山西省博物馆藏明思宗朱由检在位的崇祯时期(1628-1644)，山西总兵周遇吉所属宁武路静乐营二队鸟铳手守长赵勇所穿实物绘制。火枪时代的到来使很多传统铠甲已失去了往日的风采，取而代之的是新型锁子甲和布面甲的广泛使用。该布面甲沿袭了元代四形制，依旧使用布帛作为表里，外面钉有甲泡，要害部位内缀有铁甲片，棉布做衬，只是没有了元代四的前裆和两侧的护腋。

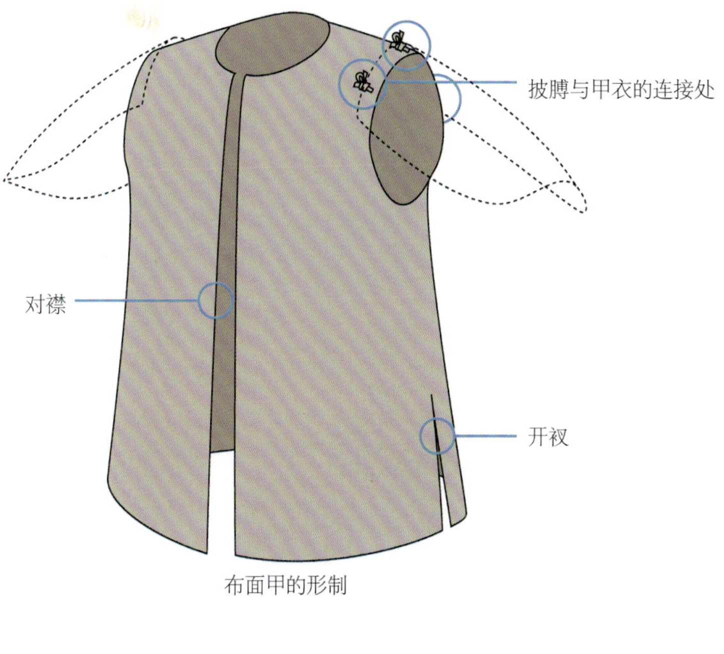

布面甲的形制

铁甲片的分布

假想的甲胄穿着流程

1 穿着甲胄前先穿好靴。

2 围裹腿裙并在身后系束。

3 穿着甲衣。

4 戴帽。

明代 五 兵、士罩甲

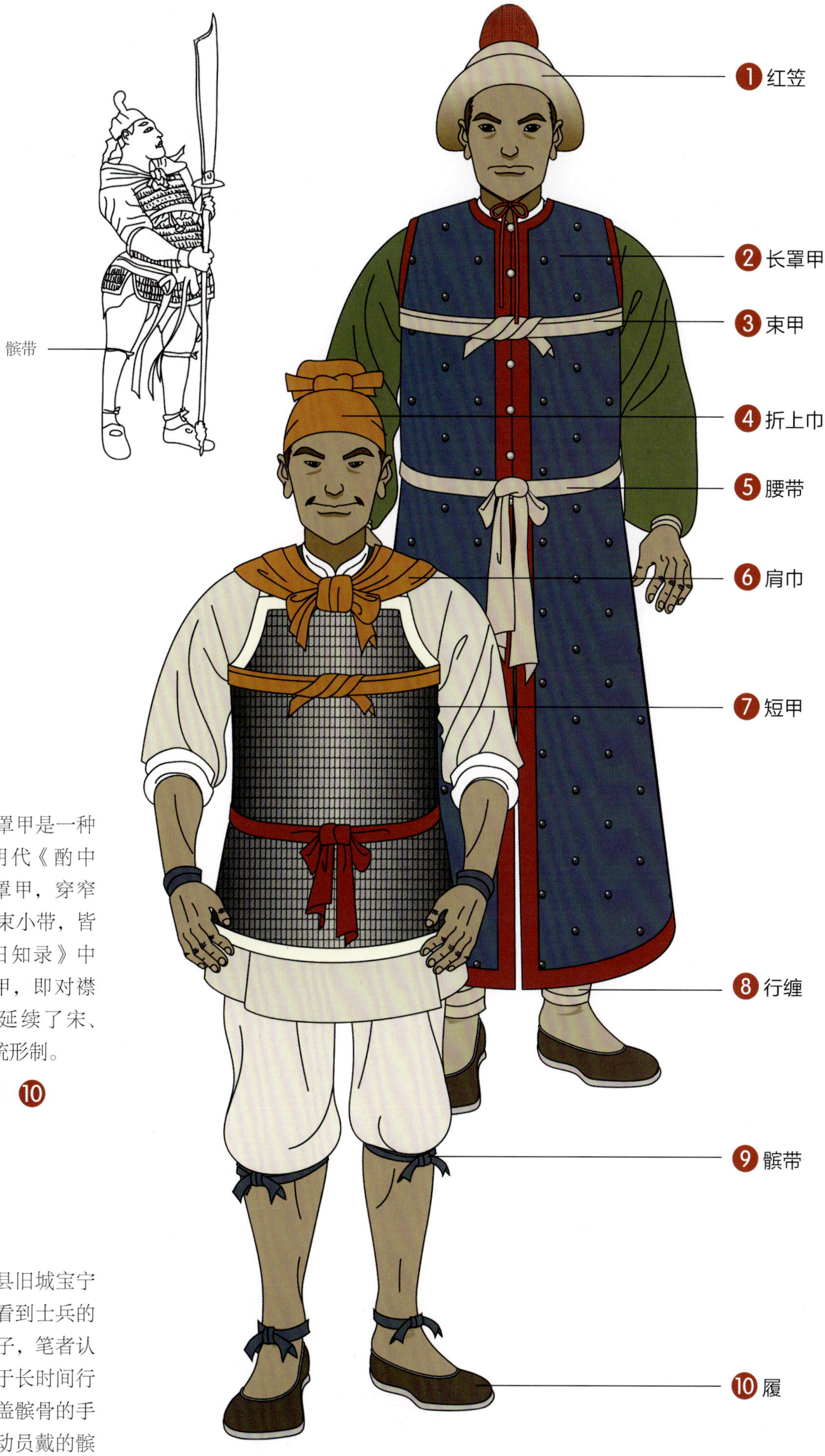

明代兵士的长罩甲是一种常见的戎装，在明代《酌中志》中记载道：“罩甲，穿窄袖戎衣之上，加此束小带，皆戎服也。”明代《日知录》中记载道：“今之罩甲，即对襟衣也。”而短甲则延续了宋、辽、金、西夏的传统形制。

1 3 5 8 10

与宋代的形制相同。

6

与五代二相同。

9

从山西省右玉县旧城宝宁寺明代水陆画可以看到士兵的膝盖下系着一条带子，笔者认为这是古代步兵用于长时间行军和奔跑时保护膝盖髌骨的手段，与现代长跑运动员戴的髌骨带同理。

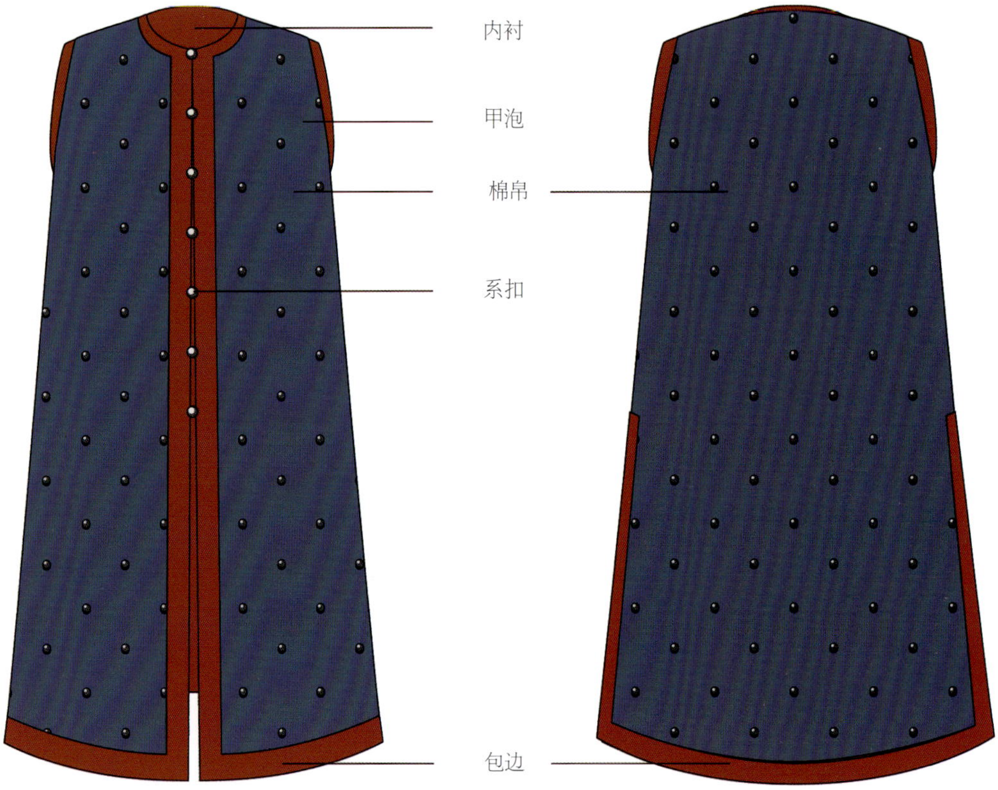

正面　　背面

长罩甲 ②

根据明代万历刻本《元曲选》《义烈选》等明代资料插图中士兵所穿布罩甲绘制。长罩甲是一种长身布甲，对襟无袖、长直过膝，可以理解为没有袖、没有领子的大衣，该甲为布制，表面钉有甲泡，中间不衬甲片，是普通士兵所穿。此种形制后来演变成为百姓日常服装。明代还有一种有名的紫花罩甲，紫花罩甲是用紫花布制作的一种罩甲。紫花布并不是紫色的花布，而是由紫花棉制作的一种布料，紫花棉是一种天然彩棉，花朵为紫色，经加工得到的棉花呈淡黄色（即淡赭），以此棉织成的布料具有天然的黄色，因为颜色接近宫廷所用的赭黄色，所以明朝政府于正德十六年（公元1521年）下令禁止民间使用紫花罩甲。

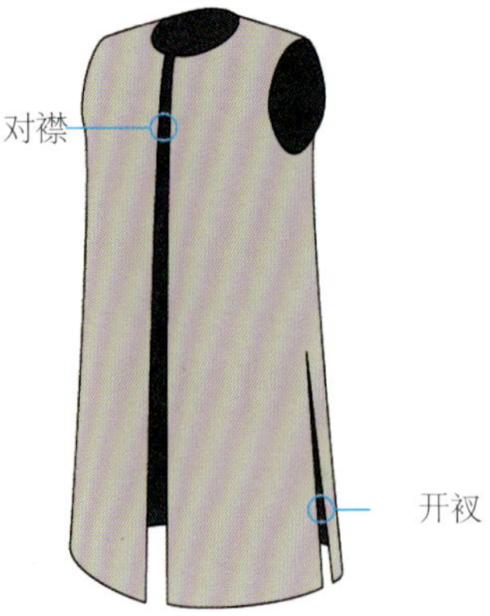

罩甲的形制

正面　　背面

紫花罩甲

明代万历刻本《元曲选》插图中穿布罩甲的军士

明代万历刻本《义烈选》插图中穿布罩甲的吏卒

④ 折上巾

唐宋明时期，男子都喜欢戴幞（fú）头或巾，折头巾源自隋唐时代的幞头。明代军人大多戴巾，军官在巾的外面戴头盔，其中有加巾子的硬裹巾。有人为了美观在巾的侧面或正面加一些装饰物。

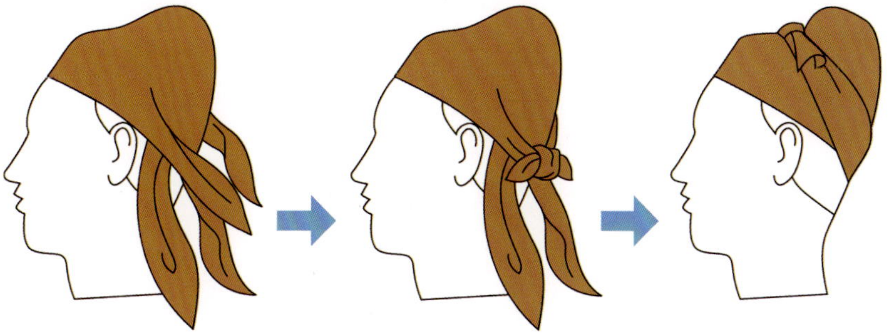

巾的戴法

⑦ 短甲

根据山西省右玉县旧城宝宁寺明代水陆画《兵戈盗贼诸孤魂众》中士兵所穿铠甲设计。画中有四个士兵，都穿着同一种形制的短甲，从四个人不同的角度可以看出腋下左侧开襟，右侧不开襟。短甲由细小圆角甲片编缀而成，肩带由织物制成，穿的时候将带子系紧固定。

正面展开

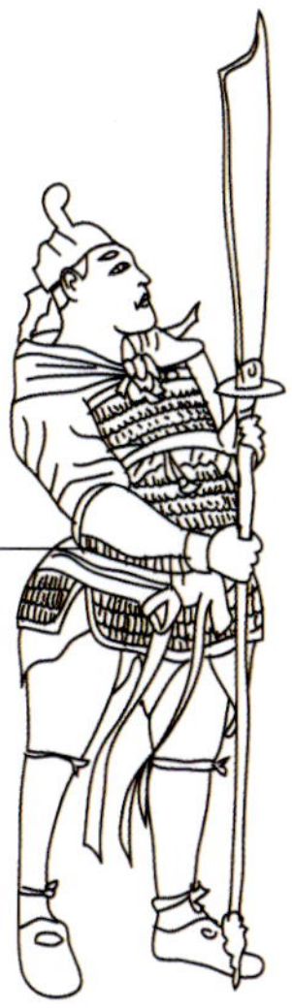

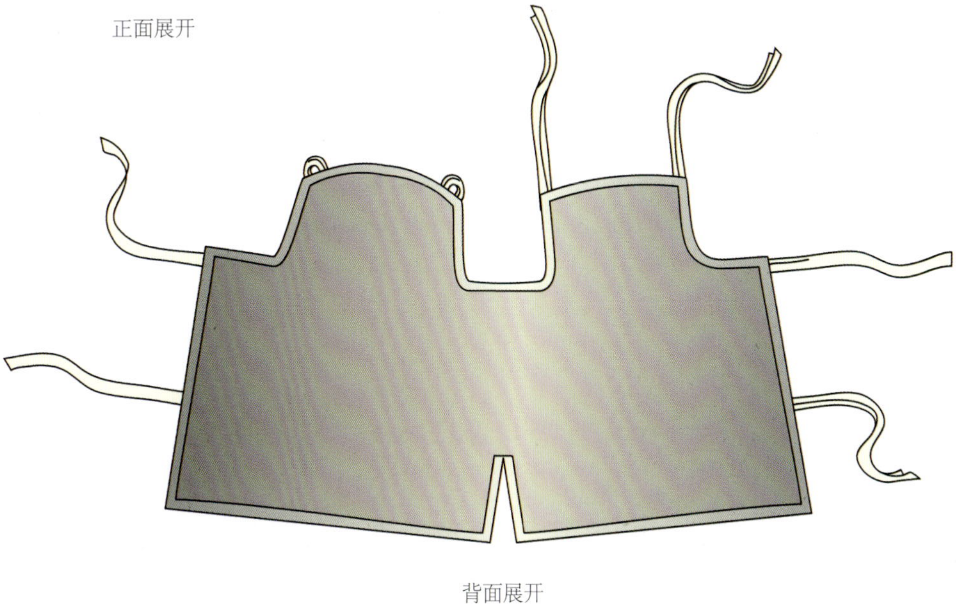

背面展开

假想的甲胄穿着流程

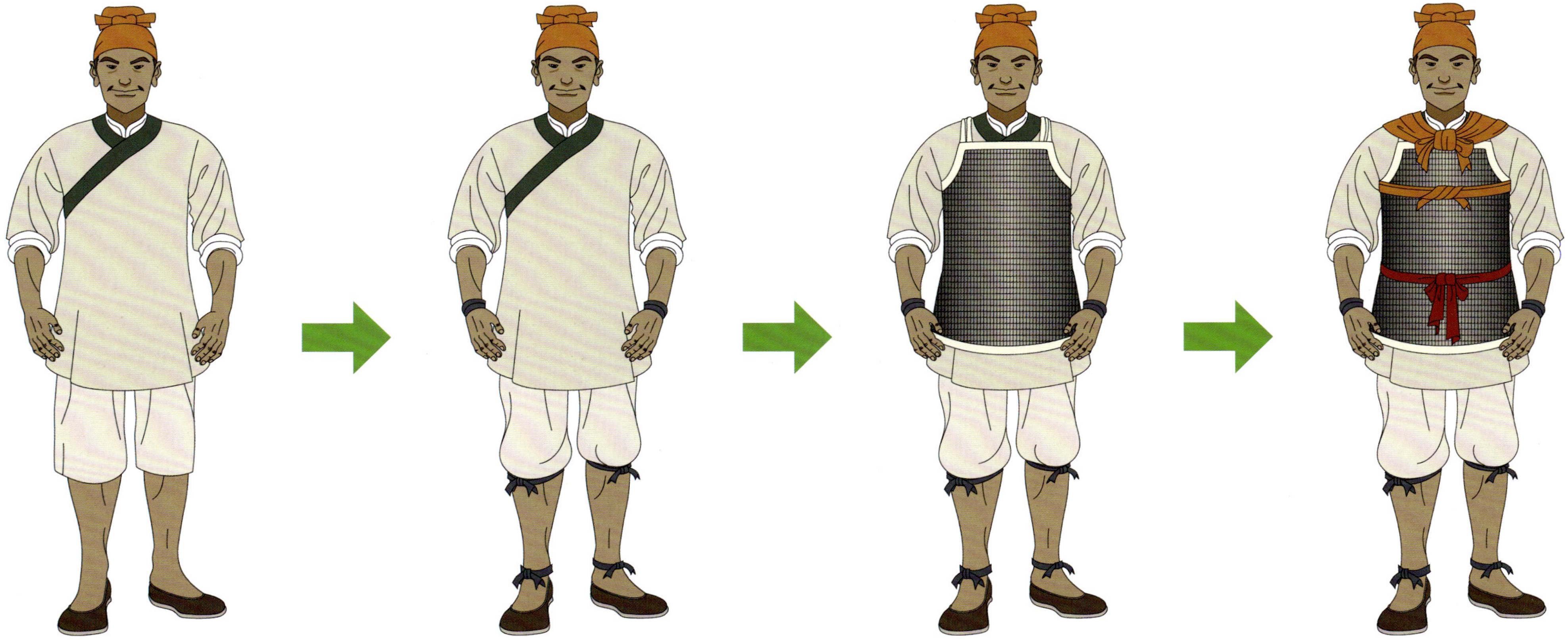

❶ 穿着甲胄前，戴好折上巾，穿好履。

❷ 系好髌带，系好保护手腕、脚腕的绑带。

❸ 穿着甲衣。

❹ 最后系束腰带、束甲，戴肩巾。

假想的甲胄穿着流程

1 穿着甲胄前，先系束行缠再穿履。

2 穿着甲衣。

3 系束甲、腰带。

4 戴红笠。

清代

清代：公元1644年至公元1911年。

清王朝是中国历史上最后一个封建皇权。早在公元11世纪，由于金王朝的领土不断扩张，大批女真族迁往黄河流域并长期定居下来，而继续留在中国东北地区的女真族海西、建州、野人三个部落在16世纪后期由建州领袖爱新觉罗·努尔哈赤统一，称为满族。于公元1616年（明万历四十四年）建国称汗，国号金，史称后金，并将合并后的满族分为四旗，后又扩展为八旗。

公元1636年（明崇祯九年），皇太极称帝改国号为清。公元1644年，李自成农民军攻陷北京，明崇祯皇帝自杀，明王朝就此灭亡，李自成在北京建立了大顺。同年，清军与明余部吴三桂联合击败大顺军后迁都北京。1911年（宣统三年）辛亥革命爆发，清帝溥仪于1912年退位。自此长达数千年的封建王朝和冷兵器时代结束。

在火器盛行的明末清初时期，铠甲已经开始逐渐走向消亡，这个时期的甲胄主要沿袭明代晚期总结和发展下来的铠甲形制，基本只保留了锁子甲和布面甲。而到了清中晚期，锁子甲已经彻底离开了战场，布面甲则变成了只具有象征意义的礼仪服饰。

清代

一

锁子甲

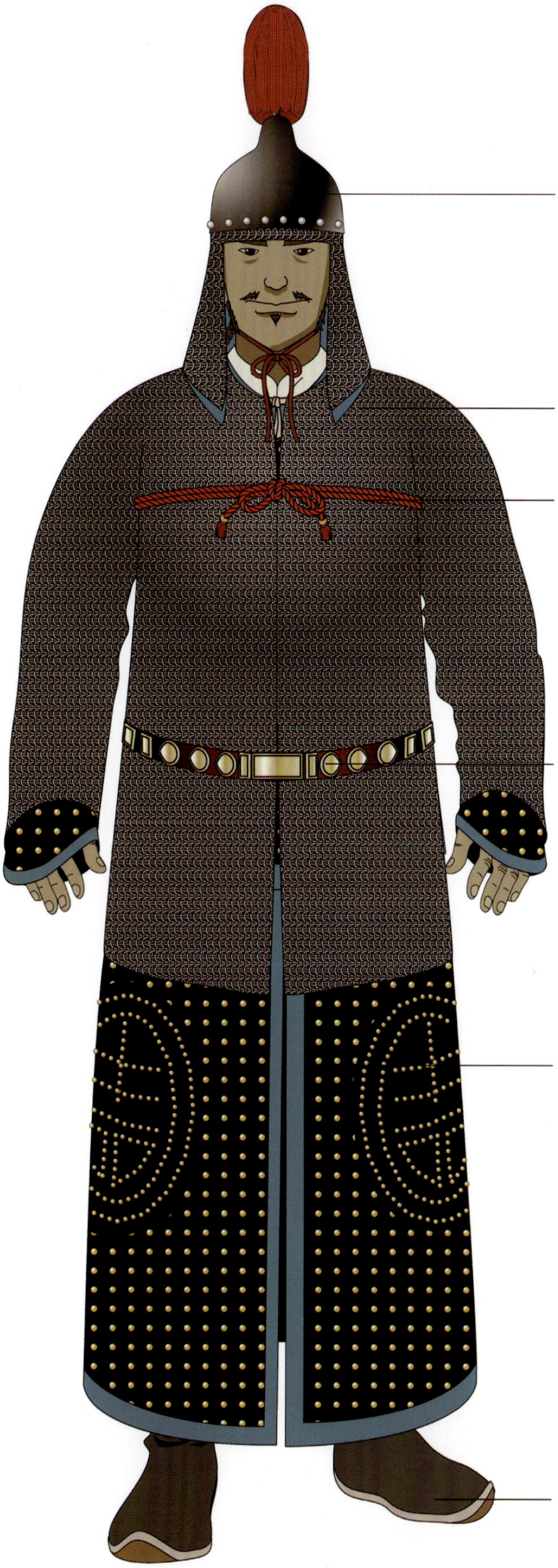

锁子甲在清初为皇帝卫队所使用，其形制与明代三相同。

3
与前几朝的束甲绊作用相同，横束胸前使甲衣贴身，由丝绳制成。

4
与明代二相同。

5
根据山西省博物馆藏清代黑织锦锁纹绣蟒行袍绘制，行袍是清代武官的戎服，其右膝衣裾一尺左右可以装卸。骑马时拆下以方便右腿活动。该袍为棉制，表面钉甲泡，裙膝处甲泡组成团寿纹。

6
根据大量清代绘画、照片和实物绘制。清代军官多穿两种靴；一种为图中所绘的翘尖薄底快靴；另一种为尖头厚底朝靴。

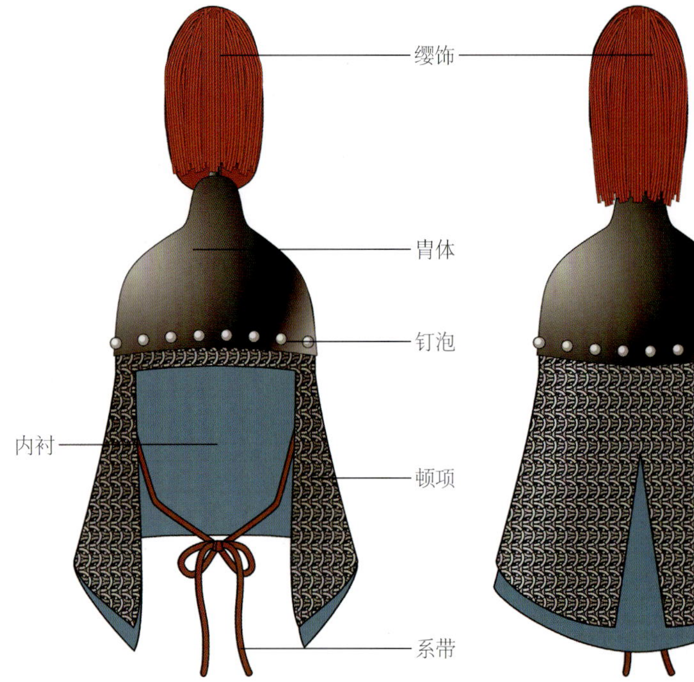

正面　　背面

河北省承德避暑山庄博物馆藏清代铁胄

① 铁胄

根据河北省承德避暑山庄博物馆藏清代铁胄实物绘制。该铁胄外形与明代三中介绍的第二种铁胄很相似，但其形制则要简单很多，胄体为一个整体，下缘由钉泡钉缀锁子甲制的顿项，内衬锦帛，应该属于普通军士的装备。

另一种铁胄

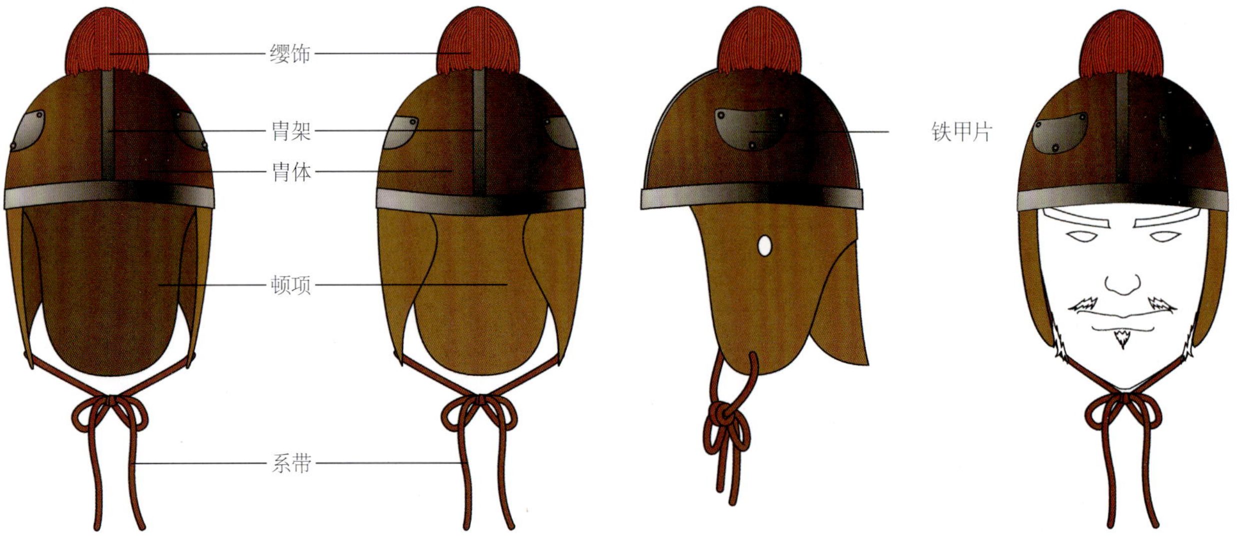

正面　　背面　　侧面　　铁胄穿戴后的形象

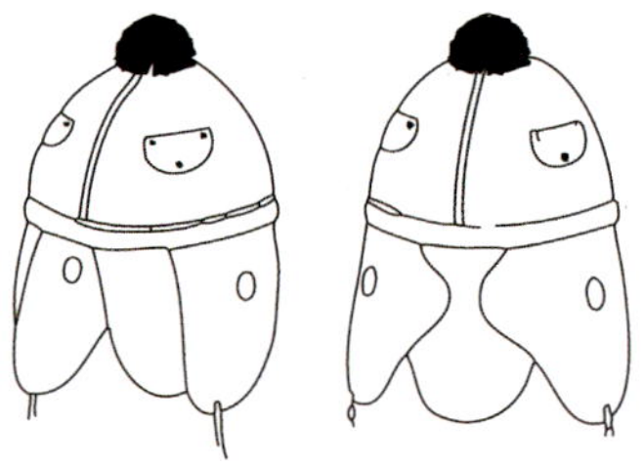

山西省博物馆藏清代铁胄

根据山西省博物馆藏清代铁胄实物绘制。该胄以铁为架，以皮革为胄体，在胄体两侧钉缀有铁甲片，以皮革制成两侧和后部三片顿项，在两侧的顿项的下尾有系带，胄顶饰有红缨，其结构比较简单，应该是属于普通士兵所用。

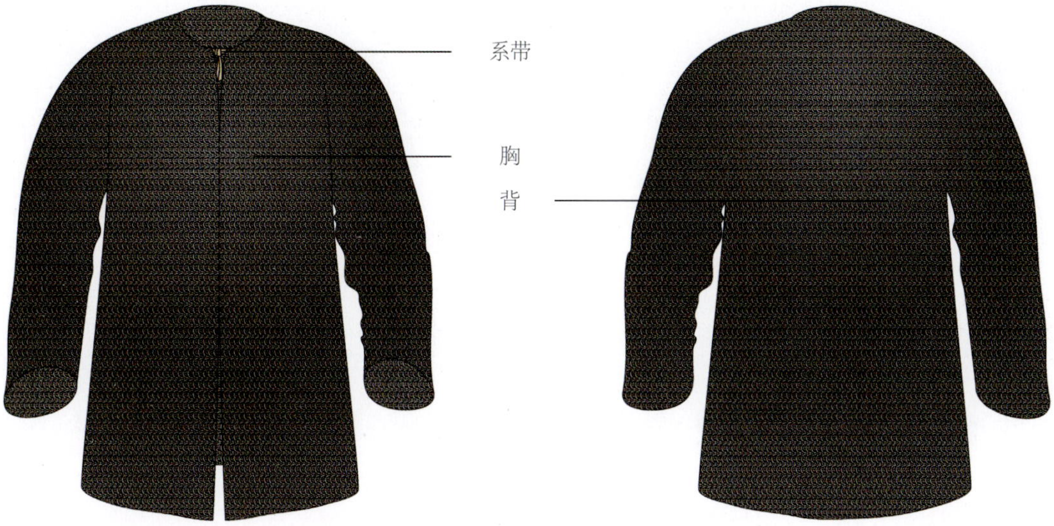

正面　　背面

② 锁子甲

根据河北省承德避暑山庄博物馆藏清代锁子甲实物绘制。除承德外，沈阳等地也有清代锁子甲实物收藏，该锁子甲与明代三相同，也是对襟形式，但该甲为长袖，其余均与明代相同。清代的铠甲据《清会典》记载，有明甲、暗甲、绵甲、铁甲等几种，其中的铁甲单指锁子甲，锁子甲的制造工艺与明代相同，除了长袖对襟的锁子甲，也有长袖套头式锁子甲和短袖套头式锁子甲。锁子甲属于清代禁军侍卫专用。

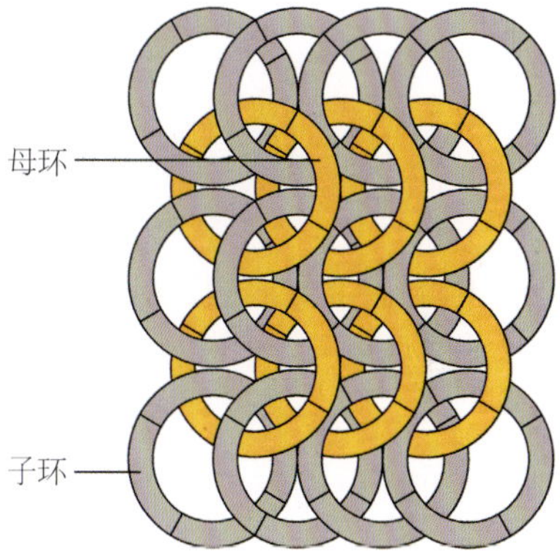

锁子甲的编缀

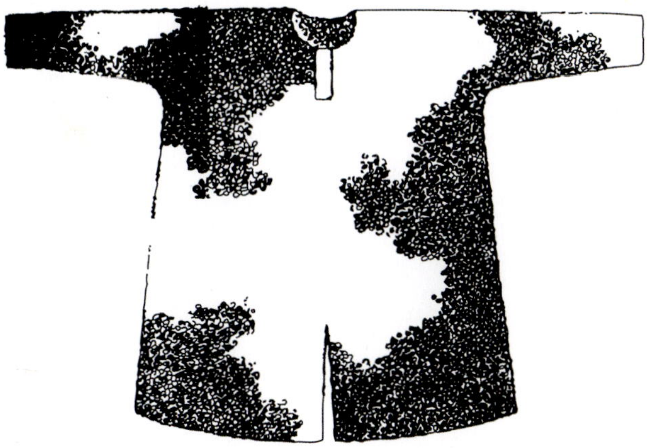

河北省承德避暑山庄博物馆藏清代锁子甲

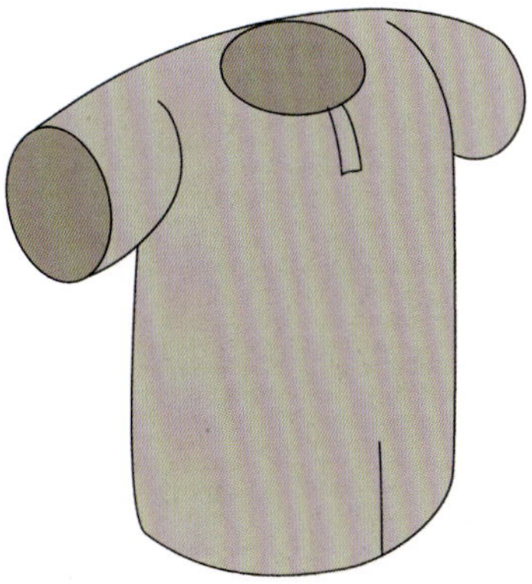

短袖套头式锁子甲

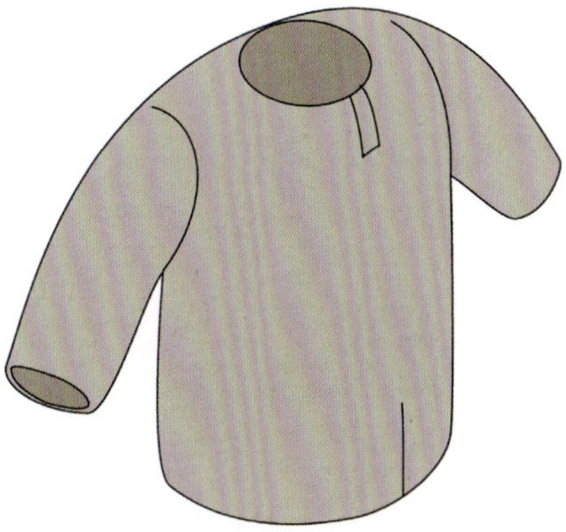

长袖套头式锁子甲

假想的甲胄穿着流程

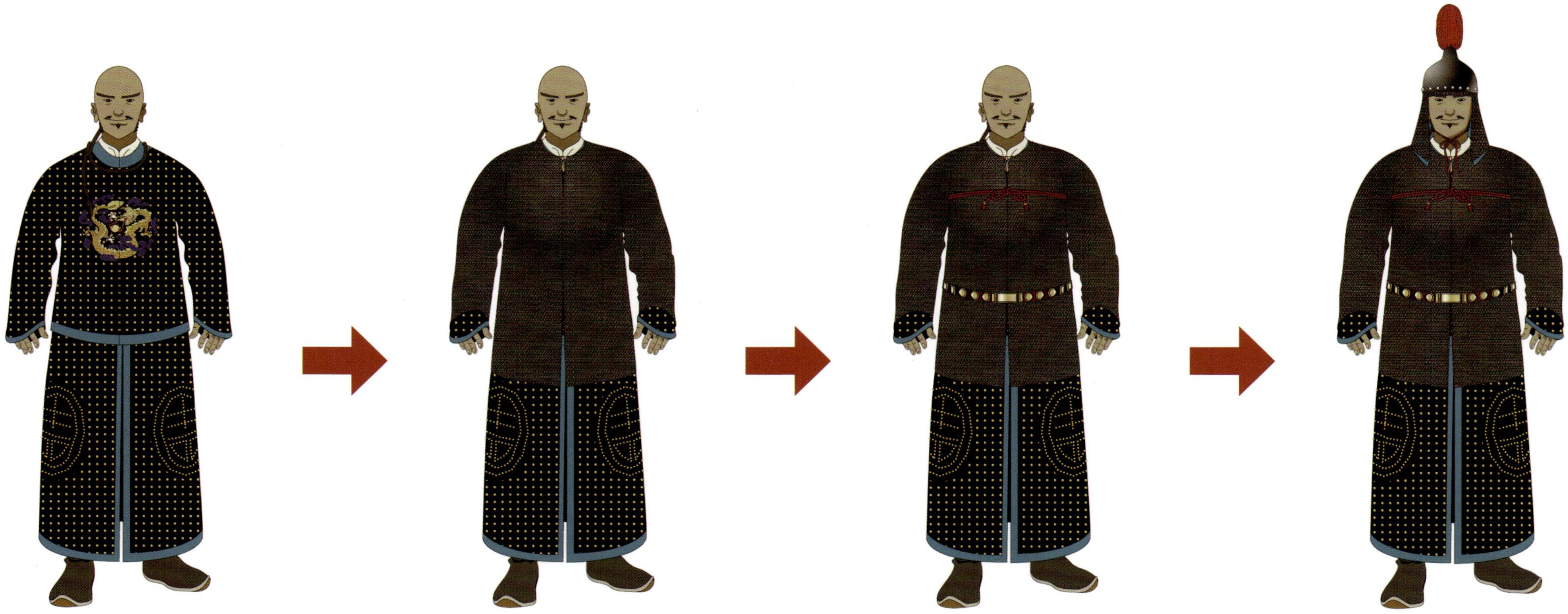

❶ 穿着甲胄前先着行袍穿靴。
❷ 穿着甲衣。
❸ 系束甲绳、腰带。
❹ 戴胄。

清代 二

铁叶红闪缎面甲

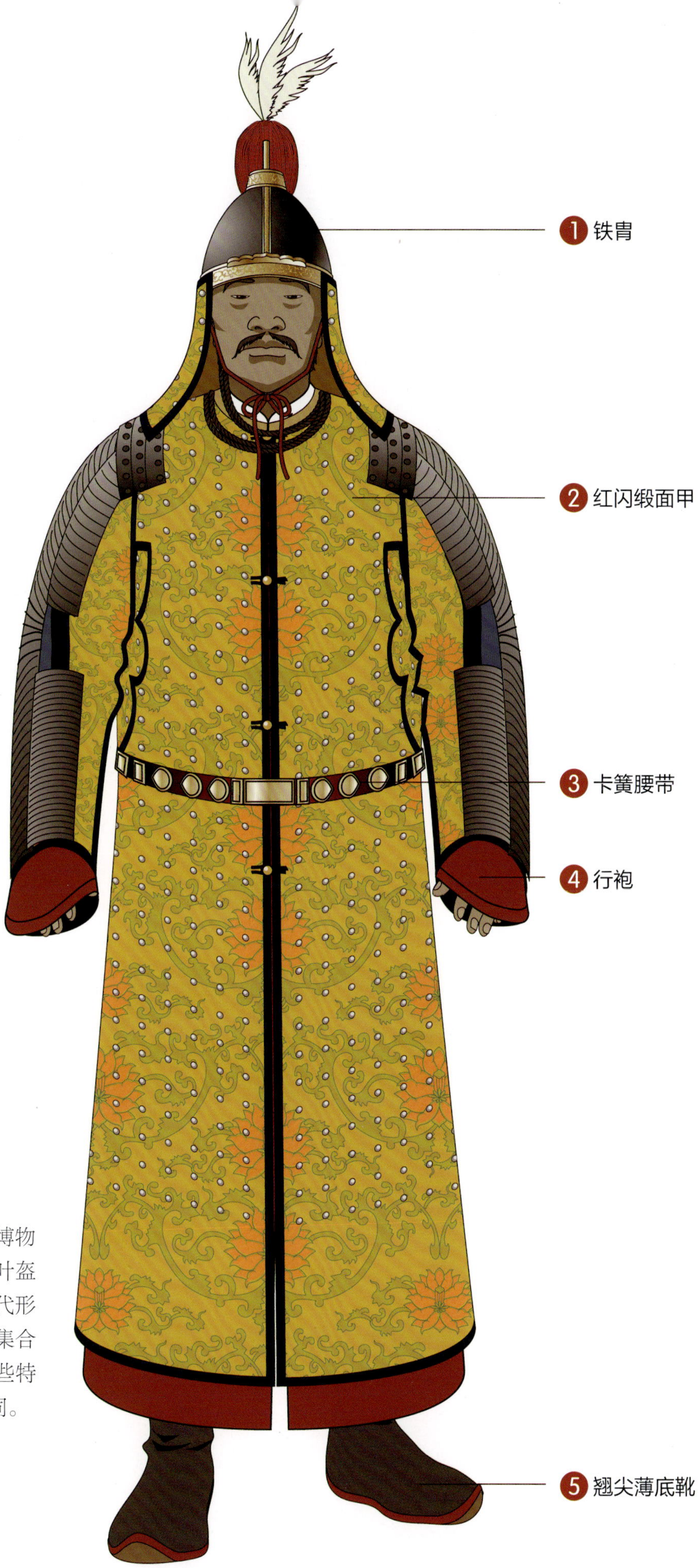

这套甲胄是根据北京故宫博物院所藏努尔哈赤的红闪缎面铁叶盔甲实物设计，这套甲胄属于明代形制，从身甲的形制可以看出其集合了明代二、四、五中身甲的一些特征。而盔则与明代二的形制相同。

❶

与明代二形制相同。

❸ ❹ ❺

与清代一形制相同。

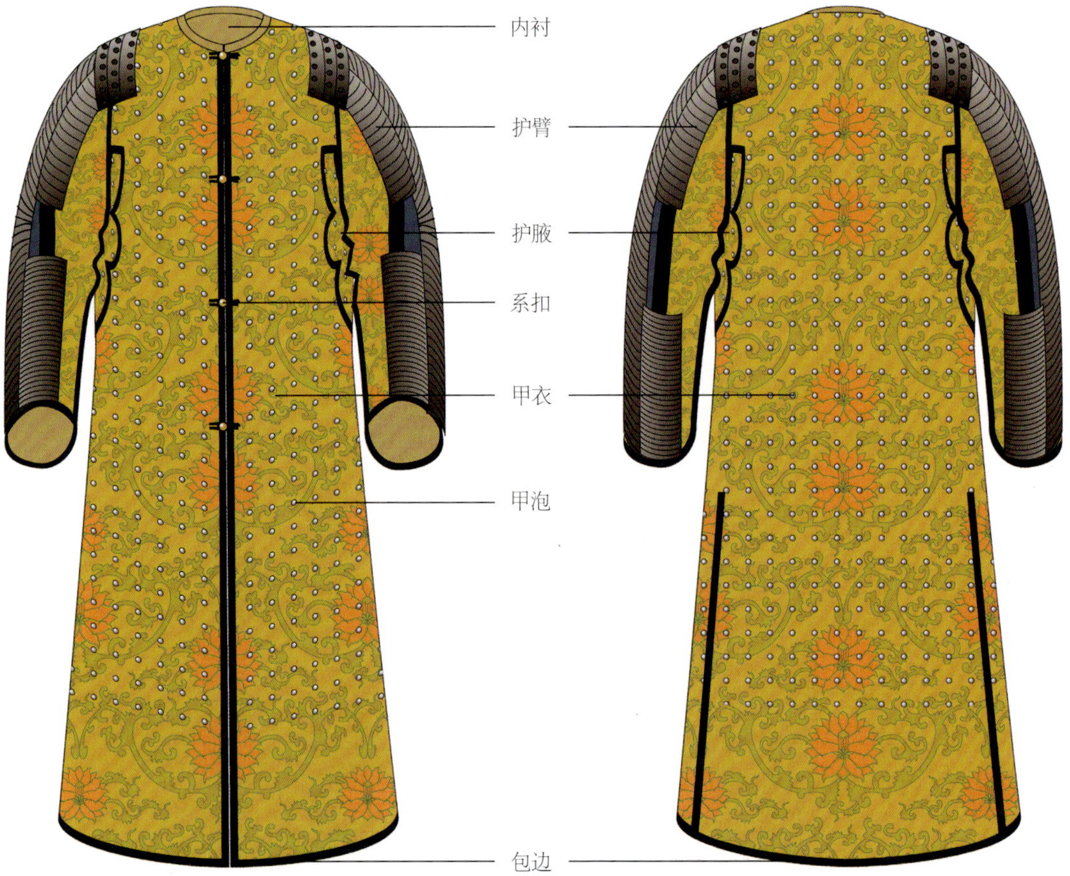

正面　　背面

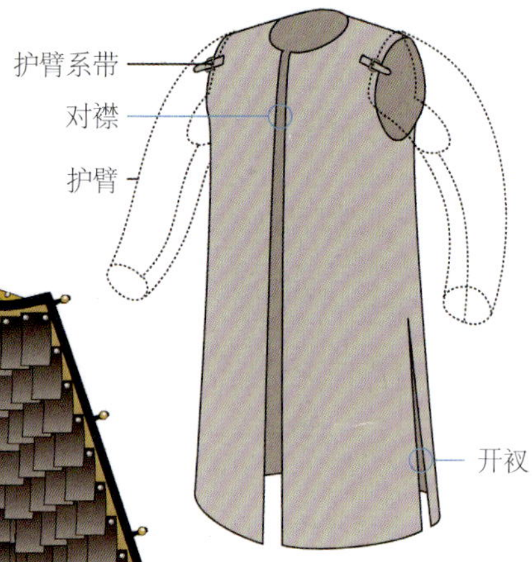

该甲的形制

红闪缎面甲 ②

这套甲是根据北京故宫博物院所藏努尔哈赤所穿的红闪缎面铁叶甲实物设计。不过现存北京故宫的这件盔甲乃是清乾隆朝的仿品，存放在盛京（今沈阳市）的原件已经不在。1583年5月，努尔哈赤用他祖父、父亲的遗甲十三副起兵，因当时臣服于大明帝国的满族所使用的甲胄都是明代的统一制式，所以这些甲是明代形制的甲胄。

而本图中的这套甲就应该是清代初期属于明代形制的甲胄，从身甲的形制可以看出其集合了明代二、四、五中身甲的一些特征。其中身甲的形制属于明代五中提到的罩甲形制，而护臂则是与明代二相同，也是将铁叶安装在可以装卸的甲袖上，护臂下面的护腋则与元代四相同，而甲衣内的铁叶甲片则与元代四、明代四相同。

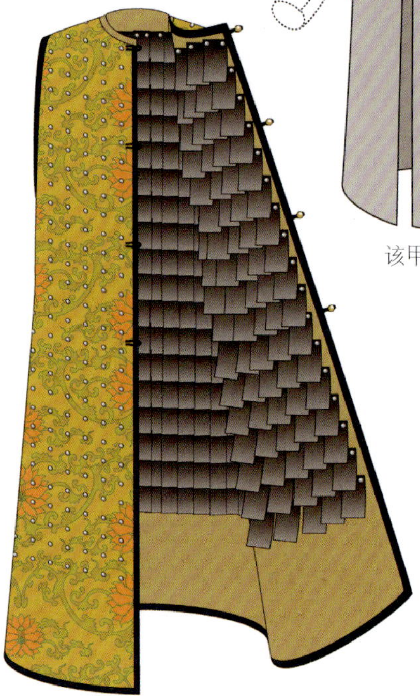

该甲的内部结构

假想的甲胄穿着流程

1 穿着甲胄前穿好靴。 2 穿布甲并安装护腋。 3 安装护臂。 4 戴胄。

清代

三 无袖布面甲

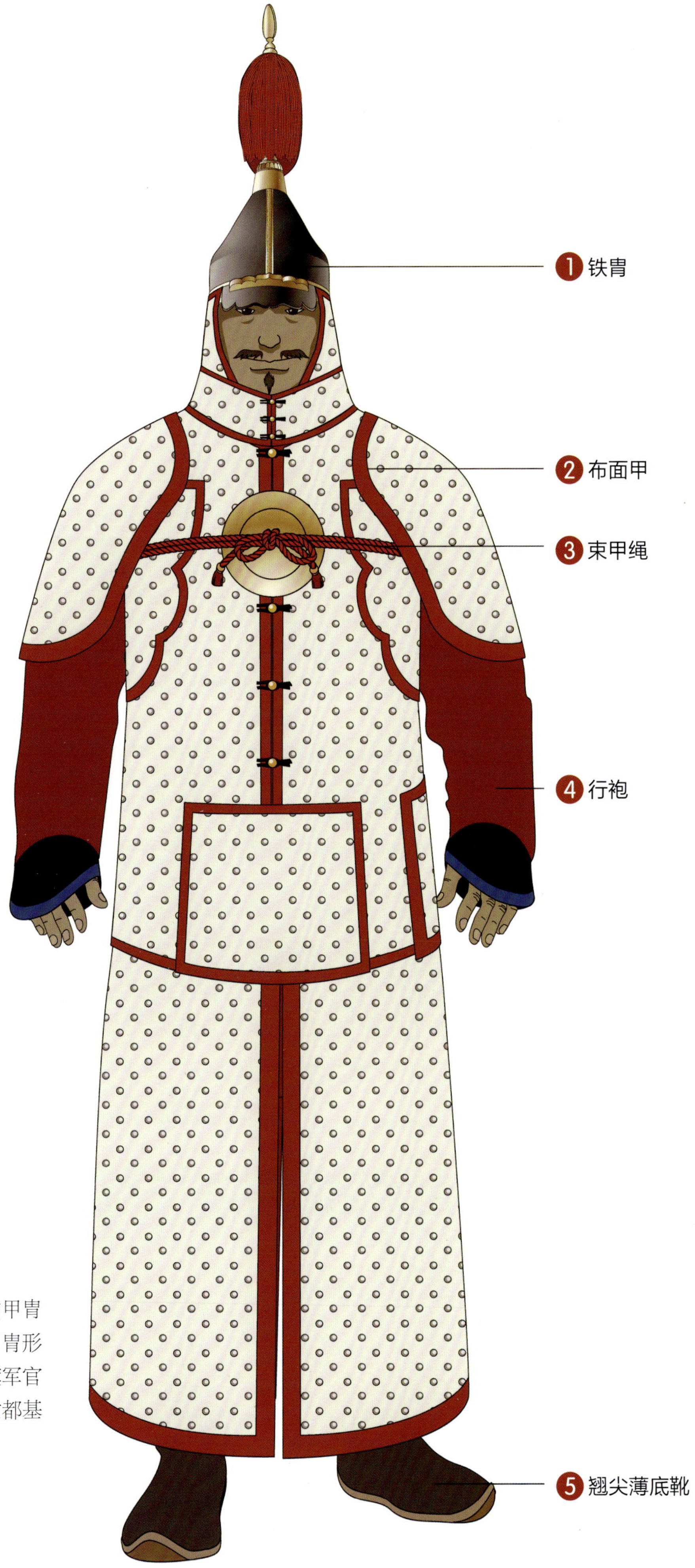

清代迁都北京后，在元明两代的甲胄形制基础上开始形成了清代自己的甲胄形制，即图中所绘的清代八旗中镶白旗军官所穿甲衣的这种形制，直到清代灭亡都基本没有改变过。

3 4 5 与清代一相同或形制相同。

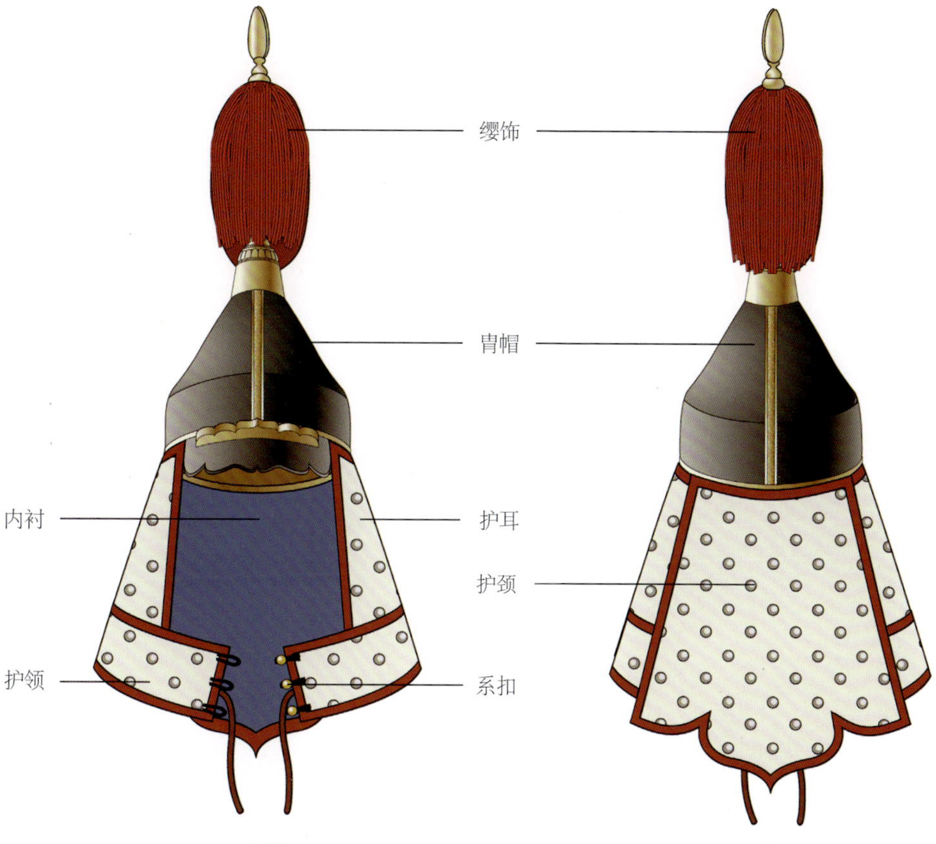

正面　　背面

① 铁胄

根据河北省承德避暑山庄博物馆藏清代铁胄实物绘制。该铁胄外形与元代三四、明代二以及清代二的铁盔形制相同，但清代的盔又重新称为“胄”，有钢、铜、铁及皮革制，材质表面都经过髹漆。胄有前后左右四个“梁”，形成胄架。胄额前中间位置有与元代相同的眉庇改称为“遮眉”。胄的下缘四周称为“舞擎”。胄体依据外形称为“覆碗”，碗上有形似倒扣着的酒盅的“盔盘”。盔盘上竖有一根铁或铜制的“管柱”，上插缨饰及盔枪（参见下图的分解图），有时根据级别也插雕翎或獭尾等饰物。后垂护颈，两侧垂护耳，护耳下缘有围裹整个颈部的护领，上绣有纹样，钉缀以甲泡。

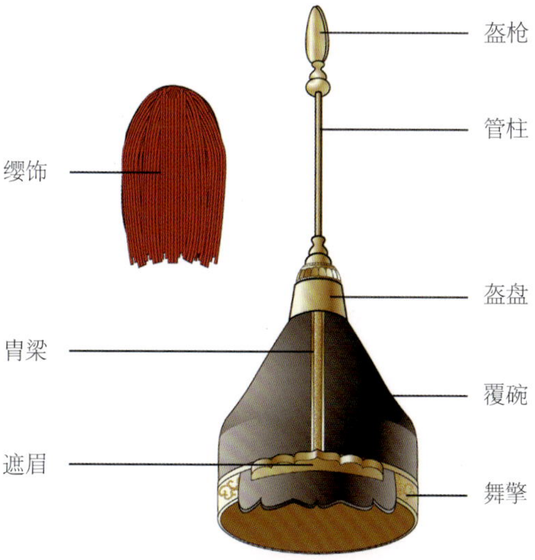

胄帽的组成

河北省承德避暑山庄博物馆藏清代铁胄

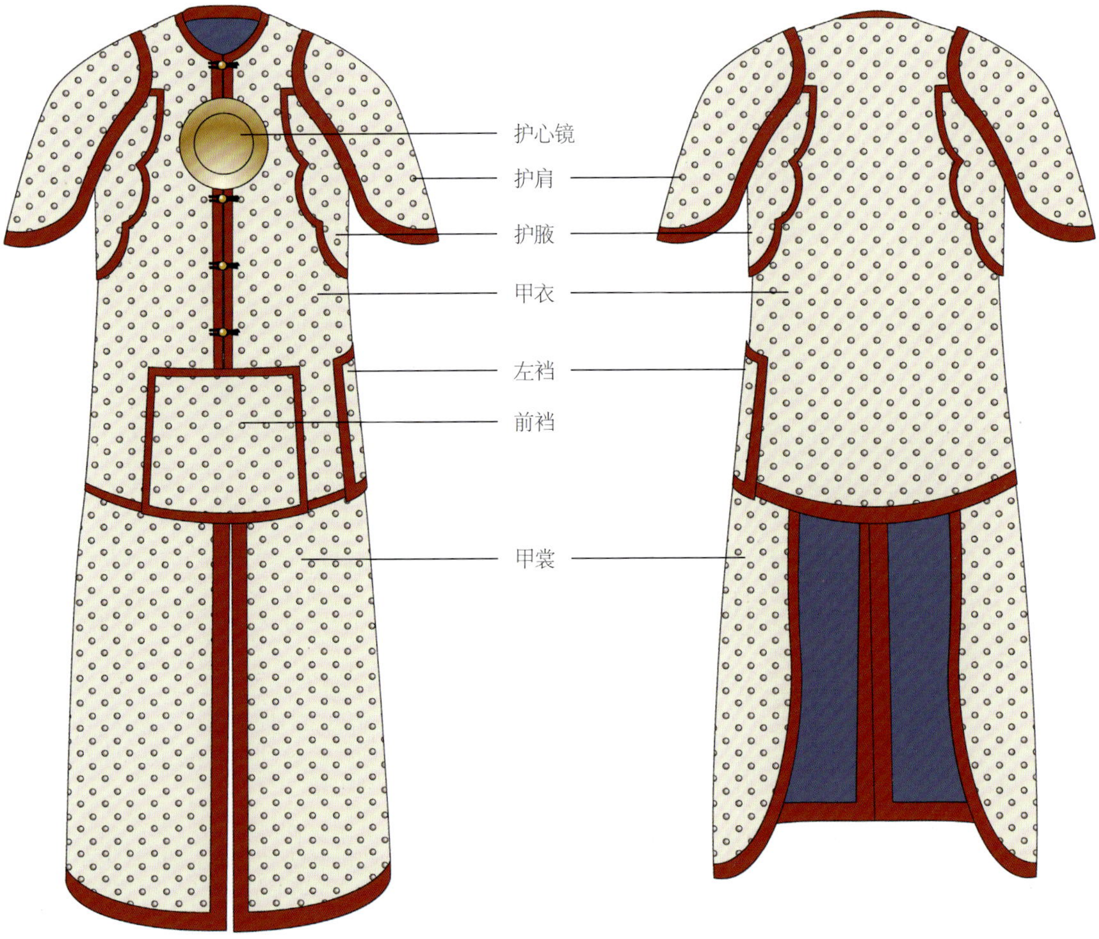

正面　　背面

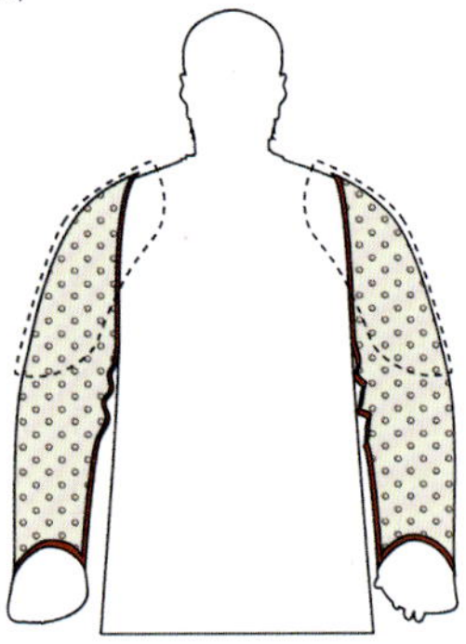

加装式长袖

布面甲 ②

清代的布面甲又称为“暗甲”，在中国各地的许多博物馆都有实物收藏，本套甲是根据万依等著《清代宫廷生活》中八旗服色插图中镶白旗布面甲绘制。清代的布面甲是在元明两代的布面甲的基础上发展演变出来，有自己特色的甲衣形制。清代布面甲各部件的称谓也有所改变，上身甲称为“甲衣”，有无袖和有袖两种形式，有袖也分为连衣袖和加装袖，本套甲衣属于无袖式。胸前背后各加装有铁制或铜制的圆护称为“护心镜”；披膊改称“护肩”；在两腋处加装了“护腋”；腹部加装“前裆”，左腰开衩处加装有“左裆”由于右侧需佩带弓箭囊等物，所以不佩右挡。下身是左右两片腿裙，改称为“甲裳”，穿时用系带系束于腰间。该形甲衣依旧使用布帛作为表里，外面钉有甲泡，要害部位内缀有钢铁或铜制甲片，也有的甲衣不使用甲片，但形制相同，称为“绵甲”。

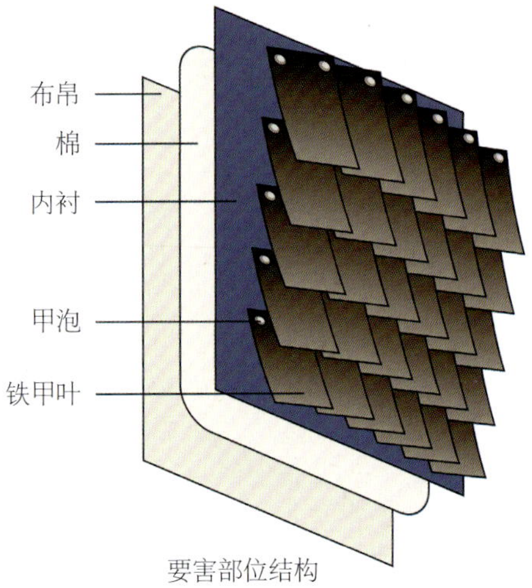

要害部位结构

布面甲衣的组合

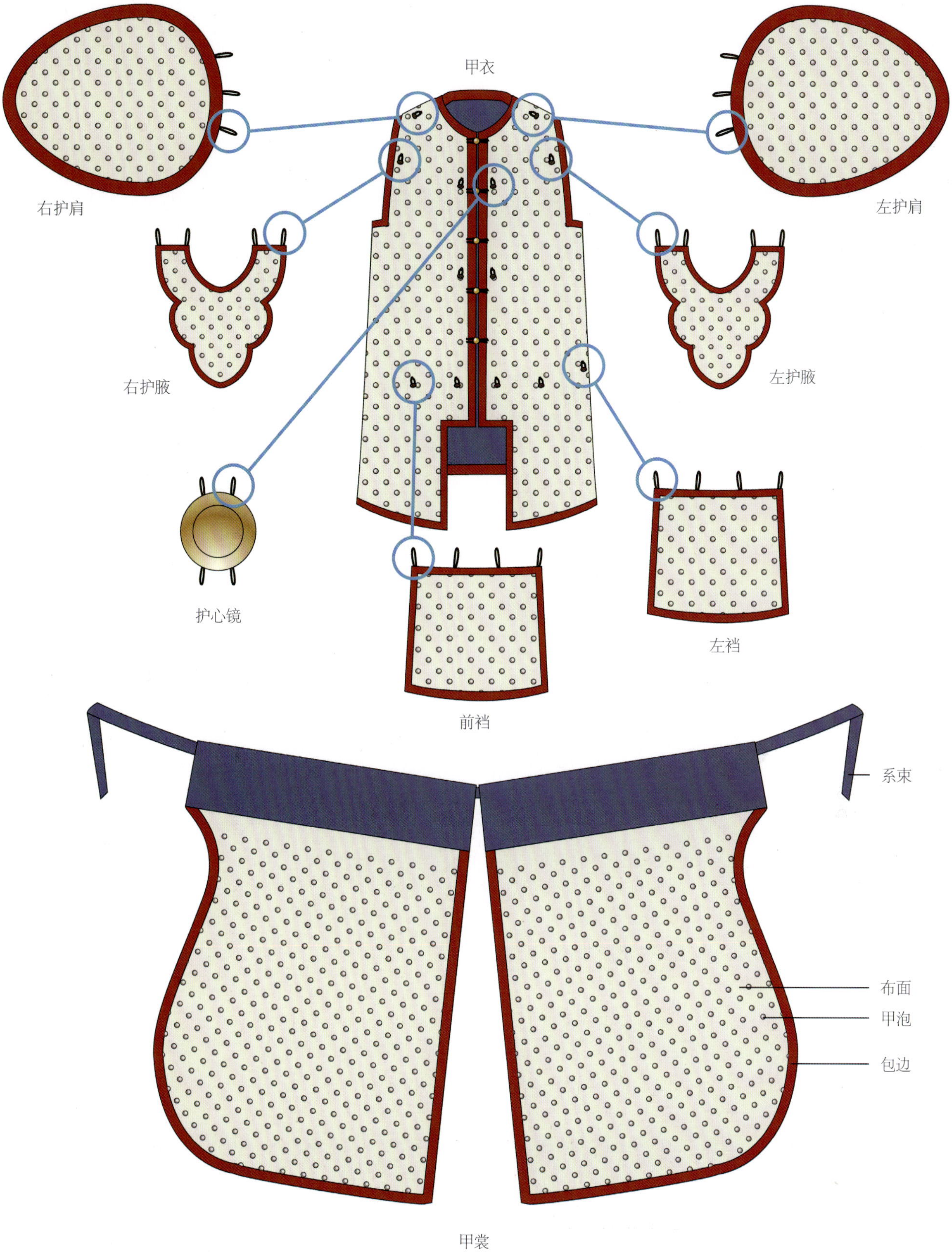

清代八旗服色

正黄旗

正白旗

正红旗

正蓝旗

镶黄旗

镶白旗

镶红旗

镶蓝旗

八旗制度是清太祖努尔哈赤于明万历二十九年（1601年）正式创立，初建时设四旗：黄旗、白旗、红旗、蓝旗。1614年因“归服益广”将四旗改为正黄、正白、正红、正蓝，增设镶黄、镶白、镶红、镶蓝四旗（镶，俗写亦作厢），合称八旗。旗帜和军服除四个正色旗外，其他四旗黄、白、蓝均镶以红边，红镶以白边。

假想的甲胄穿着流程

❶ 穿着甲胄前先穿靴。 ❷ 穿甲裳。 ❸ 穿着甲衣。 ❹ 戴胄。

清代

四 金银珠云龙纹甲

这套甲胄根据北京故宫博物院保藏着的乾隆二十六年制成的金银珠云龙纹甲胄绘制。该甲是当今世界上仅有的一件甲中极品，不过，它既非皇帝戎装，也非大阅礼时穿戴的礼服，而是供清乾隆皇帝赏玩的珍品，其工技之精巧，可谓稀世珍宝。

❸
根据清代照片和实物绘制。清代军官所穿的一种制式尖头厚底朝靴。

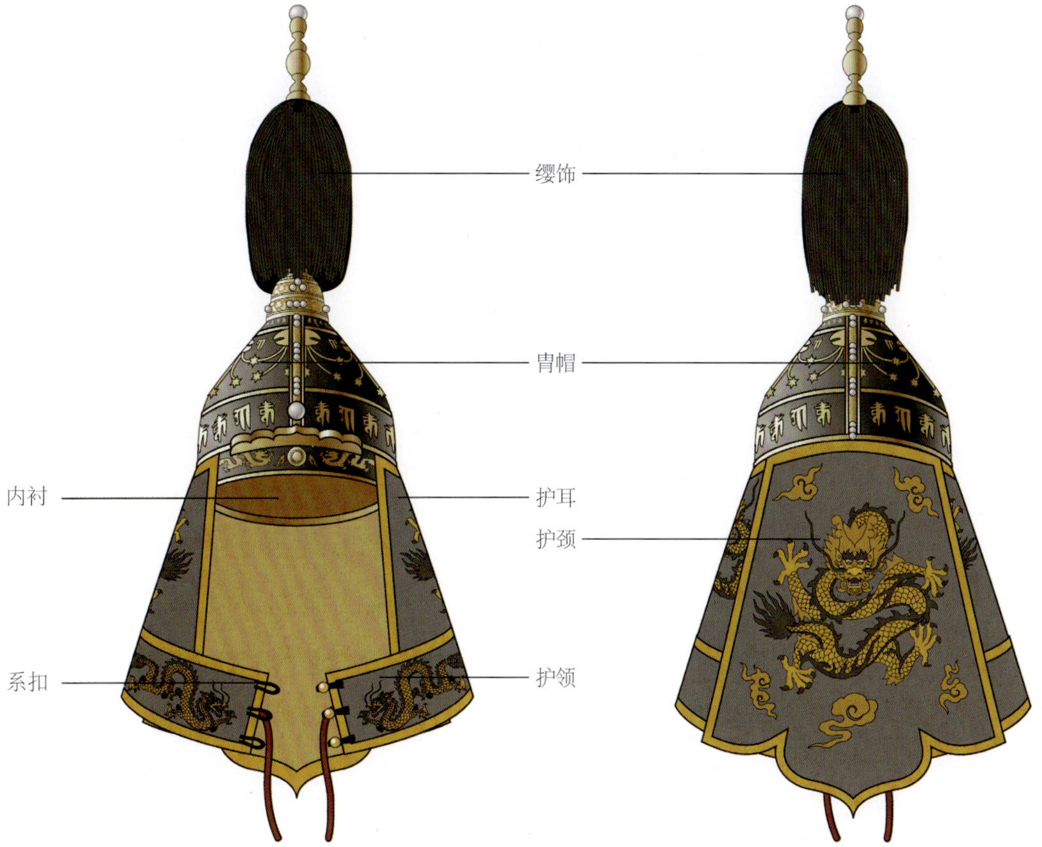

正面　　背面

① 金银珍珠饰髹漆皮胄

根据北京故宫博物院藏乾隆二十六年制成的金银珠云龙纹甲胄中胄的实物绘制。该胄形制与清代三的铁盔形制相同。该胄胄帽以皮胎髹黑漆，舞擎四周镶有金质行龙，覆碗上下两端镶嵌金质梵文，中间有璎珞文，这些可能是表示皇帝本人信仰佛教，或者自喻为佛的代言者。胄顶以镂空金镶丝为盔盘，将管柱、盔枪与盔盘合为一体，上镶嵌红宝石和大珍珠。加之胄梁等处胄上的珍珠多达七十余颗，以獭尾条做缨饰。后垂护颈和两侧垂护耳有正龙龙纹，护耳下缘有围裹整个颈部的护领，上绣有行龙龙纹样。这件皮胄的形制和样式除了护项部分外与清代大师郎世宁作品《乾隆大阅图》中的皮胄相同，说明该样式的胄并不是只有一顶。

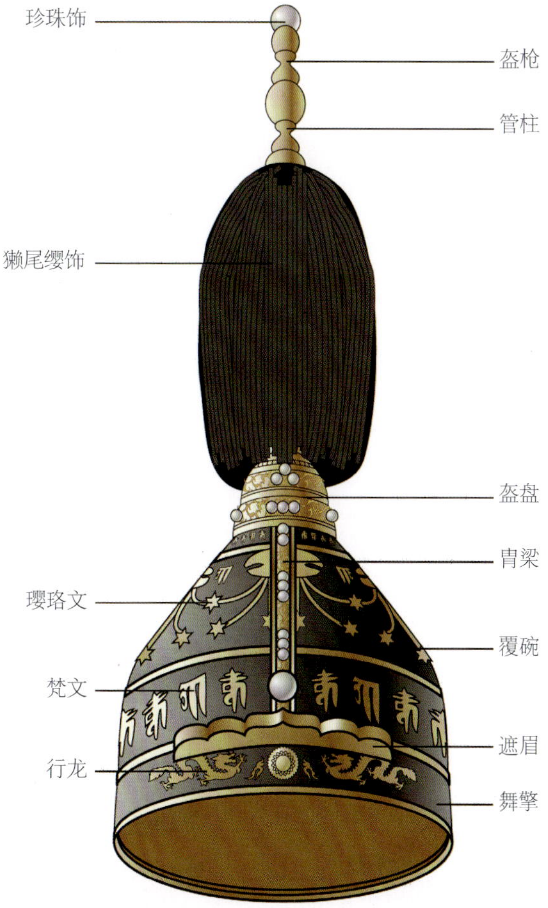

胄帽的组成

金银珠云龙纹甲 ②

这套甲是根据北京故宫博物院保藏的金银珠云龙纹甲设计绘制，其形制与清代三基本相同，分上衣下裳，但比清代三增加了衣领和加装式的两袖。该甲实物的衣领上嵌有“大清乾隆御用”金色铭文，衣前胸有正龙一条，其下有升龙二条，后背有正龙一条，左右护肩、左右护腋、前裆左裆和左右裳也各有一条正龙，两袖口各有行龙一条，整套甲衣龙纹共16条。

在故宫刊物《紫禁城》中宫雁老师的《金银珠云龙纹甲胄》一文中对该甲描述十分细致。该文说到这套甲是用小钢片联缀而成，表面只露金、银、铜、黑四色圆珠组成的云龙纹图案，重15.4公斤，由乾清宫养心殿造办处铜鋄（wǎn）作于乾隆二十六年至乾隆二十九（1761—1784年）。使用的材料有芜湖钢、金叶、银叶、红铜叶、黑漆。该甲制作过程十分复杂，先将芜湖钢打成厚约1毫米、长4毫米、宽1.5毫米的小钢片，钢片的一端凿成半圆珠形，并分别包上金叶、银叶、铜叶或涂上黑漆做成四色珠，另一端钻一个供穿线连结的小孔，然后按照甲的图样纹理，分别拣选不同颜色的珠钢片，一排排地用线穿钉在底衬上。从而组成底子银色，龙身金色，龙发龙须龙尾铜色，钩边线黑色的样子。全套甲共用约60万颗小钢片穿连而成，甲里铺丝绵和绸里。

据称，在制作该甲之前，先试做成一块钢布，乾隆帝见到钢的颜色不够华贵，指示要改为金、银、铜、黑四色，次年又做了试样，验明四种颜色不变，乃于乾隆二十六年正式制作。但这套甲既非皇帝戎装，也非大阅礼时穿戴，而是供皇帝赏玩的珍品，过去两百多年历史至今甲身仍然四色分明，其工技之精巧，可谓稀世珍宝。

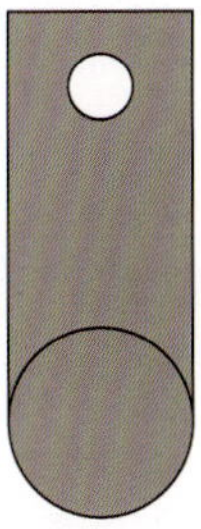

珠钢片

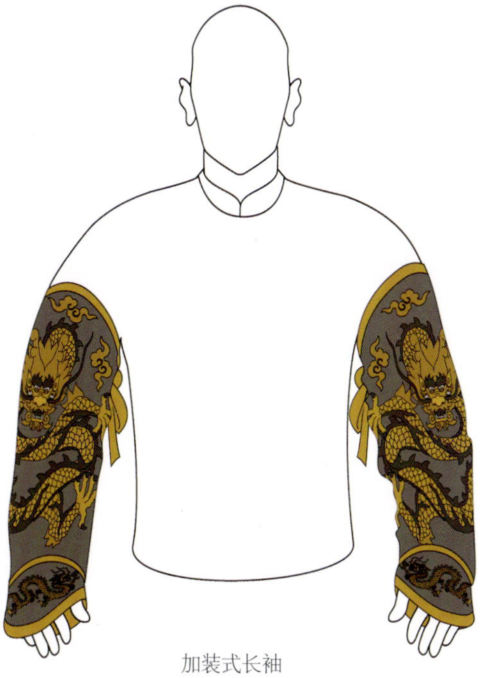

加装式长袖

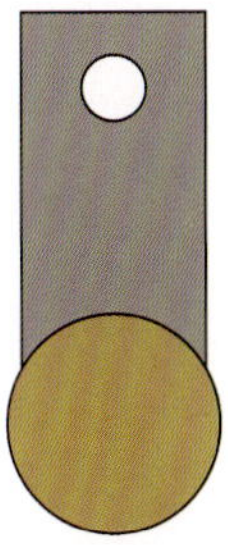

包金叶的珠钢片

珠钢片的大致排列顺序：

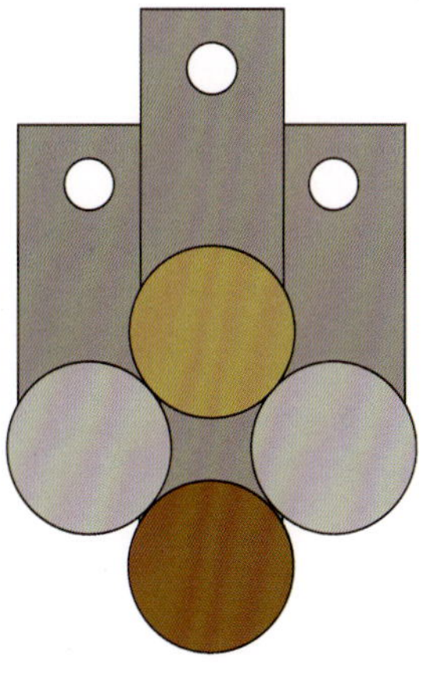

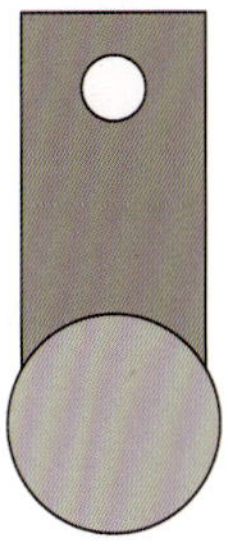

包银叶的珠钢片

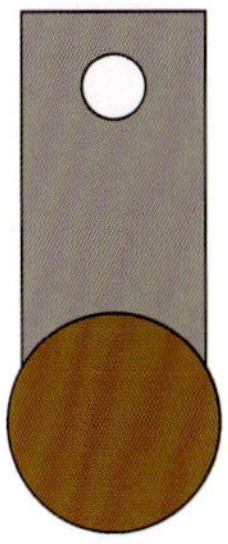

包铜叶的珠钢片

珠钢片的尺寸：

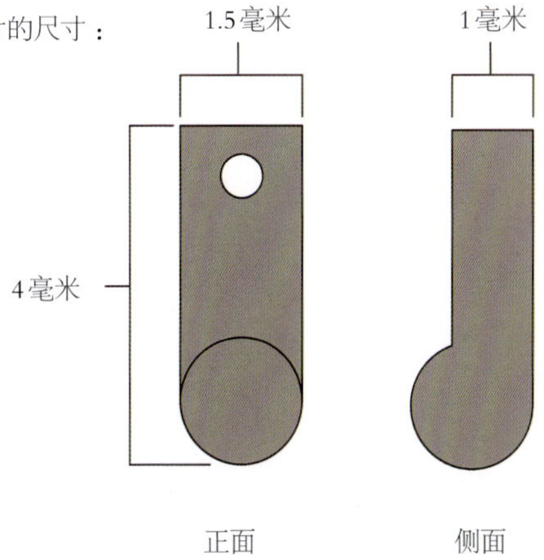

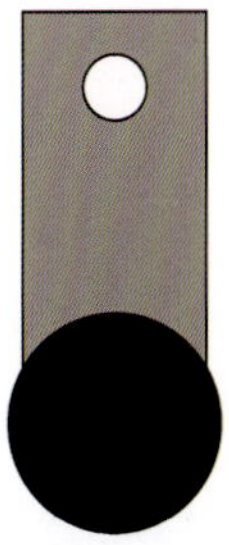

涂黑漆的珠钢片

假想的甲胄穿着流程

❶ 穿着甲胄前先穿靴。

❷ 穿甲裳。

❸ 穿着甲衣。

❹ 戴胄。

清代

五 长袖缎面甲

清代后期，布面甲的形制有了一些小的变化，如前裆下加装了蔽膝，后背也加装了一块与护心镜相同的防护片等。该套布面甲与清代三形制基本相同，应该属于贵族的铠甲，与清代三相比此甲为长袖，也是清代布面甲的一种形制，另外其甲裳表面钉缀有铁甲片。

3
与清代一、三相同。

4
与清代四相同。

铁胄 ①

根据北京故宫博物院所藏铁胄实物简化设计绘制。该胄与清代二形制相同，只是因其属于皇室贵族使用，所以有很多的装饰物，十分华丽。图中对这些装饰物进行了简化，该胄应该是由钢或铁附以皮革制成。胄体有六个梁，形成胄架，胄体表面经过髹漆。胄额前中间位置遮眉呈吉祥云形状，胄的下缘四周舞擎镶嵌有金丝铜线，覆碗上也有精致金饰，盔盘上也竖有一根铁或铜制的管柱，上插由貂尾或其他动物毛皮制成的缨饰及盔枪（参见下图的分解图）。后垂护颈，两侧垂护耳，护耳下缘有围裹整个颈部的护领，上绣有代表皇家身份的龙纹样，钉缀以甲泡。

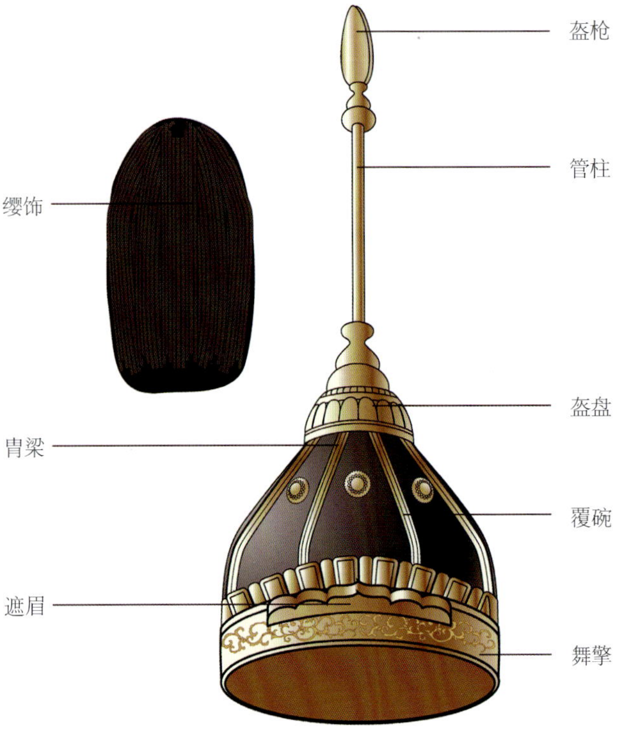

正面　　背面

② 缎面甲

根据北京故宫博物院所藏实物综合设计绘制。该甲是清代二中所提到的长袖布面甲，该套布面甲与清代二形制基本相同，只是其袖与甲衣是一体的长袖。另外，在护肩上缘的尾部有突出的云饰，但在清代绘画中却看不到此物，所以很有可能护肩的云饰是在后背位置。甲裳与清代三不同的是表面钉缀有铁甲片。在清代后期，甲衣的形制在局部有了一些变化，其中后背加装了一块与前胸护心镜相同的防护片，还出现了在前裆之下、两片甲裳前部中间安装了一个有虎头饰的“蔽膝”，也就是明代时期的“鹘尾”。而甲衣内的暗甲已不再使用。

护肩的云饰是在后背位置

蔽膝的位置

假想的甲胄穿着流程

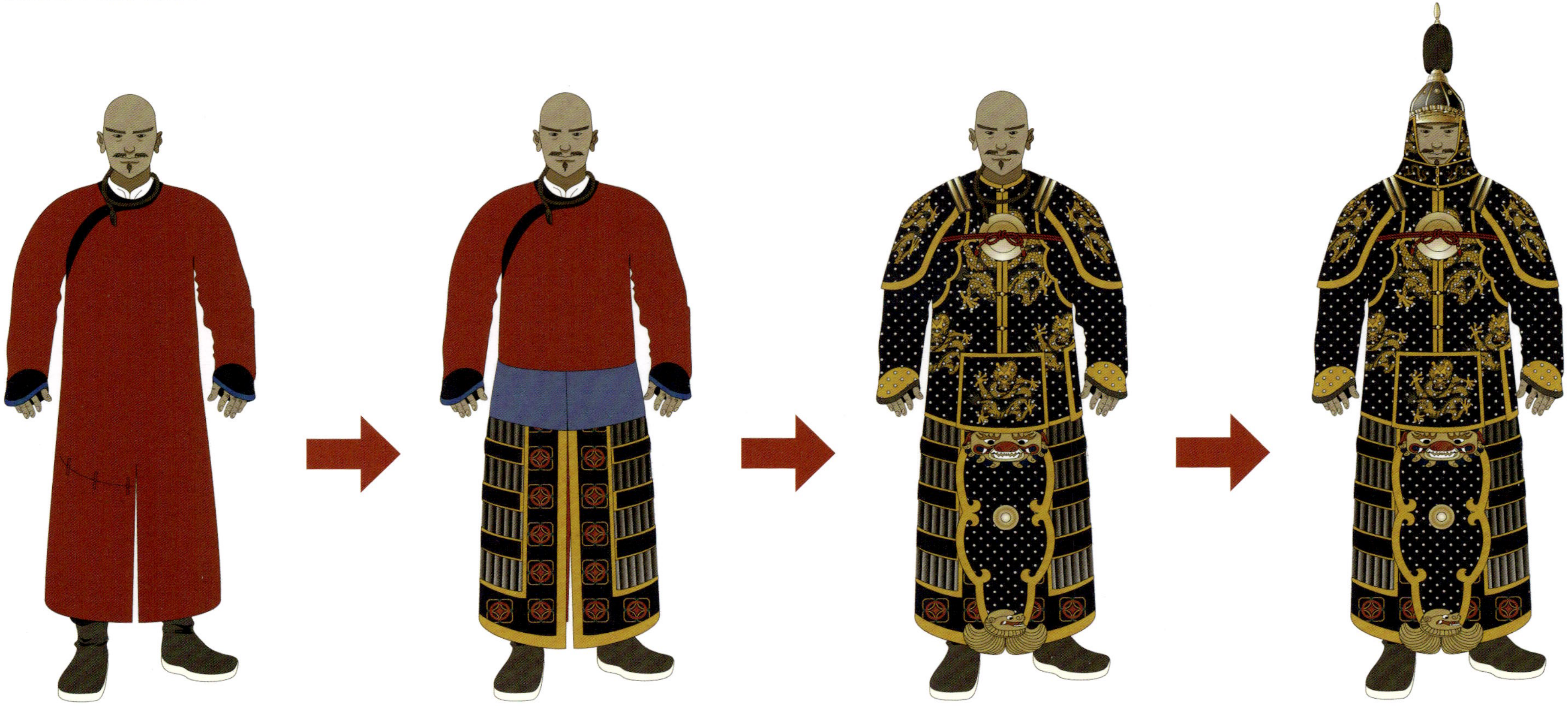

❶ 穿着甲胄前先穿靴。 ❷ 穿甲裳。 ❸ 穿着甲衣及蔽膝。 ❹ 戴胄。

参考文献

[1] 刘永华. 中国古代军戎服饰[M]. 上海：上海古籍出版社，2003.
[2] 上海戏曲学校中国服饰史研究组. 中国历代服饰[M]. 上海：学林出版社，1984.
[3] 沈从文. 中国古代服饰研究[M]. 上海：上海书店出版社，2003.
[4] 黄能馥，陈娟娟. 中国历代服饰艺术[M]. 北京：中国旅游出版社，1999.
[5] 周纬. 中国兵器史稿[M]. 天津：百花文艺出版社，2006.
[6] 杨古城，龚国荣. 南宋石雕[M]. 宁波：宁波出版社，2006.
[7] 孙机. 中国古舆服论丛[M]. 北京：文物出版社，2001.
[8] 杨泓. 中国古代的甲胄[J]. 北京：考古学报，1976.2.
[9] 杨泓. 中国古兵器论丛[M]. 北京：中国社会科学出版社，2007.
[10] 白荣金，钟少异. 甲胄复原[M]. 郑州：大象出版社，2008.

附录：中国历代身甲形

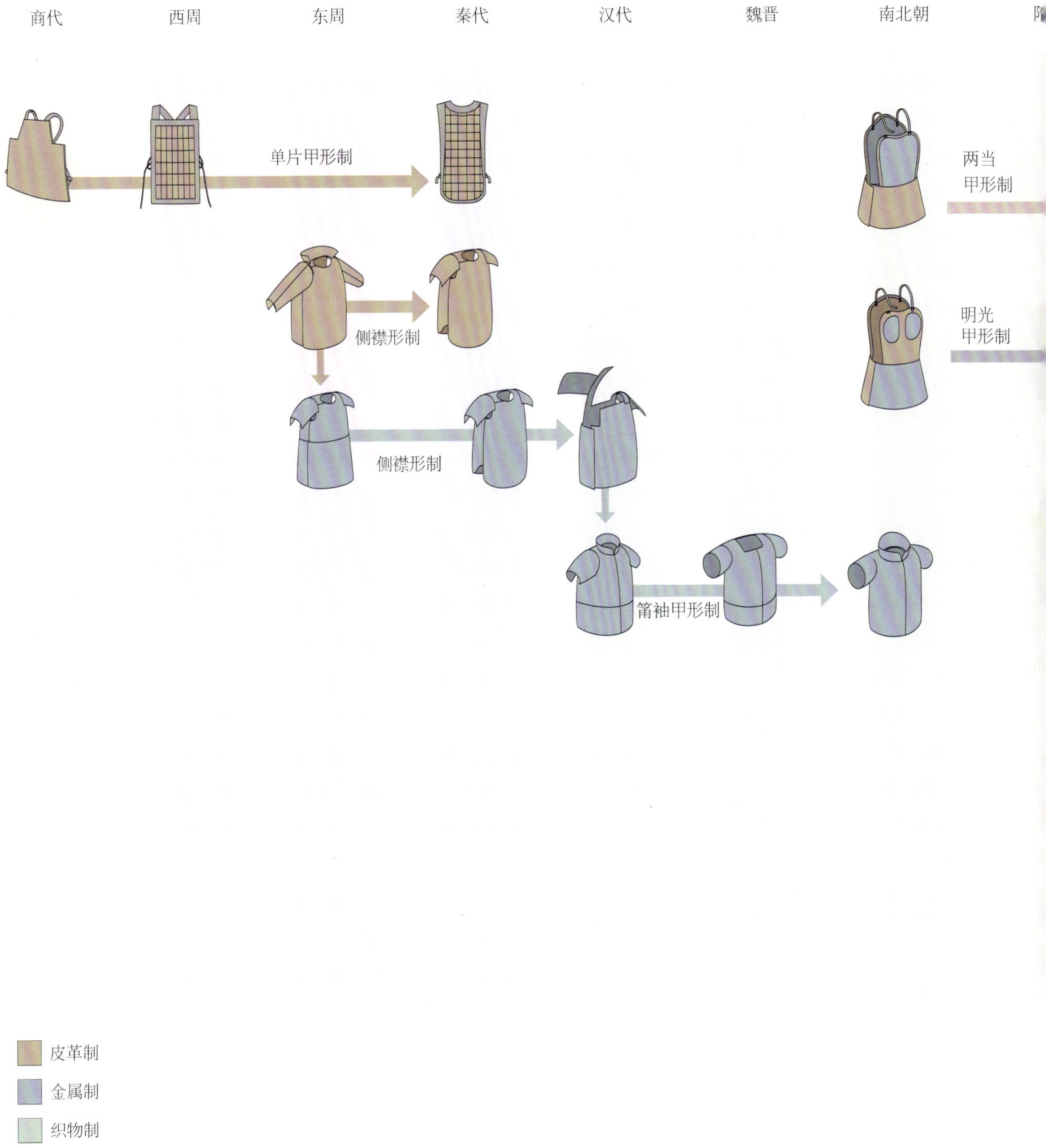
商代
西周
东周
秦代
汉代
魏晋
南北朝
单片甲形制
两当
甲形制
侧襟形制
明光
甲形制
侧襟形制
筩袖甲形制
皮革制
金属制
织物制

制的演变和沿袭关系

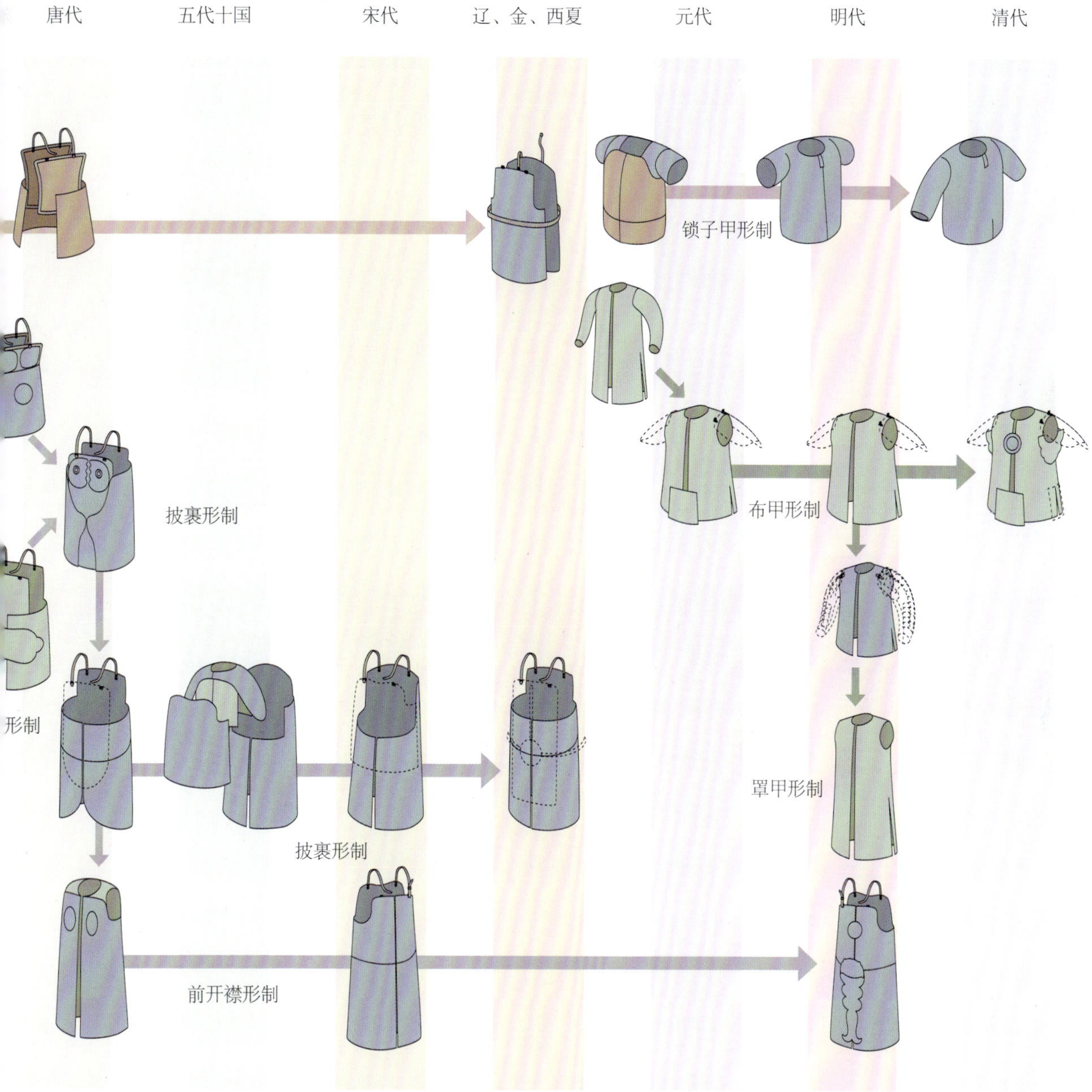

《画说中国历代甲胄》的作者长期研究中国历代甲胄，多次实地考察建筑壁画、出土文物及存世雕刻实物等，参考已有的考古成果和历代资料文献，结合自己多年来对历代甲胄服饰形制的理解与推想，以绘画分解的方式，直观、具象地解说了中国历代甲胄的形制、结构、材质、穿着方法等基本情况。本书的主要特点在于，作者根据各个朝代与甲胄相关的已知资料，结合不同朝代工艺技术的发展、作战武器的变化等因素，加入不同程度的理性假设来推测未知的空白，从而使各个朝代甲胄的整体形象得到全面直观的展示，并进一步总结出历代甲胄的演变与传承。

《画说中国历代甲胄》不仅对军戎服饰研究有重要的价值，而且对影视、戏剧、动漫、游戏等各个相关领域的美创人员，都具有重要的启示和参考价值。

图书在版编目（CIP）数据

画说中国历代甲胄/陈大威编著. —北京：化学工业出版社，2017.3（2025.2重印）
ISBN 978-7-122-29051-9

Ⅰ.①画… Ⅱ.①陈… Ⅲ.①军服-中国-古代-图解 Ⅳ.①E267-64

中国版本图书馆CIP数据核字（2017）第027022号

责任编辑：李彦芳　　装帧设计：史利平
责任校对：宋　玮

出版发行：化学工业出版社（北京市东城区青年湖南街13号　邮政编码100011）
印　　装：北京宝隆世纪印刷有限公司
889mm×1194mm　1/16　印张16　字数575千字　　2025年2月北京第1版第8次印刷

购书咨询：010-64518888　　售后服务：010-64518899
网　　址：http://www.cip.com.cn
凡购买本书，如有缺损质量问题，本社销售中心负责调换。

定　　价：128.00元